suhrkamp taschenbuch 880

Rein A. Zondergeld, geboren 1943. Studium der Germanistik, Anglistik und Theaterwissenschaft. Seit 1969 unterrichtet er an der Universität Göttingen. Er publizierte viele Aufsätze zur phantastischen Literatur und ist Herausgeber des Almanachs der phantastischen Literatur, »Phaïcon«. Seit 1977 Opernsendungen im WDR. Zusammen mit Jörg Krichbaum: »Lexikon der phantastischen Malerei« (1977) und »Künstlerinnen. Von der Antike bis zur Gegenwart« (1979). Theaterstück: »Blaulicht« (1982).
Mit dieser Zusammenstellung wird im deutschen Sprachraum erstmals etwas geboten, was so mancher Leser bislang schmerzlich vermißt haben wird: ein umfassendes Nachschlagewerk über phantastische Literatur. »Phantastische Literatur« wird dabei im europäischen Sinne aufgefaßt, das Lexikon ist demselben Phantastik-Begriff verpflichtet, wie er auch in den *Phaïcon*-Bänden, ausgehend von Roger Caillois' Auffassung vom Riß in der Wirklichkeit, erörtert wird. Der englische Sprachraum, für den es schon einige ähnliche Werke gibt, ist ebenso erfaßt, wie auch der deutsche, niederländische, spanische, polnische und französische, überhaupt die Phantastik Europas, so daß dieses Lexikon eine unentbehrliche Informationsquelle über Phantastik ist. Ausgeklammert bleibt die Science-fiction.

Lexikon der phantastischen Literatur

von Rein A. Zondergeld

Phantastische Bibliothek
Band 91

Suhrkamp

Redaktion und Beratung: Franz Rottensteiner
Umschlagabbildung aus: Carceri,
Radierungen von Giovanni Battista Piranesi

suhrkamp taschenbuch 880
Erste Auflage 1983
© Suhrkamp Verlag Frankfurt am Main 1983
Suhrkamp Taschenbuch Verlag
Alle Rechte vorbehalten, insbesondere das
des öffentlichen Vortrags, der Übertragung
durch Rundfunk und Fernsehen
sowie der Übersetzung, auch einzelner Teile.
Satz: Thiele & Schwarz, Kassel
Druck: Ebner Ulm · Printed in Germany
Umschlag nach Entwürfen von
Willy Fleckhaus und Rolf Staudt

1 2 3 4 5 6 – 88 87 86 85 84 83

Inhalt

Vorwort 7

Hinweise für den Benutzer 10

Was ist phantastische Literatur?
Einleitende Bemerkungen zu einem Definitionsproblem 11

Personenteil 15

Sachteil 265

Allgemeine Bibliographie zur phantastischen Literatur 302

Register 304

The Blood is all shed that we used to drink.
(Iris Murdoch, The Unicorn)

Dieses Buch ist
dem Panther von Duderstadt gewidmet.

Vorwort

Jeder Liebhaber der phantastischen Literatur wird schon häufig bedauert haben, daß er bei der Suche nach Daten und Angaben der von ihm geschätzten Autoren von den gängigen Literaturlexiken oft im Stich gelassen wird. Zwar sind manche Autoren wie Lovecraft inzwischen zu Lexikon-Ehren gelangt, aber sogar einen wichtigen Autor des Genres wie Jean Ray wird man, zumindest in deutschsprachigen Werken, vergeblich suchen, um von den Scharen weniger wichtiger Autoren ganz zu schweigen. Die zwei ausländischen Nachschlagewerke, die hier eine gewisse Abhilfe schaffen, besitzen, trotz ihres hohen Gebrauchswertes, erhebliche Nachteile. Im ersten Band des außerordentlich schön gestalteten italienischen Lexikons »Arcana« (1969) werden nicht nur, wie der Untertitel angibt, »il meraviglioso, il surreale, il nero« und »l'insolito« in der Literatur abehandelt, Begriffe, die zu einem nicht geringen Teil mit dem des Phantastischen deckungsgleich sind, sondern auch »l'erotica« kommt da zur Sprache, was zwar aufgrund der engen Verbindung zwischen erotischer und phantastischer Literatur nicht befremdet, aber dennoch den darzustellenden Stoffkreis zu sehr dehnt, zumal die erotische Literatur den größten Platz beansprucht. Mike Ashley beschränkt sich zwar in seinem verdienstvollen »Who's Who in Horror and Fantasy Fiction« (1977) auf die phantastische Literatur, aber er berücksichtigt fast ausschließlich den englischen Sprachraum. Französische oder deutsche Autoren fehlen nahezu völlig, und die wenigen vertretenen Autoren lassen auf weitgehende Unkenntnis beim Verfasser schließen. Als geradezu absurdes Beispiel mag der Artikel »Johann von Schiller« angeführt werden. Außerdem verzichtet Ashley auf Angaben zur Sekundärliteratur, was den wissenschaftlichen Wert seiner Pionierleistung einschränkt. Ich habe im vorliegenden Werk versucht, aus den Fehlern meiner Vorgänger zu lernen, aber ich bin mir selbstverständlich der Problematik des Unternehmens bewußt geblieben. Es wäre wohl für den Benutzer des Lexikons von Nutzen, an dieser Stelle, die

Probleme, die sich mir boten, kurz geschildert zu sehen, damit die Enttäuschung, die beim Gebrauch eines jeden Lexikons zwangsläufig auftreten muß, sich in Grenzen hält. Die größte Schwierigkeit bedeutete zweifellos das Finden einer Arbeitsdefinition des Phantastischen in der Literatur, damit überhaupt eine Auswahl getroffen werden konnte. In der knappen Einleitung zum Lexikon habe ich versucht, die Begriffsbestimmung, die auf meinen schon erschienenen theoretischen Texten zum Phantastischen aufbaut, zu erläutern. Einem zweiten Problem begegnete ich in der grundsätzlichen Konzeption: sollte eine begrenzte Zahl von Autoren in aufsatzartigen Artikeln vorgestellt werden, so wie dies in meinem zusammen mit Jörg Krichbaum geschriebenen »Lexikon der phantastischen Malerei« (1977) geschah, oder sollte ich vielmehr versuchen, viele Autoren in notgedrungen knappen bis sehr knappen Texten unterzubringen, um einen möglichst hohen Informationswert zu erreichen? Die letzte Möglichkeit schien mir die überzeugendste. Die einzelnen Artikel sind grundsätzlich vierteilig aufgebaut:
1. Allgemeine Darstellung
2. Hauptwerke, die nicht im vorangegangenen Text genannt werden
3. Sekundärliteratur, normalerweise ein Titel, bei bedeutenden Autoren zwei Titel
4. Soweit es sich um nicht deutschsprachige Autoren handelt: Angaben zu den deutschen Übersetzungen der im Text genannten Werke, wobei im allgemeinen Übersetzungen neueres Datums bevorzugt wurden.
Die Probleme ergaben sich hier vor allem bei den Punkten 3 und 4, da zu vielen Autoren Sekundärliteratur von einiger Bedeutung fehlt und Übersetzungen von Trivialautoren aus dem englischen Sprachraum häufig in ephemeren Publikationsorganen, wie Groschenheften, erschienen. Es würde zu weit führen, die unendlichen bibliographischen Schwierigkeiten in diesem Bereich zu schildern, und ich wäre sehr dankbar für alle Hinweise, welche die vorhandenen bedauerlichen Lücken ausfüllen könnten.
Bei der Auswahl der einzelnen Autoren habe ich insbesondere den deutschen, englischen und französischen Sprachraum berücksichtigt, aber ich habe versucht, zumindest die wichtigsten Autoren aus anderen Sprachbereichen aufzunehmen. Von vornherein unberücksichtigt blieben die Literaturen Asiens und

Afrikas, da hier der Phantastikbegriff völlig neu definiert werden müßte. Eine Ausnahme bildet nur die Literatur Südafrikas, da sie, zumindest im Bereich des Afrikaans, weitgehend westeuropäischer literarischer Tradition folgt.

Kein Lexikon, und sei es noch so umfangreich, wird je vollständig sein können. Das vorliegende Lexikon der phantastischen Literatur, das nur einen beschränkten Raum zur Verfügung hat, ist von einer solchen Vollständigkeit weit entfernt, weil der Verfasser zum einen sehr bewußt eine Auswahl, die immer subjektiv bleiben muß, getroffen hat, zum anderen Autoren nicht berücksichtigen konnte, die ihm unbekannt waren. Auch hier wäre ich für Hinweise außerordentlich dankbar. Ich glaube dennoch sagen zu können, daß der vorliegende Band, in dem der Autor vor betont subjektiven Urteilen nicht zurückschreckt, einen umfassenderen Überblick über den Bereich der phantastischen Literatur bringt als irgendein anderes Werk, und dies scheint mir Berechtigung genug.

Es bleibt mir die angenehme Aufgabe, den Menschen zu danken, die mir beim Zustandekommen diese Lexikons behiflllich waren. Mein Dank gilt in erster Linie Hartmut Krüger und Kalju Kirde, die mir bei der Lösung vieler bibliographischer Probleme geholfen haben. Wichtige Hinweise verdanke ich Fritz Paul, mit dem ich mich über skandinavische Phantastik unterhalten konnte, Robert M. Wolf und meinem Freund Jim Tsiros. Nicht zuletzt danke ich allen Freunden und Bekannten, die mich unterstützt haben, als ich an die Vollendung des Projekts kaum noch glauben konnte – ich denke da vor allem an Jörg Krichbaum, Matthias Henneberger und Dietrich Neuhaus – und Frau Renate Laux vom Suhrkamp Verlag, die sehr geduldig mit mir war. Mehr als Dank gebührt meinem Freund Wolfgang Freise, der mich nicht nur auf die phantastischen Aspekte im Werk Boris Vians hinwies, sondern mich auch immer wieder an die Sinnlosigkeit eines jeden menschlichen Unternehmens erinnerte und mir dadurch die nötige Kraft zum Weiterarbeiten verlieh.

Rein A. Zondergeld
Göttingen, Oktober 1982.

Hinweise für den Benutzer

Das Lexikon ist in einen umfangreichen Personen- und einen knapp gefaßten Sachteil gegliedert.
Die mit einem → versehenen Begriffe und Namen werden in einem eigenen Artikel abgehandelt.
Die Titel der einzelnen genannten literarischen Werke werden im Original angegeben.
Im Register am Ende des Bandes werden alle im Lexikon erwähnten Namen zusammengefaßt.
Die Bibliographie, die dem Register vorangeht, nennt allgemeine Abhandlungen zur phantastischen Literatur. Sie stellt eine Auswahl der wichtigsten Titel dar. Eine umfassendere Bibliographie findet sich in dem von Christian W. Thomsen und Jens Malte Fischer herausgegebenen Band »Phantastik in Literatur und Kunst«, 1980.
Science-fiction- und Fantasy-Autoren sind nur in dem Fall aufgenommen worden, daß ihr Werk auch phantastische Aspekte im hier definierten Sinne aufweist. Eine Ausnahme von dieser Regel bildet Tolkien, da sein Werk für die meisten Leser – zu Unrecht – als der Inbegriff phantastischer Literatur gilt.
Hinter den Titeln deutscher Übersetzungen sind die Originaltitel nur dann in Klammern angegeben, wenn eine Zuordnung problematisch sein könnte.

Was ist phantastische Literatur?
Einleitende Bemerkungen zu einem Definitionsproblem

Wenn der französische Theoretiker Louis Vax am Anfang eines Aufsatzes schreibt: »Wir werden den gewagten Versuch, das Phantastische zu definieren, nicht unternehmen«, und zugleich angibt, er wolle versuchen, »das Gebiet des Phantastischen einzugrenzen«[1], so bezieht er damit eine in Anbetracht der extremen Definitionsschwierigkeiten höchst verständliche Position. Dennoch hatte schon Nodier in seinem Aufsatz »Du fantastique en littérature« 1830 eine erste Annäherung an den so schwer zu umreißenden Begriff versucht und es sind in unserer Zeit in erster Linie französische Theoretiker gewesen, die sich dieser Aufgabe widmeten. Während bei Marcel Schneider[2] die Begriffe des Wunderbaren und Märchenhaften zu sehr mit dem Phantastischen gleichgesetzt werden, gelang Roger Caillois in seinem Aufsatz »L'image fantastique« aus »Images, images« (1966) eine höchst brauchbare, wenn auch anfechtbare Definition des Begriffes »phantastisch« in der Literatur: »Im Phantastischen offenbart sich das Übernatürliche wie ein Riß in dem universellen Zusammenhang. Das Wunder wird dort zu einer verbotenen Aggression, die bedrohlich wirkt und die Sicherheit einer Welt zerbricht, in der man bis dahin die Gesetze für allgültig und unverrückbar gehalten hat. Es ist das Unmögliche, das unerwartet in einer Welt auftaucht, aus der das Unmögliche per definitonem verbannt worden ist.«[3] Anhand dieser Definition konnte Caillois einen Kanon von Werken sowohl in der Literatur wie, sehr viel fragwürdiger, in der Malerei aufstellen, die als phantastisch zu betrachten seien. Beim Strukturalisten Todorov[4] wird die Definition des Phantastischen auf einem anderen Weg versucht. Ausgehend von einer natürlichen und einer übernatürlichen Ordnung will Todorov den Begriff »phantastisch« nur dann angewandt sehen, wenn unentschieden bleibt, ob ein dargestelltes Ereignis einer der beiden Ordnungen zugehört, denn sobald es sich als »natürlich« erweist, ist das Ereignis im besten Fall »unheimlich«, während es, gehört die Erklärung dem Bereich des »Übernatürlichen« an, »wunderbar« ist. Diese von Stanisław Lem zu Recht kritisierte Definition[5] führt in ihrer Konsequenz zu einer so großen Einengung des Begriffes, daß er sich selbst, auch wenn dies paradox erscheinen mag, aufzulösen droht. In dem ersten Aufsatz des Bandes »Utopier« (1969) des Schweden Lars Gustafsson wird, von Caillois ausgehend, zum ersten Mal eine ideologische Bestimmung des Genres angedeutet. Es heißt bei Gustafsson: »Das Phantastische in der Literatur existiert also nicht als eine Herausforderung an das Wahrscheinliche, sondern erst, wenn es zu einer Herausforderung an die Vernunft selbst gesteigert werden kann: das Phantastische in der Literatur besteht letztlich darin, die Welt als *undurchsichtig*, als der Vernunft prinzipiell unzugänglich darzustellen.«[6] Und er kommt zu der Schlußfolgerung: »Diese Attitüde entspricht in allem wesentlichen einer reaktionären moralischen Haltung.«[7] Demgegenüber habe ich, in Anlehnung an die Auffassungen Marcuses in »Eros and Civilisation« (1955) in meinem 1974 erschienenen Aufsatz »Wege nach Sais«[8] die These vertreten, daß die phantastische Literatur keineswegs einen reaktionären, sondern vielmehr einen utopischen und subversiven Charakter habe, da sie Zweifel am herrschenden Realitätsprinzip erweckt. Das erklärt auch die Bedenken, die Kulturoberen in Polizeistaaten, in denen ein bestimmtes Realitätsprinzip sozusagen von höherer Hand verordnet wird, gegenüber der Phantastik haben, wenn sie nicht im Kleid der »wissenschaftlichen Phantastik«, die sich mit unserer Science-fiction deckt, daherkommt. Ich habe überdies an derselben Stelle und in anderen Aufsätzen die Vorstellung von einem Riß in der Wirklichkeit, wie ihn Caillois beschrieben hat, abgelehnt und dazu geschrieben: »Was wir als phantastisch bezeichnen, ist nichts weiter als eine bis in ihre äußerste, d. h. utopische Konsequenz vollzogene Realistik, die das, was wir gemeinhin als realistisch bezeichnen, geradezu phantastisch in seiner Verkürzung erscheinen läßt.«[9] Weitere, freilich zu keinem endgültigen Ergebnis kommende Klärungsversuche unternehmen die Aufsätze im ersten Teil des von Christian Thomsen und Jens Malte Fischer herausgegebenen Sammelbandes »Phantastik in Literatur und Kunst« (1980), wobei vor allem Dieter Pennings »Die Ordnung der Unordnung. Eine Bilanz zur Theorie der Phantastik« Bedeutung zukommt. Ein vorläufiges Ende der Diskussion um den Begriff des Phantastischen in der Literatur ist nicht abzusehen, wobei die Hauptschwierigkeit, die auch von mehreren Theoretikern erkannt wurde, weiterhin darin bestehen wird, daß man, damit man zu einer Definition gelangt, zuerst eine gewisse Zahl von literarischen Werken auswählen muß, aber daß gerade das ja schon eine wie auch immer geartete Definition voraussetzt.

Anmerkungen

1 In: »Phaïcon 1«, 1974, S. 11
2 Marcel Schneider, »La littérature fantastique en France«, 1964
3 In: »Phaïcon 1«, 1974, S. 48
4 Tzvetan Todorov, »Introduction à la littérature fantastique«, 1970, dt. 1972
5 Tzvetan Todorovs Theorie des Phantastischen. In: »Phaïcon 1«, 1974
6 Lars Gustafsson, Über das Phantastische in der Literatur. Ein Orientierungsversuch. In: »Utopien«, 1970, S. 17
7 a. a. O., S. 23
8 In: »Phaïcon 1«, 1974, vgl. auch: Rein A. Zondergeld, Zwei Versuche der Befreiung. Phantastische und erotische Literatur. In: »Phaïcon 2«, 1975
9 a. a.O., S. 89

Personenteil

Aafjes, Bertus (eigentl. Lambertus Jacobus Johannes) (1914 Amsterdam), Niederlande.
Der Lyriker A. publizierte 1946 einen Band mit subtilen phantastischen Erzählungen, »De zeemeerminnen«, die im Gegensatz zu seinen Gedichten und Reisebeschreibungen nicht sehr bekannt wurden und heute zu Unrecht fast vergessen sind. In dem Band »Capriccio Italiano« (1957) findet sich die Geschichte »De grote God Pan is dood«.
Über Aafjes: E. Hoornik, Over en weer, 1962.

Abdullah, Achmed (eigentl. Achmed Abdullah Nadir Khan el-Durani el-Iddrisyeh) (1881 Yalta–1945 New York), England.
Der englische Autor mit dem exotischen Namen ließ sich nach einer militärischen Karriere bei der britischen Armee im Orient in Amerika nieder. In seinen phantastischen Erzählungen benutzte er häufig orientalische Motive. Zu seinen bekanntesten Arbeiten, die auch dem populären Abenteuerroman verbunden sind, gehören »The Blue-Eyed Manchu« (1916), »Wings: Tales of the Psychic« (1920), »Alien Souls« (1922) und das wiederholt verfilmte »The Thief of Bagdad« (1924).

Aickman, Robert (1914 London), England.
Er gehört zu den bekanntesten Vertretern einer traditionellen Phantastik im heutigen England. Sein Debüt im Genre fand zusammen mit Elizabeth Janne Howard statt in dem Band »We Are For the Dark« (1951). Zu seinen berühmtesten Geschichten zählt »Ringing the Changes«, die im »Third Ghost Book« von Cynthia Asquith erschien (1955). Obwohl A. durchaus als Autor in der Nachfolge von →Le Fanu, M. R. →James und →Wakefield gesehen werden sollte, versucht er vor allem in seinen späteren Erzählungen neue Wege zu gehen, indem er ungewöhnliche Erzählperspektiven wählt und eine bewußte, häufig strukturell bedingte Verschleierung der geschilderten Ereignisse vornimmt. Diese Technik läßt beim Leser leicht ein Gefühl der Verärgerung entstehen, weil er das Gefühl nicht los wird, sich mit einem literarischen Bluff konfrontiert zu sehen. Auch die »philosophischen« Überlegungen in vielen Texten wirken aufgrund ihrer Trivialität eher störend. Am überzeugendsten ist A. im Bereich der psychologischen Phantastik bewährter Prägung, und die besten Beispiele seines Könnens finden sich in den frühen

Bänden wie »Dark Entries« (1964) und »Powers of Darkness« (1966). Zwischen 1964 und 1972 war er Herausgeber des »Fontana Book of Great Ghost Stories«.
Weitere Hauptwerke: Sub Rosa, 1968; Cold Hand in Mine, 1976; Tales of Love and Death, 1977; Painted Devils, 1979.
Deutsch: Wechselgeläut (Ringing the Changes), in: K. Kirde (Hrsg.), Das unsichtbare Auge, 1979; Der innere Raum (The Inner Room, aus: Sub Rosa), in: M. Görden (Hrsg.), Phantastische Literatur 82, 1982.

Ainsworth, William Harrison (1805 Manchester–1882 Reigate), England.
A. gehörte, vor allem durch seine historischen Romane, zu den erfolgreichsten Unterhaltungsschriftstellern der viktorianischen Ära. In den meisten seiner Bücher wählte er sich berühmte Verbrecher als Hauptfiguren. Die realistischen Handlungen sind häufig um übernatürliche Ereignisse bereichert. In einigen Romanen, die zum Genre des »Victorian Gothic« oder der »Sensational Novel« gehören, bilden die phantastischen Ereignisse das Zentrum der Handlung. Sein Hauptwerk in diesem Bereich ist »Auriol.; or, The Elixir of Life« (1844), nach viktorianischen Maßstäben eher eine lange Novelle. Ein historischer Roman, der sich mit Hexerei auseinandersetzt, ist »The Lancashire Witches« (1848), der häufig als sein Meisterwerk betrachtet wird.
Weitere Hauptwerke: Rockwood, 1834; The Tower of London, 1840; Old St. Pauls, 1841; Mervyn Clitheroe, 1858.
Über Ainsworth: W. Axon, W. H. A., 1902.
Deutsch: Das nächtliche Treffen (Abschnitt aus The Lancashire Witches), in: Spuk: 1974.

Allen, Grant (1848 Kingston, Canada–1899 Haslemere), England.
Der gebürtige Kanadier ließ sich 1876 in England nieder und publizierte, manchmal unter Pseudonym (J. Arbuthnot Wilson), unzählige Kurzgeschichten und Unterhaltungsromane, die sich teilweise im Bereich des Phantastischen bewegen. Seine phantastischen Erzählungen finden sich in den Sammlungen »Strange Stories« (1884), »The Beckoning Hand« (1887) und »Ivan Greet's Masterpiece« (1893). Ihr merkwürdig flacher Charakter hat sie weitgehend zu Recht in Vergessenheit geraten lassen.

Weitere Hauptwerke: The Jaws of Death, 1889; Michael's Crag, 1893; Sammelband: Twelve Tales, 1899.

Almquist, Carl Jonas Love (1793 Stockholm–1866 Bremen), Schweden.
Ähnlich wie → Hoffmann in den »Serapionsbrüdern« sammelte der von ihm beeinflußte schwedische Romantiker A., der als wichtigster Prosaist vor Strindberg betrachtet werden kann, seine häufig exotischen und phantastischen Novellen und Kurzromane in einem umfangreichen, durch eine Rahmengeschichte verbundenen Werk, das in zwei Ausgaben anonym erschien (1832–1851 und 1839–1850). Es wurde unter dem Titel der Ausgabe von 1839–1850 am bekanntesten: »Törnrosens Bok eller Fria Fantasier«. Die Erzählungen in dem Sammelwerk neigen häufig der philosophischen Parabel zu und enthalten auch märchenhafte Elemente. Als einen Höhepunkt des romantischen phantastischen Erzählens kann die Novelle »Palatset«, die 1838 auch als Einzelband erschien, betrachtet werden: vor allem der bizarrmakabre erste Teil der Novelle, in dem der Erzähler nach und nach das Rätsel geheimnisvoller, nächtlicher Kutschenfahrten in einem englischen Badeort entschleiert, ist höchst wirkungsvoll. Die Ereignisse im orientalischen Palast, der das Ende seiner Suche bildet, führen zum philosophischen Kern der Erzählung, einer parabelhaften Konfrontation zwischen christlich geprägter, abendländischer Humanität und starrem japanischen Ehrenkodex. Einen weiteren Höhepunkt bildet der Roman »Drottningens Juvelsmycke« (1834).
Über Almquist: F. Vetterlund, A.s poetiska exotism, in: F. Vetterlund, Romantisk 1800–tal, 1934.
Deutsch: Auswahl in 2 Bänden, 1912; Der Juwelenschmuck der Königin (Drottningens Juvelsmycke), 1927; Ausgewählte Erzählungen (enthält u. a. Der Palast), 1979.

Andrejew, Leonid Nikolajewitsch (1871 Orel–1919 Mustamäggi), Rußland.
In den Erzählungen des zuerst vom Naturalismus, später vom Symbolismus beeinflußten russischen Prosaisten geht das Phantastische weniger aus dem Einsetzen des Übernatürlichen als Handlungselements denn aus dem ins Metaphysische gesteigerten Grauen der dargestellten Ereignisse hervor, die auf eine

zutiefst pessimistische Weltsicht schließen lassen. Es sind »contes cruels«, Horrorerzählungen ohne die traditionellen Ingredienzien des Genres. Das wohl bestürzendste Beispiel seiner Kunst ist die bei ihrem Erscheinen sehr umstrittene Novelle »Bezdna« (1902), die als idyllische Liebesgeschichte anfängt. Die brutale Vergewaltigung eines jungen Mädchens durch drei Männer, die zuerst ihren Freund zusammengeschlagen haben, ruft in diesem, nachdem er wieder zu sich gekommen ist, eine ihm selbst unbegreifliche Lust an sexueller Gewalt hervor: jetzt stürzt er sich auf das nackt und wehrlos daliegende Mädchen und versinkt in seiner Wollust wie in einem Abgrund. Phantastisch heißt bei A. nie: mit der Realität unvereinbar, sondern Entlarvung einer, dem Naturalismus teuren, Scheinrealität. Das Grauen des Krieges bildet den Ausgangspunkt der Novelle »Krasnyj smech« (1905). →De Maupassant und →Poe können als zwei der wesentlichen Vorbilder A.s angesehen werden.
Weitere Hauptwerke: Zili-Byli, 1901.
Über Andrejew: A. Burghardt, Die Leitmotive bei L. A., 1941.
Deutsch: Es waren einmal (Zili-Byli), in: E. Gagarin, Russische Erzählungen des 20. Jahrhunderts, 1948; Der Abgrund (Bezdna), in: Der Abgrund und andere Novellen, 1905; Das rote Lachen (Krasnyj Smech), 1905.

Anstey, F. (eigentl. Guthrie, Thomas Anstey) (1856 London–1934 London), England.
Als Verfasser von humoristischen phantastischen Erzählungen und Romanen, die auf den heutigen Leser reichlich harmlos wirken, kommt A. eine gewisse Bedeutung zu. Er wurde bekannt durch »Vice-Versa« (1882), einen Roman, in dem Vater und Sohn einen Körpertausch vornehmen. Es folgten »The Tinted Venus« (1885) und »The Brass Bottle« (1900).
Weitere Hauptwerke: The Black Poodle, 1884; The Talking Horse and Other Tales, 1892; Salted Almonds, 1906; (Sammelband) Humour and Fantasy (1931)
Deutsch: Vice Versa, Eine Lehre für Väter, 1888; Die geschminkte Venus, 1889; Das sprechende Pferd, in: Bibliothek der fremden Zungen, Bd. 12, 1893.

Apel, Johann August (1771 Leipzig–1816 Leipzig), Deutschland.
Zusammen mit Friedrich →Laun verfaßte der Leipziger Ratsherr A. die wohl berühmteste Sammlung phantastischer Erzählungen der Romantik, »Das Gespensterbuch« (1810–1812), das während des ganzen 19. Jahrhunderts wieder aufgelegt wurde und aus dem auch heute noch häufig Geschichten in Anthologien zu finden sind. Ähnlich wie in den »Gespenstersagen« von →Rauschnik werden hier Elemente der älteren Schauerliteratur mit Motiven aus Legenden, Märchen und Volkssagen verbunden. Am berühmtesten blieb die Erzählung vom Jäger, der einen Pakt mit dem Teufel schließt, »Der Freischütz«, später die Vorlage für Webers Oper. Ein Parallelband zum »Gespensterbuch«, »Wunderbuch«, erschien 1815–1817. Die ersten beiden Bände entstammten wieder der Zusammenarbeit Launs und A.s. Als A. 1816 starb, trat beim dritten Band →Fouqué an seine Stelle.

Arnim, Achim von (1781 Berlin–1831 Wiepersdorf), Deutschland.
Während A. in Franreich spätestens seit den ihn geradezu maßlos bewundernden Surrealisten als einer der Klassiker der phantastischen Literatur gilt, blieb der phantastische Aspekt seines Werks in Deutschland weitgehend unbeachtet. Obwohl das hohe Lob Bretons und seiner Anhänger eher befremdet, gehören die beiden wichtigsten Beiträge A.s zum Genre, die Novellen »Isabella von Ägypten« (1812), in der das →Alraune-Motiv aufgegriffen wird, und »Die Majoratsherren« (1820) ohne Zweifel zu den bedeutenden Beispielen romantischen Erzählens.
Weitere Hauptwerke: Melück Maria Blainville, 1812.
Über Arnim: G. Rudolph, Studien zur dichterischen Welt A. v. A.s, 1958.

Arnold, Ignaz Ferdinand (auch: Arnold, Theodor Ferdinand Kajetan) (1774 Erfurt–1812 Erfurt), Deutschland.
A., der in Erfurt seinen Dr. Phil. machte, veröffentlichte eine Reihe von erfolgreichen Unterhaltungsromanen, die teilweise dem →Schauerroman zuzuordnen sind. Von einigem Interesse ist eine der ältesten literarischen Bearbeitungen des Vampir-Motivs, »Der Vampir« (1801), während »Mirakuloso oder der Schrekkensbund der Illuminaten« (1802) →Grosses Geheimbundroman »Der Genius« zum Vorbild nimmt.

Weitere Hauptwerke: Das Bildnis mit den Blutflecken, 1800; Der Brautkuß auf dem Grabe, 1801; Die Nachtwandlerin oder die schrecklichen Bundesgenossen der Finsternis, 1802.

Artmann, Hans Carl (1921 Wien), Österreich.
Das umfangreiche Werk des Bohemiens und Weltreisenden A. weist eine weitverzweigte Beziehung zu allen möglichen Spielarten der phantastischen Literatur auf, zu deren großen Kennern er zählt. Das Werk des Amerikaners →Lovecraft ist ihm genauso vertraut wie die Erzählungen eines Jean →Ray oder →Stokers »Dracula«. In seinen eigenen Prosaarbeiten setzt er Elemente der älteren, häufig der trivialen Phantastik collageartig ein und es entstehen auf diese Weise neue, höchst artifizielle Gebilde mit häufig parodistischem Charakter, die in ihrer Art einzigartig sind. Thomsen und Brandstetter erkennen als »formale Basis« dieser spezifischen A.schen Phantastik zu Recht »eine immer wieder abgewandelte, eigenständige A.sche Phantasiegattung aus Traumerzählungen, Nonsense, Schauerroman, phantastischer Kurzgeschichte, Volks- und Kunstmärchen, in der sich epische und dramatische Momente unter häufiger Poetisierung mischen.« Daß sich A. hiermit auch in eine spezifisch österreichische Phantastik-Tradition einreiht, die vor allem mit dem Namen →Herzmanovsky-Orlando verknüpft ist, sollte nicht übersehen werden. Als gelungenste Beispiele dieser eigenwilligen Variante moderner Phantastik können »Frankenstein in Sussex« (1969), »Dracula, Dracula« (1966), die von Ernst Fuchs illustrierte »Grünverschlossene Botschaft« (1967), eine Art modernes Traumbuch und »Die Jagd nach Dr. U.« (1977) gelten.
Weitere Hauptwerke: (Sammelband) The Best of H. C. A., 1970; (Gesamtwerk, 3 Bände), Grammatik und Rosen, 1980.
Über Artmann: C. W. Thomsen/G. Brandstetter, Die holden Jungfrauen, urigen Monstren und reisenden Gentlemen des H. C. A.: zur Phantastik in seinem Werk, in: Phantastik in Literatur und Kunst, 1980.

Asquith, Cynthia (Lady) (geb. Charteris, Mary Evelyn) (1887 Wiltshire–1960 Oxford), England.
Die langjährige Sekretärin des Dramatikers Barrie hat sich im Bereich der phantastischen Literatur in erster Linie als Herausgeberin zahlreicher Anthologien einen Namen erworben, von

denen »The Ghost Book« (1927), »My Grimmest Nightmare« (1935) und »The Second Ghost Book« (1952) erwähnenswert sind. Sie legte in diesen Bänden eine Vorliebe für die subtile, psychologische →Gespenstergeschichte an den Tag, eine Vorliebe, die auch ihr eigenes, wenig umfangreiches, aber literarisch wertvolles Werk kennzeichnet. Sie sammelte ihre Geschichten in dem Band »This Mortal Coil« (1947, später »What Dreams May Come«, 1951), der ihre beiden berühmtesten Geschichten enthält, »The Follower« und »God Grante That She Lye Stille«, die Geschichte einer dämonischen Besessenheit.
Weitere Hauptwerke: (als Herausgeberin): The Black Cap, 1928; Shudders, 1929; The Third Ghost Book, 1956.
Deutsch: Ein Grab zu wenig (One Grave too few), in: Schrecksekunden, 1971; Der Verfolger (The Follower), in: Das unsichtbare Auge, 1979.

Asselineau, François Alexandre *Charles* (1820 Paris–1874 Chatelguyon), Frankreich.
Einer der letzten »petits romantiques« war A., dessen Arbeiten vor allem den Einfluß →Nodiers aufweisen. A., der als Bibliothekar arbeitete, publizierte 1858 den Band »La double vie«, der gelungene, bizarr-witzige phantastische Erzählungen wie »La jambe« und »La seconde vie«, die Vision eines musikalischen Jenseits, enthält. Obwohl die »période frénétique« der französischen Romantik eigentlich schon vorbei war, erlebte sie hier eine ihrer letzten Blüten.
Über Asselineau: M. Tourneux, Notice biobibliographique sur A., in: Catalogue de la bibliothèque romantique de feu C. A., 1875.

Asturias, Miguel Angel (1899 Guatemala), Guatemala.
Der 1967 mit dem Nobelpreis für Literatur ausgezeichnete Erzähler verbindet in seinem umfangreichen, sprachlich barock-metaphernreichen Werk die Mythen der Indianerbevölkerung seiner Heimat mit parabelhaften Darstellungen politischen Terrors, die auf seine Erfahrungen während der Cabrera-Diktatur zurückgehen, zu einem schillernden Ganzen, das in seinem Anspielungsreichtum den europäischen Leser häufig verwirrt, aber für die Entwicklung der lateinamerikanischen Literatur vorbildlich wurde. Nach den märchenhaften »Leyendas de

Guatemala« (1930), die ihm das Etikett eines »magischen Realisten« einbrachten, veröffentlichte er den schon 1932 vollendeten Roman »El señor presidente«, sein erstes Hauptwerk, 1946, die ins Phantastische erhöhte Schilderung einer Diktatur, die für das heutige Lateinamerika noch nichts von seiner Aktualität verloren hat. Am Überzeugendsten gelang ihm die Synthese zwischen politischem Engagement und magischer Wirklichkeitsdurchdringung in »Hombres de maíz« (1949). Barocke Übersteigerung der Mittel kennzeichnet die Romantrilogie »Viento fuerte« (1949), »El papa verde« (1954) und »Los ojos de los enterrados« (1960), während »El alhajadito (1961) in seiner Schilderung einer verzauberten Kindheit sich eher französischen Vorbildern zu nähern scheint.
Weitere Hauptwerke: Mulata de tal, 1963.
Über Asturias: G. W. Lorenz, M. A. A., 1968.
Deutsch: Legenden aus Guatemala (Leyendas de G.), 1960; Der Herr Präsident 1957; Die Maismänner (Hombres de maíz), 1956; Sturm (Viento fuerte), 1967; Der grüne Papst (El papa verde), 1968; Don Nino oder Geographie der Träume (El alhajadito), 1969.

Aymé, Marcel (1902 Joigny–1967 Paris), Frankreich.
Es bleibt ein wenig fraglich, ob A. überhaupt zu den phantastischen Erzählern gerechnet werden soll, da seine immer witzigen, inventiven Geschichten viel eher eine moderne Form des Kunstmärchens darstellen. Andererseits ist der Kontrast zwischen realistischer Alltagswelt und der Welt des Wunderbaren häufig so überraschend, daß ein typischer Effekt des Phantastischen, die Infragestellung des herrschenden Realitätsprinzips, eintritt. Der Phantastik-Kenner →Baronian spricht in diesem Zusammenhang von »pseudo-fantastique«. Die für diese eigenwillige Art bezeichnendsten Geschichten findet man in den Bänden »Le puits aux images« (1932), »Le nain« (1934) und »Le passe-muraille« (1943), die wiederholt verfilmte Geschichte vom kleinen Angestellten, der auf einmal die Fähigkeit entwickelt, durch die Wand zu gehen.
Weitere Hauptwerke: Les jumeaux du diable, 1928; La jument verte, 1933; La vouivre, 1942; En arrière, 1949.
Über Aymé: P. Vandromme, M. A., 1960.
Deutsch: Der Bilderbrunnen (Le puits aux images), 1963; Der

Mann, der durch die Wand gehen konnte (Le passe-muraille), 1949; Die grüne Stute (La jument verte), 1953; Der Zwerg (Le nain), 1953.

Ayren, Armin (1934 Friedrichshafen), Deutschland.
Der Literaturwissenschaftler und Kritiker A., der über den Abenteuerroman promovierte, publizierte 1968 einen →Lernet-Holenia gewidmeten, leider wenig beachteten Band mit phantastischen Erzählungen, »Der Brandstifter und andere Abweichungen«, die mit einer tatsächlich Lernet-Holenia viel verdankenden Kunst das schicksalhafte Umkippen einer normalen Alltagsexistenz ins Unheimliche, Bedrohliche in vielen Varianten virtuos vorführen. Die zugleich tragische und groteske Titelgeschichte vom Studenten Robert X., der sich gegen das Bild des Brandstifters, das ihm die Gesellschaft aufprägt, schließlich nicht mehr zu wehren vermag, erinnert auch in mancher Hinsicht an die frühen Texte →Hildesheimers.
Weitere Hauptwerke: Der Mann im Kamin, 1980.

Backhaus, Helmut Manuel (1920 Bonn), Deutschland.
Der auch als Dramatiker bekannte B. veröffentlichte kurz hintereinander zwei, freilich wenig beachtete Bände mit phantastischen Erzählungen, in denen er sich geschickt, wenn auch eher an der Oberfläche bleibend und ohne größere Originalität, klassischer topoi bediente: »Das Stundenglas« (1968) und »Die Mitternachtsprobe« (1971).

Bäuerle, Adolf Johann (1786 Wien–1859 Basel), Österreich.
Mit dem Roman »Die Dame mit dem Todtenkopfe« (1855) lieferte der vor allem als Dramatiker erfolgreiche B. ein spätes Beispiel des →Schauerromans, während das heute noch durchaus lesbare Werk zugleich als früher Kriminalroman gelten kann.
Weitere Hauptwerke: (Unter dem Pseudonym Otto Horn) Aus den Geheimnissen eines Wiener Advokaten: Das eingemauerte Mädchen, 1857.

Ballard, James Graham (1930 Shanghai), England.
Zwar wird B. im allgemeinen als SF-Autor betrachtet, aber diese Klassifizierung trifft nur einen Teil seines Werks, in dem sich um 1965 ein offensichtlicher Neubeginn anbahnt. Bis dahin war B.

vor allem durch die drei Romane »The Drowned World« (1962), »The Drought« (1964) und »The Crystal World« (1966) bekannt geworden, die ein Motiv immer neu variieren, den Untergang der menschlichen Gesellschaft durch eine unaufhaltsame Naturkatastrophe. Ein wesentliches Moment ist hier die Bereitschaft der Hauptfiguren, sich der Katastrophe auszusetzen, ja, sich ihr mit einem geradezu wollüstigen Empfinden zu ergeben. Die faszinierende Endstimmung verbindet diese Romane wie auch die meisten Erzählungen dieser Jahre mit der Literatur des ausgehenden 19. Jahrhunderts und dem Surrealismus. Einen Höhepunkt dieser »neu-dekadenten« Richtung erreicht B. mit den Geschichten des Bandes »Vermilion Sands«, die traditionelle phantastische Motive mit Gesellschaftskritik auf einer an die Bilder Dalís erinnernden Traumebene verbinden. Handlungsort aller Erzählungen ist ein Palm Springs der Zukunft, Vermilion Sands (1971). Mit den kurzen Texten der »Atrocity Exhibition« (1970), von B. als »condensed novels« bezeichnet, werden neue experimentelle Prosaformen ausprobiert, die in ihrer Struktur deutlich filmische Elemente aufweisen. B.s Auseinandersetzung mit der Konsumgesellschaft, die er freilich zum Entstehen seiner Prosa braucht, nimmt hier wesentlich krassere Formen an und bildet den Übergang zu den drei Romanen »Crash« (1973), »Concrete Island« (1974) und »High Rise« (1975), die dem phantastischen Horror unserer zubetonierten und verseuchten, von Gewalttätigkeit geprägten Umwelt auf beklemmende Weise nachspüren. Die Erzählungen aus »Low-Flying Aircraft« (1976) bedeuten formal eine gewisse Rückkehr zu der ersten Phase seines Werkes.
Weitere Hauptwerke: »The Wind from Nowhere«, 1962; The Four-Dimensional Nightmare, 1963; The Terminal Beach, 1964; The Disaster Area, 1967; The Unlimited Dream Company, 1979; Venus Hunters, 1980.
Über Ballard: J. Krichbaum/Rein A. Zondergeld, Es wäre ein Irrtum, über die Zukunft zu schreiben, Gespräch mit J. G. B., in: Quarber Merkur, Hrsg. F. Rottensteiner, 1979.
Deutsch: Der Sturm aus dem Nichts (The Wind from Nowhere), 1964; Welt in Flammen (The Drought), 1968; Kristallwelt, 1969; Karneval der Alligatoren (The Drowned World), 1970; Liebe und Napalm-Export USA (The Atrocity Exhibition), 1970; Die tausend Träume von Stellavista (Vermilion Sands); 1972; Der vierdimensionale Alptraum (The Four-Dimensional Night-

mare), 1973; Der ewige Tag (The Day of Forever), 1981; Freiflüge (The Unlimited Dream Company), 1982; Hallo Amerika (Hello America), 1983; Billenium (Terminal Beach), 1983.

Balzac, Honoré de (1799 Tours–1850 Paris), Frankreich.
Die phantastischen Erzählungen des großen französischen Realisten gehören weitgehend dem Frühwerk an und zeigen unterschiedliche Einflüsse. Sowohl die →Hoffmann-Mode, die in Frankreich um 1830 einen Höhepunkt erreichte, als auch die von der →»gothic novel« beeinflußte »frenetische Romantik«, der auch →Nodier oder →Hugo Tribut zollten, wirkten auf den jungen B., dessen Erzählungen häufig einen visionären oder philosophischen Charakter haben. Sowohl «L'église« (1831) als auch »L'Elixir de longue vie« (1830) und die Fortführung des Romans »Melmoth the Wanderer« von →Maturin, »Melmoth reconcilié«, in der sich der dämonische Wanderer durch die Zeiten mit der Kirche versöhnt, wurden in den »Romans et Contes Philosophiques« oder in den »Études Philosophiques« gesammelt. Der Roman »La peau de chagrin« (1831) benutzt das Phantastische eher als allegorisches Mittel, aber in manchen Szenen ist die Nähe zu der geheimnisvollen Stimmung des →Schauerromans noch deutlich spürbar. Eine Sonderstellung nehmen die »mystischen« Erzählungen ein, die den Einfluß Swedenborgs verarbeiten: »Louis Lambert« (1833) und »Séraphita« (1835).
Weitere Hauptwerke: Les deux rêves, 1830; Zéro, 1830; La danse des pierres, 1830; Jésus-Christ en Flandre, 1831; Le Chef-d'œuvre inconnu, 1831; Histoire des treize, 1833; La fille aux yeux d'or, 1835; (posthum) Falthurne, 1950.
Über Balzac: P. G. Castex, B. et ses visions, in: Le conte fantastique en France, 1951.
Deutsch: Das Gesamtwerk, 1977.

Barham, Richard Harris (1788 Canterbury–1845 London), England.
Unter dem Pseudonym Thomas Ingoldsby veröffentlichte er ab 1837 in Bentley's Miscellany eine Reihe von humoristischen und makabren »Legenden«, im allgemeinen in Versform, aber auch in Prosa, die sehr erfolgreich waren. Das Übernatürliche spielt in diesen sprachlich brillanten Texten eine große Rolle, und das

Nebeneinander von Grauen und schwarzem Humor gibt ihnen einen überraschend modernen Charakter. Sie erschienen zum erstenmal 1840 in Buchform (»The Ingoldsby Legends«), während sich B. in einer späteren Auflage (1847) zur Urheberschaft bekannte. Sowohl Montague →Summers wie Jean →Ray haben auf die Bedeutung der Gespenstergeschichten in Prosa hingewiesen: »The Spectre of Tappington« (eine Lieblingsgeschichte von Ray!), »Jerry Jarvis's Wig«, »Singular Passage in the Life of the Late Henry Harris, Doctor in Divinity«. Die Illustrationen von Cruikshank erhöhen noch den Reiz dieser originellen Geschichten.
Über Barham: W. G. Lane, R. H. B., 1967.

Baynton, Barbara (eigentl. Kirkpaktrick, Barbara Janet) (1862 Scone–1929 Melbourne), Australien.
Die in zweiter Ehe mit dem Arzt Thomas Baynton verheiratete Autorin zählt zu den wichtigsten Autoren der australischen short story. Obwohl die Grundhaltung ihrer Erzählungen realistisch ist, reichen ihre düsteren, manchmal →Bierce verwandten Geschichten, häufig, wie bei →Lawson, in den Bereich des Magischen und Phantastischen, das hier eher durch die unheimliche Atmosphäre als durch tatsächlich eintretende übernatürliche Ereignisse bedingt wird. Ihre wichtigsten Texte sammelte sie in »Bush Studies« (1902). Makabre Höhepunkte der Sammlung sind »A Dreamer«, »Squeaker's Mate« und »The Chosen Vessel.«
Weitere Hauptwerke: Human Toll, 1907.
Über Baynton: J. Schulz, Geschichte der australischen Literatur, 1960.
Deutsch: Stummelhand (Scrannys 'And), in: Australische Erzähler, Hrsg. von E. Schnack, 1961.

Béalu, Marcel (1908 Selles-sur-Cher), Frankreich.
B., der zeitweilig eine berühmte, auf phantastische Literatur spezialisierte Buchhandlung führte, wurde als phantastischer Erzähler vor allem bekannt durch »L'araignée d'eau« (1948). Der lyrische Traumcharakter seiner Texte, die allerdings häufig die bedrohlichen Züge eines Alptraums annehmen können und denen auch ein bizarrer Humor nicht fremd ist, führte ihn in die Nähe der Surrealisten. Eine förmliche Besessenheit durch Nacht

und Tod, die von Gewalt und Leiden geprägte Sexualität lassen ihn als einen Erben der schwarzen Romantik erkennen, deren Themen er wie in einem Brennspiegel vorführt. Seine Erzählungen streben eine immer größere Verdichtung an, eine Verknappung der Mittel, die einen ersten Höhepunkt in den hundertzwanzig kurzen Texten aus »Mémoires de l'ombre« (1941) erreicht. Hier wie in manchen anderen Erzählungen wird die Nähe zu Franz →Kafka deutlich.
Weitere Hauptwerke: L'expérience de la nuit, 1945; Journal d'un mort, 1946; La pérégrination fantastique, 1951; L'aventure impersonelle, 1954; Contes du demi-sommeil, 1960; La dormeuse, 1964; Passage de la bête, 1969.
Deutsch: Der Schutzengel (L'ange gardien), in: Phaïcon 5, 1982.

Beckford, William (1760 Fonthill–1844 Bath), England.
Obwohl in französischer Sprache geschrieben, erschien »Vathek. Conte Arabe« (1787) ohne Erlaubnis des Autors schon 1786 in der englischen Fassung von Hensley. Der in einer leuchtenden Sprache geschriebene Roman gehört zu den Hauptwerken der →»gothic novel« und führt zum ersten Mal den Orient als Schauplatz ein. Die Suche des Kalifen Vathek nach dem Sinn des Universums enthielt mehrere Episoden, die in den Buchausgaben weggelassen wurden. Sie erschienen 1912 als »The Episodes of Vathek«. B. war ein steinreicher Exzentriker, der sich aufgrund eines Skandals, bei dem schwarze Magie und homosexuelle Orgien eine Rolle spielten, vollkommen aus dem öffentlichen Leben zurückziehen mußte. Er ließ 1796 das künstliche Schloß Fonthill Abbey bauen, das schon bald darauf weitgehend zusammenbrach.
Weitere Hauptwerke: Popular Tales of the Germans, 1791.
Über Beckford: J. W. Oliver, The Life of W. B. of Fonthill, 1932.
Deutsch: Vathek, 1964.

Becquer, Gustavo Adolfo (eigentlich G. A. Domínguez Bastida) (1836 Sevilla–1870 Madrid), Spanien.
Daß Spaniens größter Dichter des Phantastischen, B., flämischer Abstammung ist, könnte gewissen Theoretikern, die eine Veranlagung zum Phantastischen nur bei manchen Völkern, wie den Flamen, vermuten, zu denken geben. Das Hauptwerk des spanischen Romantikers sind die »Leyendas« (1871), die manchmal

märchenhafte Züge tragen, aber in den meisten Fällen klassische phantastische Erzählungen sind. Neben noch deutlich legendennahen Texten wie »La cruz del diablo« findet sich die hoffmanneske Novelle »El Miserere«, die einen dämonischen Musiker auf der Suche nach dem »endgültigen« Miserere vorführt, das ihm schließlich die Gespenster ermordeter spanischer Mönche vorsingen. Einen Höhepunkt stellen die Erzählungen »Los ojos verdes« und »El monte de las animas« dar, die beide von B.s Misogynie geprägt sind. Während der erste Text eine Variation des Undine-Motivs bildet, schildert die zweite Geschichte, wie eine grausame Adlige den sie hoffnungslos liebenden jungen Vetter in der Allerseelennacht auf den Geisterberg schickt, um ihren Schleier zu suchen, trotz seiner eindringlichen Schilderung der ihn dort erwartenden Gefahren. Als sein Geist ihr den Schleier am frühen Morgen bringt, stirbt sie vor Entsetzen. Die Schlußpassage ist von einer für B. durchaus typischen Grausamkeit und schildert, wie die selbst zum Gespenst gewordene Frau von den Geistern des Berges mit ihren Hunden wie ein wildes Tier im Kreis um das Grabmal ihres Geliebten gejagt wird. An solchen Stellen findet der oft gezogene Vergleich mit →Poe eine gewisse Berechtigung.
Über Becquer: E. L. King, G. A. B. From Painter to Poet, 1953.
Deutsch: (Sammelband) Von Teufeln, Geistern und Dämonen, 1922.

Belcampo, (eigentl. Schönfeld Wichers, Hermann Pieter) (1902 Naarden), Niederlande.
Nach einem Studium der Rechte und der Medizin war B. jahrelang in Groningen als Studentenarzt tätig. Das Pseudonym, unter dem er seine auch vielfach übersetzten phantastischen Erzählungen publizierte, entnahm er →Hoffmanns »Elixiere des Teufels«. Die Eigenart der Erzählungen beruht auf der Konsequenz, mit der ein bizarrer Grundeinfall bis zu Ende gedacht wird. Eine betont nüchterne Art des Erzählens erhöht die Befremdung beim Leser, der sich zugleich einer Philosophie der Skepsis ausgesetzt sieht, die jede als unumstößliche Prämisse anerkannte Sicherheit in Zweifel zieht. Die wohl berühmteste Erzählung ist »Het grote gebeuren« aus »Nieuwe verhalen« (1946), die äußerst witzige Darstellung vom Hereinbrechen des Jüngsten Tages in eine niederländische Kleinstadt.
Weitere Hauptwerke: Verhalen, 1935; Sprongen in de branding,

1950; Liefdes verbijstering, 1953; Die gesammelten Erzählungen erschienen 1963 als Luchtspiegelingen; De filosofie van het Belcampisme, 1973.
Über Belcampo: C. J. E. Dinaux, Gegist bestek.

Belen, (eigentl. Kaplan, Nelly) (1934 Buenos Aires), Frankreich.
Bevor sie unter ihrem eigenen Namen zu einer der erfolgreichsten französischen Regisseurinnen (La fiancée du pirate, 1969) wurde, publizierte B. kurz hintereinander drei Bände mit stark erotisch getönten phantastischen Kurzgeschichten, von denen »La reine des sabbats« (1960) am bekanntesten wurde. Von manchen Kritikern als Pornographie verschrien, ernteten die Texte ein doch wohl übertriebenes Lob von seiten der Surrealisten, die in B. eine der ihren erkannten. Die kurzen, offenbar an →Lautréamont orientierten Geschichten leben immer von einem häufig originellen, manchmal auch nur milde überraschenden Grundeinfall, wie in »Sang«, in der die Vampire ihre Nahrungsprobleme dadurch erfolgreich lösen, daß sie die Bevölkerung zum Blutspenden aufrufen. Es sind eher phantastische Anekdoten, deren Reiz sich nach der ersten Lektüre verflüchtigt.
Weitere Hauptwerke: La géométrie dans les spasmes, 1959; Et délivrez-nous du mâle, 1960; Le réservoir des sens, 1966.
Über Belen: La femme surréaliste, Obliques, Nr. 14/15, 1977.
Deutsch: Blut, Panther mit goldgrünen Augen, in: Königin des Sabbat, Phantastische Erzählungen, 1974.

Belletto, René (1945 Lyon), Frankreich.
Er debütierte nach einer Examensarbeit über Jean →Ray mit dem Band mit Erzählungen »Le temps mort« (1974), der den vom Marabout Verlag gestifteten Jean Ray-Preis erhielt. Einflüsse des Nouveau Roman sind ebenso unverkennbar wie die Nähe zu →Borges. In »Livre d'Histoire« (1978) werden eine Reihe vielversprechender Geschichten nicht zu Ende erzählt, sie werden vom Autor rigoros unterbrochen. Einen vorläufigen Höhepunkt in seinem Werk stellt der 1981 erschienene Roman »Le revenant« dar, eine Art metaphysischer Thriller, in dem drei Erzählebenen auf höchst virtuose Weise miteinander verbunden werden. B.s Hang zum Melodram feiert hier höchst artifiziell und häufig amüsant gestaltete Triumphe.
Weitere Hauptwerke: Sur la terre comme au ciel, 1982.

Benoit, Pierre (1886 Albi–1962 Saint-Jean de Luz), Frankreich.
Im umfangreichen Œuvre des heute weitgehend vergessenen Erfolgsautors, dessen spannende Abenteuerromane einst weltweite Verbreitung fanden, spielen auch phantastische Elemente eine Rolle. Diese bilden aber im frühen Roman »L'Atlantide« (1919) den Handlungskern. Der deutlich an →Rider Haggards »She« orientierte Roman, der sein Vorbild aber an literarischer Bedeutung übertrifft, schildert die Erlebnisse eines französischen Offiziers im geheimnisvollen Reich der Königin Antinéa.
Über Benoit: P. B. und P. Guimard, De Koenigsmark à Montsalvat, 1958.
Deutsch: Atlantis, 1929.

Benson, Arthur Christopher (1862 Wokingham–1925), England.
Die wenigen phantastischen Erzählungen des ältesten Benson wurden weniger bekannt als die seiner Brüder, was mit ihrem wenig ereignisreichen, eher rein atmosphärischen Charakter, der oft ins Legendenhafte abgleitet, wie auch mit ihrer dunklen, pessimistischen Grundstimmung zusammenhängen mag. Der depressiv veranlagte Autor, der vor allem als Essayist bekannt wurde, sammelte seine Erzählungen in den beiden Bänden »The Hill of Trouble« (1903) und »The Isles of Sunset« (1904). Nach seinem Tod gab sein Bruder E. F. B. »Basil Netherby« (1926), zwei Gespensternovellen heraus.
Weitere Hauptwerke: The Child of Dawn, 1911.
Über Benson: E. F. Benson, As We Were, 1930.
Deutsch: Basil Netherby, in: 16 Gruselstories, Heyne Anth. 41, 1974.

Benson, Edward Frederic (1867 Wokingham–1940 London), England.
Der erfolgreichste der drei Benson-Brüder verfaßte neben einer Reihe von satirischen Gesellschaftsromanen mehrere phantastische Romane, die heute weitgehend vergessen sind, und höchst wirkungsvolle, wenn auch eher oberflächliche phantastische Erzählungen, die in vier Bänden gesammelt wurden: »The Room in the Tower« (1912), »Visible and Invisible« (1923), »Spook Stories« (1928) und »More Spook Stories« (1928). Seine beiden überzeugendsten Geschichten dürften die originelle →Vampir-Story »Mrs. Amworth« und die deutlich von M. R. →James

beeinflußte Erzählung »Negotium perambulans« sein, in der ein Maler von einem Dämon an der Küste Cornwalls getötet wird; beide Texte finden sich in »Visible and Invisible«.
Weitere Hauptwerke: The Judgement Books, 1895; The Angel of Pain, 1906; Raven's Brood, 1934; (Sammelband) The Horror Horn, 1974.
Über Benson: E. F. Benson, As We Were, 1930.
Deutsch: Raupen (Caterpillars, aus: The Room in the Tower), in: Ullstein Kriminalmagazin 8, 1967; Der Wunschbrunnen (The Wishing Well) in: 16 Gruselstories, Heyne Anth. 41, 1974; »Und es singt kein Vogel« (»And no Bird Sings«), in: P. Haining, (Hrsg.), Stunde der Vampire, 1974. Die Turmstube (The Room in the Tower), in: M. Hottinger (Hrsg.), Panik, 1961; Negotium Perambulans, in: F. Rottensteiner (Hrsg.), Gespenstergeschichten aus England, 1980.

Benson, Robert Hugh (1871 Wokingham–1914 Salford), England.
Nach einer Karriere in der anglikanischen Kirche bekehrte sich B. 1903 zum katholischen Glauben und wurde Priester. Seine beiden Hauptwerke im Bereich des Phantastischen sind der Roman »The Necromancers« (1909), der sich gegen die Gefahren des Spiritismus richtet, aber über seiner didaktischen Zielsetzung nie die Spannung aus den Augen verliert, und die teilweise brillanten Erzählungen aus der Sammlung »The Mirror of Shalott« (1907), die durch eine Rahmengeschichte miteinander verbunden sind. Als eine Art SF-Roman kann »Lord of the World« (1908) betrachtet werden, der den Untergang der katholischen Kirche beschreibt. Obwohl R. H. B. weniger bekannt wurde als seine beiden Brüder, ist sein Werk wesentlich stilvoller und übertrifft in seiner subtilen Zurückhaltung die Wirkung der eher kruden Gespenstergeschichten von E. F. →Benson.
Weitere Hauptwerke: The Light Invisible, 1903.
Über Benson: E. F. Benson, As We Were, 1930.
Deutsch: Gespenstergeschichten, 1929; Der Herr der Welt (Lord of the World), 1911.

Bergengruen, Werner (1892 Riga–1964 Baden-Baden), Deutschland.

Die Novellen und Romane des baltischen Erzählers, die sich lange Zeit einer großen Wertschätzung erfreuten, werden heute nur noch wenig gelesen. Insbesondere in den klassisch gestalteten Novellen tritt häufig das Phantastische in den Vordergrund, wobei es freilich oft dem Sagenhaften nahesteht. Volkserzählungen und Legenden seiner Heimat finden literarische Gestaltung. Das gilt insbesondere für die »Sagen und Spukgeschichten« aus »Das Buch Rodenstein« (1927) und die bizarren Erzählungen aus dem wohl bekanntesten Novellenband »Der Tod von Reval« (1939), in dem die Stadt Reval zu einem ähnlich unheimlichen Ort wird wie Brügge in der flämischen Phantastik. Seine über die vielen Novellenbände verstreuten Gespenstergeschichten wurden in dem Band »Spuknovellen« (1973) von seiner Frau gesammelt.
Weitere Hauptwerke: Das Gesetz des Atum, 1923; Das große Alkahest, 1926; Die Woche im Labyrinth, 1930; (Auswahl) Novellenbuch, 1962.
Über Bergengruen: T. Kampmann, Die Welt B.s, 1952.

Bergsøe, Jørgen Vilhelm (1835 Kopenhagen–1911 Kopenhagen), Dänemark.
Im Werk des zeitweilig auch in Deutschland erfolgreichen, aber doch wohl eher zweitrangigen dänischen Spätromantikers, der längere Zeit in Italien lebte, spielt das Abenteuerliche mit phantastischem Akzent eine nicht unwichtige Rolle. Das gilt sowohl für sein Hauptwerk, den Roman »Fra Piazza del Popolo« (1867), wie für seine Bände mit Novellen und Erzählungen, von denen insbesondere dem Band mit drei Gespensternovellen, »Gjengangerfortaellinger« (1873) Bedeutung zukommt. Freilich handelt es sich da nur bei der zweiten Novelle um eine wirkliche Gespenstergeschichte, in der die unheimlichen Folgen eines Studentenulks gezeigt werden. Das Gespenstische in den beiden anderen Texten ist eher schmückende Beilage.
Über Bergsøe: P. V. Rubow, V. B., 1948.
Deutsch: Von der Piazza del Popolo, 1870; Gespensternovellen, 1873.

Bertin, Eddy Charly (1944 Altona), Belgien-Ndl./Engl.
Einer der größten Kenner der phantastischen Literatur und →SF, der Flame B., publizierte seine ersten Geschichten in englischer Sprache in Fanzeitschriften und Anthologien. Die verschieden-

sten Einflüsse – →Lovecraft, →Ray, →Birkin – machen sich in seinem Werk bemerkbar, das einen ausgesprochenen Hang zum Blutrünstigen besitzt. Er veröffentlichte auch viele Aufsätze und Buchkritiken, z. T. in seinem eigenen Fanzine, SF-Gids, und benutzte dazu mehrere Pseudonyme wie Edith Brendall. Seine besten phantastischen Horrorgeschichten sammelte er in dem Band »Iets kleins, iets hongerigs« (1972).
Weitere Hauptwerke: Het oog van de vampier, 1973.
Deutsch: Zwei weiße Spinnen (Like Two White Spiders), in: R. Davis (Hrsg.), Der Totenvogel, 1975.

Bertrand, Aloysius (eigentl. Jacques Louis Napoléon) (1807 Céva–1841 Paris), Frankreich.
Der unbekannt an Schwindsucht gestorbene Freund →Nodiers und Sainte-Beuves kam zu posthumem Ruhm durch die von Sainte-Beuve betreute Veröffentlichung einer Sammlung kurzer phantastischer Prosatexte, »Gaspard de la nuit ou fantaisies à la manière de Rembrandt et Callot« (1842). Obwohl der Titel auf →Hoffmann hinzudeuten scheint, handelt es sich hier vielmehr um eine neue, für die Entwicklung der französischen Literatur bedeutsame literarische Form, das Prosagedicht, das von Baudelaire und →Lautréamont weiterentwickelt werden sollte. Parallelen zu einem anderen Außenseiter der französischen Literatur der Zeit, →Forneret, sind feststellbar. Die Knappheit der einzelnen Texte ließe den Begriff »phantastische Geschichte« fehl am Platz erscheinen, viel eher handelt es sich hier um »phantastische Impressionen«, so wie sie auch manche Symbolisten und Surrealisten lieben sollten.
Über Bertrand: F. Banner, A. B.s Gaspard de la nuit, 1931.
Deutsch: Gaspard de la Nuit, Fantasien in der Manier Callots und Rembrandts, 1978.

Bierce, Ambrose Gwinnett (1842 Ohio–um 1914 Mexico?), USA.
Neben Kriegsgeschichten und »tall tales« veröffentlichte der Journalist B., der im amerikanischen Bürgerkrieg kämpfte, eine Reihe von außerordentlich gelungenen phantastischen Erzählungen, die zu den besten in englischer Sprache zählen. Der Titel seiner erfolgreichen Sammlung »Can Such Things Be?« (1893) bezeichnet den Grundcharakter seiner häufig knappen Prosatex-

te, die in einer sehr konzentrierten, modern wirkenden Sprache geschrieben sind. Denn B. geht es weniger um die Darstellung eindeutig übernatürlicher Ereignisse als um Schilderungen jenes Zwischenbereiches, wo das Reale und nicht mehr real Erklärbare sich zu einer unlösbaren, beklemmenden Einheit verdichten. Der auf diese Weise hervorgerufene, manchmal fast erstickende Alptraumcharakter seiner Erzählungen wird durch den häufig zynischen Erzählton und einen schwarzen Humor noch verstärkt. Zu seinen überzeugendsten Geschichten gehören: »The Death of Halpin Frayser«, »The Damned Thing«, »The Moonlit Road«, »The Middle Toe of the Right Foot«, »The Difficulty of Crossing a Field«, »The Eyes of the Panther« und »The Suitable Surroundings«. B.s zynische Grundhaltung wird besonders deutlich aus seinem satirischen Werk »Devil's Dictionary« (1906). 1913 ging B. als Reporter nach Mexico, um dort über den Aufstand des Pancho Villa zu berichten. Er kehrte nie zurück, und man nimmt an, daß er im Bürgerkrieg umkam.

Weitere Hauptwerke: The Dance of Death, 1877; Fantastic Fables, 1899; (Gesamtwerk) Collected Works, 12 Bände, 1909–1912; (Sammelband der phantastischen Erzählungen) The Complete Short Stories of A. B., Vol. I, The World of Horror, 1970.
Über Bierce: S. C. Woodruff, The Short Stories of A. B., 1964.
Deutsch: (Auswahlbände) Die Spottdrossel, 1963; Mein Lieblingsmord, 1963; Bittere Stories, 1967; Das Spukhaus, 1969.

Bioy Casares, Adolfo (1914 Buenos Aires), Argentinien.
Der bekannteste phantastische Erzähler Argentiniens neben →Borges, mit dem er befreundet ist und oft zusammenarbeitete, ist B. C., der mit Silvina →Ocampo verheiratet ist. Seinen Ruhm auch außerhalb seiner Heimat begründete er mit dem 1940 erschienenen Roman »La invención de Morel«, in dem ein politischer Flüchtling, der sich auf einer Insel versteckt hält, nach und nach entdeckt, daß die sich dort aufhaltenden Menschen keine wirklichen Menschen, sondern dreidimensionale Projektionen längst Verstorbener sind, die mittels »Morels Erfindung« ein ewiges Schattendasein führen. Dieser von Borges als perfekt bezeichneten Fabel folgte 1945 »Plan de evasión«, eine bestürzende Parabel über Gefangenschaft und Freiheit, die von der Kritik unterschiedlich aufgenommen wurde. In den späteren

Romanen verschwindet der phantastische Aspekt zwar nicht, aber er tritt weniger auffallend in Erscheinung. Das gilt vor allem für »Diario de la guerra del cerdo« (1969). Zusammen mit Borges schrieb er unter dem Pseudonym H. Bustos Domecq »Seis problemas para Don Isidro Parodi« (1942) und »Crónicas de Bustos Domecq« (1967).
Weitere Hauptwerke: El perjurio de la nieve, 1944; El sueño de los héroes, 1954; El lado de la sombra, 1962; (Sammelband der phantastischen Erzählungen) Historias fantásticas, 1972; Dormir al sol, 1973.
Über Bioy Casares: D. P. Gallagher, Die Romane und Kurzgeschichten von A. B. C., in: Materialien zur lateinamerikanischen Literatur, 1976.
Deutsch: Morels Erfindung, 1965; Fluchtplan (Plan de evasión), 1977; Der Traum der Helden (El sueño de los héroes), 1977; Der Schweinekrieg (Diario de la guerra del cerdo), 1971; Schlaf in der Sonne (Dormir al sol), 1976; Sechs Aufgaben für Don Isidro Parodi, 1969.

Birkin, Charles (eigentl. Sir Charles Lloyd Birkin, Ps. Charles Lloyd) (1907 Nottingham), England.
Nachdem er unter dem Pseudonym Charles Lloyd mehrere Geschichten in einer Reihe von ihm selbst edierter Anthologien – darunter »Creeps« (1932), »Shudders« (1932) und »Horrors« (1933) – veröffentlicht hatte, erschien 1936 ein erster Sammelband, »Devil's Spawn« (1936), die schon die Eigenheit seines Werks erkennen läßt: eine wenig erfreuliche Betonung des Grausigen und Sadistischen, häufig mit erotischen Implikationen. Das Übernatürliche spielt in den Geschichten nur eine geringe Rolle. Zu seinen späteren Bänden gehören: »The Kiss of Death« (1964) und »Where Terror Stalked« (1966). Die Titelgeschichte des letzten Bandes, der genüßliche Bericht über das Wirken eines Frauenmörders mit Jack The Ripper-Zügen, ist ein bezeichnendes Beispiel für B.s Art der →Horrorgeschichte.
Weitere Hauptwerke: The Smell of Evil, 1965; My Name Is Death, 1966; Dark Menace, 1968; So Pale, So Cold, So Fair, 1970.
Deutsch: Die Finger der Furcht (My Name Is Death), 1972; So bleich, so kalt, so tot (So Pale, So Cold, So Fair), 1972.

Blackwood, Algernon (1869 London–1951 London), England.
Zu den produktivsten englischen Erzählern des Phantastischen am Anfang dieses Jahrhunderts gehört B., den viele Liebhaber des Genres für einen seiner Großmeister halten. Seine intensive Beschäftigung mit okkulten Phänomenen und eigene Erfahrungen in diesem Bereich bestimmen hauptsächlich die Thematik seines umfangreichen Werks. Obwohl er auch den Schockeffekten der →Horrorgeschichte nicht aus dem Wege geht, sind viele seiner Arbeiten eher mildgetönte Auseinandersetzungen mit dem Geheimnisvollen, das bei ihm oft die Form von Naturdämonie annimmt, wie in seiner vielleicht gelungensten Erzählung, »The Willows« aus dem Band »The Listener« (1907), die von einer Donaufahrt zweier Freunde berichtet, die auf einer mit Weiden bewachsenen Insel übernachten und in den Sog der seltsamen Macht geraten, die von diesen Bäumen ausgeht. Bezeichnend für B.s Art der Darstellung ist die Doppeldeutigkeit des magischen Naturerlebnisses, das sowohl bedrohlich als auch befreiend wirkt, weil es den Menschen eine Ahnung von ihm selbst verlorengegangenen Kräften verleiht. Ähnlich überzeugend ist »The Wendigo« aus »The Lost Valley« (1910). Der Titel bezieht sich auf einen indianischen Walddämon. In weniger guten Texten, wie »May Day Eve« aus »The Listener«, erhalten B.s mystische Naturbeschwörungen jenen irritierenden Ton des Bewußt-Vagen und Verrätselten, der zum Verständnis den Eingeweihten, den Adepten voraussetzt, eine Gefahr, der kaum einer der okkult interessierten Phantasten entronnen ist. Außerdem gerät der weitgehend lyrische Erzählstil hier häufig in die Nähe des klischeegesättigten Kitsches. Mit der Gestalt des gottgleichen okkulten →Detektivs John Silence, von dessen Fällen in einem gleichnamigen Band (1908) berichtet wird, findet sich B. in der Nachfolge des von ihm bewunderten →Le Fanu und seines Dr. Hesselius. Die bekannteste Novelle aus dem Band, »Ancient Sorceries«, ein sehr überzeugender Text, berichtet vom Hexenunwesen in einer verschlafenen französischen Provinzstadt. Zauberei und →Magie spielen auch eine bestimmende Rolle in der Novelle »The Damned« aus »Incredible Adventures« (1914).
Weitere Hauptwerke: The Empty House, 1906; Pan's Garden, 1912; Day and Night Stories, 1917; Tongues of Fire, 1924; (Sammelbände).

Über Blackwood: P. Penzoldt, The Supernatural in Fiction, 1952.
Deutsch: (Sammelbände) Das leere Haus, 1969; Besuch von Drüben, 1970; Der Griff aus dem Dunkel, 1973, Der Tanz in den Tod, 1982.

Blish, James Benjamin (1921 East Orange–1975 London), USA.
Der angesehene →SF-Autor, der bei einem größeren Publikum vor allem durch seine Buchbearbeitungen der Fernsehserie »Star Trek« bekannt wurde, publizierte am Anfang seiner erfolgreichen literarischen Laufbahn die Novelle »There Shall Be No Darkness« (1950), die zu den interessantesten →Werwolf-Geschichten neueren Datums gerechnet werden muß. Die Geschichte wurde zuerst in der Pulp-Zeitschrift »Thrilling Wonder Stories« publiziert.
Deutsch: Wenn die Wolfsblume blüht, in: 7 Werwolf Stories, Heyne Anthologien 27, 1968.

Blixen, Karen (Ps. Isak Dinesen, Tania Blixen, Pierre Andrézel) (1885 Rungstedlund–1962 Rungstedlund), Dänemark.
Die berühmteste dänische Autorin dieses Jahrhunderts lebte nach der Heirat mit ihrem Vetter Bror Blixen-Finecke von 1914 bis 1931 auf einer Kaffeeplantage in Kenia, die sie schließlich aus wirtschaftlichen Gründen aufgeben mußte. In Kenia entstanden die ersten phantastischen Erzählungen, die sie schrieb, um sich die Zeit zu vertreiben. 1934 debütierte sie mit den englisch geschriebenen »Seven Gothic Tales«, die sie, wie auch ihre weiteren Hauptwerke, selbst ins Dänische übersetzte. Der Band trug ihr bei der englischen und amerikanischen Kritik hohes Lob ein, während ihre Bedeutung in Dänemark erst nach und nach anerkannt wurde. Vorbilder für die weitgehend im 19. Jahrhundert spielenden Novellen waren die Märchen aus »Tausend und Einer Nacht« mit ihrer verschlungenen Erzählstruktur, welche die Wirren des dem Schicksal unterworfenen menschlichen Lebens symbolisiert. Die fatalistische Haltung der Isak Dinesen (unter diesem Pseudonym erschienen alle ihre englisch-sprachigen Werke) mündet in einer positiven Haltung gegenüber dem Leben: es ist die Aufgabe des Menschen, die ihm vom Schicksal auferlegten Prüfungen nicht nur passiv hinzunehmen, sondern sie als eigentlichen Sinn seines Lebens zu bejahen. Auf diese Weise

erhält auch die tragische Erfahrung eine heroische Dimension und wandelt sich das Unverständnis vor dem Rätsel des menschlichen Lebens in ein höheres Verstehen. Während die Texte schon aufgrund ihres labyrinthischen Konstruktionsprinzips als Musterbeispiele gültiger modemer Phantastik neben →Kafka oder →Borges gelten können, führt die Darstellung des Rätselvollen die Autorin manchmal auch auf inhaltlicher Ebene in den Bereich des übernatürlich-Phantastischen. In »The Monkey« symbolisiert die Verwandlung einer Äbtissin in einen dämonischen Affen die magische Verbindung des Oben und Unten, die Einheit von Trieb und Geist und verleiht dadurch dem erotischen Hauptgeschehen der Geschichte tieferen Sinn. In »The Supper at Elsinore« benutzt B. die traditionelle Form der Gespenstergeschichte zu einer höchst komplexen Schilderung der verschiedenen Möglichkeiten des Menschen, sich seinem Schicksal zu stellen. Die aristokratische Grundhaltung und die makellos-klassische Sprache kennzeichnen auch das weitere Erzählwerk der Dänin, die vor allem in »Last Tales« (1957) und »Anecdotes of Destiny« (1958) das Parabelhafte ihrer Texte immer stärker in den Vordergrund treten ließ, was manchmal zu einer gewissen Schematisierung führt, die freilich der Faszination, die von B.s Werk ausgeht, nur wenig anhaben kann. Eine gewisse Sonderstellung nimmt der während der deutschen Besatzung geschriebene und unter dem Pseudonym Pierre Andrézel veröffentlichte Roman »The Angelic Avengers« (1946) ein, der die Motive der »Seven Gothic Tales« auf die Form des »romantic thrillers« überträgt und den vergeblichen Kampf des teuflischen Ehepaars Penhollow um die reinen Seelen der Mädchen Lucan und Zosine schildert. B. bekannte sich erst spät zur Autorschaft dieses, ihres einzigen Romans und war eher verärgert über den Erfolg.

Weitere Hauptwerke: Winters's Tales, 1942; (posthum) Efterladte Fortaellinger, 1975 (engl. Carnival, 1978); (Essays) Daguerrotypes, 1979.

Über Blixen: R. Langbaum, Isak Dinesen's Art, 1975^2; B. Kronauer, Ich bin hier, wo ich sein sollte, zu T. B., in: Phaïcon 5, 1982.

Deutsch: Sieben phantastische Geschichten, 1979; Kamingeschichten (Winter's Tales, Ausw.), 1958; Die Rache der Engel (The Angelic Avengers), 1959; Widerhall (Last Tales), 1959; Schicksalsanekdoten, 1960.

Bloch, Robert (1917 Chikago), USA.
Zu den erfolgreichsten amerikanischen Autoren von Horrorgeschichten gehört B., der in seiner Jugend noch mit →Lovecraft korrespondierte und dessen frühe Erzählungen, auch in der Verwendung des →Cthulhu-Mythos, eine deutliche Abhängigkeit vom bewunderten Meister zeigen. In seinen Erzählungen und Romanen verbindet sich häufig makabrer Witz mit einer nicht gerade erfreulichen, aber offensichtlich verkaufsträchtigen Vorliebe für kruden Horror und sexuelle Perversion. Diese drei Elemente finden sich geradezu exemplarisch ausgeprägt in dem Roman »Psycho« (1959), ein spätes Beispiel der →»gothic novel«, dessen Bedeutung von der meisterhaften Verfilmung durch Alfred Hitchcock weit übertroffen wird. Er arbeitete gleichfalls als Drehbuchautor in Hollywood. Seine besseren Geschichten finden sich verstreut über die Bände »The Opener of the Way« (1945), »Blood Runs Cold« (1961), »Yours Truly, Jack the Ripper« (1962) und »The Skull of Marquis de Sade« (1965).
Weitere Hauptwerke: Pleasant Dreams, 1960; Atoms and Evil, 1962; Tales in a Jugular Vein, 1965; Dragons and Nightmares, 1969.
Deutsch: Kennwort Psycho, 1960; (Sammelband) 15 Gruselstories, 1964; Horror Cocktail (Tales in a Jugular Vein), 1971; Die Pension der verlorenen Seelen (Dragons and Nightmares), 1973.

Block, Aloysius (eigentl. Brucker, Raymond) (1800 Compiègne–1875 Paris), Frankreich.
Daß B.s bekannteste phantastische Erzählung, »Le spectre«, die 1831 in der Revue de Paris erschien, lange Zeit für eine Arbeit →Nervals gehalten wurde, spricht für ihre Qualität. Die Begegnung des bestürzten Erzählers mit dem Gespenst eines Mannes, den er selbst erhängt aufgefunden hat, findet zwar eine natürliche Erklärung, aber sie scheint von Anfang bis Ende ins dunkle Licht des Alptraums getaucht zu sein, aus dem es nur ein Scheinerwachen gibt. Die Nähe zu Nerval ist offensichtlich, während sich schon →de Maupassant anzukündigen scheint. Die anderen Arbeiten des viele Pseudonyme benutzenden Autors (z. B. Michel Raymond, Champercier) erreichen nicht das Niveau von »Le spectre«.
Weitere Hauptwerke: Le Maçon (zusammen mit Michel Mas-

son), 1828; Les deux notes, 1831.
Über Block: J. L. Steinmetz, La France frénétique de 1830, 1978.

Bontempelli, Massimo (1878 Como–1960 Rom), Italien.
Die meisten Romane und Erzählungen des anfänglich mit den Futuristen verbundenen und später deutlich von Pirandello beeinflußten B. können als Beispiele des →»magischen Realismus« bezeichnet werden. Johan →Daisne sieht in seiner Studie zu dieser Richtung B. sogar als einen ihrer wichtigsten Ahnherren an. Ein bizarrer Humor, groteske Übertreibungen und Hauptfiguren, die eher Marionetten als menschlichen Charakteren gleichen, sind bezeichnende Elemente seines umfangreichen Werks, dessen literarische Qualität unterschiedlich ist. Als einen Höhepunkt kann man den Roman »Gente nel tempo« (1937) betrachten, der die fatalen Folgen eines von der sterbenden Mutter ausgesprochenen Fluchs für die Lebenserwartung der Mitglieder einer gutbürgerlichen italienischen Familie schildert.
Weitere Hauptwerke: Socrate moderno, 1908; La scacchiera davanti allo specchio, 1922; Eva ultima, 1923; Il figlio di due madri, 1929; La famiglia del Fabbro, 1932; Giro del sole, 1941.
Über Bontempelli: L. Baldacci, M. B., 1967.

Bordewijk, Ferdinand (1884 Amsterdam–1965 Den Haag), Niederl.
Über das Leben des größten niederländischen Erzählers im Bereich der Phantastik ist verhältnismäßig wenig bekannt, da der sehr zurückgezogen lebende Rechtsanwalt B. allen Interviews abgeneigt war. 1919–1924 erschienen drei Bände mit Erzählungen, »Fantastische Vertellingen«, sein Prosadebüt, das Klassiker des Genres wie »Talamon of Ye Olde Bowe«, »Twee proeven genomen op Jos van der Haerden« und »Dr. Kalkemeier en de dood« enthält. Einflüsse von →Hoffmann, →Poe und vor allem →Ewers werden hier auf eine sehr persönliche Weise verarbeitet. Ein ungewöhnlich trockener Humor wird auch das spätere Werk kennzeichnen, das immer bizarrere Formen annimmt. Der monströse Charakter von Figuren wird häufig durch absonderliche Namen charakterisiert. Der anfänglich barocke Stil wird immer knapper und karger, und es wäre nicht verfehlt, B. der magischen Richtung der Neuen Sachlichkeit zuzuordnen. Übereinstimmungen seines Werkes mit den Gemälden eines Willink oder Koch

sind unübersehbar. Den Höhepunkt seines Frühwerks bildet der makabre Schulroman »Bint« (1934). Das Phantastische im späteren Romanwerk geht mehr aus der Beleuchtung der rätselhaften Ereignisse hervor, die wie in »Bloesemtak« (1955) oder »De Golbertons« (1962) surrealistischen Charakter haben. In seinen Erzählungen blieb B. dagegen stärker der Tradition verhaftet.
Weitere Hauptwerke: De wingerdrank, 1937; Apollyon, 1940; Eiken van Dodona, 1946; Bij Gaslicht, 1946; Onderweg naar de Beacons, 1955; Tijding van ver, 1961.
Über Bordewijk: P. H. Dubois, Over F. Bordewijk, 1953.
Deutsch: Quaevis?, in: Phaïcon 5, 1982.

Borel, Pétrus (eigentl. Borel d'Hauterive, Joseph Pierre) (1809 Lyon–1859 Mostaganem), Frankreich.
Zu den Großmeistern des »roman frénétique«, des von englischen und deutschen Vorbildern beeinflußten romantischen →Schauerromans in Frankreich, gehört P. B. Seine beiden Hauptwerke sind die Sammlung Horrornovellen »Champavert, Contes immoraux« (1833) und der Roman »Madame Putiphar« (1839). Die Anhäufung grausiger, phantastischer und perverser Ereignisse lassen insbesondere den Roman, zweifelsohne gewollt, in die Groteske umschlagen. Der makabre Humor B.s und sein förmlich anarchisches Vergnügen an den Triumphen des Bösen, die vielleicht in der Novelle »Passereau, l'écolier« aus »Champavert« ihre faszinierendste Formulierung finden, beeinflußten Baudelaire und vor allem →Lautréamont. Im 20. Jahrhundert entdeckten Breton und seine Surrealisten in B. einen ihrer bewunderten Vorgänger. Die einzige, häufig anthologisierte Gespenstergeschichte des Franzosen, »Gottfried Wolfgang« (1843), ist eine Bearbeitung einer Erzählung von Washington →Irving.
Weitere Hauptwerke: Madame Isabelle, 1839.
Über Borel: E. Starkie, P. B. The Lycanthrope: His Life and Times, 1954.
Deutsch: Händler und Dieb ist einunddasselbe (knappes Fragment aus »Champavert«), in: A. Breton, Anthologie des schwarzen Humors, 1979.

Borge, Bernhard (eigentl. Bjerke, Jarl André) (1918 Oslo), Norwegen.
Der Mathematiker B., der als Shakespeare-Übersetzer bekannt wurde, veröffentlichte in den fünfziger Jahren mehrere phantastische Kriminalromane, in denen ein Psychiater als eine Art »okkulter Detektiv« auftritt. Obwohl sich die Lösungen im allgemeinen im Bereich des Natürlichen abspielen, bleibt immer ein durchaus ungeklärter Rest bestehen. Am überzeugendsten sind »De dødes tjern« und »Døde menn gar i land«.
Weitere Hauptwerke: Nattmennesket.
Deutsch: Tod im Blausee (De dødes tjern), 1958; Der Nachtmensch, 1958; Tote Männer gehen an Land, 1959; (Sammelband, der alle drei Romane enthält) Drei unheimliche Psycho-Thriller, 1981.

Borges, Jorge Luis (1899 Buenos Aires), Argentinien.
Der wohl bekannteste phantastische Erzähler Lateinamerikas, dessen Werk in viele Sprachen übersetzt wurde, stellt in seinen meist knappen, parabelhaften Erzählungen die Welt als grundsätzlich undurchschaubar dar. Das Labyrinth, manieristische Metapher par exellence, ist der prägnanteste Ausdruck dieser Undurchschaubarkeit. B.s an der Philosophie eines Berkeley oder Schopenhauer und den verschiedensten okkulten Lehren geschulter Skeptizismus, der jede Wahrheit als Fiktion erkennt, führte schließlich zu einer politisch reaktionären Haltung, die ihn, dessen Texte viele jüngere Autoren Südamerikas beeinflußt hatten, von seinem literarischen Umfeld weitgehend isolierte, eine Isolierung, die durch seine Erblindung noch verstärkt wurde. Sein Werk könnte →Gustafssons These von der reaktionären Grundhaltung aller phantastischen Literatur geradezu exemplarisch illustrieren. Sein erster Band mit phantastischen Erzählungen war »El jardín de senderos que se bifurcan« (1941), der einige seiner bedeutendsten Texte enthielt: »Tlön, Uqbar, Orbis Tertius«, eine Erzählung, in der ein rätselhafter Beitrag in einer Enzyklopädie über das Land Tlön schließlich dazu führt, daß sich die ganze Welt in Tlön verwandelt, »La ruinas circulares« und »La biblioteca de Babel«. Es folgten die Bände »Ficciones« (1944), eine erweiterte Fassung des ersten Bandes, »El Aleph« (1949) und »La muerte y la brujula« (1951), der neben älteren Geschichten unter anderen »Tema del traidor y del héroe«, eine

illusionslose Entlarvung eines jeden Heroismus, die Bertolucci zu seinem Film »La strategia del ragno« anregte, enthält. Zusammen mit →Bioy Casares schrieb er mehrere Bücher, von denen »Seis problemas para Don Isidro Parodi« (1942), parodistische Kriminalgeschichten in der Nachfolge →Chestertons, und »Crónicas de Bustos Domecq« (1967) am wichtigsten sind.
Weitere Hauptwerke: Historia universal de la infamia, 1935; El informe de Brodie, 1970; El libro de arena, 1975; (Essays) Inquisiciones, 1925; Historia de la eternidad, 1936.
Über Borges: J. L. B., L'Herne 4, 1964; R. Burgin, Conversations with B., 1973.
Deutsch: Sämtliche Erzählungen, 1970; David Brodies Bericht, 1972; Das Sandbuch (El libro de arena), 1977; (Essays) Geschichte der Ewigkeit, 1965; Das Eine und die Vielen, 1966; (Auswahl Prosa, Lyrik) Borges und ich, 1963; Gesammelte Werke, 9 Bände, 1980–1982.

Bouquet, Jean Louis (1898 Paris–1978 Paris), Frankreich.
Schon lange galt J. L. B., der zu den Pionieren des phantastischen Stummfilms in Frankreich gehörte (»Le sorcier mystérieux« und »La main invisible« zum Beispiel, beide aus dem Jahr 1921), als ein Geheimtip bei Kennern des Genres. Erst eine Neuausgabe seiner Bücher bei Marabout, deren Anfänge er noch gerade miterlebt hat, machten dieses faszinierende Werk jetzt einem größeren Kreis bekannt. In den Bänden »Le visage de feu« (1951) und »Aux portes des ténèbres« (1956) sind die neun Novellen gesammelt, die als sein wesentlichster Beitrag zum Genre gelten können. Die in einer schwierigen, preziös-barocken Sprache abgefaßten Texte kreisen immer wieder um die Probleme des Erotischen und verdeutlichen wie kaum ein anderes Œuvre die Verwandtschaft der phantastischen mit der erotischen Literatur. In »Les pénitentes de la Merçi« aus dem zweiten Band, einem Hauptwerk der modernen Phantastik, versucht ein Schüler des ermordeten Kulturphilosophen Klapp das Geheimnis hinter dessen rätselhaftem Ende zu lüften und gerät dabei selbst in den Sog eines gespenstischen Reigens bedrohlicher, von Folter und sexueller Erniedrigung geprägter Ereignisse. Das Phantastische als Emanation unterdrückter Triebe bildet das Schlüsselmotiv der großen Erzählungen B.s, die sich häufig theatralischer Szenerien bedienen, das Drama gepeinigter Seelen vorzuführen. Unter dem

Pseudonym Nevers-Séverin schrieb B. eine Serie von Groschenromanen, in denen entweder der Reporter Paul Dumviller oder der Maler-Detektiv Jean Laventure die Hauptrolle spielen (1943–1945). In diesen den Harry-Dickson-Geschichten Jean →Rays verwandten Texten werden gleichsam schon viele Motive der späteren Hauptwerke durchgespielt.

Weitere Hauptwerke: L'étrange Madame Enfant, 1945; (als Nevers-Séverin) Les mémoires d'une voyante, 1959; La recluse de Cimiez, 1978; Naama, ou la Dive incestueuse, 1979; (Neuausgaben der Nevers-Séverin-Geschichten) L'Ombre du vampire, 1972; Le dock des suicidés, 1979; Mondes noirs, 1980.

Über Bouquet: Nr. 22 der Zeitschrift Désiré, Hommage à J. L. B., pionnier du cinéma et homme de lettres, 1978; R. Stragliati, J. L. B. im Herzen des Phantastischen, in Phaïcon 4, 1980.

Deutsch: Die Büßerinnen aus dem Gnadenkloster (Les pénitentes de la Merçi), in: Phaïcon 2, 1975; Die Töchter der Nacht (Les filles de la nuit), in: Phaïcon 4, 1980.

Boutet, Frédéric (1874 Bourges–1941 Montfort L'Amaury), Frankreich.
B. stellt den ungewöhnlichen Fall eines französischen phantastischen Erzählers dar, der in Deutschland wesentlich bekannter war und blieb als in seiner Heimat, wo er heute so gut wie vergessen ist. Dies ist weitgehend der Tatsache zuzuschreiben, daß seine Erzählungen von Hanns Heinz →Ewers und dessen Frau ins Deutsche übersetzt wurden und beim auf Phantastik spezialisierten Verlag Georg Müller herauskamen. Mit der literarischen Qualität kann dieser unerwartet anhaltende Ruhm (noch 1971 erschien eine Auswahl aus seinen Erzählungen, »Die Dame in Grün«) kaum zu tun haben, denn sie ist gering. Einflüsse →Poes und →Villiers de l'Isle Adams machen sich deutlich bemerkbar, während einer der interessantesten Texte, »Le Spectre de M. Imberger« (1922), wie eine Maurice →Renard-Pastiche wirkt. In den längeren Texten macht sich ein kaum erträglicher Symbolismus breit, der B. zu einem späten Vertreter der französischen Dekadenzliteratur macht.

Weitere Hauptwerke: Contes dans la nuit, 1898; Drames baroques et mélancholiques, 1899; Les victimes grimacent, 1900; Aventures sombres et pittoresques, 1921; Mages noirs. Messes noirs, 1925; Les aventuriers du mystère, 1927.

Deutsch: Geschichten in der Nacht (Contes dans la nuit), 1909; Seltsame Masken, 1913; Das letzte Abenteuer, 1927; Die Insel der sieben Nächte, 1928.

Bowen, Elisabeth (1899 Dublin–1973 London), Irl.-Engl.
Es ist häufig schwer zu entscheiden, ob die Erzählungen der E. B., die einige der subtilsten psychologischen Romane der modernen englischen Literatur geschrieben hat, phantastisch sind oder nicht. Die Anwesenheit ihrer Gespenster ist oft nur erahnbar, ist eher eine Frage der sich plötzlich verfinsternden Atmosphäre, der unerklärlich getrübten Laune, der nicht begründbaren Unheilserwartung als der konkreten übernatürlichen Ereignisse. Sie hat geschrieben, daß im London der Bombardierungen solche Stimmungen besonders häufig waren, daß eine aus den Fugen geratene Zeit dem Phantastischen zugeneigt sei. Das mag erklären, daß ihre überzeugendsten Erzählungen in dem Band »The Demon Lover« (1945) gesammelt wurden, der in den Kriegsjahren entstand und häufig die Stimmung des bedrohten London heraufbeschwört.
Weitere Hauptwerke: Encounters, 1923; Joining Charles, 1929; The Cat Jumps, 1934; (Essays) Einleitungen zu den Neuausgaben der →Le Fanu-Romane »Uncle Silas«, 1947, und »The House by the Churchyard«, 1968; The Collected Stories, 1981.
Über Bowen: E. J. Kenney, E. B., 1975.
Deutsch: Der Liebhaber als Dämon (The Demon Lover), 1947.

Bowen, Marjorie (eigentl. Vere Campbell Long, Gabrielle Margaret, Ps. u. a. Robert Paye, George R. Preedy) (1886 Hayling Islands–1952 London), England.
Die Unterhaltungsschriftstellerin B., die vor allem als Verfasserin von historischen Romanen erfolgreich war, begründete ihren Ruf als Phantastik-Autorin mit dem Roman »Black Magic« (1909), der die Vorliebe der Autoren um die Jahrhundertwende für das Thema des →Satanismus widerspiegelt. Weder in diesem Roman noch in ihren phantastischen Erzählungen, die in Bänden wie »Curious Happenings« (1917) oder »The Last Bouquet« (1932) vereint wurden, gelang ihr wirklich Eigenständiges.
Weitere Hauptwerke: Sheep's Head and Babylon, 1929; Dr. Chaos, and The Devil Snar'd, 1933; Julia Roseing Rave, 1933;

The Bishop of Hell, 1949; (als Hrsg.) Great Tales of Horror, 1933; More Great Tales of Horror, 1935.

Bowles, Paul (1910 Long Island), USA.
Die Romane und Erzählungen des in Marokko lebenden Komponisten und Schriftstellers B. können als typische Beispiele der modernen →»gothic novel« gelten. Eine Beziehung zum Werk seines Freundes Tennessee →Williams ist unübersehbar. Seinen wesentlichsten Beitrag zum Genre lieferte er mit dem Band »The Delicate Prey« (1950), einer Sammlung überzeugender, zum Teil betont grausamer Horrorgeschichten, die eine Vorliebe für die perverseren Formen des Erotischen verraten. Er widmete den Band seiner Mutter, »die mir zuerst die Geschichten von →Poe vorgelesen hat«.
Weitere Hauptwerke: The Sheltering Sky, 1949; Let It Come Down, 1952; The Spider's House, 1955; A Hundred Camels in the Courtyard, 1962.
Über Bowles: J. W. Bertens, The Fiction of P. B. The Soul is the Weariest Part of the Body, 1979.
Deutsch: Himmel über der Wüste (The Sheltering Sky), 1952; So mag er fallen (Let It Come Down), 1953; Das Haus der Spinne (The Spider's House), 1959.

Bradbury, Ray (eigentl. Raymond Douglas B.) (1920 Waukegan), USA.
Obwohl B. in erster Linie als →SF-Autor bekannt geworden ist, hat ein Großteil seines umfangreichen und ungleichwertigen Werks einen phantastischen Charakter, während man sich durchaus auch darüber streiten könnte, ob nicht ein als Klassiker der SF eingestufter Roman wie »The Martian Chronicles« (1950), zweifelsohne sein Hauptwerk und eine meisterhafte, poetische Beschwörung einer zum Untergehen verurteilten Welt, viel eher, wie →Lindsays »Voyage to Arcturus«, als phantastische Parabel betrachtet werden sollte. Einen direkt phantastischen Charakter haben freilich seine frühen in →»Weird Tales« publizierten Geschichten, die er in dem beim →Arkham House erschienenen Band »Dark Carnival« sammelte. Auch in ihnen findet man schon jenen unverwechselbaren melancholisch-lyrischen Ton, der manchmal durch eine sanfte Ironie gefärbt wird. Der nostalgische, häufig sich der allerdings keineswegs unschuldigen Welt der

Kinder zuwendende Erzählcharakter dieser Geschichten bestimmt auch die weiteren Hauptwerke dieser ersten und wichtigsten Phase B.s, zu der vor allem »The Illustrated Man« (1951), der sich wieder der →SF nähert, »The Golden Apples of the Sun« (1953) und »A Medicine for Melancholy« (1959) gezählt werden sollten. Die Arbeiten der sechziger und siebziger Jahre bringen weitgehend Variationen über die bekannten Motive, ohne ihnen Wesentliches hinzuzufügen. Am überzeugendsten ist der in herbstliche Farben getauchte Roman »Something Wicked This Way Comes« (1962).
Weitere Hauptwerke: Dandelion Wine, 1957; The Halloween Tree, 1972; Long After Midnight, 1976.
Über Bradbury: G. E. Slusser, The B. Chronicles, 1977.
Deutsch: Die Mars-Chroniken, 1972; Der Illustrierte Mann, 1962; Geh nicht zu Fuß durch stille Straßen (The Golden Apples of the Sun), 1970; Medizin für Melancholie, 1969; (Sammelband mit Bloch) Der Besucher aus dem Dunkel, 1973.

Braddon, Mary Elizabeth (1837 London–1915 Richmond), England.
Zu den vielen erfolgreichen Schriftstellerinnen der viktorianischen Ära gehörte auch Mrs. B., die mit ihrem ersten Roman »Lady Audley's Secret« einen überwältigenden Erfolg hatte (1862). Der Roman gehört wie ihre unzähligen späteren Arbeiten zum Genre der →»sensational novel«, wie die Werke eines →Le Fanu oder Mrs. →Wood, deren Fähigkeiten sie allerdings nicht besaß. Das Übernatürliche wird eher als Stimmungselement eingesetzt. Eine häufig in Anthologien anzutreffende Gespenstergeschichte ist »Eveline's Visitant« aus »Ralph The Bailiff« (1862).
Weitere Hauptwerke: Milly Darrell, 1873; Dead Men's Shoes, 1876; Weavers and Weft, 1877; The Cloven Foot, 1879; Aladdin or the Wonderful Lamp, 1880.
Über Braddon: R. L. Wolff, Sensational Victorian. The Life and Fiction of M. E. B., 1979.
Deutsch: Evelines Besucher, in: Die Damen des Bösen, 1969; Lady Audley's Geheimnis, 1975.

Brennan, Joseph Payne (1918 Bridgeport), USA.
Er gehörte zu den letzten Entdeckungen der Zeitschrift →»Weird

Tales«, in der 1952 seine Geschichte »The Green Parrot« publiziert wurde. Es folgte 1953 »Slime«. Ab 1957 gab er eine eigene Zeitschrift, »Macabre«, heraus, die in erster Linie als Publikationsorgan seiner eigenen Texte diente. Seine recht traditionellen, aber atmosphärisch überzeugenden Geschichten sammelte er in mehreren Bänden, darunter »9 Horrors and a Dream« (1959) und »Stories of Darkness and Dread« (1973). Mit seinem okkulten Detektiv, Lucius Leffing, setzt er die Tradition →Hodgsons und →Quinns fort.
Weitere Hauptwerke: The Dark Returners, 1959; Scream at Midnight, 1963.

Brion, Marcel (1895 Marseille), Frankreich.
Der Kunsthistoriker und Musikforscher B., der grundlegende Arbeiten zur Kunst der Romantik, zur Renaissance, zu Schumann und vielen anderen Themen unterschiedlichster Provenienz veröffentlicht hat, schrieb auch eine Reihe von formal gesehen eher traditionellen Erzählungen und Romanen, in denen das Phantastische sich an den Erzählungen der deutschen Romantik geschult zu haben scheint. Das Motiv des Reisenden, der in einer unbekannten Gegend sich dem Geheimnisvollen ausgesetzt sieht, wird von B. bevorzugt. Man könnte im Zusammenhang mit seinem Werk und den Arbeiten seines Kollegen Marcel →Schneider von einer »neuromantischen Phantastik« sprechen, die immer das Brutale der Horrorgeschichte vermeidet und einen überwiegend lyrischen Charakter hat. Die berühmtesten Erzählungen finden sich in »Les escales de la haute nuit« (1942). Eine brillante theoretische Auseinandersetzung mit der phantastischen Kunst ist B.s grundlegende Studie »L'Art fantastique« (1961).
Weitere Hauptwerke: La folie Céladon, 1935; Le théatre des esprits, 1941; Le pré du grand songe, 1946; L'enchanteur, 1947; De l'autre côté de la forêt, 1966; L'ombre d'un arbre mort, 1970.
Über Brion: L. Thoorens, Les escales du rêve, in: M. Brion, Les escales de la haute nuit«, Bibl. Marabout Nr. 374, o. J.
Deutsch: Das grüne Schlößchen »La Folie«, 1959; Jenseits der Wirklichkeit (L'art fantastique), 1962.

Brjussow, Valery Jakovlevitsch (1873 Moskau–1924 Moskau), Rußland.
Als einer der Führer der symbolistischen Bewegung in Rußland

wurde B. schon bald über die Grenzen seines Landes bekannt. Wie die meisten Symbolisten hegte er eine besondere Vorliebe für das Okkulte und Phantastische, was sich vor allem in seinem Roman »Ognennyj Angel« (1908) und einer Reihe von Novellen niederschlug, die in Deutschland in dem Sammelband »Die Republik des Südkreuzes« (1908) erschienen. Während der später von Prokofieff veroperte Roman die Geschichte einer dämonischen Besessenheit in der Lutherzeit in der Form einer historischen Chronik beschreibt, berichtete »Respublika Juznogo Kresta« (»Die Republik des Südkreuzes«) vom Untergang eines diktatorialen Staates am Südpol. Obwohl die Grundidee der wie ein Zeitungsreport abgefaßten Novelle also eher SF-Charakter hat, ist die Beschreibung der dem Untergang verfallenen Riesenstadt, die sich einem orgiastischen Rausch aus Sexualität und Mordlust hingibt, ein geradezu klassisches Beispiel dekadenter Phantastik, deren Wirkung durch den kühlen Erzählton noch erhöht wird. Auch die anderen Erzählungen, die nicht ohne Einfluß →Poes und der französischen Symbolisten entstanden sind, fallen durch eine Vorliebe für Grausamkeit und Perversion auf. Eine meisterhafte Liebesgeschichte unter phantastischen Vorzeichen ist die im Rom der Gotenerberungen spielende Novelle »Reja Sil'vija« (1916).
Weitere Hauptwerke: Za moim oknom, 1912; Noci i dni, 1913.
Über Brjussow: V. Zirmunskij, V. B., 1922.
Deutsch: Der feurige Engel (Ognennyj Angel), 1909, 1981; (Auswahl aus den Erzählungen) Die Republik des Südkreuzes, 1908; Rea Silvia, in: Meistererzählungen des russischen Symbolismus, 1964.

Brontë, Emily (Jane) (1818 Thornton–1848 Haworth), England. Zu den bedeutendsten Romanen der Weltliteratur wird zu Recht »Wuthering Heights« (1847), das einzige Prosawerk der jungverstorbenen Pfarrerstochter E. B., gerechnet. Diese Geschichte einer übermenschlichen Liebe muß als eines der bezeichnendsten Beispiele des Weiterwirkens der →»gothic novel« gesehen werden. Die Dämonisierung der männlichen Hauptfigur Heathcliffe wie der ihn und das stürmische Geschehen umgebenden Natur geht schließlich auf Mrs. →Radcliffe, →Maturin und →Lewis zurück, wobei B. allerdings die abgenutzten Paraphernalien des →Schauerromans zu unvergleichlich neuem Leben erweckt,

ähnlich wie dies →Le Fanu, mit dem sie viel gemeinsam hat, gelingen sollte.
Über E. Brontë: A. Smith (Hrsg.), The Art of E. B., 1976.
Deutsch: Sturmhöhe, 1973.

Broughton, Rhoda (1840 Denbigh, Wales–1920 Headington Hill), England.
Die Nichte des berühmten Iren →Le Fanu hatte großen Erfolg mit ihren realistischen Schilderungen viktorianischen Landlebens. Das Phantastische nimmt in ihrem umfangreichen Werk nur einen geringen Platz ein, aber wie die meisten ihrer Kolleginnen schrieb sie einige überzeugende Gespenstergeschichten, die in »Tales for Christmas Eve« (1873, 1879 erweitert als »Twilight Stories«) gesammelt wurden.
Über Broughton: C. H. Ketcham, A Woman's Arm: George Eliot and R. B., in: N. and G., 1954.

Brown, Charles Brockden (1771 Philadelphia–1810 Philadelphia), USA.
In seinen Hauptwerken, den vier Romanen »Wieland« (1798), »Ormond« (1799), »Arthur Mervyn« (1799) und »Edgar Huntly« (1799), verband B. Elemente der englischen →»gothic novel« mit Beschreibungen zeitgenössischen amerikanischen Lebens. Die psychoanalytische Deutung der Romane durch Leslie A. Fiedler in seiner Studie »Love and Death in the American Novel« (1967) bedeutete den Anfang eines noch nicht abgeschlossenen Aufwertungsprozesses des bis dahin so gut wie Vergessenen. Sein Einfluß auf →Poe und, in geringerem Maße, auf →Hawthorne ist nicht zu unterschätzen. Der Roman »Wieland« erschien 1973 in deutscher Übersetzung in der →Biblioteca Dracula.
Weitere Hauptwerke: Memoirs of Stephen Calvert, 1799.
Über Brown: H. Warfel, C. B. B. American Gothic Novelist, 1949.
Deutsch: Wieland oder die Verwandlung, 1973.

Bulgakow, Michael Afanasjewitsch (1891 Kiew–1940 Moskau), Rußland.
Der schon 1940 geschriebene, aber erst 1967 zur Publikation freigegebene Roman »Master i Margarita«, ein Meisterwerk russischer Phantastik in der →Gogol-Tradition, machte den

Namen B.s im Westen bekannt. Der in viele Sprachen übersetzte Roman schildert teils mit satirischen, teils mit metaphysischen Absichten das Treiben des Magiers Voland, in Wirklichkeit des Teufels, und seiner Katze im Moskau der dreißiger Jahre. Ihm gegenüber stehen als einzige Menschen, die nicht seiner Macht verfallen, der Meister, ein Schriftsteller, der sich im Irrenhaus befindet und aus dessen Pilatus-Roman mehrere Kapitel zitiert werden, und seine Geliebte Margarita. Wie eine Skizze zu diesem Hauptwerk B.s mutet die frühe Novelle »Djavoliada« (1925) an, die, gleichfalls auf Gogols Spuren, von der gespenstischen Jagd des armen Prokuristen Korotkov nach dem scheinbar phantomhaft zweigeteilten Direktor, der für seine Entlassung verantwortlich ist, berichtet. Das Satirische überwiegt in »Sobac'e cerdce«.
Weitere Hauptwerke: Teatral'nyj roman, geschr. 1941, 1965.
Über Bulgakow: A. C. Wright, M. B. Life and Interpretations, 1978.
Deutsch: (Sammelband) Meistererzählungen; Der Meister und Margarita, 1968; Hundeherz (Sobac'e cerdce), 1968; Aufzeichnungen eines Toten (Teatralnyj roman), 1969; (Sammelband) Morphium, 1972; (Sammelband) Aufzeichnungen eines jungen Arztes, 1972.

Bulthuis, Rico (1911), Niederlande.
Zu den bekanntesten traditionellen Erzählern im Bereich des Phantastischen in den Niederlanden gehört B., dessen Werk häufig zum Märchenhaften und zum Okkulten neigt. Von der offiziellen Kritik weitgehend unbeachtet, errangen manche seiner Bücher nach und nach bei Phantastik-Fans fast einen Kultstatus. Zu seinen bekanntesten Arbeiten zählen der Band mit Erzählungen »Nocturne der Zeven Spinnen« (1949) und die Romane »De schim van Joyce Herfst« (1947), »Het andere verleden« (1947) und »Edmond de Wilde en de werkelijkheid« (1950).
Weitere Hauptwerke: Madame Clazina Rooselinde, Clairvoyante.
Über Bulthuis: D. de Laet, Nachwort zu »Nachtelijke gedaanten«, 1976.

Bulwer-Lytton, Edward George (Lord) (1803 London–1873 Torquai), England.
Neben historischen und kriminalistischen Romanen schrieb der

in seiner Zeit sehr beliebte und im 20. Jahrhundert von Arno Schmidt neuentdeckte B. einige phantastische Romane und Erzählungen, die seine Beschäftigung mit mystischen Geheimlehren und dem Okkulten dokumentieren. Für ihn war das Phantastische kein literarisches Spiel mit der Angst, sondern eine absolut ernstzunehmende Auseinandersetzung mit den tiefsten Geheimnissen des Universums. Dies erklärt die Faszination, die B. auf Gustav →Meyrink ausübte. Die beiden Hauptwerke im Bereich des Okkult-Phantastischen sind »Zanoni« (1842), ein Geheimbund-Roman, der erhebliche Längen aufweist, und »A Strange Story« (1861), der das Motiv des Lebenselixiers aufgreift und strukturelle Ähnlichkeiten mit →Maturins »Melmoth the Wanderer« besitzt. 1859 erschien eine der berühmtesten Gespensterhaus-Erzählungen, die je geschrieben wurden: »The Haunted and the Haunters«.
Weitere Hauptwerke: Glenallan, 1826; Godolphin, 1833; The Coming Race, 1871.
Über Bulwer: M. Sadleir, E. B. L., 1946.
Deutsch: Zanoni, 1961; Das verfluchte Haus in der Oxford Street (The Haunted and the Haunters) in: Die Gespenstertruhe, 1967; Eine seltsame Geschichte (A Strange Story), 1912; Das kommende Geschlecht (The Coming Race), 1980.

Burks, Arthur J. (1898–1974), USA.
Er gehörte zu den bekanntesten Lieferanten der sogenannten →Pulp Magazines und publizierte in →»Weird Tales« und »Strange Tales«. Die Qualität seiner unzähligen Horrorgeschichten ist eher gering und die Wahrscheinlichkeit, daß sich B. nachträglich zu einer Kultfigur entwickeln wird, wie das bei →Lovecraft oder →Quinn der Fall war, ist nicht groß. B. wurde »Speed Merchant of the Pulps« genannt und sammelte seine Erzählungen in mehreren Bänden, wie »Look behind you« (1954).
Weitere Hauptwerke: »Black Medicine«, 1966.
Deutsch: Cerimarie, in: Spuk, 1974.

Busson, Paul (1873 Innsbruck–1924 Wien), Österreich.
Eine der faszinierendsten Darstellungen des Motivs der Seelenwanderung in der phantastischen Literatur findet sich bei B. in dessen Hauptwerk, dem manchmal freilich ein wenig arg sensa-

tionslüsternen Roman »Die Wiedergeburt des Melchior Dronte« (1921), der ähnlich wie →Meyrinks Spätwerke eine eingehende Beschäftigung mit okkulten Lehren verrät, ohne dabei allerdings die Unterhaltung des Lesers aus den Augen zu verlieren. Die weiteren Arbeiten des zeitweilig sehr erfolgreichen Autors erreichen nicht dieses Niveau. Erwähnenswert ist vor allem noch der Band »Seltsame Geschichten«, der 1919 erschien.
Weitere Hauptwerke: Aschermittwoch, 1903; Besiegte, 1905; Arme Gespenster, 1909; Der Schuß im Hexenmoos, 1923; Die Feuerbutze, 1923.
Über Busson: A. Koellner-Ther, P. B. als Erzähler, 1941.

Buzzati, Dino (1910 Belluno–1972 Mailand), Italien.
Neben Italo →Calvino muß B. als der wichtigste Vertreter der modernen Phantastik in Italien gelten. Obwohl seine Werke oft mit denen →Kafkas verglichen wurden, dürfte der Einfluß des deutschen Erzählers eher oberflächlich geblieben sein. Als B.s Hauptwerk wird im allgemeinen der Roman »Il deserto dei Tartari« (1940) betrachtet. Er schildert die Erlebnisse eines jungen Leutnants in einem Fort am Rande des Reiches. Die Grenze soll dort gegen die Tataren geschützt werden, die aber nie kommen. Ihr Erscheinen am Ende des Romans könnte auch als Fieberphantasie gedeutet werden. Das mit sinnlosem Warten verbrachte Leben des Leutnants Drogo wird als Parabel der Absurdität menschlicher Existenz überhaupt dargestellt. Der auch als Maler und Zeichner erfolgreiche B. sammelte seine wichtigsten phantastischen Erzählungen in »Paura alla Scala« (1949) und »Esperimento di Magia« (1958).
Weitere Hauptwerke: Il segreto del bosco vecchio, 1935; I sette messageri, 1942; Il crollo della Baliverna, 1954; Sessanta Racconti, 1958.
Über Buzzati: F. Gianfranceschi, D. B., 1967.
Deutsch: Das Geheimnis des alten Waldes (Il segreto del bosco vecchio), 1948; Im vergessenen Fort (Il deserto dei Tartari), 1942; Die sieben Boten (I sette messageri), 1957; Panik in der Skala (Paura alla Scala), 1952; Des Schicksals roter Faden (Il crollo della Baliverna), 1955; (Auswahlband mit Erzählungen) Die Versuchung des Hl. Domenico, o. J. (Der Roman »Il deserto dei Tartari« erschien gleichfalls unter den Titeln »Die Festung«, 1954, und »Die Tatarenwüste«, 1977).

C Cabell, James Branch (1879 Richmond, Virg.–1958 Richmond), USA.
Der Roman »Jurgen« (1919) gehört zu den frühen Meisterwerken der →»fantasy fiction«. Wie andere Autoren des Genres schuf C. ein imaginäres Reich, Poictesme, in dem sich der Großteil seiner zahlreichen Romane abspielen, darunter »Figures of Earth« (1921), »The Silver Stallion« (1926) und »Something about Eve« (1927). Zu seinen Arbeiten im Bereich der eigentlichen phantastischen Literatur gehören neben der frühen Geschichte »An Amateur Ghost« (1902) die späten Romane »Smire« (1937) und »The Devil's Own Son« (1949).
Weitere Hauptwerke: The Eagle's Shadow, 1904; Chivalry, 1909; The Certain Hour, 1916; The Jewel Merchants, 1921.
Über Cabell: J. L. Davis, J. B. C., 1962.
Deutsch: Jürgen, 1928.

Calvino, Italo (1923 Santiago de las Vegas, Kuba), Italien.
C. wurde bekannt durch seine drei »allegorischen Romanzen« »Il visconte dimezzato« (1952), eine witzige Variante über das Doppelgänger-Motiv, »Il barone rampante« (1957) und »Il cavaliere inesistente« (1959), die eher als Grotesken oder satirische Märchen denn als phantastische Literatur bezeichnet werden sollten. Nach einem originellen Beitrag zur →SF, »Le cosmicomiche« (1965), wandte er sich in seinen letzten Prosaarbeiten einer an →Borges erinnernden labyrinthischen Phantastik zu: in »Le città invisibili« (1972) läßt er Marco Polo eine Reihe imaginärer Städte beschreiben, während »Il castello dei destini incrociati« (1973) das Tarotspiel als strukturierendes Element einer Reihe ungewöhnlicher Geschichten einsetzt, wie es auf ähnliche Weise der Südafrikaner →Leroux in »Isis Isis« getan hat.
Weitere Hauptwerke: (Sammelband) I racconti, 1958.
Über Calvino: J. Cannon, I. C. Writer and Critic, 1981.
Deutsch: Der geteilte Visconte, 1957; Der Baron in den Bäumen (Il barone rampante), 1960; Der Ritter, den es nicht gab (Il cavaliere inesistente), 1963; Kosmokomische Geschichten, 1969; Die unsichtbaren Städte (Le città invisibili), 1977; Das Schloß, in dem sich die Schicksale kreuzen (Il castello dei destini incrociati), 1978.

Campbell, John Ramsey (1946 Liverpool), England.
Der Filmkritiker und große Kenner der phantastischen Literatur debütierte 1964 mit den bei →Arkham House erschienenen Erzählungen »The Inhabitant of the Lake«, die alle im Bannkreis von →Lovecrafts →Cthulhu-Mythos angesiedelt sind, aber sich in England abspielen. Schon bald entwickelte er einen durchaus eigenen Stil, indem er traditionelle Horror-Motive mit sehr genau beschriebenen Alltagsszenen konfrontierte, die typische Elemente heutigen Erlebens wie Pop-Musik und Drogenszene aufgreifen. Eine Abwendung von Lovecraft wurde auch theoretisch vollzogen. »Demons by Daylight« (1973) und »The Height of the Scream« (1976) verdeutlichen diese neue Entwicklung, die C. zu einem der erfolgreichsten Phantastik-Autoren im traditionellen Horror-Bereich gemacht haben. Auch der Roman »The Doll Who Ate His Mother« (1976) ist trotz seines reißerischen Titels die überzeugende Darstellung magischer Ereignisse in einem modernen Großstadt-Ambiente. Störend sind manchmal beim Autodidakten C. wie bei seinem Kollegen Colin →Wilson, mit dem er einiges gemeinsam hat, die auf eine penetrante Weise aufgesetzt wirkenden Reflexionen über Kunst und Literatur. C. arbeitete unter dem Pseudonym Carl Dreadstone als Drehbuchautor für Hammer.
Weitere Hauptwerke: The Face That Must Die, 1979; To Wake The Dead, 1980; The Nameless, 1981.
Über Campbell: E. C. Bertin, The Uneasy Worlds of J. R. C., in: Cahier Jean Ray 6, 1976.
Deutsch: Im Tempel des Horrors (The Church in the High Street), in: Rendezvous mit dem Würgeengel, 1976; Napier Court, in: Das unsichtbare Auge, 1979; Die Puppen in der Erde (The Doll Who Ate His Mother), 1979.

Campell-Praed, Rosa Caroline (geb. Murray-Prior) (1851 Queensland–1935 Torquay), Australien.
Die Erzählerin, die sich in den achtziger Jahren in England niederließ, hatte zeitweilig Erfolg mit ihren realistischen Romanen über das Leben ihrer Heimat. Ihre eingehende Beschäftigung mit der Folklore der Eingeborenen und dem Okkulten prägte ihr phantastisches Werk, das eher unbekannt blieb. Interessant sind in diesem Zusammenhang vor allem »The Insane Root« (1902), der das →Alraune-Motiv aufgreift, und »Fugitive Anne« (1903).

Obwohl die Basis ihres Romans »Nyria« (1904) in ihrem Glauben an die Seelenwanderung zu suchen ist, bleibt die historische Handlung im antiken Roman im Bereich des Realistischen.
Weitere Hauptwerke: The Brother of the Shadow, 1886; The Soul of Countess Adrian, 1891.

Capuana, Luigi (1839 Mineo/Catania–1915 Catania), Italien.
Der neben Verga wichtigste Vertreter des »verismo«, der italienischen Spielart des Naturalismus, schrieb eine Reihe von phantastischen Novellen und Erzählungen mit deutlich folkloristischer Färbung. Sie finden sich über die vielen Bände mit Novellen verstreut; die wichtigsten Titel in diesem Zusammenhang sind »C'era una volta« (1882) und »Nuove paesane« (1898).
Weitere Hauptwerke: Il raccontafiabe, 1894.
Über Capuana: P. Vetro, L. C. La vita e le opere, 1922.

Carpentier, Alejo (1904 La Habana–1980 Paris), Cuba.
Der berühmteste cubanische Romancier studierte in Paris Architektur und Musik. In seinen Werken vertritt er ähnlich wie andere große lateinamerikanische Erzähler (z. B. →Asturias, →Rulfo) jene Art von →»magischem Realismus«, bei der hinter der alltäglichen Realität eine zweite, mythische oder magische Ebene sichtbar wird, die häufig unter Heranziehung von Eingeborenen-Überlieferungen gestaltet wird. Bei C. spielt auch die Vergangenheit immer wieder in die Gegenwart hinein. Konsequent durchgehaltene Konstruktionsprinzipien, die sich manchmal musikalischer Formen bedienen, verhindern die exotisch-üppigen Auswucherungen, die das Werk mancher seiner Kollegen in Südamerika (→García Márques, Asturias) kennzeichnen. Seine zwei berühmtesten Romane sind »El reino de este mundo« (1949), in dem die Darstellung der Sklavenaufstände auf Haiti eine magische Erweiterung erfährt, und »Los pasos perdidos« (1953).
Weitere Hauptwerke: El acoso, 1956; El siglo de las luces, 1962; Recurso del método, 1974; Concierto barocco, 1974.
Über Carpentier: K. Müller-Bergh, A. C. – Autor und Werk in ihrer Epoche, in: Materialien zur lateinamerikanischen Literatur, 1976.
Deutsch: Finale auf Cuba (El acoso), 1960; Explosion in der Kathedrale (El siglo de las luces), 1964; Das Reich von dieser

Welt (El reino de este mundo), 1964; Staatsraison (Recurso de
método), 1976; Barockkonzert, 1976; Die verlorenen Spuren
(Los pasos perdidos), 1979.

Carr, John Dickson (Pseud. Carter Dickson) (1906 Uniontown–1977), USA.
Als Spezialist für »Closed-Room-Mysteries« und sich in der
Vergangenheit abspielende Kriminalromane erwarb sich C. einen
wichtigen Platz in der Geschichte des Kriminalromans. Da gerade
das Motiv des geschlossenen Zimmers, in dem ein Mord verübt
wird, obwohl weder jemand heraus noch herein konnte, einen
unübersehbar phantastischen Aspekt besitzt, ist die Mischform
zwischen Kriminalroman und phantastischem Roman, die man
bei C. immer wieder antrifft, leicht erklärbar. Freilich werden bei
ihm, wie in der älteren Schauerliteratur, die scheinbar übernatürlichen Ereignisse fast immer als absolut natürliche entlarvt. Eine
wichtige Ausnahme bildet der von Todorov gelobte Roman »The
Burning Court« (1937), in dem eine phantastische und eine
realistische Lösungsmöglichkeit angeboten werden. Von Bedeutung in diesem Zusammenhang ist auch »The Hollow Man«
(1935), der eine ganze Abhandlung zum Vampirismus enthält.
Weitere Hauptwerke: Department of Queer Complaints, 1940;
The Devil in Velvet, 1951; The House at Satan's Elbow, 1965.
Über Carr: R. E. Briney, J. D. C., in: J. M. Reilly (Hrsg.),
Twentieth Century Crime and Mystery Writers, 1980.
Deutsch: Der Unsichtbare (The Hollow Man), 1953; Die
Doppelgängerin (The Burning Court), 1956; Einen Namen für
den Mörder (The Devil in Velvet), 1965.

Case, David (1937 New York), USA.
Nach seinem Debüt im Genre mit dem Band »The Cell and Other
Horror Tales« (1969), der drei ausgezeichnete Beispiele traditioneller Phantastik bietet, publizierte der seit 1960 in England
lebende Verfasser von zahllosen Unterhaltungsromanen »Fengriffin: A Chilling Tale« (1970), das als eines der gelungensten
Beispiele gelten kann, die →»gothic novel« wieder zu beleben.
Deutsch: Der entfesselte Dämon (Fengriffin), 1977.

Cave, Hugh Barnett (1910 Chester), USA.
Obwohl er in England geboren wurde, wuchs C. in Amerika auf.

Er publizierte in den dreißiger Jahren eine Reihe von reichlich blutrünstigen, deutlich erotisch gefärbten phantastischen Horror-Erzählungen, die in verschiedenen Pulp-Magazines, wie in →»Weird Tales« publiziert wurden. Obwohl seine Ideen häufig interessant sind, lassen eine zu starke Betonung des Sadistisch-Sensationellen und eine klischeehafte Sprache seine Geschichten immer wieder ins Triviale abgleiten. Zu seinen überzeugendsten Arbeiten gehören die →Vampirgeschichte »The Brotherhood of Blood« (1933) und »The Whisperers« (1942).
Weitere Hauptwerke: (Sammelband der frühen Erzählungen) Murgunstruum and Others, 1977, The Nebulon Horror, 1980.
Deutsch: (Auswahl aus »Murgunstruum«) Das Schnurren der Katze, 1981.

Cazotte, Jacques (1719 Dijon–1792 Paris), Frankreich.
Der kurze Roman »Le diable amoureux« (1772) wird im allgemeinen als erster phantastischer Roman in französischer Sprache betrachtet. Obwohl die Nähe zu den Feenmärchen des Rokoko, zu denen C.s andere Arbeiten weitgehend zu zählen sind, groß ist und »Le diable amoureux« auch eine nur für Eingeweihte entschlüsselbare symbolische Darstellung kabbalistischer Geheimlehren bildet, ist eine Einordnung in den Bereich der phantastischen Literatur berechtigt, da die übernatürlichen Ereignisse sich nicht wie im Feenmärchen von vornherein in einem »Wunderland« abspielen und die symbolische Darstellung sich nicht so prononciert in den Vordergrund drängt, daß jede andere Lesart unmöglich wäre.
Weitere Hauptwerke: La patte du chat, 1741; Les mille et une fadaises, 1742; (Gesammelte Werke) Œuvres badines et morales, 1776–1788.
Über Cazotte: R. Trintzius, J. C. ou le XVIIIe siècle inconnu, 1944.
Deutsch: Der verliebte Teufel, 1982.

Cendrars, Blaise (eigentl. Sauser, Frédéric) (1887 La Chaux-de-Fonds–1961 Paris), Schweiz-Fr.
Ein ähnlich abenteuerliches Leben wie es sein deutschsprachiger Landsmann, Friedrich →Glauser, kannte, führt C., nachdem er fünfzehnjährig seinem Elternhause entflohen war, in den verschiedensten Berufen um die ganze Welt. Das Phantastische in

seinem Romanwerk hat einen barocken Charakter, die bizarren Ereignisse und Figuren sprengen immer wieder den Erzählrahmen und verselbständigen sich zu gewaltigen Metaphern überbordender vitalistischer Phantasie, die expressionistische Züge trägt. Obwohl es fraglich bleiben muß, ob sein Werk aufgrund seiner grundsätzlich antirealistischen Prämissen als wirklich phantastisch gelten kann – eine Frage, die im Falle der rein expressionistischen Prosa wohl immer verneint werden muß – möchte man dieses Prädikat mit der meisten Berechtigung auf den Roman »Moravagine« (1926) anwenden, die Geschichte eines Lustmörders aus revolutionären Gründen, der sein Leben zum Experimentierfeld anarchischer Auffassungen macht. Die grenzüberschreitende, provokative Funktion des Phantastischen wird hier besonders deutlich.

Weitere Hauptwerke: L'or, 1925; Les confessions de Dan Yack, 1929; Emmène-moi au bout du monde, 1955.

Über Cendrars: J. Rousselot, B. C., 1955.

Deutsch: Gold (L'or), 1925; Moloch. Das Leben des Moravagine, 1928; Mireilles kleines Tagebuch (Les confessions de Dan Yack), 1930; Madame Thérèse (Emmène-moi au bout du monde), 1962.

Chambers, Robert W. (1865 Brooklyn–1933 New York), USA. Der 1895 zum erstenmal erschienene Band mit Erzählungen »The King in Yellow« gehört zu den bekanntesten Beispielen englischsprachiger Horrorfiction der Jahrhundertwende. Ein geheimnisvolles Buch, »The King in Yellow«, spielt in diesen stilistisch trivialen, die Gemeinplätze der Dekadenzliteratur vereinenden Erzählungen eine verbindende, ominöse Rolle. Dieser Grundgedanke sollte nicht ohne Einfluß auf →Lovecraft, der C. ausdrücklich gelobt hat, und seine Epigonen bleiben. In seinen späteren Arbeiten, die keineswegs überwiegend zur phantastischen Literatur gehören, wird eine reaktionäre politische Haltung in zunehmendem Maße deutlich.

Weitere Hauptwerke: The Maker of Moons, 1896; The Mystery of Choice, 1897; In Search of the Unknown, 1904.

Über Chambers: E. F. Bleiler, Introduction to »The King in Yellow and Other Horror Stories«, 1970.

Deutsch: Die Maske (The Mask, aus »The King in Yellow), in: Horror 4, 1971; Der Bote des Todes (The Messenger), in: 16

Gruselstories, Heyne Anth. 41, 1974; Das tödliche gelbe Zeichen (The Yellow Sign), in: A. H. Norton (Hrsg.), Ein Totenschädel aus Zucker, 1971; Der gelbe Tod (Auswahlband), 1982.

Chasles, Victor Euphémien *Philarète* (1798 Mainvilliers–1873 Venedig), Frankreich.
Nicht nur als einer der ersten begeisterten Rezipienten →Hoffmanns in Frankreich spielt C. eine Rolle in der Geschichte der phantastischen Literatur, sondern vor allem als Verfasser der Erzählung »L'œil sans paupière«, die 1832 in dem Band »Contes bruns« erschien, der auch Texte von →Balzac und →Rabou enthielt. Die Geschichte schildert die gespenstischen Ereignisse, die den Bauern Muirland, der seine erste Frau durch Eifersucht in den Tod getrieben hat, heimsuchen und beeindruckt durch ihre überzeugende Aufhebung der Grenze zwischen Realität und Alptraum.
Weitere Hauptwerke: La fiancée de Bénarès, nuits indiennes, 1824.
Über Chasles: E. Margaret Phillips, P. C. critique et historien de la littérature anglaise, 1933.

Chesterton, Gilbert Keith (1874 London–1936 Beaconsfield), England.
Der Erschaffer des Priester-Detektivs Father Brown hat keine phantastische Literatur im eigentlichen Sinne geschrieben. Wenn in seinen von der Fabel her höchst bizarren, häufig paradoxen Kriminalgeschichten höhere Mächte eingreifen, so handelt es sich hier um Gott oder den Teufel, für den frommen Autor wie für seinen literarischen Stellvertreter höchst reale Präsenzen, so wie auch Wunder in der Bibel oder der mittelalterlichen Literatur nicht phantastisch sind. Auch in seinen beiden Romanen »The Man Who Was Thursday« (1908) und »The Flying Inn« (1914) sind die nicht realistischen Erzählmomente zu eindeutig parabelhaft, um wirklich phantastisch wirken zu können.
Weitere Hauptwerke: The Innocence of Father Brown, 1911; The Wisdom of Father Brown, 1914; The Man Who Knew Too Much, 1922.
Über Chesterton: Ch. Hollis, The Mind of Chesterton, 1969.
Deutsch: Der Mann, der Donnerstag war, 1910; Priester und Detektiv (The Innocence of Father Brown), 1920; Das fliegende

Wirtshaus, 1922; Das Paradies der Diebe (The Wisdom of Father Brown), 1927; Der Mann, der zuviel wußte, 1925.

Christie, Agatha (1890 Torquai–1976 Wallingford), England.
In einigen Romanen der berühmten Autorin von »detective fiction« wird die Möglichkeit einer übernatürlichen Lösung angedeutet, aber schließlich doch verworfen. Das gelungenste Beispiel dürfte »The Pale Horse« (1961) sein. Direkt phantastisch sind die meisten Erzählungen in dem Band »The Hound of Death« (1933), traditionelle, aber außerordentlich gekonnte Beiträge zum Genre.
Weitere Hauptwerke: The Mysterious Mr. Quin, 1930.
Über Christie: D. Riley und P. McAllister (Hrsg.), The Bedside, Bathtub and Armchair Companion to A. C., 1979.
Deutsch: Das fahle Pferd, 1962; Ausgewählte Geschichten, 1971; Villa Nachtigall, 1974.

Clarke, Marcus (eigentl. Marcus Andrew Hislop C.) (1846 London–1881 Melbourne), Australien.
Während der Roman »His Natural Life« (1874), das Hauptwerk des ersten großen australischen Erzählers, in der Tradition von →Godwins »Caleb Williams« die Form der →»gothic novel« mit der des sozialkritischen Romans verbindet, haben einige seiner Novellen und Erzählungen einen direkt phantastischen, an →Poe und →Hoffmann erinnernden Charakter. Die pessimistische Weltanschauung des kritischen Journalisten äußert sich in ihnen genau so wie sein Interesse an morbiden Stimmungen und der psychologischen Erforschung des Abnormen und Perversen. Eine gewisse Übereinstimmung mit dem Werk →Le Fanus ist hier durchaus vorhanden. Neben der atmosphärisch dichten Geschichte »The Doppelgänger« (1866), der Haschisch-Phantasie »Cannabis Indica« (1868) und der allegorischen Novelle »Holiday Peak« (1873), die nach einem außerordentlich makabren Anfang im zweiten Teil leider stark abfällt, sind vor allem »Human Repetends« (1872), eine Erzählung, die auf →Borges-ähnliche Weise die Wiederholung bestimmter fataler Ereignisse durch die Jahrhunderte zum Ausgangspunkt nimmt, und seine letzte literarische Arbeit, »The Mystery of Major Molineux« (1881), ein Höhepunkt der englischsprachigen Phantastik, erwähnenswert. Die geringe Verbreitung der australischen Litera-

tur in Europa mag die relative Unbekanntheit dieses Meisters der Phantastik erklären.
Weitere Hauptwerke: A Mantuan Apothecary, 1866; Twixt Shadow and Shine, 1875; Australian Tales, 1896.
Über Clarke: B. Elliott, M. C. 1958.
Deutsch: Lebenslänglich (His Natural Life), 1963.

Claus, Hugo (1929 Brügge), Belgien, Ndl.
Mit dem umfangreichen, hermetischen Roman »De verwondering« (1962) veröffentlichte C. ein Hauptwerk der modernen Phantastik. Die Reise des flämischen Lehrers de Ryckel zu einem geheimnisvollen Schloß steckt voller Anspielungen auf Mythologie und Literatur. Direkte strukturelle Vorbilder sind Dantes »Divina Comedia« und »Alice's Adventures in Wonderland« von Lewis Carroll. Die Reise wird zum Abbild des menschlichen Lebens überhaupt, aber C. weiß die unverbindliche Parabelform durch sehr konkrete Bezüge (die Nazi-Vergangenheit vieler Flamen) zu vermeiden. Motive aus der romantischen Schauerliteratur werden zitathaft übernommen und verfremdet. Auch in manchen seiner Erzählungen klingt Phantastisches an.
Weitere Hauptwerke: De zwarte keizer, 1958; Omtrent Deedee, 1964; Natuurgetrouwer, 1969.
Über Claus: M. Dupuis, H. C., 1976.
Deutsch: Die Verwunderung (De verwondering), 1979.

Coelho Neto, Henrique Maximiano (1864 Caxias–1934 Rio de Janeiro), Brasilien.
Im gewaltigen Œuvre des brasilianischen Erzählers und Dramatikers spielt das Phantastische, das häufig der heimischen Folklore entlehnt wurde, eine wichtige Rolle. Der zeitweise sehr erfolgreiche C. N. läßt in seinen bedeutendsten Erzählungen, die in Sammlungen wie »Treva« (1906) oder »Fabulário« (1907) zu finden sind, Einflüsse des Symbolismus erkennen.
Weitere Hauptwerke: O rei fantasma, 1895; Romanceiro, 1898; Melusina, 1913; Contos da Vida e da Morte, 1927.
Über Coelho Neto: P. Coelho Neto, C. N., 1942.
Deutsch: Wildnis (Auswahl), 1913; Der tote Kollektor (Treva), 1915.

Colin, Vladimir (1921 Bukarest), Rumänien.
Im deutschen Sprachraum wurde C., Redakteur der Literaturzeitschrift »Viaţa românească«, vor allem als SF-Autor bekannt. Er publizierte mehrere dem Surrealismus nahestehende phantastische Erzählungen, die der befreienden Wirkung des Traumes große Bedeutung einräumen. Sein Hauptwerk im Bereich des Phantastischen ist der Kurzroman »Pentagrama« (1967), der das Motiv vom verlorenen Paradies aufgreift. Über den Roman schrieb Jean Baptiste Baronian, der die französische Ausgabe besorgte: »›Pentagrama‹ ist ein bestürzendes Werk, einmal weil es offenbart, was hinter den scheinbar unwichtigsten Gesten und Worten der Menschen an Verborgenem steckt, zum anderen, weil es dennoch nicht bereit ist, diesen eine zu große Eindeutigkeit zu verleihen. Und überdies ist es ein Roman, der auf manchmal aggressive Art gewisse Gegebenheiten der Geschichte und einige der wichtigsten Mythen der Menschheit in Frage stellt.«
Über Colin: J. B. Baronian, La necessité fantastique, Vorwort zu Le pentagramme, 1972.
Übersetzung: Es existiert keine deutsche, aber eine französische Übersetzung von »Pentagrama«: Le pentagramme, roman précédé de contes fantastiques, 1972.

Collier, John (1901 London), England.
Es wäre wohl nicht verfehlt, →Saki als den Begründer einer spezifischen Spielart der phantastischen Erzählung anzusehen, die sich am besten mit Begriffen wie witzig, bissig und makaber-humorvoll umschreiben läßt, und die ihrem Charakter nach dem »sick joke« nahesteht. C. führte diese Tradition auf überzeugende Weise fort, aber schon bei ihm läßt sich die Gefahr dieser Form erkennen, der dann insbesondere seine Nachfolger →Dahl und Ellin nicht entronnen sind: die absolute Zuspitzung der Geschichte auf die überraschende Pointe läßt kaum ein wiederholtes Lesen zu. Der Spielraum für den Autor ist zu eng, und das ist gerade bei der überzeugenden phantastischen Geschichte ein großes Manko. Der bekannteste Band mit Erzählungen dürfte »Fancies and Goodnight« (1951) sein.
Weitere Hauptwerke: No Traveller Returns, 1931; The Devil and All, 1934; (Sammelband) The John Collier Reader, 1976.
Deutsch: Gesammelte Erzählungen, 1977.

Collins, William Wilkie (1824 London–1889 London), England.
Während C. vor allem durch seine beiden Romane »The Woman in White« (1860) und »The Moonstone« (1868) als »Vater des Detektiv-Romans« bekannt geblieben ist, spielt er auch in der Entwicklung der phantastischen Erzählung in England eine wichtige Rolle. Übernatürliche Elemente haben in den Romanen eine eher atmosphärische Funktion (der geheimnisvolle Fluch in »The Moonstone« oder der prophetische Traum in »Armadale«, 1866) aber befinden sich häufig im Zentrum der Handlung seiner Geschichten und Novellen. In ihnen erreicht er allerdings nie die Intensität und psychologische Meisterschaft seines irischen Konkurrenten →Le Fanu, der dafür als Romancier im Schatten des Engländers blieb. Er war mit →Dickens befreundet und arbeitete mit ihm in der Zeitschrift »All the Year Round« zusammen. Sein erster Band mit phantastischen Erzählungen war »After Dark« (1856), der seine wohl bekannteste Geschichte, »A Terribly Strange Bed«, enthält. Es folgten »The Queen of Hearts« (1859), in dem sich »The Dream Woman« findet, und »The Frozen Deep« (1874). Seine wohl überzeugendsten Arbeiten im Genre sind die beiden Romane »The Haunted Hotel« (1877) und »The Two Destinies« (1876).
Über Collins: W. H. Marshall, W. C., 1970.
Deutsch: Ein schauerliches fremdes Bett, 1968; (Sammelband) Gruselgeschichten, 1974; Die Frau in Weiß, 1965; Der Monddiamant, 1949; Der rote Schal (Armadale), 1967; Das geheimnisvolle Hotel, 1980.

Conrad, Joseph (eigentl. Korzeniowski, Józef Konrad) (1857 Berdiczew–1924 Bishopsboirne), England.
Der englisch-schreibende Pole, der sich nach einer Seemannslaufbahn zu einem der größten englischen Schriftsteller des Jahrhunderts entwickelte, ist bisher von den Theoretikern und Historikern der phantastischen Literatur kaum berücksichtigt worden, obwohl Edmund Wilson in seiner berühmten »Treatise on Tales of Horror« der Novelle »Heart of Darkness« (1902) einen Ehrenplatz in seiner imaginären Anthologie phantastischer Erzählungen einräumte. Zwar findet sich direkt Phantastisches bei C. nur in wenigen Texten – am deutlichsten in den Geschichten »A Smile of Fortune« aus »Twixt Land and Sea« (1912), »The Inn of the Two Witches« aus »Within the Tides« (1915) und dem

Kurzroman »The Shadow Line« (1917) –, aber sein ganzes Werk ist in ein zwiespältiges Licht getaucht, wirkt unheimlich. So wie das Schiff in »The Shadow Line«, auf dem der Fluch des toten Kapitäns lastet, von einer Windstille zum ewigen Verweilen am selben Fleck verdammt scheint, so erstarrt bei C. immer wieder die Zeit. Dieser beklemmenden Erstarrung steht das plötzliche Einbrechen des Chaos, das jede Sicherheit hinwegfegt, gegenüber. Auf diese Weise trifft sich die Grundhaltung in C.s Werk mit dem Wesen des Phantastischen, das als subversives Eindringen der Unordnung in eine scheinbar festgefügte Realität definiert werden kann. Es scheint daher wenig sinnvoll, das Werk in einen phantastischen und realistischen Teil aufzuspalten, da C.s grundsätzlich realistische Erzählweise immer die Erweiterung in die ambivalente Dimension des Phantastischen in sich trägt.
Weitere Hauptwerke: Tales of Unrest, 1895; Typhoon, 1902; The Inheritors (zusammen mit Ford M. Hueffer), 1901; Youth, 1902; Nostromo, 1904; A Set of Six, 1908; Tales of Hearsay, 1925.
Über Conrad: E. H. Visiak, The Mirror of C., 1968².
Deutsch: Gesammelte Werke, 1962 ff.

Conscience, Hendrik (1812 Antwerpen–1883 Brüssel), Belgien. Ndl.
Der erste wichtige Vertreter einer neuen flämischen Literatur, »der Mann, der sein Volk lesen lehrte«, H. C., Verfasser des heute nur noch als Kinderbuch bekannten »De leeuw van Vlaanderen« (1838), räumte dem Phantastischen einen nicht unwichtigen Platz in seinem umfangreichen Werk ein. Seine ersten, nicht sehr originellen Spukgeschichten sammelte er in »Phantazy« (1837), während der Band »Avondstonden« (1846) seine bekannteste phantastische Erzählung »De kwade hand«, ein gelungenes Beispiel folkloristischer Phantastik, enthält. Der Roman »Geschiedenis van graef Hugo van Craenhove en van zijnen vriend Abulfaragus« (1845), der das →Werwolf-Motiv aufgreift, und »Lambrecht Hensmans« (1847) illustrieren C.s von Jean →Ray gepriesene Fähigkeiten bei der Herstellung eines »Klimas der Angst«. Höhepunkte in seinem phantastischen Werk bilden »Eene uitvinding des duivels« (1864) und vor allem das geradezu surrealistisch anmutende Prosawerk »Eene gekkenwereld« (1880).

Weitere Hauptwerke: De oom van Felix Roobeek, 1877; De schat van Felix Roobeek, 1878; Volledige Werken, 30 Bd., 1912.
Über Conscience: A. van Hageland, H. C. en de occulte verschijnselen, 1955.
Deutsch: Sammlung ausgewählter Schriften, 75 Bdch., 1900–1928 (z. T. in vielen Auflagen.)

Conta, Manfred von (1931 München), Deutschland.
Der Journalist und Le Carré-Übersetzer C. debütierte als Prosaist mit dem Roman »Der Totmacher« (1969), dem 1970 ein Band mit Novellen folgte, »Schloßgeschichten«, in denen phantastische Motive in der Art der österreichischen Phantastik-Tradition wirkungsvoll eingesetzt werden. Eine gewisse Ähnlichkeit mit dem Werk des anderen bayerischen Erzählers, der sich dieser Tradition anschloß, Herbert →Rosendorfer, scheint unverkennbar.

Contessa, Karl (Carl) Wilhelm (eigentl. Salice-Contessa) (1777 Hirschberg–1825 Berlin), Deutschland.
C. ist vor allem als Mitglied der Serapionsbrüder und durch seine Porträtierung als Sylvester in →Hoffmanns »Serapionsbrüder« bekannt geblieben. Er verfaßte auch selbst eine Reihe von Erzählungen und »Nachtstücken« in der Art seines Freundes, ohne auch nur im entferntesten mit diesem konkurrieren zu können, da eine kaum zu ertragende Rührseligkeit und eine biedere Moral auch solchen Texten, die von der Idee her interessant sind, ihren Reiz nehmen. Seine drei wohl bedeutendsten Arbeiten sind »Der Todesengel« (1814), »Das Bild der Mutter« (1818), ein Gegenstück zu Hoffmanns »Die Doppelgänger« und »Der schwarze See« aus dem zweiten Band der »Erzählungen« (1819).
Weitere Hauptwerke: Erzählungen, 1812–1814; (Auswahl in drei Bänden) Serapiontische Erzählungen, Märchen und Nachtstücke, Kleine Geschichten und Hoffmanniana, 1922.
Über Contessa: H. Meyer, Die Brüder C., 1906.

Coppard, Alfred Edgar (1878 Folkestone–1957 London), England.
Zu den klassischen Short-Story-Erzählern in England gehört C., der neben humoristischen, märchenhaften und psychologischen

Geschichten gleichfalls einige sehr überzeugende phantastische Texte schrieb, die sich verstreut über seine verschiedenen Bände mit Kurzprosa finden lassen. Am bekanntesten blieb die Titelgeschichte aus »Adam and Eve and Pinch Me« (1921), in der ein Mann zeitweilig unsichtbar wird und erst mit Hilfe seines noch ungeborenen Sohns in die Wirklichkeit zurückgelangt. Eine betonte Rätselhaftigkeit und ein billiger Mystizismus wirken hier, wie auch in anderen Geschichten eher irritierend. C. sammelte 1948 die seiner Meinung nach besten Geschichten in »The Collected Tales of A. E. Coppard« (1948). →Derleth stellte für →Arkham House eine Auswahl der phantastischen Erzählungen zusammen, »Fearful Pleasures« (1946), die Klassiker wie »Clorinda Walks in Heaven«, »Old Martin«, »Gone Away« und »The Homeless One« enthält.
Über Coppard: J. Schwartz, A. E. C., 1931.

Copper, Basil (1924 London), England.
Anfänglich war C. vor allem als Kriminalautor bekannt, aber seit Ende der sechziger Jahre wandte er sich fast ausschließlich der Phantastik zu und darf heute im Bereich der traditionellen Phantastik in England durchaus →Aickman oder →Campbell gleichgesetzt werden. Seine besten Erzählungen sammelte er in »Not After Nightfall« (1967) und »From Evil's Pillow« (1973), das bei →Arkham House publiziert wurde. Hochgelobt, aber zu sehr an →Lovecrafts »Mountains of Madness« angelehnt, ist sein Roman »The Great White Space« (1974). Er hat sich auch als Essayist mit dem Phantastischen auseinandergesetzt, wie seine beiden allerdings eher oberflächlichen Studien zum →Vampir und →Werwolf belegen: »The Vampire: in Legend, Fact and Art« (1973) und »The Werewolf: in Legend, Fact and Art« (1977).
Weitere Hauptwerke: When Footsteps Echo, 1975; The Curse of the Fleers, 1976; And Afterward, the Dark, 1977; Necropolis, 1980.
Deutsch: Der Vampir in Legende, Kunst und Wirklichkeit, 1974; Totenarchiv, in: Spuk, 1974; Dr. Porthos, in: P. Haining (Hrsg.), Stunde der Vampire, 1974.

Corelli, Marie (eigentl. Mackay, Mary) (1855 London–1924 Stratford), England.

Sie war neben Ouida die beliebteste Erzählerin ihrer Zeit. Ihr erster Roman, der sie weltberühmt machte, ging angeblich auf ein okkultes Erlebnis der Autorin zurück: »The Romance of Two Worlds« (1886). Wie viele andere englische Autoren ihrer Zeit interessierte sie sich sehr für Spiritismus, und ihre phantastischen Romane neigen daher häufig, trotz der melodramatischen Handlungen, zum Traktat. Ihre Neufassung der Faustgeschichte, »The Sorrows of Satan« (1895), inspirierte zwei berühmte Regisseure des Stummfilms, Dreyer und Griffith.
Weitere Hauptwerke: The Soul of Lilith, 1892; Ziska, the Problem of a Wicked Soul, 1897; The Life Everlasting, 1911.
Über Corelli: E. Bigland, M. C., 1953.
Deutsch: Roman aus zwei Welten, 1894; Lilith's Seele, 1905.

Cortázar, Julio (1914 Brüssel), Argentinien.
Während der seit 1951 in Paris lebende C. in seinen ersten Erzählungen, die in dem Band »Bestiario« (1951) gesammelt wurden, sich noch deutlich vom Großmeister der argentinischen Phantastik →Borges abhängig zeigte, entwickelte er in seinen folgenden Bänden schon sehr bald einen vollkommen eigenen Stil, wobei der Umschlag einer absolut realistischen Erzählweise ins Phantastische höchst überraschend, häufig erst am Ende der Geschichte passiert. Zum Charakter des Phantastischen in seinen Erzählungen äußerte sich C. 1971 in einem Interview: »In allen Situationen, sogar in den banalsten, kann es geschehen, daß ich etwas sehe, als ob sich ein Fenster in der Wand öffnen würde. Und das kann der Ursprung einer Geschichte sein. Es existiert dann schon eine Ansammlung mehr oder weniger umrissener Ideen, aus denen die Geschichte wachsen wird. Ich habe mich noch nie hingesetzt und zu mir gesagt: jetzt werde ich mal eine phantastische Geschichte schreiben. Ich schreibe nur, und was geschieht ist, daß ich meine Geschichten schreibe, weil ich etwas erlebt habe, das in meinen Augen phantastisch war.« C. zunehmendes politisches Engagement wird vor allem aus den beiden großen Romanen, seinem Hauptwerk, »Rayuela« (1963), und »62 modelo para armar« (1968) deutlich, die in ihrer experimentellen Erzählstruktur Parallelen zum Nouveau Roman aufweisen.
Weitere Hauptwerke: Final del juego, 1956; Las armas secretas, 1959; Los premios, 1960; Historias de cronopios y de famas, 1962; Todos los fuegos el fuego; El perseguidor y otros cuentos,

1967; Ceremonias, 1968.
Über Cortazar: J. Bernlef, Gespräch mit J. C., in: Phaïcon 1, 1974.
Deutsch: Bestiarium, 1979; Ende des Spiels (Final del juego), 1977; Die geheimen Waffen (Las armas secretas), 1980; Die Gewinner (Los premios), 1966; Geschichten der Cronopien und Famen, 1976; Das Feuer aller Feuer (Todos los fuegos el fuego), 1976; Der Verfolger (El perseguidor), 1978.

Couperus, Louis Marie Anne (1863 Den Haag–1923 De Steeg), Niederlande.
Im umfangreichen Werk des berühmtesten niederländischen Erzählers zwischen 1880 und 1920 spielt das Phantastische eher eine Rolle am Rande, obwohl der Autor ein großes Interesse für okkulte Phänomene an den Tag legte, was damit zusammenhängen mag, daß er einen Teil seiner Jugend in Niederländisch Ost-Indien verbrachte. Okkulte Ereignisse bilden das Zentrum der Handlung des Kolonialromans »De stille kracht« (1900), während »Over lichtende drempels« (1902) den Einfluß der Gestorbenen auf die Lebenden im spiritistischen Sinne schildert. »De binocle« (1923) gehört zu den bekanntesten phantastischen Geschichten niederländischer Sprache und verdeutlicht exemplarisch die fatalistische Haltung des homosexuellen Erzählers, der viele Jahre in Frankreich und Italien lebte und aufgrund seines dandyhaften Benehmens lange Zeit einen schweren Stand bei der niederländischen Kritik hatte. Heute ist seine Bedeutung allerdings unumstritten. Sein letzter Roman war »Het zwevende schaakbord« (1922), eine ironisch-melancholische Neuerzählung des mittelalterlichen Walewein-Stoffes, die Thomas Mann zu seinem Roman »Der Erwählte« angeregt haben könnte. Sein Gesamtwerk erschien 1952–1957.
Weitere Hauptwerke: De berg van licht, 1905–1906; Korte Arabesken, 1911; Het snoer der ontferming, 1924; (Sammelband phantastischer Texte) (Hrsg. K. Reijnders) Als ik bijvoorbeeld de geest van mijn moeder op den rand van mijn bed zag zitten, 1974.
Über Couperus: H. W. van Tricht, L. C. Een verkenning, 1960.
Deutsch: Novellen (2 Bände), 1895; Stille Kraft (De stille kracht), 1902; Das schwebende Schachbrett (Het zwevende schaakbord), 1921; Heliogabal (De berg van licht), 1916.

Crawford, Francis Marion (1854 Bagni di Lucca–1909 Sorrento), USA.
Er gehörte zu den Bestseller-Autoren seiner Zeit und läßt in manchen seiner Romane ein Interesse an okkulten Dingen erkennen, das mit seinem langen Aufenthalt im Orient zusammenhängen mag. Ein gutes Beispiel dafür ist »The Witch of Prague« (1891). In »Zoroaster« (1885) oder »Khaled« (1891) neigt er der →Fantasy zu. Seinen, freilich bescheidenen, Platz in der Geschichte der Phantastik erwarb er sich mit einigen recht blutrünstigen phantastischen Erzählungen, die posthum als »Wandering Ghosts« (1911) erschienen. Die drei bekanntesten, häufig anthologisierten Texte sind »The Upper Berth«, »The Screaming Skull« und die eher traditionelle Vampirgeschichte »For the Blood is the Life«. Die »Complete Works« erschienen 1882–1904 in 32 Bänden.
Über Crawford: M. H. Elliott, My Cousin, 1934.
Deutsch: Die Hexe von Prag, 1929; Zoroaster, 1892; Unheimliche Geschichten, o. J.; Denn das Blut ist das Leben (For the Blood is the Life), in: 14 Horrorstories, Heyne Anthologien 38, 1973; Kabine 105 (The Upper Berth), in: Das unsichtbare Auge, 1979.

Crowe, Catherine (1790 Borough Green–1872 Folkestone), England.
Obwohl Mrs. C. ihren erzählerischen Arbeiten den Anschein dokumentarischer Berichte gab und sie auch zweifelsohne Chroniken und folkloristische Sammlungen auf der Suche nach der Schilderung übernatürlicher Ereignisse durchforschte, erhalten sie häufig doch die Form literarischer Gespenstergeschichten. Ihre berühmteste Sammlung war »The Night Side of Nature« (1848), ein von Jean →Ray sehr geliebtes und oft zitiertes Buch.
Weitere Hauptwerke: Light and Darkness, 1850; Ghosts and Family Legends, 1858.
Deutsch: Die Erzählung des Italieners (The Italian Story, aus: Ghosts and Family Legends), in: Die Damen des Bösen, 1969.

Crowley, Aleister (1875 Leamington–1947 Hastings), England.
Der berühmteste Magier unseres Jahrhunderts, »the Great Beast«, publizierte nicht nur obszöne Gedichte im Stil der Dekadenz und magische Traktate, sondern auch den okkulten Roman »Moonchild« (1929), der allerdings, wie die meisten

Romane dieses Subgenres der Phantastik, häufig wie ein Pamphlet wirkt. In der »psychedelischen Ära« erlebte das Buch eine Art Renaissance, ohne zu einem wirklichen Kultobjekt zu werden. »The Stratagem« (1929) ist eine knappe Sammlung okkulter Geschichten. Wichtiger als sein eigenes Werk dürfte die Rolle sein, die C. in einigen phantastischen Erzählungen und Romanen spielt, wie »Casting the Runes« von M. R. →James, »He Cometh and He Passeth by« von H. R. →Wakefield und »The Magician« von Somerset Maugham.
Über Crowley: J. Symonds, The Great Beast, 1951.

Dacre, Charlotte (1782–1842), England.
Ein vernachlässigtes Hauptwerk der →»gothic novel« ist der Roman »Zofloya or The Moor« (1806), ein überzeugendes Gegenstück zu »The Monk« von →Lewis. Der Verführerin Mathilda entspricht der Verführer Zofloya, hinter dessen maurischer Schönheit sich ebenfalls der Teufel verbirgt, der die Heldin des Romans ins Verderben führt. Obwohl weniger freizügig als »The Monk« sind die erotischen Szenen in »Zofloya« subtiler. Es ist daher zu verstehen, daß der Roman sowohl →Shelley als Byron begeisterte und noch auf den Viktorianer →Le Fanu Eindruck machen konnte. D. veröffentlichte manche ihrer Werke unter dem Pseudonym Rosa Matilda.
Weitere Hauptwerke: The Libertine, 1807; The Passions, 1811.
Über Dacre: M. Summers, The Gothic Quest, 1938.

Dahl, Roald (1916 Llandaff), England/USA.
Nur wenige Erzählungen des äußerst erfolgreichen Autors norwegischer Herkunft, der sich später in Amerika niederließ, sind als wirklich phantastisch zu bezeichnen. Es sind im allgemeinen Beispiele ironischer Horrorgeschichten, die durch einen besonders makabren Humor auffallen, aber zu sehr auf einer, freilich immer überraschenden, Pointe aufgebaut sind. Sie verlieren bei wiederholtem Lesen viel von ihrem anfänglichen Reiz. Ähnlichkeiten mit dem Werk von John →Collier oder Stanley Ellin sind unübersehbar. Die bekanntesten Erzählungen finden sich in den Sammlungen »Someone Like You« (1953) und »Kiss, Kiss« (1960).
Weitere Hauptwerke: Switch, Bitch, 1974; Sammelband: Tales of the Unexpected, 1979.

Deutsch: Küßchen, Küßchen, 1962; ... und noch ein Küßchen, 1963; ... steigen aus ... Maschine brennt ..., 1966; Gesammelte Erzählungen, 1970.

Daisne, Johan (eigentl. Thierry, Herman) (1912 Gent–1979 Antwerpen), Belgien, Ndl.
Er ist neben Hubert →Lampo der berühmteste Vertreter des »magischen Realismus« in Flandern, einer Strömung, der er gleichfalls mehrere theoretische Aufsätze widmete. Sein phantastisches Hauptwerk blieb die frühe Novelle »De trein der traagheid« (1948), in der die Metapher der Zugfahrt den fast unmerklichen Übergang vom Leben zum Tode symbolisiert. Die sehr konkrete, teilweise witzige Darstellung der geheimnisvollen Geschehnisse läßt niemals Rührseligkeit aufkommen. Die Novelle wurde 1969 von André Delvaux mit dem Titel »Un soir, un train« verfilmt.
Weitere Hauptwerke: De trap van steen en wolken, 1942; Schimmen om een schemerlamp, 1947; De man, die zijn haar kort liet knippen, 1948; Met dertien aan tafel, 1950; Baratzeartea, 1963
Über Daisne: B. Kemp, J. D., 1974.
Deutsch: Die Treppe von Stein und Wolken (De trap van steen en wolken), 1960; Der Mann, der sein Haar kurz schneiden ließ, 1959; Die Fahrt ins Jenseits (De trein der traagheid), 1968; Baratzeartea, 1965.

D'Arlincourt, Charles Victor Prévot Vicomte (1789 Château Mérantris bei Versailles–1856 Paris), Frankreich.
Daß sein Vater, ein angesehener General, im Jahr seiner Geburt durch die Guillotine starb, mag die Nähe der französischen Autoren von Schauerliteratur, zu denen d'A. zählt, zum durchaus realen Grauen verdeutlichen. 1821 wurde der betont royalistisch denkende Vicomte durch die Publikation seines romantischen →Schauerromans »Le solitaire« fast über Nacht zu einer europäischen Berühmtheit. Hier wie in seinen vielen späteren Werken, von denen »L'étrangère« (1825) vor allem erwähnenswert ist, verbindet er eine empfindsam-elegante Sprache mit den labyrinthischen Verwicklungen auf der Handlungsebene, die den älteren Schauerroman kennzeichneten. Das Brutale wurde gemildert, romantisch-morbide Stimmungsbilder sind die Spezialität des

Franzosen, der bis in die fünfziger Jahre ein allseits beliebter Modeautor blieb und dessen gänzliches Vergessensein heute eher unberechtigt erscheint. Seine Romane bildeten vielfach die Vorlage italienischer und französischer Opern der romantischen Ära: am bekanntesten wurden hier »Le solitaire« des in Paris lebenden Michele Carafa und die bis heute gespielte »La straniera« (1829) von Vincenzo Bellini.

Weitere Hauptwerke: Le Renégat, 1822; Ipsiböe, 1823; La tache de sang, 1847; Les fiancés de la Mort, 1850.

Deutsch: Der Einsiedler vom Schreckensberg (Le solitaire), 1821; Der Renegat (Le renégat), 1823 (auch: Agolar, der Renegat, 1823); Die Fremde (L'Etrangère), 1826; Das Blutmal (La tache de sang), 1850; Die Verlobten des Todes (Les fiancés de la Mort), 1850.

Day, Anne (eigentl. Lothringer, Anne) (1908 Wien), Österreich. Die in Ascona lebende Unterhaltungsschriftstellerin A. D., deren später verfilmter Roman »Liane, das Mädchen aus dem Urwald« ein Bestseller war, veröffentlichte 1974 »Fünf gläserne Särge«, ein Meisterwerk deutscher Trivialphantastik, das den schwierigen Balanceakt zwischen Parodie und ausschweifender Poesie bis zum Schluß virtuos durchhält. Die Abenteuer des jungen Cornelius Krell, der wegen einer Panne gezwungen ist, im bayerischen Dorf Sterben Station zu machen und dort in das unheimliche Schicksal der Familie Morcote verstrickt wird, lassen sich nur mit den besten französischen Beispielen dieser unterschätzten, die befreiende Wirkung der Phantastik exemplarisch verdeutlichenden Gattung vergleichen. Die geradezu oneirische Wirkung dieser kein Klischee verschmähenden und daher schließlich alle Klischees durchbrechenden Sprache mögen einige Sätze aus dem Schluß des Romans belegen, als der letzte des verfluchten Morcote-Geschlechts seinem Ende und seiner Erlösung entgegengeht: »Da unten lag sein Haus, das jetzt in Flammen aufging, mit den mordenden Tieren im Keller, mit den fünf gläsernen Särgen und dem schwarz bespannten Zimmer. Aber dort unten lag auch das Dorf Sterben. Und dort war ein geliebtes Leben. Für dieses Leben gab der Marquese Alonso Morcote y Garagàn jetzt das seine hin.«

De Eça de Queiros, José Maria (1845 Póvoa de Varzim–1900 Paris), Portugal.
Das Phantastische bildet eine wesentliche Komponente im Œuvre des großen portugiesischen Romanciers; sogar in seinen realistischen Romanen, die ihn weltberühmt machten, wie »O crime do Padre Amaro« (1875) und »O primo Basilio« (1878), klingt es an. Zum Durchbruch kommt es in den Prosastücken, die 1866–67 in der »Gazeta de Portugal« veröffentlicht und posthum (1903) unter dem Titel »Prosas barbaras« gesammelt wurden. Formal weniger überschwenglich, aber dafür wesentlich überzeugender ist die Novelle »O Mandarim«, die 1880 erschien und den Gewissenskonflikt schildert, in den der Beamte Teodoro gestürzt wird, als ihm der Teufel die Möglichkeit bietet, durch das Läuten einer Glocke steinreich zu werden. Das Läuten allerdings verursacht den Tod eines Mandarins in China. Wie so häufig ist auch diese ein altes Motiv benutzende phantastische Erzählung eine Parabel, die überdies satirische Züge trägt. In dem Roman »A reliquia« (1887) erreicht E. d. Q. eine unerwartete Spannung dadurch, daß er der realistisch-satirischen Haupthandlung gleichsam kontrapunktisch eine Schilderung des Leidens und Sterbens Christi entgegensetzt, ein Verfahren das →Bulgakov in seinem Roman »Master i Margarita« übernommen hat. Auch in den erst 1902 gesammelten »Contos« läßt sich eine ähnliche Tendenz feststellen, die E. d. Q. zu einem der Ahnen des portugiesischen Symbolismus macht.
Über De Eça de Queiros: A. Machado da Rosa, E., discípulo de Machado. Um estudo sobre E.d.Q., 1979².
Deutsch: Der Mandarin (O Mandarim), 1919; Die Reliquie (A reliquia), 1958; Der Gehenkte (Contos), 1918.

Defoe, Daniel (1660 London–1731 London), England.
Noch vor →Walpole, dem »Vater der modernen phantastischen Literatur«, schrieb der berühmte Verfasser von »Robinson Crusoe« eine Erzählung, die mit Recht als die erste Gespenstergeschichte im heutigen Sinne angesehen werden kann, »The True Relation of the Apparition of One Mrs. Veal« (1706). Sie geht angeblich auf eine wahre Begebenheit zurück. Der dokumentarische Charakter der sehr knapp formulierten Erzählung sollte noch →Le Fanu zu einigen seiner Geschichten anregen.
Weitere Hauptwerke: The Friendly Demon, 1726.

Über Defoe: J. R. Moore, D. D., 1958.
Deutsch: Die Erscheinung der Mrs. Veal, in: Die Gespenstertruhe, 1967.

De Ghelderode, Michel (1898 Elsene–1962 Brüssel), Belgien, Fr.
Der als Dramatiker (z. B. »La ballade du Grand Macabre«, 1936) weltberühmte d. G. publizierte 1941 einen Band mit phantastischen Erzählungen, »Sortilèges«, der zu den Höhepunkten des Genres in Belgien gerechnet werden darf. Die typischen Eigenheiten der flämischen Phantastik, eine präzise Darstellung der äußeren Erscheinungsformen verbunden mit einer magischen Beschwörung des Geheimnisvollen, des metaphysisch Bösen, finden sich vor allem in der berühmtesten Erzählung des Bandes, »Le jardin malade«. Thematische Ähnlichkeit mit den belgischen Autoren des Symbolismus, insbesondere mit Georges →Rodenbach ist unübersehbar.
Über De Ghelderode: J. Francis, M.d.G., 1949.

De la Mare, Walter (1873 Charlton–1956 Twickenham), England.
Der auch als Kinderbuchautor und Lyriker bekannt gewordene Erzähler publizierte eine Reihe von subtilen phantastischen Geschichten und Novellen, die fast gänzlich auf die Beschreibung konkreter übernatürlicher Ereignisse verzichten und vielmehr mit einer höchst raffinierten Andeutungstechnik arbeiten. Stimmungsbeschreibungen erreichen eine große atmosphärische Dichte, und eine allmählich vertraute Welt verwandelt sich bei d.l.M. fast unbemerkt in eine fremde, unheimliche. Hinter der Maske eines biederen Bürgers lauert Vampirhaftes, wie in der wohl berühmtesten Novelle, »Seaton's Aunt« (1921). Da die von d.l.M. eingesetzten Mittel, zu denen auch noch eine leise Ironie gehört, sich allerdings im Laufe der Jahre kaum geändert haben, ist eine gewisse Monotonie nicht zu übersehen, zumal das thematische Spektrum seiner Texte beschränkt ist.
Weitere Hauptwerke: The Return, 1910; The Riddle, 1923; The Connoisseur, 1926; On the Edge, 1930; The Wind blows over, 1936; A Beginning, 1956.
Über De La Mare: K. Hopkins, W.d.l.M., 1953.
Deutsch: (Sammelbände) Seltsame Geschichten, 1962; Aus der Tiefe, 1972; Die Orgie, 1965.

De Quincey, Thomas (1785 Manchester–1859 Edinburgh), England.
»Confessions of an English Opium Eater« (1821), in dem der drogensüchtige d.Q. seine Opiumerfahrungen zu Papier brachte, gehört zu den bedeutendsten Prosawerken der englischen Romantik. Es beeinflußte ähnlich wie die ironische Abhandlung »On Murder Considered as One of the Fine Arts« (1827) die Literatur der Dekadenz, insbesondere Oscar →Wilde. Den Hauptbeitrag zur phantastischen Literatur lieferte d.Q., der mehrere deutsche Schauerromane ins Englische übersetzte, mit seinem Roman »Klosterheim or The Mask« (1832), ein überraschend spätes Beispiel der klassischen →»gothic novel«, dem eine Reihe von in Zeitschriften veröffentlichten »gothic tales«, wie »The Dice« (1823), vorangegangen waren.
Über de Quincey: G. Lindop, The Opium Eater. A Life of Th. d. Q., 1981.
Deutsch: Bekenntnisse eines englischen Opiumessers, 1962.

De Richaud, André (1909 Perpignan–1968 Montpellier), Frankreich.
Während er nach der Publikation seiner ersten Romane am Ende der zwanziger Jahre, »Le création du Monde« und »Le douleur«, als eine der größten literarischen Entdeckungen gefeiert wurde, geriet R.s Karriere bald ins Stocken, als er dem Alkohol verfiel. Als er 1945 sein phantastisches Hauptwerk, den Roman »La nuit aveuglante«, veröffentlichte, blieb es weitgehend unbeachtet. Er erzählt hier die Geschichte Cypriens, der sich eines Tages eine Teufelsmaske vorgebunden hat, um die einfachen Leute seines Dorfes bei ihrer Prozession zu verspotten, und der sich seitdem nicht mehr von dieser Maske befreien kann. Der in der Ich-Form geschriebene Roman ist zugleich eine parabelhafte Reflexion über die Freiheit der menschlichen Entscheidung, die Camus' Begeisterung für das Frühwerk dieses wahren »poète maudit« verständlich macht.
Weitere Hauptwerke: La fontaine des lunatiques, 1932; La barrette rouge, 1938.
Über de Richaud: J. B. Baronian, A.d.R. ou la quête d'identité. Vorwort zu »La nuit aveuglante«, 1972.

Derleth, August William (1909 Sauk City–1971 Sauk City), USA.
Obwohl D. ein umfangreiches Œuvre publizierte, das keineswegs nur phantastischen Charakter hat, sondern auch im Bereich der Heimatliteratur und der Detektivgeschichte angesiedelt ist, ist seine wirkliche Bedeutung eher in seiner Tätigkeit als Verleger und Herausgeber phantastischer Literatur zu sehen. Es ist vor allem seinem rastlosen Wirken zu verdanken, daß die Erzählungen des von ihm bewunderten und imitierten →Lovecraft schließlich den Status erlangten, den sie heute besitzen. Nach der Gründung des Verlags →Arkham House, den er zusammen mit seinem Freund →Wandrei leitete, gab er als ersten Titel den Lovecraft-Sammelband »The Outsider and Others« (1939) heraus, der die bedeutendsten Texte vereinte. Seine eigenen Geschichten sammelte er in den Bänden »Someone in the Dark« (1941) und »Something Near« (1945). Die Bedeutung dieser Erzählungen ist eher gering, da D. über ein mildes Epigonentum nie hinauskam. Seine interessantesten Texte sind daher die Lovecraft-Pastichen, die von vornherein auf Eigenes verzichten und auf manchmal witzige Weise den →Cthulhu-Mythos erweitern. (»The Mask of Cthulhu«, 1958 und »The Trail of Cthulhu«, 1962). Zu den unzähligen, von D. herausgegebenen Anthologien, in denen er Autoren aus dem Umkreis Lovecrafts bevorzugte, aber auch Vertreter der englischen Phantastik zu Wort kommen ließ und junge Autoren förderte, gehören »Sleep No More« (1944), »Nights Yawning Peal« (1952), »Dark Mind, Dark Heart« (1962), »Over the Edge« (1964), »Travellers by Night« (1967) und, seine letzte Anthologie, »Dark Things« (1971). Zwei Anthologien mit phantastischer Lyrik waren »Dark of the Moon« (1947) und »Fire and Sleet and Candlelight« (1961). Er vervollständigte eine Reihe von Lovecraft zurückgelassener Fragmente, die in »The Shuttered Room« (1959) und dem späten Sammelband »The Watchers Out of Time« (1974) zu finden sind. Mit Solar Pons schuf er einen Detektiv in der Nachfolge von Holmes, der auch häufig sich in phantastische Gefilde begeben muß. (»The Memoirs of Solar Pons«, 1951 u.a.) Unter dem Pseudonym Stephen Grendon veröffentlichte er »Mr. George and Other Odd Persons« (1963).
Weitere Hauptwerke: Not Long For This World, 1948; Lonesome Places, 1962; Dwellers in Darkness, 1976; (nach einer

Lovecraft-Vorlage) The Lurker at the Threshold, 1945.
Über Derleth: D. Wandrei, 100 Books by A.D., 1962.
Deutsch: Spuren im Schnee (The Drifting Snow), in: Ullstein Kriminalmagazin 10, 1967. Mrs. Lannisfree, in: Horror 1, 1969; Potts Triumph, in: Horror 2, 1969; Auf Cthulhus Spur (The Trail of Cthulhu), 1972; Die Messe des Fürsten Borgia, in: Spuk, 1974.

De Regnier, Henri François Joseph (1864 Honfleur–1936 Paris), Frankreich.
Der vor allem als symbolistischer Lyriker bekanntgebliebene R. publizierte etwa ein Dutzend über sein ganzes Œuvre verstreute phantastische Erzählungen, die daher, abgesehen von einigen in modernen Anthologien auftauchenden Texten, weitgehend unbekannt geblieben sind. Diese neuveröffentlichten Geschichten entstammen alle »La canne de jaspe« (1897) und benutzen, ähnlich wie das bei →Rodenbach der Fall ist, die Motive der Décadence auf eine zurückhaltende Weise. Als Höhepunkt im Bereich des Phantastischen kann der späte Band »Histoires incertaines« (1919) gelten, der drei längere Texte enthält, von denen zwei, »L'entrevue« und »Marcelline ou la punition fantastique«, von R.s Venedig-Begeisterung zeugen.
Weitere Hauptwerke: Le plateau de laque, 1913; Esquisses vénétiennes, 1920; Les bonheurs perdus, 1924.
Über de Regnier: J. B. Bouvier-Sunière, H. d. R., 1945.
Deutsch: Das prächtige Haus (La maison magnifique, aus: La canne de jaspe) in: Das Spiegelkabinett, 1966.

De Sa-Carneiro, Mario (1890 Lissabon–1916 Paris), Portugal.
Der berühmteste portugiesische Symbolist, der durch eigene Hand starb, gestaltete in den Erzählungen aus den Bänden »A confissao de Lúcio« (1914) und »Céu em fogo« (1915) immer wieder den unüberbrückbaren Gegensatz zwischen Realität und Vorstellung, Wunsch und Wirklichkeit, Traum und Welt, ein Grundthema der modernen Phantastik. In der an →Poe erinnernden Erzählung »O homen dos sonhos« aus dem zweiten Band berichtet der Erzähler von seiner Begegnung mit dem Mann, der die Träume beherrscht und auf diese Weise zu »einem glücklichen Menschen« geworden ist, da die ungeahnten und unbeschreiblichen Dimensionen seiner Traumwelt ihn den grauen Alltag

ertragen lassen. »Er plünderte die Wirklichkeit, indem er sie zum Traum verurteilte. Er lebte das Irreale.« Eine Übereinstimmung mit den Arbeiten französischer Symbolisten, wie Jean →Lorrain, ist feststellbar.
Über de Sa-Carneiro: D. Woll, M. d. S. C., 1958.
Deutsch: Mysterium (Misterio) und »Der Mann der Träume« (O homen dos sonhos), in: K. A. Horst (Hrsg.), Geschichten und Novellen aus Portugal, 1972.

Devaulx, Noël (1905 Brest), Frankreich.
Mit Recht betrachtet man D. als einen der wesentlichen Erneuerer der französischen Phantastik, obwohl sein komplexes Werk dem größeren Publikum weitgehend unbekannt geblieben ist. Eins der auffallendsten Elemente seiner Erzählungen liegt im Verschweigen der bedrohlichen Ereignisse, deren Eintreffen durch viele Zeichen und Andeutungen vorbereitet wird. Oder wenn ein solches Ereignis geschildert wird, geschieht es häufig aus einem so unerwarteten Blickwinkel, daß dem Leser verborgen bleibt, was nun eigentlich wirklich geschehen ist. Ein typisches Beispiel für eine solche Erzählung ist »L'étrangère« aus »Bal chez Alféoni« (1956), der einige der wichtigsten Texte von D. vereinigt. Da er durchaus traditionelle Elemente der phantastischen Literatur, geheimnisvolle Schlösser, labyrinthische Parks, benutzt, gleichen die Erzählungen häufig einem bewußten, verunsichernden Spiel mit der Lesererwartung, einer Art Phantastik im Quadrat. Manchmal kann diese betonte Rätselhaftigkeit ein wenig gesucht und irritierend wirken.
Weitere Hauptwerke: L'auberge Parpillon, 1945; Sainte Barbegrise, 1952; Frontières, 1965; Avec vue sur la zone, 1974; Le lézard d'immortalité.
Über Devaulx: J. B. Baronian, Panorama de la littérature fantastique de la langue française, 1978.

Dickens, Charles John Huffam (1812 Portsmouth–1870 Gad's Hill), England.
Die berühmteste Gespenstergeschichte des größten viktorianischen Romanciers ist »A Christmas Carol« (1843), aber es ist fraglich, ob sie nicht vielmehr eine Parabel als eine wirklich phantastische Geschichte ist. Man könnte in diesem Zusammenhang von »didaktischer Phantastik« sprechen, aber dies ist schon

fast eine contradictio in terminis! Überzeugender sind »The Haunted House« (1859) und vor allem die häufig anthologisierte Geschichte »No 1 Branch Line: The Signalman« (1861). Der Sammelband »The Uncommercial Traveller« enthält weitere unheimliche Erzählungen. Vor allem in seinen späten Romanen bekommt das Geschehen oft eine surreale Färbung, und man könnte sie als Beispiele der »Victorian Gothic« bezeichnen. Das gilt in erster Linie für »Bleak House« (1853), in dem der alles beherrschende, labyrinthische Prozeß kafkaeske Dimensionen annimmt, »Great Expectations« (1861), »Our Mutual Friend« (1865) und den unvollendet gebliebenen letzten Roman »The Mystery of Edwin Drood« (1870), der sich genausogut als phantastischer Roman hätte weiterentwickeln können. Alle Prämissen dafür sind gegeben, und D. hat sich über den weiteren Verlauf der rätselhaften Handlung nicht geäußert.

Weitere Hauptwerke: Sketches by Boz, 1836; The Haunted Man, 1848; (zusammen mit Charles Collins) The Trial for Murder, 1865.

Über Dickens: E. Wagenknecht, C. D., 1929.

Deutsch: Weihnachtserzählungen, 1979; Meistererzählungen, 1978; Bleak House, 1910 (Übers. G. →Meyrink); Große Erwartungen (Great Expectations), 1978; Unser gemeinsamer Freund, 1967; Das Geheimnis des Edwin Drood, 1970; Der Heimgesuchte und andere seltsame Geschichten (The Haunted Man), 1981.

Doyle, Arthur Conan, Sir (1859 Edinburgh–1930 Crowborough), England.

Obwohl D. in erster Linie als Verfasser der Sherlock-Holmes-Geschichten seinen angestammten Platz in der Entwicklung der Detektivgeschichte einnimmt, schrieb er im Laufe seines Lebens auch eine Reihe von beachtlichen phantastischen Erzählungen, während eine der berühmtesten Holmes-Geschichten, »The Hound of the Baskervilles« (1901) einen höchst wirksamen Gebrauch vom Spiel mit den Möglichkeiten des Übernatürlichen und Gespenstischen macht, auch wenn am Ende sich die Lösung als natürlich erweist. Die spannende Novelle mit ihren bewußten »gothic«-Elementen ist ein spätes gelungenes Beispiel erklärter Phantastik. Ein früher Band mit phantastischen Erzählungen, die teilweise später neu aufgelegt wurden, ist »Dreamland and Ghostland« (1886). Weitere Bände von Bedeutung sind »Round

the Red Lamp« (1894) und »Round the Fire Stories« (1908). In der zweiten Hälfte seines Lebens beschäftigte D. sich intensiv mit Spiritismus und Geisterphotographie. Von seinen Erfahrungen in diesem Bereich berichtet »The Edge of the Unknown« (1930). 1922 sammelte er einige seiner wichtigsten Erzählungen aus dem Bereich des Übersinnlichen in »Tales of Terror and Mystery«, darunter »The Terror of Blue John Cap«, »The Brazilian Cat«, und »The Nightmare Room«.
Weitere Hauptwerke: The Parasite, 1894; The Last Galley, 1911; The Lost World, 1912.
Über Doyle: J. D. Carr, A. C. D., 1949
Deutsch: Seine gesammelten Werke erschienen in 14 Bänden zwischen 1959 und 1964.

Ducray-Duminil, François Guillaume (1761 Paris–1819 Ville d'Avray), Frankreich.
Als Vater des französischen →Schauerromans wird D.-D. betrachtet, der in seinem Werk de Sades Einfluß erkennen läßt. Am erfolgreichsten war »Cœlina ou l'enfant du mystère« (1798), wo vor einem realistischen Fonds sich auch Übernatürliches abspielt, wie die Szene belegen mag, in der dem während eines Gewittersturms im Walde umherirrenden Truguelin das rachsüchtige Gespenst seines Sohnes Marcan erscheint, den er durch sein schlechtes Beispiel ins Verderben gestürzt hat. Im selben Jahr erschien auch eine erfolgreiche englische Übersetzung, »Celina or A Tale of Mystery«.
Weitere Hauptwerke: Victor ou l'enfant de la forêt, 1796; Paul ou la ferme abandonnée, 1799; Les petits orphelins du hameau, 1800.
Über Ducray-Duminil: M. Heine, Le Marquis de Sade et le roman noir, 1933.

Dumas, Alexandre (1802 Villers-Cotterets–1870 Puy), Frankreich.
Der Vater der drei Musketiere läßt in manchen seiner Bücher einen Hang zum Phantastischen erkennen, welche die Nähe seines Werks zum »roman frénétique« verdeutlicht. Diese Vorliebe rief »Les mille et un fantômes« (1849) ins Leben, eine Sammlung von phantastischen Erzählungen und Novellen und zugleich eine Anthologie klassischer Motive des Genres, die mit

Humor und einer Neigung zur Extravaganz verarbeitet werden. In der wohl gelungensten Geschichte,»Les étudiants de Bologne«, einer der brillantesten französischen Gespenstergeschichten des 19. Jahrhunderts, wird die These widerlegt, die D. in der Rahmengeschichte aufstellt, daß »Italien mit seinem reinen Himmel nicht das Land geheimnisvoller Sagen, die Heimat der Gespenster« sei. Die Erzählung sollte angeblich die Vorlage zu einer phantastischen Oper Rossinis abgeben, aber in diesem Fall kann man D.s Angaben nicht allzu viel Vertrauen schenken. In »La dame au collier de velours« tritt eins der großen Vorbilder der romantischen Phantastik in Frankreich, →Hoffmann, selbst in Erscheinung und trifft sich mit der geheimnisvollen Arsène, nachdem die Guillotine ihr schon den Kopf vom Rumpf getrennt hat. In den Umkreis der »Mille et un fantômes« gehören auch die Romane »Le meneur de loups« (1856), eine ähnlich erfolgreiche Bearbeitung des wenig ergiebigen Werwolf-Stoffes wie →Erckmann-Chatrians »Hugues le loup« und »Le médecin de Java ou le docteur mystérieux« (1859) die Geschichte des Zauberers Doktor Basilius und seines geheimnisvollen Lebenselexiers.
Über Dumas: M. O. Georghiu, Les romans de D., 1935.
Deutsch: Tausend und ein Gespenst (Mille et un fantômes), 1849; Der Werwolf (Le meneur de loups), 1856; Die Wandlungen des Doktors Basilius (Le médecin de Java), 1859. (Diese Übersetzungen finden sich wieder in 2 Bänden der von F. Wencker besorgten Ausgabe der Werke, o. J.)

Du Maurier, Daphne (1907 London), England.
Während mehrere Romane der erfolgreichen englischen Erzählerin als Beispiele der zum neuen Leben erweckten »gothic novel« gelten können (»Rebecca«, 1938, dürfte das bekannteste Vorbild sein), spielen übernatürliche Elemente in ihnen höchstens eine Scheinrolle, darin den Romanen ihrer literarischen Urahnin Mrs. →Radcliffe durchaus verwandt. Ihre Erzählungen dagegen bewegen sich mit Vorliebe im Bereich des Phantastischen und wirken in ihrer größeren Konzentration überzeugender. Ihre Novelle »The Birds« aus »The Apple Tree« (1952), die einen Anfall plötzlich aggressiv gewordener Vögel auf die ahnungslose Menschheit schildert, wurde 1963 von Hitchcock erfolgreich verfilmt. Die makabre Venedig-Novelle »Don't Look Now«, die das Motiv des zweiten Gesichts auf sehr wirkungsvolle Weise

einsetzt, findet sich in dem Band »Not After Midnight« (1971). Sie wurde gleichfalls zur Vorlage eines brillanten phantastischen Films von Nicolas Roeg (dt. »Wenn die Gondeln Trauer tragen«).
Weitere Hauptwerke: The Progress of Julius, 1933; Jamaica Inn, 1936; My Cousin Rachel, 1951; The House on the Strand, 1969.
Über du Maurier: (Autobiographie) D. du Maurier, Growing Pains, The Shaping of a Writer, 1977.
Deutsch: Karriere (The Progress of Julius), 1951; Gasthaus Jamaica, 1949; Rebekka, 1949; Meine Kusine Rachel, 1952; Küß mich noch einmal, Fremder (The Apple Tree), 1954; Spätestens in Venedig (Not After Midnight), 1971; Ein Tropfen Zeit (The House on the Strand), 1970.

Dunsany, Edward (genannt: Lord Dunsany, eigentl. 18. Baron Dunsany, Edward John Moreton Drax Plunkett) (1878 London–1957 Dublin), Irl.-Engl.
Der weitaus größte Teil der Schriften des von →Lovecraft und →Smith sehr bewunderten und teilweise imitierten irischen Erzählers, der ein abenteuerlustiger Exzentriker war, gehört nicht zur phantastischen Literatur, sondern zur →Fantasy Fiction, die er maßgeblich beeinflußte. Direkt phantastisch sind die Romane »The Blessing of Pan« (1927) und »The Curse of the Wise Woman« (1933), die freilich nicht zu seinen überzeugendsten Arbeiten gehören.
Weitere Hauptwerke: The Man Who Ate the Phoenix, 1949.
Über Dunsany: M. Armory, Lord D., 1972.
Deutsch: Der Fluch der weisen Frau (The Curse of the Wise Woman), 1947; (Ausw. Erz.) Das Fenster zur anderen Welt, 1971.

Duval, Catherine (um 1920 Rotterdam), Niederlande.
1970 debütierte D. mit einer wenig beachteten Sammlung phantastischer Horrorgeschichten, »De bruiden van Lannismoore«, in denen ein bewußtes Zurückgreifen auf die Tradition der englischen Gespenstergeschichten des viktorianischen Zeitalters und der Jahrhundertwende genauso auffiel, wie ein Hang zur Grausamkeit und ein höchst hausbackener Erzählstil. Diese Eigenheiten kennzeichneten auch ihre weiteren Bände, deren Begebnisse ihr angeblich von einer Art Hausgeist mitgeteilt wurden. Ihre Texte sind inzwischen zu einem Geheimtip für die Liebhaber des Genres geworden, die keine allzu hohen literari-

schen Anforderungen stellen.
Weitere Hauptwerke: Beelden zonder spiegelbeeld, 1971; De onsterfelijken, 1978; Geliefde demon, 1980.

Dziekoński, Józef Bohdan (Ps. Bogdánski) (1816 Warschau–1855 Paris), Polen.
Der fortschrittliche Autor, der 1846 aus politischen Gründen sein Land verlassen mußte und seinen Lebensunterhalt als Jahrmarktsmaler und Radierer in Deutschland und der Schweiz bestritt, publizierte ein Hauptwerk der romantischen Phantastik in Polen, den Roman »Sędziwoj« (1845), eine Art polnische Parallele zu »Faust«, die Geschichte eines Mannes, der den »Stein der Weisen« sucht.

E **Eddison,** Eric Rucker (1882 Adel–1945 Marlborough), England.
Das Hauptwerk des hohen Beamten E. ist der Roman »The Worm Ouroboros« (1922), dessen Handlung nach einem kurzen Vorspiel auf der Erde, sich auf einem imaginären Planeten abspielt und aufgrund ihrer märchenhaft-mythischen Struktur zur →fantasy gerechnet werden muß. Die Sprache ist häufig auf eine unerträgliche Art archaisierend und die ideologische Prämisse wirkt, wie bei manch anderem fantasy-Autor, faschistoid. Eine gewisse Ähnlichkeit mit dem allerdings unvergleichlich wertvollerem Roman »A Voyage to Arcturus« (1920) von David →Lindsay ist nicht zu übersehen, während E. seinerseits →Tolkien beeinflußt haben dürfte.
Weitere Hauptwerke: (mit »The Worm Ouroboros« zusammenhängend): Mistress of Mistresses, 1935; A Fish Dinner in Memison, 1941; The Mezentian Gate, 1958 (unvollendet).
Über Eddison: O. Prescott, Introduction to »The Worm Ouroboros«, 1962.
Deutsch: Der Wurm Ouroboros, 1981; Die Herrin Zimiamvias (Mistress of Mistresses), 1982; Ein Fischessen in Memison (A Fish Dinner in Memison), 1982.

Edwards, Amelia Ann Blanford (1831 London–1892 Weston-super-Mare), England.
Die bekannte Journalistin und Ägyptologin (sie besuchte 1873 zum erstenmal Ägypten) ist die Verfasserin einiger klassischer Gespenstergeschichten, die sie für die Zeitschrift »All the Year

Round« schrieb und die häufig in älteren Anthologien zu finden sind. Zu den berühmtesten gehören: »My Brother's Ghost Story« (1860), »How the Third Floor Knew the Potteries« (1863), »The Phantom Coach« (1864) und »The Engineer« (1866). Ihre längere Novelle »Monsieur Maurice« (1873) reicht in der subtilen Gestaltung des Phantastischen an →Le Fanu heran.
Weitere Hauptwerke: A Night on the Borders of the Black Forest, 1874.
Über Edwards: E. F. Bleiler, Introduction to »Five Victorian Ghost Novels«, 1971.
Deutsch: Unheimliche Geschichten, 1879; Die Phantomkutsche, in: Die Damen des Bösen, 1969.

Eekhoud, Georges (1854 Antwerpen–1927 Brüssel), Belgien-Fr. Der französisch schreibende Flame gehört zu den wichtigsten Autoren, die Belgien hervorgebracht hat. Von seinen symbolistischen Kollegen wie →Rodenbach oder →Huysmans weicht er durch eine große, dem Leben zugewandte Vitalität ab, während seine Sprache in ihrem barocken Reichtum eher zu den niederländisch-schreibenden Autoren Flanderns Beziehungen aufweist. Es wäre nicht verfehlt, E. einen Genet der Jahrhundertwende zu nennen, da seine homoerotisch geprägte Liebe zu den Matrosen, den Verbrechern, zu den von der Gesellschaft Verstoßenen ähnlich lyrisch-ekstatische Züge trägt wie im Werk des Franzosen. Aufgrund dieser, das damalige Leserpublikum schockierenden Thematik, blieb sein Werk eher unbekannt. In den beiden Bänden mit Erzählungen, »Kermesses« (1884) und »Nouvelles Kermesses« (1887) gibt es Ähnlichkeiten zu Barbey d'Aurevilly, der sein Werk lobte, und es ist eher die Färbung dieser häufig grausamen Geschichten als das tatsächliche Geschehen, was die Bezeichnung »phantastisch« angebracht erscheinen läßt. In dem Roman »La nouvelle Carthage« (1888), von Hubert →Lampo als frühes Hauptwerk des »magischen Realismus« gelobt, und vor allem in den Erzählungen des »Cycle patibulaire« tritt das Phantastische aber immer konkreter in Erscheinung.
Weitere Hauptwerke: Mes communions, 1895; Escal-Vigor, 1900; Dernières Kermesses, 1920.
Über Eekhoud: M. Bladel, G. E., 1922.
Deutsch: Escal-Vigor, 1903; Das neue Karthago, 1917.

Eichendorff, Joseph Freiherr von (1788 Schloß Lubowitz–1857 Neiße), Deutschland.
Florio, dem Helden aus E.s Novelle »Das Marmorbild« (1819) wird eine zum Leben erwachte Marmorstatue der Venus, das Symbol der dämonisch-sinnlichen Liebe, fast zum Verhängnis, aber am Ende der Geschichte weiß er sich von dem gefährlichen Zauber zu befreien. Die alte Sage vom Tannhäuser im Venusberg klingt an, erhält aber eine neue romantisch-symbolische Gestalt. Als eine Art Vorstufe zur Novelle kann der unvollendete Text »Die Zauberei im Herbste«, die 1808/09 entstand, angesehen werden. W. Freund charakterisiert die Bedeutung dieser meisterhaften phantastischen Novelle mit den Worten: »Im phantastischen Bild der Sage vom Venusberg gestaltet E. als Anspielung auf die realpolitische Welt der nahezu unausweichlichen persönlichen Unfreiheit die von Verengung bedrohte menschliche Existenz.« Nach E. sollten noch →Mérimée in »La Vénus d'Ille« und Henry →James in »The Last of the Valerii« das Motiv der zum Leben erwachten heidnischen Statue, deren Verführung ein junger Mann verfällt, ähnlich überzeugend gestalten.
Über Eichendorff: W. Freund, Von der Aggression zur Angst. Zur Entstehung der phantastischen Novellistik in Deutschland, in: Phaïcon 3, 1978.

Eliade, Mircea (1907 Bukarest), Rumänien.
Der Kulturphilosoph und Religionswissenschaftler E. veröffentlichte neben seinen vielen wichtigen wissenschaftlichen Arbeiten ein umfangreiches literarisches Œuvre, das weitgehend der Phantastik zuzurechnen ist und das die wissenschaftlichen Interessen des Autors eindeutig widerspiegelt. Hinter der Realität seiner Erzählungen und Romane wird eine tiefere Realität sichtbar, in der die Mythen der Menschheit lebendig geblieben sind. Hinter den heutigen Figuren tauchen Archetypen auf und verleihen dem rätselhaften Geschehen erst seinen wirklichen Sinn. E., dessen Werk freilich manchmal sehr lehrhafte Züge annimmt, reiht sich mit seiner Prosa in die Tradition des »magischen Realismus« ein, ein Verwandter von →Green, →Lampo oder Marcel →Schneider. Zu seinen bekanntesten Büchern gehören »Maitreyi« (1933), »Nopți la Serampore« (1939) und »Pe Strada Mântuleasa« (1967).
Weitere Hauptwerke: Sarpele, 1938; La țigănci, 1969.

Über Eliade: (Hrsg.) J. M. Kitagawa, Myths and Symbols. Studies in Honor of M. E., 1969.
Deutsch: Das Mädchen Maitreyi, 1948; Andronic und die Schlange (Sarpele), 1949; Nächte in Serampore, 1953; Auf der Mântuleasa-Straße, 1972; Phantastische Erzählungen (La ţigănci u.a.), 1978; Bei den Zigeunerinnen, 1980.

Ende, Michael (1929 Garmisch-Partenkirchen), Deutschland.
Der erfolgreiche Kinderbuchautor und Sohn des surrealistischen Malers Edgar E. erreichte mit seinen beiden letzten Büchern vor allem bei Erwachsenen zwischen 20 und 40 den Status eines Kultautors. 1973 erschien die Geschichte des kleinen, mutigen Mädchens Momo, »Momo«, das die gefährlichen grauen Herren, die den Menschen die Zeit stehlen, schließlich besiegt. Während hier manchmal eine zu starke Betonung der »Lehre« störte, überzeugte das auch graphisch sehr anziehend gestaltete Buch »Die unendliche Geschichte« (1979) völlig. Eine an →Borges erinnernde verschachtelte Erzählstruktur verbindet sich mit der Fabulierfreude eines →Tolkien.
Über Ende: Gespräch mit M. E., in: SZ, Nr. 61, 1981.

Erckmann-Chatrian (eigentl. Erckmann, Emile und Chatrian, Alexandre) (1822 Pfalzburg–1899 Lunéville bzw. 1826 Aberschweiler–1890 Villemonble), Frankreich.
Die beiden elsässischen Erzähler, die ihre Zusammenarbeit erst 1889 einstellten, publizierten neben ihren realistischen Schilderungen des Lebens in ihrer Heimat an die dreißig phantastische Erzählungen, die zu den gelungensten in französischer Sprache zählen, obwohl sie bisher eher unbekannt geblieben sind. In ihnen macht sich noch der Einfluß →Hoffmanns bemerkbar, aber in ihrer Erforschung makabrer Situationen, die von einer gewissen Genüßlichkeit gekennzeichnet wird, in ihrem schwarzen Humor und in ihrer unverkennbaren Vorliebe für die Darstellung sadistischer Verhaltensweisen stehen sie den »contes cruels« und der modernen Horrorgeschichte näher. Während die elsässischen Heimatromane einen eher biederen Charakter haben, macht sich in ihrem phantastischem Werk »der Schatten des göttlichen Marquis« bemerkbar. Das Bestialische im Menschen fasziniert sie und wird häufig in den phantastischen Rückfällen der Hauptpersonen auf die Ebene des Tiers symbolisiert, einer

Regression, die obszönen Charakter erhält und die Autoren manchmal in die Nähe des Pornographischen führt. Ein überzeugendes Beispiel für diese Eigenart ist der Kurzroman »Hugues le loup« aus »Contes de la Montagne« (1860), die vielleicht beste →Werwolfgeschichte der Weltliteratur, die den erotischen Implikationen des Stoffes voll gerecht wird. Meisterhafte Studien sadistischen Verhaltens sind auch »Les trois âmes« aus »Contes fantastiques« (1860), in der ein Wissenschaftler Experimente mit einer Frau anstellt, die bei de Sade nicht fehl am Platz wären, und »L'œil invisible ou l'auberge des trois pendus« aus »Contes populaires« (1862). Dort treibt die Hexe Fledermausse eine Reihe von braven Bürgern in den Selbstmord durch Erhängen und beobachtet ihren Todeskampf. Die Geschichte sollte →Ewers zu »Die Spinne« anregen.
Weitere Hauptwerke: Contes du bord du Rhin, 1862.
Über Erckmann-Chatrian: L. Schoumaker, E. C., 1933.
Deutsch: Erzählungen von den Ufern des Rheines, 1877; Ausgewählte Werke, 12 Bände, 1882; Meister Tempus (Messire Tempus, aus Contes populaires), in: Phaïcon 2, 1975; Das unsichtbare Auge oder die Herberge der Gehenkten (L'œil invisible), in: Das unsichtbare Auge und andere Phantome, 1979.

Ernst, Paul (1866 Elbingerode–1933 St. Georgen an der Stiefing), Deutschland.
Der »Neuklassiker« E., dessen umfangreiches Werk heute zu Recht weitgehend vergessen ist, publizierte 1922 im Georg Müller Verlag, dem Spezialisten für Phantastik, ein schmales Bändchen »Okkultistische Novellen«, das unter anderen die Novellen »Die Erscheinung«, »Der Zauber der Mumie« und »Der gespenstische Liebhaber« enthält. Die bis zur Unerträglichkeit klischeehafte Sprache und die fatale ideologische Einstellung machen die Lektüre dieser auch thematisch uninteressanten Texte keineswegs zu einem Vergnügen.
Über Ernst: H. Hugelmann, P. E., 1939.

Esquiros, Alphonse (1814 Paris–1876 Paris), Frankreich.
Der revolutionäre Politiker E., der in seinem letzten Lebensjahr sogar Senator wurde, beschäftigte sich vor allem am Anfang seiner stürmischen Laufbahn mit dem Okkultismus und freundete sich mit Eliphas Lévi, der damals noch Abbé Constant hieß,

an. Dieser Umgang mag ihn in erster Linie zu seinem einzigen Beitrag zur phantastischen Literatur, dem Roman »Le Magicien« (1838) angeregt haben, der neben →Borels »Madame Putiphar« als Hauptwerk des »roman frénétique« gelten darf, aber im Gegensatz zu diesem nicht vor dem Übernatürlichen halt macht. Die Geschichte des Bildhauers Stell, der sich, verstrickt in der Liebe zu zwei sehr unterschiedlichen Frauen, in die Gewalt des Magiers Ab-Hakek und seines grauenhaften bronzenen Dieners Agraman begibt, verläuft trotz ihrer labyrinthischen Struktur mit einer schicksalshaften Logik, welche der Logik der Träume ähnelt.
Über Esquiros: J. van der Linden, A. E., de la bohême romantique à la république sociale, 1948.

Ewers, Hanns Heinz (1871 Düsseldorf–1943 Berlin), Deutschland.
Der Ruhm des phantastischen Erzählers E. hat sich bis heute vor allem in Frankreich gehalten, während das zeitweilige Engagement des Autors während des Dritten Reiches – er schrieb 1932 den Roman »Horst Wessel« – seine Wiederentdeckung im deutschen Sprachraum erschwert. Dennoch wäre es ungerecht, E. aufgrund dieser Haltung ohne weitere Kenntnis seines Werks zu verurteilen, zumal er schon bald in Ungnade fiel und die meisten seiner Bücher verboten wurden, was aufgrund ihrer dekadenten Themenwahl zu verwundern braucht. E. war zutiefst beeinflußt von der französischen Literatur des ausgehenden 19. Jahrhunderts, die er auch übersetzte und edierte (→Villiers de l'Isle Adam), und seine Erzählungen und Romane sind ein wahres Kompendium von Dekadenzmotiven, die allerdings erheblich vergröbert wurden und ins Triviale abgleiten. Insbesondere aus den Romanen um das alter ego des Autors, den Herrenmenschen Frank Braun, wird deutlich, wie eine menschenverachtende, aus falschem Nietzsche-Verständnis entstandene Ideologie, die sich auch bei →Strobl feststellen läßt, zwangsläufig zum Faschismus führen mußte. Die berühmtesten Erzählungen des Autors finden sich in den Bänden »Das Grauen« (1908) und »Die Besessenen« (1909). Motivische Anlehnung an französische Vorbilder wird vor allem in »Die Spinne« aus »Die Besessenen« deutlich, die eine Erzählung von →Erckmann-Chatrian zum Ausgangspunkt nimmt. (»L'œil invisible«). Der vielfach verfilmte und übersetzte

Roman »Alraune« (1911), eine höchst unerfreuliche Variation über das Motiv der →»Femme fatale«, wird in der Anhäufung von symbolisch aufgeladenen Geschmacklosigkeiten noch übertroffen von dem ersten Frank Braun-Roman »Der Zauberlehrling«, in dem religiöser Wahn in einem Alpendorf zu erotischen Exzessen wie der Kreuzigung einer Schwangeren führt.
Am ehesten können heute die Grotesken (»Der gekreuzigte Tannhäuser«, 1901) und humorvolle phantastische Erzählungen wie »Aus dem Tagebuch eines Orangenbaums« aus »Das Grauen« überzeugen. Der Einfluß von E. auf die Entwicklung der phantastischen Literatur im deutsch- und französisch-sprachigen Bereich sollte nicht unterschätzt werden.
Weitere Hauptwerke: Vampir, 1920; Nachtmahr, Seltsame Geschichten, 1922; Fundvogel, 1928; Sammelband: Mein Begräbnis, 1917.
Über Ewers: M. Sennewald, H. H. E. Phantastik und Jugendstil, 1973.

F **Falkner,** John Meade (1858 Wiltshire–1932 Durham), England.
Der Waffenfabrikant und Erforscher mittelalterlicher Kirchengeschichte schrieb drei Romane, von denen zwei phantastischen Charakter haben. Der dritte, »Moonfleet«, (1898), ist eine Abenteuergeschichte mit deutlichen Bezügen zur →»gothic novel«. In »The Lost Stradivarius« (1895) gerät ein junger Engländer immer stärker in den Bann teuflischer Mächte, die sich hier, wie in Vernon →Lees verwandter Geschichte »A Wicked Voice«, der Musik bedienen. In dem noch komplexeren »The Nebuly Coat« (1903) wird ein Architekt bei der Restauration einer Kirche mit geheimnisvollen Ereignissen konfrontiert.
Über Falkner: E. F. Bleiler, Introduction to »Three Supernatural Novels of the Victorian Period« 1975.

Farrère, Claude (eigentl. Bargone, Frédéric Charles Pierre Edouard) (1876 Lyon–1957 Paris), Frankreich.
Der Freund Pierre Lotis war wie dieser Marineoffizier gewesen und teilte mit ihm die Vorliebe fürs Exotische. Die große Zahl seiner erfolgreichen Abenteuerromane, die auch in Deutschland viel gelesen wurden, ist heute wohl zurecht vergessen, da sich hier ein immer klischeehafter werdender Stil mit schematischer Handlungsführung verband. Einige seiner besten Arbeiten schuf er im

Bereich des Phantastischen. Vor allem erwähnenswert sind sein Debüt, ein Band mit Erzählungen, welche die Themen der Décadence geschickt verarbeiten. »Fumée d'opium« (1904), der Roman »La maison des hommes vivants« (1911), der das Motiv des ewigen Lebens aufgreift, und insbesondere ein weiterer Band mit Erzählungen, »L'autre coté« (1928), der neben älteren Texten die Novelle »Ou?« enthält, F.s Meisterwerk, das Ähnlichkeiten mit »Le Horla« von →de Maupassant aufweist. In einigen seiner Bücher erweist sich F. auch als früher SF-Autor.
Weitere Hauptwerke: L'Homme qui assassina, 1907; Les condamnés à mort, 1920; Contes d'outre et d'autres mondes.
Über Farrère: M. Revon, C. F., 1924.
Deutsch: Opium, 1911; Claude, der Mann, der einen Mord beging (L'homme qui assassina) 1909; Das Geheimnis der Lebenden (La maison des hommes vivants), 1912; Die Todgeweihten (Les condamnés à mort), 1921.

Féval, Paul Henri Corentin (1817 Rennes–1887 Paris), Frankreich.
Der neben Eugène Sue erfolgreichste Unterhaltungsschriftsteller Frankreichs im 19. Jahrhundert hat viele seiner Abenteuerromane mit phantastischen Episoden gespickt, während der Einfluß des »roman frénétique« zur schauerlichen Atmosphäre beiträgt. Als Beispiel könnte »Les habits noirs« (1863) gelten. Während aber das Phantastische dort eher zur Dekoration zählt, rückt es in drei Romanen, die sich teilweise als Parodien auf den →Schauerroman verstehen, aber in ihrer surrealen Bilderfülle diese Absicht alsbald vergessen lassen, ins Zentrum: »Le chevalier ténèbre« (1862), »Les drames de la mort« (1867) und »La ville-vampire« (1874). Es sind vor allem diese drei Romane, die den Einfluß des lange geringgeschätzten F. auf Gaston →Leroux und Maurice →Leblanc belegen.
Weitere Hauptwerke: Les mystères de Londres, 1844; Le fils du diable, 1847; Les tribunaux secrets, 1851; La sœur des fantômes, 1853; Le bossu, 1858; Le capitaine fantôme, 1862; La fille du Juif Errant, 1878.
Über Féval: A. Delaigue, P. F., 1890.
Deutsch: Werke, 11 Bände, 1846 f.

Firbank, Arthur Annesley <u>Ronald</u> (1886 London–1926 Rom), England.
Der anfänglich von Oscar →Wilde und der englischen Dekadenzliteratur beeinflußte Exzentriker F., der schon zu Lebzeiten eine Legende wurde, entwickelte einen brillanten, absolut eigenen satirischen Stil. Die häufig wie virtuose Textcollagen wirkenden Romane, die insbesondere das Mittel der subtilen Anspielung einsetzen, beeinflußten so unterschiedliche Autoren wie Joyce und Evelyn Waugh. Obwohl in ihrem Charakter durchaus zeitkritisch, spielen sich die extrem bizarren Handlungen in einer vollkommen hermetischen, artifiziellen Welt ab, was ihnen einen durchweg phantastischen Charakter verleiht. Dies ist vielleicht am ausgeprägtesten in »Valmouth« (1919), »The Flower Beneath the Foot« (1923) und »Concerning the Excentricities of Cardinal Pirelli« (1925), der mit der Taufe eines Pudels durch den Kardinal anfängt. Direkt Übernatürliches findet sich nur in dem frühen, erst nach F.s Tode veröffentlichten Roman »The Artificial Princess« (1934), in dem der Teufel sein Spiel mit den Angehörigen eines typischen F.-Hofes treibt.
Weitere Hauptwerke: Vainglory, 1915; Prancing Nigger (urspr. Sorrow in Sunlight), 1924; (Gesamtwerk) The Complete R. F., 1961.
Über Firbank: M. J. Benkovitz, R. F. A. Biography, 1970.
Deutsch: Die Exzentrizitäten des Kardinals Pirelli betreffend, 1970.

Follenius, Emanuel Friedrich Wilhelm Ernst (1773 Ballenstedt–1809 Insterburg), Deutschland.
Die Popularität von →Schillers »Geisterseher«-Fragment regte nicht nur eine Reihe von mehr oder weniger glücklichen Imitationen an (vgl. →Tschink), sondern rief auch Vollender auf den Plan, von denen F. der erste war. 1796 publizierte er »Der Geisterseher. Aus den Memoiren des Grafen von O., 2. und 3. Teil«. Die Lösung der Geheimnisse, die weitgehend der Konfession des sich inzwischen im Gefängnis befindenden Armeniers entnommen werden kann, bleibt genauso unbefriedigend wie die Überbetonung der aus der Geschichte zu ziehenden moralischen Lehre. F.s zweiten Roman kann man als ein Gegenstück zum »Geisterseher« ansehen, »Johnson oder der edle Taschenspieler. Aus den Papieren des Grafen O.«, (1797–98).

Weitere Hauptwerke: Das silberne Glöckchen von Frederigo Ardenno, 1804.
Über Follenius: M. Hadley, The Undiscovered Genre, 1978.

Forneret, Xavier (1809 Beaune–1884 Beaune), Frankreich.
Zu den erstaunlichsten »petits romantiques« gehört der reiche und exzentrische F., der nach mehreren Theaterstücken und einigen höchst originellen Sammlungen mit Aphorismen 1840 den auch typographisch faszinierenden Band mit bizarren Erzählungen »Pièce de pièces, temps perdu« veröffentlichte, der ihn neben →Lautréamont als einen der wichtigsten Vorläufer der Surrealisten erkennen läßt. Die bekannteste, häufig in Anthologien anzutreffende Geschichte aus diesem Band ist »Le diamant de l'herbe«, in der eine Frau beim nächtlichen Rendezvous im Gartenpavillon nicht ihren Liebhaber sondern seine Leiche vorfindet, wobei der phantastische Charakter des Textes durch die magische Rolle eines Glühwürmchens noch gesteigert wird. Eine weitere beunruhigende Erzählung ist »Un crétin et sa harpe«, der auch ein gutes Beispiel für den schwarzen Humor des Autors bietet.
Weitere Hauptwerke: Vapeurs, ni vers ni prose, 1838.
Über Forneret: E. Kaye, X. F. dit »l'Homme noir«, 1970.

Forster, Edward Morgan (1879 London–1970 Coventry), England.
Während in den Erzählungen des berühmten Romanciers das Phantastische häufig eine Rolle spielt, manchmal allerdings, wie in der Titelgeschichte aus »The Celestial Omnibus« (1914), Parabelcharakter erhält, bildet es in keinem der Romane das Zentrum der Handlung, obwohl es als Element der Darstellung des Nicht-Mehr-In-Worten-Mitteilbaren von F. benutzt wird, das Phantastische als Beschreibungsmittel einer erhöhten, magischen Existenzerfahrung, die auch eine Konfrontation mit dem Grauen sein kann, wie in dem Grottenerlebnis aus »A Passage to India« (1924). In einer frühen Geschichte, »The Story of a Panic« wird dieses Erlebnis, das für die Forster-Helden so bezeichnend ist, als die Begegnung mit Pan gedeutet, womit F. in die Nähe des mystischen Phantasten →Blackwood gerät.
Weitere Hauptwerke: The Longest Journey, 1907; The Life to Come, 1972.

Über Forster: P. N. Furbank, E. M. F. A Life, 1977–1978.
Deutsch: Indien, 1932.

Fortune, Dion (eigentl. Firth, Violet Mary) (1890–1946), England.
Als Mitglied der Order of the Golden Dawn, zu der zeitweilig auch Yeats und →Crowley gehörten, erhielt das Medium Firth den Namen »Deo non Fortuna«, aus dem ihr Pseudonym als Schriftsteller abgeleitet wurde. Sie gründete selbst später die Fraternity of Inner Light. Ihre Romane und Erzählungen sind weitgehend von ihren eigenen okkulten Erfahrungen geprägt und können, wie das Spätwerk →Meyrinks, nur bedingt zur phantastischen Literatur gerechnet werden. Am Überzeugendsten dürfte »The Secrets of Dr. Taverner« (1926) sein, in dem ein okkulter Detektiv in Erscheinung tritt.
Weitere Hauptwerke: The Demon Lover, 1927; The Goat-Foot God, 1936.
Deutsch: Liebe aus dem Jenseits (The Demon Lover), 1927.

Fouqué, Friedrich Baron de la Motte (1777 Brandenburg–1843 Berlin), Deutschland.
In seinen Erzählungen, Novellen und Romanen verwendet F. Motive, die alten germanischen Sagen und Legenden entnommen sind und vermischt sie mit solchen, die dem →Schauerroman entlehnt werden. Die Resultate sind nicht immer glücklich, nicht zuletzt wegen zunehmender Deutschtümelei, eines Preußenkults und eines betont altertümlich-betulichen Stils. Die berühmteste Erzählung, »Undine« (1811), verbindet phantastische Erzählung und Kunstmärchen zu einer überzeugenden Einheit. Der Schauerromantik näherstehend sind »Eine Geschichte vom Galgenmännlein« (1810), eine Verarbeitung des →Alraune-Motivs, und die »Die Laterne im Schloßhofe« (1814). Der von Arno Schmidt gepriesene dreibändige Roman »Der Zauberring« (1813) vermag kaum noch zu überzeugen.
Weitere Hauptwerke: (Sammelband, hrsg. v. G. Schulz) Romantische Erzählungen, 1977.
Über Fouqué: A. Schmidt, F., 1958.

France, Anatole (eigentl. Thibault, Jacques Anatole) (1844 Paris–1924 La Béchellerie bei Tours), Frankreich.

Der Ruf F.s als phantastischen Erzählers beruht auf »L'Ile des Pingouins«, einem 1908 erschienenen Roman. In diesem mehrteiligen Bericht über die Geschichte und fatale Entwicklung des Reiches der Pinguine äußert sich ein tiefer Pessimismus in bezug auf Charakter und Zukunft der menschlichen Gesellschaft. Es handelt sich hier nicht um einen phantastischen Roman im eigentlichen Sinne, sondern um eine gesellschaftskritische Satire oder eine negative Utopie in der Tradition Swifts.
Über France: C. Jefferson, A. F. The Politics of Scepticism, 1965.
Deutsch: Die Insel der Pinguine, 1909; Gesamtwerk in 15 Bänden, 1916–1926.

Frey, Alexander Moritz (1881 München–1957 Zürich), Deutschland.
F., der 1933 Deutschland verließ, gehört zu den wichtigen, heute aber weitgehend vergessenen Vertretern der großen Blüteperiode der deutschen Phantastik zwischen 1900 und 1930. Seine Position ist eine durchwegs eigene: viele seiner Texte bewegen sich in einem Grenzbereich zwischen traditioneller phantastischer Erzählung, Groteske und Satire, und der Begriff des Skurrilen trifft im allgemeinen genau ihren Charakter. Das gilt weniger für den frühen Band »Dunkle Gänge« (1913) als für den Roman »Solneman der Unsichtbare« (1914), der eine deutlich sozialkritische Tendenz hat, und die Erzählungen aus »Spuk des Alltags« (1920) oder »Außenseiter« (1928). Von einer harmloseren Seite lernt man F. in »Phantastische Orgie« (1924) oder »Gelichter und Gelächter« (1928) kennen. Sprachlich hebt sein Werk, das manchmal expressionistische Anklänge erkennen läßt, sich in ihrer eleganten Präzision wohltuend von den häufig schwülstig und klischeegesättigten Arbeiten anderer deutschen Phantasten dieser Zeit, wie →Strobl oder →Gabelentz ab, während auch seine ideologisch fortschrittliche Haltung, die sich in einer bissigen Kritik am Bürgertum zeigt, ihn zu einer positiven Ausnahme inmitten seiner der Mehrheit nach reaktionären Kollegen macht.
Weitere Hauptwerke: Der Mörder ohne die Tat, 1918; Seltsame Geschichten, 1925; Missetaten, 1928.

Fuentes, Carlos (1928 Mexico-Stadt), Mexico.
Während der weltberühmte Erzähler in seinen großen Romanen

wie so viele lateinamerikanische Autoren die politisch engagierte Darstellung realer Verhältnisse auch durch eine komplexe Erzähltechnik um eine magische Dimension erweitert, die den Begriff eines »magischen Realismus« auch hier angebracht erscheinen läßt, sind die frühen Erzählungen seines Debütbandes »Los días enmascarados« (1954) und die beiden Novellen »Aura« (1962) und »Cumpleanos« (1970) auf eine sehr viel direktere und traditionellere Weise phantastisch. Octavio Paz hat geschrieben, daß diese Texte »den F. der Nacht, aus dem Geschlecht des visionären Balzac« enthüllen. Das Grundthema dieser und der anderen Arbeiten ist die verzweifelte Suche nach einer eigenen, festlegbaren Identität.

Weitere Hauptwerke: La región mas transparente, 1958; La muerte de Artemio Cruz, 1962; Zona sagrada, 1967; Cambio de piel, 1967; (Gesamtwerk) Obras completas, 1971.

Über Fuentes: O. Paz, Die Maske und die Transparenz, in: Materialien zur lateinamerikanischen Literatur, 1976.

Deutsch: Landschaft in klarem Licht (La región mas transparente), 1974; Nichts als das Leben (La muerte de Artemio Cruz), 1976; Hautwechsel (Cambio de piel), 1969; Geburtstag/Aura (Cumpleanos/Aura), 1976.

G **Gabelentz,** Georg von der (1868 Lemnitz–1940 Münchenbernsdorf), Deutschland.

Zu den heute weitgehend vergessenen Vertretern der Blüteperiode deutschsprachiger phantastischer Literatur im ersten Viertel des 20. Jahrhunderts gehört G., ein eher seichter Unterhaltungsschriftsteller, der neben phantastischen Erzählungen und Romanen Humoristisches und Groteskes veröffentlichte. Einige seiner gelungensten Erzählungen sind in den Bänden »Das weiße Tier« (1904) und »Tage des Teufels« (1911) enthalten. Nicht ohne Interesse ist der Roman »Das Rätsel Choriander« (1929), eine →Vampirgeschichte, in der E. Th. A. →Hoffmann eine Rolle spielt. Einige der frühen Arbeiten von G. übten einen gewissen Einfluß auf den belgischen Phantasten Jean →Ray aus.

Weitere Hauptwerke: Verflogene Vögel, 1905; Geschehen aus jener anderen Welt, 1923; Der Topf der Maulwürfe, 1927; Das Teufelsei, 1931.

Über Gabelentz: I. Vetter, Das Erbe der »Schwarzen Romantik« in der deutschen Décadence, 1976.

García Márquez, Gabriel (1928 Aracataca), Columbien.
Der 1967 erschienene Roman »Cien anos de soledad«, der drei Jahre später auf deutsch erschien, trug nicht unwesentlich zur Verbreitung der lateinamerikanischen Literatur im deutschen Sprachraum bei. Der sich auf mehreren Ebenen abspielende Roman ist die um viele phantastische, groteske und märchenhafte Elemente bereicherte barocke Chronik des imaginären Dorfes Macondo, gleichfalls der Schauplatz vieler anderer Arbeiten des Autors, und seiner Gründer, der Familie Buendía. Die verwirrende Vielfalt der sich immer wieder ins Irreale steigernden Handlungsmuster, die üppig wuchernde, vitale Sprache und die magisch-mythische Wirklichkeitssicht prägen beim westeuropäischen Leser sehr deutlich die Erwartungshaltung gegenüber der südamerikanischen Literatur.
Weitere Hauptwerke: Los funerales de la Mamá Grande, 1962; La mala hora, 1962; (Sammelband der frühen Erzählungen) Ojos de perro azul, 1973.
Über García Márquez: M. Strausfeld, »Hundert Jahre Einsamkeit« von G. G. M. – ein Modell des neuen lateinamerikanischen Romans, in: Materialien zur lateinamerikanischen Literatur, 1976.
Deutsch: Das Leichenbegängnis der Großen Mama, 1974; Unter dem Stern des Bösen (La mala hora), 1966; Hundert Jahre Einsamkeit (Cien anos de soledad), 1970; Die Nacht der Rohrdommeln, Frühe Erzählungen, 1980.

Garnett, David (1892 Brighton), England.
Die phantastischen Romane des einer bekannten literarischen Familie entstammenden Engländers bewegen sich an der Grenze zwischen psychologischem Gruselroman und Parabel. Er wurde weltberühmt mit »Lady into Fox« (1922), das die plötzliche Verwandlung einer englischen Hausfrau in eine Füchsin und die sich daraus ergebende schwierige Ehesituation teilweise humorvoll, teilweise ergreifend schildert. Dem Roman, der als eine Reflexion über das Animalische im Menschen oder als originelle →Werwolf-Variante betrachtet werden kann, folgte als Gegenstück »A Man in the Zoo« (1924) über einen Mann, der sich im Zoo ausstellen läßt. Die Arbeiten von G. haben eine hintergründige Leichtigkeit, die Verwandtschaft mit den Romanen einer Elinor →Wylie oder Sylvia Townsend →Warner aufweist. Seine

besten Erzählungen sammelte er in dem Band »Purl and Plain« (1973), den er Warner widmete.
Weitere Hauptwerke: The Grasshoppers Come, 1931; Beany-Eye, 1935; A Net for Venus, 1959.
Über Garnett: C. G. Heilbrun, The G. Family, 1961.
Deutsch: Meine Frau, die Füchsin (Lady into Fox), 1952; Der Mann im Zoo (A Man in the Zoo), 1952; Die Heuschrecken kommen (The Grasshoppers Come), 1933.

Gaskell, Elizabeth Cleghorn (1810 London–1865 Alton), England.
Die Autorin, die zu den großen realistischen Erzählern der viktorianischen Ära gerechnet wird, schrieb auf Bitten →Dickens' ihre erste Gespenstergeschichte, die häufig in Anthologien anzutreffende »The Old Nurse's Story« (1852). Es folgten im Lauf der nächsten Jahre einige weitere Abstecher in den Bereich des Phantastischen. Erwähnenswert sind vor allem die Erzählung über einen Familien-Fluch, »The Doom of the Griffiths« (1858), und die längere Novelle »Lois the Witch« (1859), die sich im Salem der Hexenverfolgung abspielt. 1978 gab Michael Ashley ihre gesammelten Gespenstergeschichten heraus: »Mrs. Gaskell's Tales of Mystery and Horror«.
Weitere Hauptwerke: The Grey Woman, 1861.
Über Gaskell: M. Ganz, E. G. The Artist in Conflict, 1969.
Deutsch: Die Geschichte des alten Kindermädchens (The Old Nurse's Story), in: Die Damen des Bösen, 1969.

Gautier, Théophile (1811 Tarbes–1872 Neuilly), Frankreich.
In seinen frühen phantastischen Erzählungen huldigte der Autor von »Mademoiselle de Maupin« (1853), das ein Lieblingsbuch Baudelaires und der Dichter der Dekadenz werden sollte, der →Hoffmann-Mode seiner Zeit. Das verdeutlichen vor allem »La Cafétière« (1831) und »Omphale« (1834), die beide das Motiv des nachts zum Leben erweckten Kunstwerks ironisch vorführen. 1836 erschien »La morte amoureuse« die erste wirklich überzeugende Vampir-Geschichte der Weltliteratur, die den erotischen Aspekt des →Vampir-Mythos betont. Nur →Le Fanu sollte mit »Carmilla« eine ähnlich dichte Darstellung gelingen. »La pipe d'opium (1838) und »Le Club des Haschischins« (1846) verarbeiten G.s eigene Erfahrungen mit Drogen und erhalten auf diese

Weise auch eine dokumentarische Bedeutung. Komplexer in ihrer Erzählstruktur als seine ersten Arbeiten sind die phantastischen Erzählungen der Spätzeit, »Arria Marcella« (1852), in der der Held in das alte Pompéi versetzt wird, »Avatar« (1856), das den Seelentausch als Motiv aufgreift, »Jettatura« (1856), in der Paul d'Aspremont entdecken muß, über den →»bösen Blick« zu verfügen, der ungewollt denen, die er liebt, Leid zufügt, und »Spirite« (1865), eine Erzählung, die an →Balzacs »Séraphita« erinnert und in der sich G. mit Swedenborg und dem Spiritismus auseinandersetzt.

Weitere Hauptwerke: Onuphrius, 1832; Le chevalier double, 1840; Le pied de momie, 1840; Deux acteurs pour un rôle, 1841.
Über Gautier: J. P. Castex, G. et son angoisse, in: Le conte fantastique en France, 1951.
Deutsch: Gesammelte Werke, 14 Bände, 1925–1927; Omphale, in: Phaïcon 4, 1981.

Gawsworth, John (eigentl. Armstrong, Terence Ian Fytton) (1912 London–1970 London), England.
In den dreißiger Jahren machte sich G. einen Namen als Herausgeber einer Reihe hervorragender Anthologien, die Erzählungen der anspruchsvolleren Phantasten in englischer Sprache enthielten, wie →Visiak, →Middleton, →Shiel, mit dem er befreundet war, oder T. F. →Powys. Er schrieb auch selbst einige Horror-Geschichten, darunter »Above the River« (1933) und »Scylla and Charybdis« (1934). Nach dem Krieg lebte er zeitweilig in Italien. Er verbrachte seine letzten Lebensjahre, vollkommen vergessen, als Stadtstreicher in London.
Weitere Hauptwerke: (als Herausgeber) Strange Assembly, 1932; Full Score, 1933; New Tales of Horror, 1934; Thrills, Crimes and Mysteries, 1935.

Gerstäcker, Friedrich (1816 Hamburg–1872 Braunschweig), Deutschland.
Ein höchst abenteuerliches Leben führte den einst sehr beliebten Verfasser von noch immer lesenswerten Unterhaltungsromanen in verschiedene Kontinente, die den exotischen Hintergrund seiner spannenden Handlungen abgeben. In seinen vielen Bänden mit Erzählungen findet sich eine Serie von recht traditionellen, aber geschickt gebauten phantastischen Erzählungen, die manch-

mal auch eine ein wenig behäbig-humorvolle Färbung erhalten haben. Sein erster Band war »Mississippi-Bilder« (1847), der seine Debüterzählung »Der Fluch« (1844) enthält. Weitere Bände von Bedeutung sind »Aus der See« (1855), in dem sich zwei seiner interessantesten Beiträge zum Genre finden lassen, »Die Versunkene Stadt« und »Der Klabautermann«, und der Sammelband »Heimliche und unheimliche Geschichten« (1862).
Weitere Hauptwerke: Wald- und Strombilder, 1849; Aus zwei Weltteilen, 1853; Hell und Dunkel, 1859; Hüben und Drüben, 1868.
Über Gerstäcker: T. Oswald, F. G. Leben und Werk, 1976.

Giono, Jean (1895 Manosque–1970 Manosque), Frankreich.
Der als Anarchist, Kommunist und Faschist verschriene und zeitweilig mit einem Publikationsverbot belegte G. vertritt in seinem Werk eine bestimmte Spielart des Phantastischen, die ähnlich wie beim verwandten Schweizer Autor →Ramuz nur schwer in die üblichen Subgenres einzuordnen ist. Die Schilderungen bäuerlichen Lebens erhalten in diesen Werken, wie auch beim Flamen Streuvels oder bei Hamsun eine magische Dimension. Das Übersinnliche bildet einen grundsätzlichen Bestandteil der an sich realistischen Darstellung und wird nicht als Fremdkörper empfunden. Die Allanwesenheit des Gottes Pan im Frühwerk symbolisiert die sowohl dämonische als auch lebenspendende Naturgewalt. Als Beispiel für das Einsetzen des Phantastischen könnte die Szene in »Regain« (1930) genannt werden, in der sich auf einem gespenstischen Plateau, das bei G. häufig eine Rolle spielt, der von einer alten Frau heraufbeschworene Zauber an einer jungen Frau erfüllt. Die apokalyptischen Ereignisse, die ein Dorf in »Colline« (1928) heimsuchen und die erst mit dem Tode eines alten Mannes enden, legen einen Vergleich zu Ramuz' »La grande peur dans la montagne« nahe; dort allerdings fehlt der bei G. geradezu obligate hymnisch-vitalistische Schluß. In dem Band mit Erzählungen »Solitude de la pitié« (1930) wird die phantastische Komponente besonders deutlich. Im Spätwerk wird die oft dem »Blut und Boden« nahestehende Mystik zurückgenommen, wie der rätselhafte Roman »Un roi sans divertissement« (1947) belegt.
Weitere Hauptwerke: Un de Baumugnes, 1929; L'eau vive, 1935; Le serpent d'étoiles, 1933; Fragment d'un paradis, 1949.

Über Giono: R. de Villeneuve, J. G. ce solitaire, 1955.
Deutsch: Der Hügel (Colline), 1932; Der Berg der Stummen (Un de Baumugnes), 1933; Ernte (Regain), 1931; Lebendige Wasser (L'eau vive), 1935; Einsamkeit des Mitleids (Solitude de la pitié), 1934; Die Sternenschlange (Le serpent d'étoiles), 1937; Ein Mann allein (Un roi sans divertissement, 1951; Die große Meeresstille (Fragment d'un paradis), 1949.

Glauser, Friedrich (1896 Wien–1938 Nervi b. Genua), Schweiz-Dt.
G. gehört zu jenen Schweizer Autoren, deren abenteuerliches Leben am Rande der Gesellschaft durch die bürgerliche Enge und die calvinistische Moral ihrer Mitbürger bestimmt zu sein scheint. Aufenthalte in Erziehungsheimen und Gefängnissen, Sucht und der tragische Ausbruchsversuch in die Fremdenlegion sind prägende Faktoren in G.s Leben und Werk, ein Werk, das erst allmählich in seiner vollen Bedeutung erkannt wird. Die Kriminalromane um den Wachtmeister Studer enthalten keine phantastischen Elemente, aber dringen weit vor in die Randbezirke der menschlichen Existenz. Stark parabelhafte Züge trägt der im Irrenhaus spielende Studer-Roman »Matto regiert« (1936). Posthum erschien G.s brillante Auseinandersetzung in Form eines Romans mit der populären französischen »Kriminalphantastik« des →Leroux, →Leblanc und der »Fantomas«-Autoren Souvestre und Allain: »Der Tee der drei alten Damen« (1939 als Feuilleton in der »Zürcher Illustrierten«, 1941 als Buch); die extrem komplizierte, höchst bizarre Handlung, die in der Erzählung »Die Hexe von Endor« (1929) schon vorgeformt wird, findet in ihrem Zentrum drei Tee-trinkende, den Teufel in der Form des Fliegengotts Abraxas anbetende Damen, deren Experimente mit Giftpflanzen und Hexensalben im biederen Genf viel Verwirrung stiften. Ähnlich wie bei seinen französischen Vorbildern, die zugleich auf milde Weise parodiert werden, verbinden sich hier geschickte Konstruktion, sich ins Surrealistische steigernde Phantastik und kriminalistische Spannung mit einem manchmal ironischen, manchmal melancholischen, manchmal lyrischen Erzählton. All diese Elemente machen »Der Tee der drei alten Damen« zu einem Meisterwerk des so leicht ins Triviale abgleitenden Genres.
Weitere Hauptwerke: Im Dunkel, 1937; Beichte in der Nacht,

1945; Gesammelte Werke in 4 Bänden, 1969–1974.
Über Glauser: G. Saner, F. G. Eine Biographie, 2 Bände, 1981.

Gleich, Joseph Alois (Pseudonyme: Ludwig Dellarosa, H. Walden, Adolph Blum) (1772 Wien–1841 Wien), Österreich.
Der in gänzlich verarmten Umständen gestorbene Schwiegervater Raimunds, der selbst eine Reihe von Zauberpossen schrieb, gehört zu den produktivsten Verfassern von romantischen →Schauerromanen. Die Zahl seiner Werke in dieser Gattung, die unter verschiedenen Pseudonymen veröffentlicht wurden, kann auf knapp hundert geschätzt werden. Die an Sensationen reichen Romane waren zeitweilig so erfolgreich, daß auch von anderen Verfassern der Name G. als verkaufsträchtiges Mittel benutzt wurde. Eine wirkliche Entwicklung ist kaum festzustellen, und sein erster großer Erfolg, »Der schwarze Ritter oder die drei Waisen. Eine Geistergeschichte aus dem 12. Jahrhundert« (1797) kann als stellvertretend für sein ganzes Œuvre gelten.
Weitere Hauptwerke: Die Totenfackel oder die Höhle der Siebenschläfer, 1798; Der warnende Zaubergürtel oder das Schauermännchen, 1798; Wallrab von Schreckenhorn oder das Totenmahl um Mitternacht, 1799; Die beiden Spencer oder die Wunder der Totengruft, 1800; Bodo und seine Brüder oder das Schloß der Geheimnisse, 1801.

Godwin, William (1756 Wisbech–1836 London), England.
Der atheistische Philosoph G., der die romantische Bewegung in England mit seinen Schriften, die als frühe Beispiele des Anarchismus gewertet werden können, tief beeinflußte, veröffentlichte 1794 »Things as They Are or The Adventures of Caleb Williams«, das die Form der →»gothic novel« zu einer Anklage englischer Klassenjustiz und der unmenschlichen Zustände in den Gefängnissen benutzt. Der Roman spielt nicht nur in der Geschichte der frühen phantastischen Literatur eine Rolle, sondern muß auch als eines der frühesten Beispiele des Kriminalromans gesehen werden. In einem zweiten Roman, »St. Leon« (1799), benutzt G. das Motiv des →Lebenselixiers. Die Romane G.s wirken aufgrund ihres gesellschaftskritischen Engagements auf den heutigen Leser lebendiger als die meisten anderen frühen Beispiele des Genres. G., der mit der Frauenrechtlerin Mary Wollstonecraft verheiratet war, war der Vater Mary →Shelleys.

Über Godwin: D. Fleisher, W. G., 1951.
Deutsch: Caleb Williams oder die Dinge wie sie sind, 1931.

Gogol, Nikolai Vasilevitsch (1809 Sorotschinsky–1852 Moskau), Rußland.
Der wohl bedeutendste phantastische Erzähler Rußlands dürfte G. sein, der in seinem Werk Einflüsse →Hoffmanns und der russischen Folklore verarbeitet. Manche seiner Erzählungen haben überdies einen unverkennbar satirischen Charakter. 1831/32 erschienen die »Vecera na chutore bliz Dikan'ki«, in denen das folkloristisch-phantastische Element vorherrscht. Höhepunkt des Bandes sind die später von Rimsky-Korsakov veroperte Erzählung »Majskaja noc« und die düstere Novelle »Strasnaja merst«, die Geschichte eines verfluchten Geschlechts. Die wohl wichtigsten drei phantastischen Novellen des Autors sind »Vij« (1835), eine eigenwillige Abwandlung des →Vampirmotivs, »Nos« (1836), in der sich die Nase eines unglückseligen Beamten selbständig macht und in Generalsuniform spazieren geht – sowohl eine Satire auf das zaristische Regime, als auch eine Variante des →Doppelgängermotivs – und »Portret« (1842). In der letzten Novelle, die schon in einer vorläufigen, Hoffmann näherstehenden Fassung, 1835 veröffentlicht worden war, spielt das Porträt eines dämonischen Wucherers mit bösen Augen eine unheilvolle Rolle im Leben eines Malers. In G.s bekanntester Geschichte überhaupt, »Sinel« (1842), die in erster Linie eine realistische Satire ist, erreicht er zum Schluß eine phantastische Ebene, in dem er den Mantel, um den sich die ganze Geschichte dreht, ein gespenstisches Eigenleben entwickeln läßt.
Über Gogol: M. Gorlin, N. V. G. und E. T. A. Hoffmann, 1933.
Deutsch: Sämtliche Erzählungen, 1967².

Golding, William (1911 St Columb Minor), England.
Im Werk G.s, der als einer der bedeutendsten englischen Prosaisten der Gegenwart angesehen werden kann, vermischen sich →Parabel, Allegorie und Mystik mit Elementen des psychologisch-realistischen und phantastischen Romans, was sein Werk nicht genau klassifizierbar macht. Am eindeutigsten phantastisch ist wohl der nach längerem Schweigen entstandene Roman »Darkness Visible« (1979), der vom Schicksal eines auf mirakolöse Weise dem Feuer des Londoner Blitzkrieges entkommenen,

grauenhaft entstellten Jungen Matty berichtet und seinen von Katastrophen und mystischen Erleuchtungen begleiteten Weg bis in unsere Zeit verfolgt. Die Deutung des höchst komplexen Romans, der, wie immer bei G., stark allegorische Züge hat, wird dem Leser nicht leicht gemacht.
Weitere Hauptwerke: Lord of the Flies, 1954; The Spire, 1964; The Scorpion God, 1971; A Moving Target, 1982.
Deutsch: Herr der Fliegen (Lord of the Flies), 1956; Das Feuer der Finsternis (Darkness Visible), 1980.

Gombrowicz, Witold (1904 Maloszyce–1969 Vence), Polen.
Der polnische Landedelmann G., der von 1939 bis 1963 in Buenos Aires lebte und sich 1965 in Vence niederließ, bekämpft in seinem ganzen, nicht sehr umfangreichen Werk die Zwänge der Form. Er sehnt sich aus der Form nach der Formlosigkeit, aus der Reife nach der Unreife. Jede angenommene Rolle, jedes aufgestellte Prinzip wird sofort wieder durchbrochen. Auf der Ebene der Fabel äußert sich diese Grundtendenz, die eine eminent phantastische ist, in einem Phänomen, das man als Entgleisung bezeichnen könnte. Ein kleines Detail kann genügen, eine Handlung allmählich vollkommen aus den Fugen geraten zu lassen, wie die weißen Füße des Kapitäns in einer der Erzählungen aus dem Band »Bakakaj« (1937). Diese Details erhalten eine geradezu quälende Eigenständigkeit, die Figuren sind von ihnen besessen, werden von ihnen in eine bestimmte Form, in ein bestimmtes Verhalten gezwängt, gegen die sie sich auflehnen und denen sie sich ergeben möchten. Auf dieselbe Weise funktionieren die Beziehungen der einzelnen Personen zueinander; Gewalt, Verführung und Unterwerfung prägen auf eindeutig sadomasochistische Weise alle menschlichen Verhältnisse. Die Verführung des Erwachsenen durch die Unreife der Jugend, im allgemeinen in der sonnengebräunten Gestalt eines Bauernjungen oder Stallburschen mit nackten Füßen symbolisiert – der homosexuelle Autor kehrt mit wahrer Besessenheit immer wieder zu dieser Figur, einer wahren erotischen Metapher, zurück – bildet das Hauptmotiv der Romane »Ferdydurke« (1938) und »Pornografia« (1960). In »Kosmos« (1965), einem umgekehrten Kriminalroman, führt eine Flut rätselhafter »Indizien« schließlich zwangsläufig zum Verbrechen. Einer traditionelleren Form des Phantastischen bedient sich G. in seinem unvollendeten Roman »Opęta-

ni«, den er unter dem Pseudonym Z. Niewieski 1939 zu gleicher Zeit in zwei polnischen Zeitungen als Feuilleton veröffentlichte. In der Geschichte des Tennislehrers Walchak, der eine Stellung auf dem Land antritt und dort in den Bannkreis des geheimnisvollen Schlosses Myslocz gerät, finden sich alle Obsessionen des Polen wieder: vom kleinen Detail der nackten Füße des Helden auf der ersten Seite bis zur faszinierenden Schilderung seines sadistischen Verhältnisses mit der Tochter des Hauses, Maya. G. benutzt alle bekannten Paraphernalien des klassischen →Schauerromans, aber sie wirken wie natürliche Elemente seines beklemmenden Kosmos.

Weitere Hauptwerke: Pamiętnik z okresu dojrzwania, 1933; Trans-Atlantyk, 1953.

Über Gombrowicz: W. Gombrowicz/D. de Roux, Gespräche, 1969; J. Volle, G., bourreau-martyr, 1972.

Deutsch: (Auswahlbände mit Erzählungen aus »Bakakaj«) Die Begebenheiten auf der Brigg Banbury, 1963; Die Ratte, 1966; Jungfräulichkeit, 1966; Ferdydurke, 1960; Trans-Atlantik, 1964; Verführung (Pornografia), 1963; Indizien (Kosmos), 1966. Vom Roman »Opętani« erschien 1977 eine französische Buchausgabe, »Les envoûtés«, die 1980 als »Possessed« in englischer Übers. erschien.

Gotthelf, Jeremias (eigentl. Bitzius, Albert) (1797 Murten–1854 Lützelflüh), Schweiz-Dt.

Der realistische Erzähler Schweizer Bauernlebens schuf mit der Novelle »Die schwarze Spinne« (1842) ein Hauptwerk der deutschsprachigen Phantastik um die Mitte des vorigen Jahrhunderts. Die Schilderung der Heimsuchung eines Dorfes durch die schwarze, teuflische Spinne hat deutlich parabelhafte Züge. Freund interpretiert die Bedeutung der Spinne mit den Worten: »Es ist das aggressiv-destruktive Element im Menschen selbst, das die Resultate seiner Aktivitäten in Frage stellt, wenn er in Selbstüberschätzung die Kontrolle über sich und das von ihm Erreichte verliert. Von daher wird die Spinne nunmehr deutbar als Projektion zerstörerischer psychischer Kräfte.«

Über Gotthelf: W. Freund, Von der Aggression zur Angst. Zur Entstehung der phantastischen Novellistik in Deutschland, in: Phaïcon 3, 1978.

Grabiński, Stefan (1887 Kamionka Strumilowa–1936 Lemberg), Polen.
Der erst durch die Bemühungen des Herausgebers der →»Bibliothek des Hauses Usher«, Kalju Kirde, im deutschen Sprachraum bekannt gewordene polnische phantastische Erzähler G. veröffentlichte seine wichtigsten Prosatexte in den Jahren zwischen 1918 und 1922. In dieser Zeit erschienen fünf Bände mit Novellen, darunter »Na Wzgórzu Roz« (1918), »Demon Ruchu« (1919) und »Księga Ognia« (1922). Über die spezifische Eigenheit des Phantastischen bei G. schreibt der polnische Phantastik-Spezialist Wydmuch: »Orte und Vorrichtungen, die verlassen sind und nicht mehr gebraucht werden, werden zu Kristallisationspunkten, zu Kernen der Phantasie innerhalb des Fast-Phantastischen: Abstellgleise, nicht mehr benutzte Eisenbahnstrecken, alte Tunnels oder verlassene Bahnwärterhäuschen beginnen plötzlich ein Eigenleben zu führen, wobei gerade die pulsierende Aktivität der Eisenbahn zum Bergsonschen Prinzip des »élan vital« erhoben wird, das die einsamen Orte induzierend verändert und ihnen eine den Menschen feindliche Seele einverleibt. »Diese Vorliebe für den vom Menschen verlassenen Ort teilt G. überraschenderweise mit den Vertretern der flämischen Phantastik. Weniger gelungen als die kurzen Texte sind die Romane »Salamandra« (1942) und »Cień Bafometa« (1926).
Weitere Hauptwerke: Szalonypątnik, 1920; Niesamowita Opowieść, 1922; Klasztor i Morze, 1928.
Über Grabiński: M. Wydmuch, Der Dichter des Abstellgleises: S. G. Eine Einführung in Leben und Werk, in: Quarber Merkur, 1979.
Deutsch: (Auswählbände aus den Erzählungen) Das Abstellgleis, 1971; Dunst, 1974.

Gracq, Julien (eigentl. Poirier, Louis) (1910 Saint Florent-le-Viel), Frankreich.
Abseits von literarischen Cliquen und Querelen, obwohl häufig als Surrealist eingestuft, ein Etikett, gegen das Bedenken angemeldet werden müssen, schuf G. ein nicht sehr umfangreiches, aber sprachlich vollkommenes, absolut eigenwilliges Werk, das als sehr persönlicher Beitrag zur französischen Phantastik gesehen werden sollte. G., der die deutsche Romantik und Ernst Jünger bewundert, publizierte 1938 seinen ersten Roman, »Au

château d'Argol«, eine Hommage an die Dichter der deutschen Romantik, ein rätselhaftes Traumbuch, dem 1945 »Un beau ténébreux«, eine Vision des alternden Don Juans, folgte. Am bekanntesten wurde »Le rivage des Syrtes« (1951), für den G. den Prix Goncourt erhielt, den er ablehnte. Der parabelhafte Roman berichtet vom Untergang des einer dekadenten Endzeitstimmung verfallenen Staates Orsenna am Ufer des Syrtenmeers. Atmosphärisch weist der Roman Ähnlichkeiten mit Jüngers »Auf den Marmorklippen« und →Buzzatis »Il deserto dei Tartari« auf.
Weitere Hauptwerke: Un balcon en forêt, 1958; La presqu'île«, 1970; Les eaux étroites, 1976.
Über Gracq: J. L. Leutrat (Hrsg.), J. G., 1972.
Deutsch: Auf Schloß Argol, 1954; Das Ufer der Syrten, 1952; Ein Balkon im Wald (Un balcon en forêt), 1960.

Graves, Robert (1895 Wimbledon), England.
Der Literaturwissenschaftler und Mythenforscher G., der vor allem durch seine historischen Romane berühmt wurde, schrieb 1924 eine längere Erzählung, »The Shout«, die einen originellen Beitrag zur modernen Phantastik darstellt. Die Geschichte vom Mann, der »den tötenden Schrei« der Australneger beherrscht, muß als überzeugendes Beispiel psychologischer Phantastik gewertet werden. Sie erlangte neuen Ruhm, als der Pole Jerzy Skolimowski sie 1978 verfilmte.
Über Graves: J. M. Cohen, R. G., 1960.

Green, Julien (1900 Paris), Frankreich.
Der Französisch schreibende Amerikaner G. gehört nicht nur zu den wichtigsten Autoren seiner Generation, sondern auch zu den Meistern der Phantastik in diesem Jahrhundert. Schon früh prägte der Kritiker Edmond Jaloux in bezug auf sein Werk die von G. mit Zustimmung begrüßte Formel vom →»magischen Realismus«. Die erste von G. überhaupt publizierte Erzählung, noch in englischer Sprache, »The Apprentice Psychiatrist« (1920), ist eine von →Poe beeinflußte Horrorgeschichte. »Le voyageur sur la terre« (1927) vereint vier phantastische Erzählungen unterschiedlicher Länge. Die Titelgeschichte ist eine, durchaus autobiographisch geprägte Variante über das →Doppelgängermotiv, kann aber auch als Studie über einen Fall von Schizophrenie gewertet werden. Die Schilderung der leeren,

verlassenen Universitätsstadt im Sommer besitzt schon jene beklemmende Trostlosigkeit, die für G.s Romanwerk so charakteristisch ist. In »Le visionaire« (1934) läßt die kränkliche Hauptfigur Manuel in seiner Phantasie die romantische Welt des Schlosses Négreterre entstehen, die ihn für die Schäbigkeit seines Alltags entschädigen soll, während die weibliche Hauptfigur aus »Minuit« (1936) tatsächlich in ein Schloß aufgenommen wird, in dem nur nachts gelebt wird. Aber auch diese, sexueller Frustration entsprungene Traumreiche werden von Gewalt und Verbrechen heimgesucht, die Allgegenwärtigkeit des Todes kann auch durch das Verschließen der Augen nicht aus der Welt geschafft werden. Der Wunsch, »ein anderer« zu sein, ist der Ausgangspunkt von »Si j'étais vous ...« (1947). Ein junger Mann erhält hier, nachdem er einen Pakt mit dem Teufel geschlossen hat, die Fähigkeit sich durch eine Zauberformel in einen anderen Menschen zu verwandeln, aber er muß am Ende erkennen, daß man der Hölle des eigenen Innern nicht entrinnen kann. Die Verheißung einer anderen Welt, für den gläubigen Katholiken G. der einzige Grund, das Dasein zu ertragen, verleiht vor allem dem Spätwerk einen allerdings flackernden Hoffnungsschimmer.
Weitere Hauptwerke: Varouna, 1940; Chaque homme dans sa nuit, 1960; Le mauvais lieu, 1977; (Kinderbuch) La nuit des fantômes, 1975.
Über Green: J. Semolue, J. G. ou l'obsession du mal, 1964; J. Krichbaum/R. A. Zondergeld, Gespräch mit J. G., in: Phaïcon 2, 1975.
Deutsch: Das Experiment (The Apprentice Psychiatrist), 1976; Pilger auf Erden (Le voyageur sur la terre), 1948; Der Geisterseher (Le visionnaire), 1934; Mitternacht (Minuit), 1936; Wenn ich du wäre (Si j'étais vous ...), 1948; Jeder Mensch in seiner Nacht (Chaque homme dans sa nuit), 1960; Die Nacht der Phantome (La nuit des fantomes), 1975; Louise (Le mauvais lieu), 1980.

Gregor-Dellin, Martin (1926 Naumburg a. d. Saale), Deutschland.
1967 gab G.-D. eine der umfangreichsten Anthologien phantastischer Erzählungen, »Die Gespenstertruhe. Geistergeschichten aus aller Welt« heraus, die ihn als einen kenntnisreichen Liebhaber des Genres auswies. Auch in seinem eigenen Werk, am überzeu-

gendsten in den kurzen Erzählungen, ist das Phantastische von wesentlicher Bedeutung. Einflüsse →Kafkas und →Borges' wie des →Surrealismus sind feststellbar. W. H. Fritz schreibt über eine der gelungensten Erzählungen, »Besuch einer Ausstellung« aus »Aufbruch ins Ungewisse« (1968): »Man spürt, wie das Unheimliche des Vorgangs gerade noch einmal so weit zur Seite geschoben werden kann, daß Leben möglich bleibt; wie sich einer einredet, es sei doch eigentlich alles in Ordnung, obwohl er weiß, daß etwas nicht in Ordnung ist.«

Weitere Hauptwerke: Der Mann mit der Stoppuhr, 1957; Möglichkeiten einer Fahrt, 1964; Einer, 1965; (Sammelband) Unsichere Zeiten, 1969.

Über Gregor-Dellin: W. H. Fritz, Der Erzähler M. G.-D., Vorwort zu »Aufbruch ins Ungewisse«, 1968.

Grin, Aleksandr (eigentl. Grinjewsky, A. Stepanowitsch) (1880 Vjatka–1932 Staryj Kcim), Rußland.

Weitgehend unbekannt im Westen blieben die vielen phantastischen Erzählungen und Novellen G.s, der neben →Bulgakow als letzter Nachfahre der großen russischen phantastischen Erzähler aus dem 19. Jahrhundert gelten darf. Ähnlich wie bei →Gogol verbindet sich in seinem Werk eine überquellende, bizarre Phantasie, die sich häufig an folkloristischen Stoffen entzündet, mit satirischen Bestrebungen, die, beim allerdings weitgehend unpolitischen G., auch Ideologiekritik beinhalten können. Als seine Vorbilder gelten neben →Poe und vor allem →Hoffmann, →Stevenson und →Conrad. Diese westliche Orientierung, wie auch die nicht sehr große Beliebtheit der reinen Phantastik bei der Sowjetkritik mag dazu beigetragen haben, daß G. auch in seiner Heimat einen zu geringen Ruf genießt.

Hauptwerke: Alye parusa, 1924; Gladiatory, 1925; Zolotaja cep', 1925; Beguscaja po volnam, 1926; Fantasticeskie novelly, 1934.

Über Grin: L. Borisov, A. G., 1945; K. Paustowski, A. G., in: Begegnungen mit Dichtern, 1970.

Deutsch: Das Purpursegel (Alye Parusa), 1952; Wogengleiter (Beguscaja po volnam), 1949; Rote Segel, Erzählungen, 1961; Die goldene Kette, 1964; Der Rattenfänger, in: Seltsame Geschichten aus Rußland, 1970; Der redselige Hausgeist (Slowoochotliwyi domowoj), in: Zehn neue russische Erzähler, 1963.

Gripari, Pierre (1925 Paris), Frankreich.
Trotz einer Reihe sehr origineller, sich anfänglich an →Aymé orientierender Arbeiten im Bereich der phantastischen Literatur blieb G., der bis 1979 als Büroangestellter arbeitete, ein auch in Frankreich eher unbekannter Autor. Er hat zu seiner Art der »fantastique allégorique« gesagt, daß sie in ihrer Funktion den Parabeln aus den Evangelien ähneln sollte. Im Werk des Franzosen mischen sich klassische Phantastik, wie in der an →Seignolle erinnernden Erzählung »La chienne« (1959), mit Allegorie und →SF, wie in der Titelgeschichte aus dem Band »Rêveries d'un Martien en Exil« (1976). Eine seiner brillantesten Erzählungen ist »Le bélier« aus »Diable, Dieu et autres contes de menterie« (1965), in der ein junger Archäologe, der ein Mittel entdeckt hat, sich in die Zeit zurückzuversetzen und auf diese Weise die Nicht-Existenz Christi beweisen will, entdecken muß, selbst Christus zu sein. Eine an →Borges erinnernde Idee wird hier mit der G. eigenen Bizarrerie höchst konsequent zu Ende gedacht. In »Pédigree du vampire« (1977) hat G. eine Reihe von Texten aus Mythen und Folklore wie aus gelehrten Traktaten zusammengestellt und kommentiert, die gleichsam einen Stammbaum des →Vampirs darstellen.
Weitere Hauptwerke: La vie, la mort et la résurrection de Socrate Marie Gripotard, 1968; L'arrière-monde et autres diableries, 1972; Vies parallèles de Roman-Branchu, 1978.
Über Gripari: J. B. Baronian, Panorama de la littérature fantastique de langue française, 1978.

Grosse, Carl Friedrich August (auch: Marquis von Grosse, Graf Vargas) (1768 Magdeburg–1847 Kopenhagen), Deutschland.
Der Abenteurer G., dessen bewegtes Leben die Dänin Else Kornerup in ihrem Buch »Graf Edouard Romeo Vargas. Carl Grosse« (1954) nachzeichnete, publizierte 1791 den ersten Band des Romans »Der Genius. Aus den Papieren des Marquis C. von G.«. Der vierte und letzte Band erschien 1794. »Der Genius« darf ohne Bedenken als das Meisterwerk des deutschen →Schauerromans und als ein Hauptwerk der frühen europäischen Phantastik betrachtet werden. Die extrem labyrinthische, aber brillant durchkonstruierte Handlung zeigt die Hauptfiguren gefangen im Netz eines alles beherrschenden, scheinbar dem Guten zugewandten, aber in Wirklichkeit eher teuflischen Geheimbundes.

Verdopplungen, aus dem Totenreich Wiedergekehrte, sich wie unter einem magischen Zwang wiederholende Ereignisse und das immer wieder warnende Erscheinen des Genius sind die Mittel, die G. bevorzugt einsetzt; die Welt wird undurchschaubar, die Personen, die zu Anfang noch glauben, einen freien Willen zu besitzen, irren wie die Gefangenen in Piranesis Bauten umher und die immer wieder angebotenen Lösungen der rätselhaften Ereignisse haben einen doppelten Boden. Die virtuos gehandhabte Verschachtelungstechnik bewährt sich auch in der Erzählstruktur, welche an die Geschichten aus Tausend und Einer Nacht erinnert. G.s Roman wirkte auf die deutsche Romantik, insbesondere auf →Tieck und →Hoffmann, aber sein Einfluß läßt sich auch unverkennbar in →Potockis »Handschrift von Saragossa« (entst. zwischen 1803 und 1815) feststellen. In der englischen Übersetzung von P. Will war »Horrid Mysteries« (1796) ein Lieblingsbuch der Byron-Generation. Die anderen Arbeiten von G., der im 4. Band des »Genius« schrieb: »Wir sind von Phantomen umringt. Unsere Existenz ist selbst ein Phantom«, erreichen nicht das gleiche Niveau.

Weitere Hauptwerke: Novellen, 1792; Erzählungen vom Verfasser des Genius, 1793–94; Kleine Romane, 1793–94; Der Dolch, 1794–95; Spanische Novellen, 1794–95; Morgenländische Erzählungen, 1795.

Über Grosse: M. Thalmann, Die Romantik des Trivialen. Von G.s »Genius« bis Tiecks »William Lovell«, 1970.

Grubb, David (1919 Moundsville), USA.
Der Roman »The Night of the Hunter« (1953) schildert die Erlebnisse zweier Kinder, die vor ihrem dämonischen Stiefvater, einem vom Teufel besessenen Laienprediger, fliehen. Elemente der →»gothic novel« werden mit denen des Märchens vereint. Die Verfilmung des Romans durch Charles Laughton gehört zu den Klassikern des phantastischen Films und übertrifft in der Wirkung den Roman um ein Vielfaches. G., der in →»Weird Tales« publizierte, sammelte seine Horrorgeschichten in »Twelve Tales of Suspense and the Supernatural« (1964).
Deutsch: Die Nacht des Jägers, 1954.

Gustafsson, Lars (1936 Västeräs), Schweden.
Der durch viele Übersetzungen seiner Werke auch in Deutschland

bekannte schwedische Erzähler, Essayist und Lyriker schrieb nicht nur einen wesentlichen Aufsatz zum Phantastischen in Literatur und Kunst, der die reaktionäre Grundtendenz aller Phantastik zu belegen sucht, sondern auch einige eindrucksvolle phantastische Erzählungen, die eine deutliche Abhängigkeit von →Borges zeigen, der nun gerade als der Musterfall eines reaktionären phantastischen Erzählers gelten kann. Seine Erzählungen und Novellen wurden in dem Band »Förberedelser till flykt« (1967) gesammelt. Auch im dritten Band seines Romanzyklus', der sich mit den Veränderungen in der Gesellschaft nach der Revolte von 1968 auseinandersetzt, »Sigismund« (1976) werden phantastische Elemente – der Besuch einer Deputation aus der Hölle in Berlin – höchst wirkungsvoll und witzig eingesetzt.

Weitere Hauptwerke: Den egentliga berättelsen om Herr Arenander, 1964; (Essays) Utopier, 1969.

Deutsch: Der eigentliche Bericht über Herrn Arenander, 1969; Utopien, 1970; Eine Insel in der Nähe von Magora (Sammelband), 1973; Sigismund, 1977.

H Haggard, Henry Rider, Sir (1856 Bradenham Hall, Norfolk–1925 London), England.

Die phantastischen und okkultistischen Abenteuerromane des R. H. finden bis heute eine große Leserzahl, was kaum aus ihren literarischen Qualitäten zu verstehen ist, aber vielleicht damit zusammenhängen mag, daß sie häufig wie gigantisch ausgedehnte pubertäre Wunschträume wirken, was insbesondere für die bis heute gelesenen Romane »King Solomon's Mines« (1885), das jungenhafte Sehnsucht nach verborgenen Schätzen und geheimnisvollen Riten im Dunklen Afrika befriedigt und für »She« (1886) gilt, das eine üppige, unsterbliche Idealfrau, Ayesha, vorführt, die männliche Traumvorstellungen von einer Mischung aus Urmutter, Hure und Göttin geradezu ideal befriedigt. Daß dieser Roman zu den Lieblingsbüchern Henry Millers gehörte, braucht denn auch kaum noch zu verwundern. Ob in diesem Zusammenhang Jungsche Archetypen bemüht werden müssen, wie manche Interpreten dies getan haben, scheint eher fraglich. Das spätere Werk ist aufgrund einer zunehmenden okkultistischen Tendenz nur für Fans genießbar.

Weitere Hauptwerke: The Witch's Head, 1885; Allan Quatermain, 1887; Allan's Wife, 1889; The Wizard, 1896; Ayesha,

1905; She and Allan, 1920. P. Haining (Hrsg.), The Best Short Stories of R. H., 1981.
Über Haggard: M. Cohen, H. R. H., 1960; D. S. Higgins, R. H. The Great Story Teller, 1981.
Deutsch: König Salomos Schatzkammer, 1888; Sie, 1970; Das unerforschte Land (Allan Quatermain), 1927; Der Zauberer im Sululande (Allan's Wife), 1930.

Hamelink, Jacques (1939 Terneuzen), Niederlande.
In den sechs Erzählungen seines Prosadebüts »Het plantaardig bewind« (1964) dominiert das Motiv der sich am Menschen rächenden Natur. Auch taucht hier zum erstenmal die Idee einer lustvoll erfahrenen Regression des Menschen auf (»Een opgehouden onweer«), die vor allem in der langen Erzählung »De huidaandoening« aus dem dritten Band mit Erzählungen, »De rudimentaire mens« (1968) und dem Roman »Ranonkel of de geschiedenis van een verzelving« (1969) überzeugend gestaltet wird. Manche Erzählungen wie »An den Knaben Elis« und »Grafbeeld in ontijd« aus dem ersten Band wirken wie dunkle Beschwörungsformeln. Nach »Ranonkel« gibt es einen deutlichen Einschnitt im Werk des auch als Lyriker sehr erfolgreichen H. Kurz hintereinander erschienen dann 1974 und 1976 »Afdalingen in de ingewanden« und »Een reis door het demiurgenrijk«, Sammlungen kurzer phantastischer Prosatexte, die häufig Reisebeschreibungen nicht existierender Länder sind und der →SF nahe stehen. Einen Großteil seines frühen Werks lehnt H. inzwischen ab: in »Gehandhaafde verhalen« sammelte er 1979 die Erzählungen, zu denen er noch steht.
Weitere Hauptwerke: Horror vacui, 1966.
Deutsch: Horror vacui (Auswahl aus den ersten beiden Bänden), 1967.

Hamilton, Edmond (1904 Ohio–1977 Ohio), USA.
Obwohl H. in erster Linie ein SF-Autor ist, hat er auch phantastische Horrorgeschichten geschrieben, die in →»Weird Tales« erschienen. Er gehörte zu den beliebtesten Autoren der Zeitschrift, die Bedeutung seiner Erzählungen ist allerdings gering. Am bekanntesten wurde die Geschichte eines Mannes, der aus dem Grab zurückkehrt, »The Man Who Returned« (1934).

Weitere Hauptwerke: (Auswahl) The Best of E. H., 1977.
Über Hamilton: L. Brackett, Vorwort zu »Die besten Stories von E. H.«, 1980.
Deutsch: Der Mann, der zurückkehrte, in: Ullstein Magazin 10, 1967; Das Tal der Assassinen, in: Horror 4, 1974; Die besten Stories von E. H., 1980.

Harbou, Thea von (1888 Tauperlitz–1954 Berlin), Deutschland.
Den wichtigsten Beitrag zum Genre lieferte die Schauspielerin und zeitweilige Ehefrau von Fritz Lang mit ihrem frühen Band »Die Masken des Todes. Sieben Geschichten in einer« (1915), in dem sieben junge Männer, die zusammen einen Spaziergang gemacht haben, sich, am Ziel angekommen, Geschichten erzählen, »vom Tode und dem Grauen, das sein Gefolge ist«. Eindrucksvoll sind vor allem die erste Geschichte, »Das Notizbuch«, die von der fatalen Begegnung eines gestreßten Geschäftsmannes mit Dr. Thanatos berichtet, und die vorletzte, »Der Schatten«, in der ein leichtsinniger Schauspieler vom schattenhaften Gespenst eines ehemaligen Kollegen und Freundes, den er mit seiner Frau betrog, in den Wahnsinn getrieben wird. Phantastisches und Exotisches mischt sich vielfach in ihren anderen, zeitweilig erfolgreichen und häufig verfilmten Werken, wie »Das indische Grabmal« (1917) und »Spione« (1926), während »Metropolis« (1926) und »Die Frau im Mond« (1929) eher zur →SF gehören.
Weitere Hauptwerke: Legenden, 1919; Das Haus ohne Tür und Fenster, 1921; Die Insel der Unsterblichen, 1926.
Über Harbou: R. Burgmer, T. v. H., in: Neue Deutsche Biographie, Bd. 7, 1966.

Hardy, Thomas (1840 Higher Bockampton–1928 Maxgate), England.
Der letzte der großen viktorianischen Romanciers, T. H., hat einige phantastische Erzählungen geschrieben, die in ihrer psychologischen Vertracktheit und in der rücksichtslosen Durchführung einer grausigen Handlung zu den besten des Genres gehören. »The Withered Arm« aus den »Wessex Tales« (1888) und »Barbara of the House of Grebe« (1890) beschreiben beide mit Hilfe des Übernatürlichen die unaufhaltsame Zerstörung einer Ehe, die Strindbergsche Höllenzüge annimmt. In »The

Fiddler of the Reels« (1893), das später in »Life's Little Ironies« (1894) aufgenommen wurde, übt die Titelfigur mit seiner Geige einen dämonischen Einfluß auf Frauen aus. Ein ähnliches Motiv findet man in »The Lost Stradivarius« von →Falkner. In einigen seiner Romane spielt Übernatürliches eine Rolle, aber wesentlicher ist, daß sie häufig Elemente der →»gothic novel« sehr wirkungsvoll einsetzen. Das gilt sowohl für Hauptwerke wie »The Return of the Native« (1878) und »Tess of the d'Urbervilles« (1891) wie für den ersten Roman »Desperate Remedies« (1871) und das zu Unrecht vernachlässigte »Two on a Tower« (1882).

Weitere Hauptwerke: A Group of Noble Dames, 1891; A Changed Man, 1913.
Über Hardy: A. J. Guerard, T. H.: The Novels and Stories, 1949.
Deutsch: (Sammelband), Schabernack des Schicksals, Erzählungen, 1970; Tess von d'Urberville. Eine reine Frau, 1925, 1970[7]; Die Heimkehr (The Return of the Native, gekürzt), 1949; Ein Kranz edler Frauen (A Group of Noble Dames), 1964.

Hartley, Leslie Poles (1895 Whittlesea–1972 London), England. Neben seinen berühmten psychologischen Romanen schrieb H. eine Reihe von vielbeachteten phantastischen Erzählungen, die mit ihrem ausgesprochen makabren Humor als Vorbilder für Roald →Dahl gelten können. Am bekanntesten wurde neben »A Visitor from Down Under« (1927), über einen recht unerfreulichen Besucher aus dem Jenseits, »The Travelling Grave« (1929), die Geschichte eines Särge-Sammlers, dessen Witz vor allem daraus hervorgeht, daß ein Besucher, der nicht weiß, was sein Gastgeber nun eigentlich sammelt, aus dessen Andeutungen zu verstehen glaubt, es handle sich um Kinderwagen. Bei →Arkham House erschien 1948 eine Auswahl aus seinen phantastischen Erzählungen mit dem Titel »The Travelling Grave and Other Stories«.

Weitere Hauptwerke: Night Fears, 1924; The White Wand, 1954; Collected Short Stories, 1968.
Über Hartley: J. Sullivan, Elegant Nightmares, 1978.
Deutsch: Das automatische Grab (The Travelling Grave), in: Ullstein TB 1124, 1967, W. S., in: Schrecksekunden, 1971.

Harvey, William Fryer (1885 Yorkshire–1937 Letchworth), England.
Zu den letzten bedeutenden Vertretern der klassischen psychologischen Gespenstergeschichte gehört der Arzt. H., der eine Reihe Erzählungen höchst unterschiedlichen Charakters geschrieben hat. Seine berühmteste Erzählung, »The Beast with Five Fingers« (1928), die 1947 von Robert Florey mit Peter Lorre verfilmt wurde, ist keineswegs seine beste, da der etwas brutale Horror dieses Berichts über eine mörderische abgehackte Hand eigentlich untypisch für H. ist. Eine Mischung aus schwarzem Humor, psychologischem Raffinement und Stimmungsbeschreibung im Stile →De la Mares sind eher seine Spezialität, was Geschichten wie »Mrs. Ormerod« und »Miss Cornelius« belegen. Manchmal, wie in »The Ankardyne Pew«, erinnert er auch an M. R. →James.
Weitere Hauptwerke: Midnight House, 1910; Moods and Tenses, 1933; (Auswahlband) Midnight Tales, 1946.
Über Harvey: M. Richardson, Einleitung zu »Die Bestie mit den fünf Fingern«, 1964.
Deutsch: Die Bestie mit den fünf Fingern, Gruselgeschichten, 1964.

Hauff, Wilhelm (1802 Stuttgart–1827 Stuttgart), Deutschland.
Die beiden wichtigsten Beiträge des junggestorbenen schwäbischen Romantikers, der von →Hoffmann und →Jean Paul beeinflußt wurde, zum phantastischen Genre sind die als Märchen gekennzeichneten Erzählungen »Die Geschichte von dem Gespensterschiff« und »Die Geschichte von der abgehauenen Hand« aus H.s »Märchenalmanach auf das Jahr 1826« (1826). Weniger konzentriert und »hoffmannesker« sind die Novellen aus »Phantasien im Bremer Rathskeller« (1827).
Weitere Hauptwerke: Der Mann im Mond, 1826; Mitteilungen aus den Memoiren des Satan, 1826; Sämtliche Werke, 1923.
Über Hauff: K. Stenzel, W. H., 1938.

Hauptmann, Gerhart (1862 Obersalzbrunn–1946 Agnetendorf), Deutschland.
Im erzählerischen Werk des großen Dramatikers lassen sich einige Texte finden, in denen er sich mit dem Phantastischen auf überzeugende Weise auseinandergesetzt hat; sie blieben eher

unbekannt, obwohl sie innerhalb der deutschen Phantastik einen ehrenwerten Platz einnehmen. Das gelungenste Beispiel ist zweifelsohne die lange Novelle »Das Meerwunder. Eine unwahrscheinliche Geschichte«, die in Rappallo geschrieben und 1934 publiziert wurde. Bei einem Treffen des exzentrischen »Klubs der Lichtstümpfe« berichtet das ausgefallenste Mitglied, Cardenio, kurz vor seinem Tod von seiner Begegnung und seinem Zusammenleben mit dem »Meerweib«, dessen dämonische Seele er, nachdem seine menschliche Hülle starb, in ein Bugbild bannte, das aber nach einem Schiffbruch auf einer unbewohnten Insel geheimnisvoll zu leben beginnt. Die Sätze, die Cardenio gegen Ende der Geschichte spricht, charakterisieren präzise ihren Sinn: »Ich behandle den Traum als Wirklichkeit. Damals habe ich das gelernt und heute im Alter rechtfertigt es sich immer mehr. Mein ganzes Leben ist mir ja doch zum Traume geworden.« Motivliche Übereinstimmungen mit dieser wunderbaren Seegeschichte finden sich in →Tügels »Die See mit ihren langen Armen« und →Tomasi de Lampedusas »La sirena«.

Weitere Hauptwerke: Phantom, 1922; Die Spitzhacke. Ein phantastisches Erlebnis, 1930; Mignon, 1947; (Fragment) Der Venetianer/Galahad oder die Gaukelfuhre, 1951.

Über Hauptmann: H. Schreiber, H. und das Irrationale, 1946.

Hawthorne, Nathaniel (1804 Salem–1864 New Hampshire), USA.
Der in der Stadt der Hexenverfolgungen Salem geborene H. darf neben →Poe als einer der bedeutendsten amerikanischen Erzähler des Phantastischen im 19. Jahrhundert gelten. Zwar haben seine Erzählungen und Romane häufig einen parabelhaften Charakter und verdeutlichen ein moralisches, aus der Sicht des Puritaners gesehenes Problem, wobei die Schuld-Sühne-Idee eine besonders wichtige Stellung einnimmt, aber dennoch haben die phantastischen Geschehnisse einen so starken Eigenwert innerhalb dieser dunklen Welt, daß sie nie zu eindeutig symbolisch wirken. Außerordentliche Studien zu der Macht des Bösen über den Menschen sind die beiden Meistererzählungen »Young Goodman Browne« (1846) und »My Kinsman, Major Molineux« (1851), die sich beide mit dem Satanskult auseinandersetzen, während »The Minister's Black Veil« (1837) eine beklemmende Parabel über verborgene Schuld bildet. Ein wenig traditio-

neller in ihrer Thematik ist die stark mit »gothic«-Elementen durchsetzte Novelle »Rappaccini's Daughter« (1846). Auch die Romane befinden sich in der Tradition der →»gothic novel«, wobei im Bereich der Phantastik vor allem »The House of the Seven Gables« (1851), der das klassische Motiv eines Fluches aufgreift, und dem in Italien spielenden »The Marble Faun« (1860), in dem die geheimnisvolle Wesensgleichheit zwischen einer antiken Statue und einem jungen Mann den Kern der Handlung bildet, große Bedeutung zukommt. Zwei unvollendete Romane, die einen eindeutig phantastischen Charakter besitzen, wurden von seinen Kindern vollendet: »Septimius Felton« (1873), der das Motiv des Lebenselixiers aufgreift, von seiner Tochter Una, die Skizze zu »The Ancestral Footstep« von seinem Sohn Julian als »Dr. Grimshawe's Secret« (1882). Die Geschichte eines Familienfluchs durchzieht auch diesen Roman. Die vertrackten Beziehungen der verschiedenen Fassungen werden in den Bänden 12 und 13 der Centenary Edition of the Works of N. H. dargestellt. In Band 12, »The American Claimant Manuscripts« finden sich die Fassungen von »The Ancestral Footstep« (1977), in Band 13, »The Elixir of Life Manuscripts«, jene des »Septimius Felton« und eines weiteren unvollendeten, mit diesen beiden verwandten Versuchs, »The Dolliver Romance« (1977).
Weitere Hauptwerke: Twice-Told Tales, 1837; Mosses from an Old Manse, 1846; The Scarlet Letter, 1850; The Snow-Image, 1851.
Über Hawthorne: E. Wagenknecht, N. H., 1961.
Deutsch: (Sammelbände) Rappaccinis Tochter und andere Erzählungen, 1966; Ausgewählte Werke, Bd. 1: Der Garten des Bösen und andere Erzählungen, 1977; Der scharlachrote Buchstabe (The Scarlet Letter), 1957; Das Haus mit den Sieben Giebeln, 1954; Der Marmorfaun, 1961.

Hay, William (1875 Adelaide–1945 Victor Harbor), Australien. Als einer der Begründer des modernen psychologischen Romans in Australien darf H. gelten, den aber eine Vorliebe für bizarre Stoffe und eine ins Symbolische erhöhte Darstellung häufig in phantastische Gefilde führen. Das gilt schon für den frühen Roman »Herridge of Reality Swamp« (1905), aber in erhöhtem Maße für seine beiden Hauptwerke »Strabane of the Mulberry Hills« (1929), einen sehr komplexen Roman, der sich auf vielen

Erzählebenen abspielt und in dem dem Strabane-See eine geheimnisvoll-symbolische Bedeutung zukommt, und »The Mystery of Alfred Doubt« (1937).
Weitere Hauptwerke: The Escape of the Notorious Sir William Heans, 1917; Stories, 1922.
Über Hay: J. Schulz, Geschichte der australischen Literatur, 1960.

Hellens, Franz (eigentl. Ermengem, Frédéric van) (1881 Brüssel–1972 Sint-Gillis), Belgien, Fr.
Er gehört zu den bedeutendsten Vertretern der französischsprachigen Phantastik in Belgien. Wie bei vielen anderen belgischen Autoren des Genres spielt der Horror in seinem Werk kaum eine Rolle. Vielmehr ist eine mystische oder märchenhafte Verzauberung der Realität sein spezifisches Gebiet. Seine sprachlich exquisiten Texte geraten oft in die Nähe eines Gedichts in Prosa. Insbesondere »Nocturnal« (1919) und »Réalités fantastiques« (1923) verdeutlichen seine großen Fähigkeiten. Eine wesentliche Entwicklung ist in seinem Werk nicht festzustellen, wie ein später Band, »Le dernier jour du monde« (1967), zeigt.
Weitere Hauptwerke: Mélusine, 1920; Nouvelles réalités fantastiques, 1941; Fantômes vivants, 1944; Les yeux du rêve, 1964; (Theorie) Le fantastique réel, 1967; (Sammelband) Réalités fantastiques, Contes Choisies 1909–1929, 1966.
Über Hellens: Hommage à F. H., 1951.

Herculano, Alexandre (eigentl. Herculano de Carvalho e Aruajo) (1810 Lissabon–1877 Val de Lobos), Portugal.
Eine Neigung zum Phantastischen ist unverkennbar im Werk des neben Almeida Garrett bekanntesten portugiesischen Romantikers. Sowohl die englische →»gothic novel« als auch Walter →Scott beeinflußten ihn beim Schreiben seiner historischen Romane, die sich der Geschichte Portugals annehmen. Am deutlichsten wird das bei »O monge de Cister« (1841) und »Eurico o presbytero« (1843). Seinen wesentlichsten Beitrag zum Genre bieten aber seine gesammelten Erzählungen, die häufig Volkslegenden verarbeiten, »Lendas e Narrativas« (1851).
Weitere Hauptwerke: O bôbo, 1843.
Über Herculano: A. J. Saraiva, A. H., 1949.
Deutsch: Eurico, 1847; Der Kaid von Santarém (O alcaide de

Santarém), 1950, in: Portugiesische Meister der Erzählung (aus: Lendas e Narrativas)

Hermans, Willem Frederik (1921 Amsterdam), Niederlande.
Der wohl berühmteste niederländische Prosaist der Nachkriegszeit schrieb neben psychologisch-realistischen und satirischen Texten eine Reihe von Arbeiten, die deutlich phantastische Züge tragen. In seinem frühen Roman »Conserve« (1947) wandte er wie auch häufig später die Methode der grotesken Überhöhung melodramatischer Strukturen, die Groschenheften entlehnt sind, an, um ein labyrinthisches, grausames Weltbild, so wie er es in seinem Essay »Het sadistisch universum« (1964) dargestellt hat, zu vermitteln. Diese Technik beherrscht auch die Erzählungen, die in »Moedwil en misverstand« (1948), »Paranoia« (1953) und »Een landingspoging op New Foundland« (1957) gesammelt wurden. Die alptraumhaften Ereignisse erinnern oft an die Bildwelt eines Surrealisten wie Dalí. Als H.s Hauptbeitrag zur Phantastik sollte freilich sein Roman »De donkere kamer von Damocles« (1958) angesehen werden, der anhand eines sensationellen Falls von Doppelspionage im Zweiten Weltkrieg eine höchst faszinierende Variante des klassischen →Doppelgängermotivs bietet.
Weitere Hauptwerke: De God Denkbaar, Denkbaar de God, 1956; Drie melodrama's (enthält neben »Conserve«, »De leproos van Molokai« und »Hermans ist hier geweest«); Herinneringen van een engelbewaarder, 1971; Het evangelie van O. Dapper Dapper, 1973.
Sekundärliteratur: F. A. Janssen, Scheppend nihilisme, Interviews met W. F. H., 1979.

Herzmanovsky-Orlando, Fritz Ritter von (1877 Wien–1954 b. Meran), Österreich.
Zu den Meistern der österreichischen Phantastik, die in ihrer barock-melancholischen Verspieltheit einen absolut eigenen Charakter besitzt, gehört der zu seinen Lebzeiten kaum bekannte H.-O., der inzwischen zu einer Art Kultfigur geworden ist. Nur den grotesken Roman »Der Gaulschreck im Rosennetz« (1928) kann der heutige Leser in der Originalgestalt kennenlernen. Das andere, posthum erschienene Werk wurde von Friedrich Torberg herausgegeben und bearbeitet. Diese Bearbeitungen sind von

verschiedener Seite heftig angegriffen worden, aber es ist Torbergs großer Verdienst, das Werk überhaupt bekannt gemacht zu haben. Der in einem Phantasiestaat Tarockanien spielende zweite große Roman, »Maskenspiel der Genien«, der als Band des Gesamtwerks erschien, dürfte in seinem diffizilen, teilweise hermetischen Anspielungsreichtum als das Hauptwerk des Österreichers angesehen werden, dessen Einfluß auf die Entwicklung der phantastischen Literatur in seinem Land unübersehbar ist, wie das Werk auch jüngerer Autoren wie →Tramin oder →Marginter belegt. Eine traditionellere Spielart des Genres führt die Erzählung »Cavaliere Huscher« vor.
Weitere Hauptwerke: Gesammelte Werke in 4 Bänden, 1957–1963.
Über Herzmanovsky-Orlando: M. v. Gagern, Ideologie und Phantasmagorie F. v. H. O. s, 1972.

Heyse, Paul (1830 Berlin–1914 München), Deutschland.
Der lange Zeit vergessene, aber heute allmählich wieder beachtete Erzähler, der in München wie ein Dichterfürst residierte und 1910 den Nobelpreis erhielt, zeigt sich in seinen unzähligen Novellen eher dem Phantastischen abgeneigt. Von den wenigen phantastischen Texten sollten vor allem »Der letzte Centaur« (1870) und »Mittagszauber« erwähnt werden, die freilich durch die romantische Klischeesprache wie die anderen Arbeiten H.s viel an Wirkung verlieren.
Weitere Hauptwerke: Kleopatra, 1865; Das Seeweib, 1875; In der Geisterstunde und andere Spukgeschichten, 1894.
Über Heyse: P. Zincke, H.s Novellentechnik, 1928.

Hichens, Robert Smythe (1864 Speldhurst–1950 Zürich), England.
Den Liebhabern der phantastischen Literatur ist H. vor allem als Verfasser der überraschenden Gruselgeschichte »How Love Came to Professor Guildea« (1900) bekannt, in dem ein Gelehrter für seine Unmenschlichkeit auf raffinierte Weise bestraft wird. Obwohl H. seine größten Erfolge mit dem melodramatischen Roman »The Garden of Allah« (1904) und dem von Hitchcock verfilmten Kriminalroman »The Paradine Case« (1933) verbuchte, fühlte er sich immer wieder vom Phantastischen angezogen. Neben »The Black Spaniel« (1905), der seine wichtigsten Erzäh-

lungen vereint, sollten der Roman »The Dweller on the Threshold« (1911), »Snake Bite« (1919) und »Harps in the Wind« (1945) erwähnt werden.
Weitere Hauptwerke: Flames, 1897; Dr. Artz, 1929.
Deutsch: Der Garten des Allah, 1961; Wie sich Liebe zu Professor Guildea schlich, in: O. C. Recht (Hrsg.), Gruselgeschichten, 1959.

Hildebrandt, Johann Andreas Christoph (1763 Halberstadt–1846 Eilsdorf), Deutschland.
Der erfolgreiche Unterhaltungsschriftsteller H. hat in seinem sehr umfangreichen Œuvre auch einige gelungene Beispiele des →Schauer- und Geisterromans aufzuweisen, die allerdings im reinen Epigonentum stecken bleiben. »Die Geheimnisse des Bundes« (1818) ist ein spätes Beispiel für den von →Grosse zu großer Beliebtheit verholfenen Geheimbundroman.
Weitere Hauptwerke: Kuno von Schreckenstein oder die weissagende Traumgestalt, 1821; Die Totenhügel, 1822; Der Ahnherr oder das Gespenst in der Felsgruft, 1823; Erzählungen, 1824.

Hildesheimer, Wolfgang (1916 Hamburg), Deutschland.
H., der vor allem als Hörspielautor und Dramatiker in der Tradition des »absurden Theaters« bekannt wurde, publizierte 1952 ein Hauptwerk der modernen deutschen Phantastik, »Lieblose Legenden«, die 1961 in einer Neufassung erschienen. In den kurzen Texten verbindet sich ein skurriler, oft bösartiger Humor mit einer Neigung zum Abseitigen und Bizarren. Als einen Höhepunkt des Bandes muß die später von Henze zu einer Kurzoper verarbeitete Erzählung »Das Ende einer Welt« betrachtet werden, in der eine künstliche Insel zu den Klängen einer gefälschten Flötensonate aus dem 18. Jahrhundert samt Zuhörern in einer Lagune versinkt. Von der herrschenden →Kafka-Mode distanzierte sich H. mit der Geschichte »Warum ich kein Buch über Kafka schreibe«. Hinter den oft satirisch gefärbten Fabeln wird eine eher pessimistische Weltanschauung sichtbar. Nach dem weniger gelungenen Roman »Paradies der falschen Vögel« (1953) erschien 1965 »Tynset«, der Roman, der im allgemeinen als H.s Hauptwerk betrachtet wird und in dem die Gedanken der im Bett liegenden Hauptfigur immer wieder um den Namen eines norwegischen Ortes, Tynset, kreisen, der zum

imaginären Ziel aller Wünsche wird.
Weitere Hauptwerke: Vergebliche Aufzeichnungen, 1963.
Über Hildesheimer: Über W. H., 1971.

Hodgson, William Hope (1877 Blackmore End–1918 Yperen), England.
Das qualitativ sehr unterschiedliche Werk H.s, der zwischen 1891 und 1899 zur See ging, wird von vielen Phantastik-Fans hoch geschätzt. Seine überzeugendsten Erzählungen und Romane verarbeiten seine Erfahrungen auf See, die hier, wie oft bei →Ray oder in →Visiaks »Medusa« zum Ort des Unheimlichen par excellence wird. Die unsichere Situation des Seefahrenden, den unerwartete Gefahren bedrohen können, diese beliebte Metapher für die Unsicherheit der menschlichen Existenz überhaupt, wird durch die hinzugefügte Komponente des Phantastischen ins Extrem gesteigert. Von großer Intensität sind die häufig anthologisierte Kurzgeschichte »A Voice in the Night« (1907) und der Roman »The Boats of the ›Glenn Carrig‹« (1907). Eine zweite, insgesamt weniger überzeugende Ebene im Werk H.s bilden die Romane »The House on the Borderland« (1908), das die auch bei →Lovecraft und Ray anzutreffende Vorstellung aufgreift, daß es bestimmte Orte gibt, von denen aus man in eine andere, unbekannte Dimension gelangen kann, und »The Night Land« (1912), in dem eine von ewiger Nacht bedeckte Erde der fernen Zukunft von Ungeheuern bevölkert ist. Die Beschreibungen einer fremden, beängstigenden Welt sind in beiden Romanen zwar weitgehend gelungen, aber die eher triviale Handlung – dies gilt vor allem für die Liebesgeschichte in »The Night Land« – wirkt sich störend auf die visionäre Kraft der beschreibenden Passagen aus, während die philosophischen Ansprüche ins Banale abgleiten. Die originelle Konzeption rettet beide Texte aber vor der Bedeutungslosigkeit, die weitgehend den dritten Teil des phantastischen Werks H.s kennzeichnet, die um 1910 entstandenen Erzählungen über den okkulten Detektiv Carnacki, die 1913 als »Carnacki, the Ghost-Finder« gesammelt wurden.
Weitere Hauptwerke: The Ghost Pirates, 1909; Men of Deep Waters, 1914; The Luck of the Strong, 1916; (Sammelband, hrsg. v. Derleth) Deep Waters, 1967.
Über Hodgson: S. Moskowitz, Einleitung zu einer Anthologie mit nachgelassenen Erzählungen, Out of the Storm, 1975.

Deutsch: Stimme in der Nacht (Sammelband, enthält u. a. »A Voice in the Night« und »The Boats of the ›Glenn Carrig‹«), 1970; Das Haus an der Grenze (Sammelband, enthält »The House on the Borderland« und drei Carnacki-Geschichten), 1973; Das Nachtland, 1982.

Hoffmann, Ernst Theodor Amadeus (eigentlich Wilhelm) (1776 Königsberg–1822 Berlin), Deutschland.
Der bekannteste und einflußreichste deutschsprachige Erzähler des Phantastischen ist zweifelsohne der Königsberger Jurist und Komponist H. Den von ihm selbst in seinem Leben mit tragischer Deutlichkeit erfahrenen Riß zwischen bürgerlichem Alltag und der Welt der Phantasie und der Wunder bestimmt weitgehend die Thematik seiner Erzählungen, die er in mehreren, manchmal durch einen Rahmen zusammengefügten Bänden sammelte. Die »Fantasiestücke in Callot's Manier« (1814) enthalten neben den beiden musikalischen Erzählungen »Ritter Gluck« und »Don Juan« als wichtigste Texte »Die Abenteuer der Silvesternacht« und das Märchen »Der Goldne Topf«, in dem der erwähnte Kontrast zwischen alltäglicher Enge und Wunderwelt exemplarisch gestaltet wurde. Dieser Text regte später die Archetypen-Forscher der Jungschen Schule zu tiefsinnigen Interpretationen an. Überzeugender als diese ist Freuds Deutung der wohl unheimlichsten Erzählung H.s »Der Sandmann« aus »Nachtstücke« (1817) in seiner berühmten Schrift »Das Unheimliche«. Dieser zweite wichtige Sammelband H.s in zwei Teilen enthält außerdem als bedeutendste phantastische Texte die offensichtlich an der älteren Schauerliteratur orientierte Geistergeschichte »Ignaz Denner«, »Das öde Haus« und »Das Majorat«. Zwischen den beiden Sammelbänden erschien »Die Elixiere des Teufels« (1815), eine höchst vertrackte →Doppelgänger-Geschichte, die vom Motiv des fatalen Elixiers ausgeht. Der Roman benutzt alle Elemente der →»gothic novel« und übersteigert sie ins Bizarre. Insbesondere hat »The Monk« von →Lewis als Vorlage gewirkt, was ein Vergleich der Anfangskapitel der beiden Romane offensichtlich macht. 1819–1821 erschienen die vier Bände der Rahmengeschichte »Die Serapionsbrüder«, in denen sich unter anderen »Rat Krespel«, »Die Bergwerke zu Falun«, »Die Automate«, »Das fremde Kind«, »Die Brautwahl«, »Der unheimliche Gast« und »Der Zusammenhang der Dinge« finden. Die Wir-

kung H.s auf die französische (→Nodier, →Nerval, →Gautier), amerikanische (→Poe) und russische (→Gogol, Dostojewski) Literatur ist sehr groß gewesen. Die Popularität seines Werks verdeutlicht Offenbachs späte, unvollendete Oper »Les contes d'Hoffmann«, die mehrere Geschichten H.s als Vorlage benutzt und den Autor selbst als Hauptfigur auf die Bühne bringt.
Weitere Hauptwerke: Seltsame Leiden eines Theaterdirektors, 1819; Klein Zaches genannt Zinnober, 1819; Prinzessin Brambilla, 1821.
Über Hoffmann: K. Günzel, E. T. A. H., 1979; A. Miller, Das Phantastische – Innensicht, Außensicht. Nachtstück und Märchen bei E. T. A. H., in: Phaïcon 3, 1978.

Hofmannsthal, Hugo von (1874 Wien–1929 Rodaun), Österreich.
Drei frühe Erzählungen H.s haben einen ausgesprochenen phantastischen Charakter: »Das Märchen der 672. Nacht« (1895), »Reitergeschichte« (1899) und »Erlebnis des Marschalls von Bassompierre« (1900), nach einer Anekdote aus Goethes »Unterhaltungen deutscher Ausgewanderten«. In allen dreien gestaltet H. das gleiche Grundmotiv: die Erfahrungen eines Menschen in einem Zwischenreich zwischen Leben und Tod. Am beklemmendsten dürfte in dieser Hinsicht die vom Autor als »Schreibübung« bezeichnete »Reitergeschichte« sein, an die sich später →Lernet-Holenia mit seiner Novelle »Der Baron Bagge« anlehnen wird.
Über Hofmannsthal: B. Kronauer, Die Dinge sind nicht unter sich! Zu H. v. H.s Märchen der 672. Nacht, in: Phaïcon 3.

Hogg, James (1770 Ettrick–1835 Altrive), England.
Der berühmteste schottische Lyriker neben Burns verarbeitete in einer Reihe von Erzählungen wie »The Expedition to Hell« (1836) Legenden aus der Folklore seiner Heimat zu häufig überzeugenden phantastischen Geschichten, die vor allem in den »Winter Evening Tales« (1820) gesammelt wurden. Die phantastischen Elemente seines Hauptwerks, »The Private Memoirs and Confessions of a Justified Sinner« (1824) erfüllen einen deutlich satirischen Zweck.
Weitere Hauptwerke: Dramatic Tales, 1825.
Über Hogg: A. L. Strout, J. H., 1947.
Deutsch: Der Widersacher (The Private Memoirs), 1964.

Hohler, Franz (1943 Biel), Schweiz-Dt.
Der erfolgreiche Kabarettist und Sänger H. veröffentlichte 1973 einen schmalen Band mit elf phantastischen Erzählungen, »Der Rand von Ostermundigen«, die mit ihrem vertrackten Humor und ihrer Vorliebe für das Grotesk-Absonderliche (»Bedingungen für die Nahrungsaufnahme«) eine starke, nur manchmal an →Hildesheimers »Lieblose Legenden« erinnernde Eigenart besitzen. Insbesondere die Titelgeschichte, die davon berichtet, wie sich der rätselhafte Satz »Das ist der Rand von Ostermundigen« allmählich heimtückisch in den Sprachgebrauch eines ganzen Volkes einschleicht, ist sehr gelungen und wirkt wie eine humorvolle Variante der →Borges-Geschichte »Tlön, Ubquar, Orbis Tertius«.
Weitere Hauptwerke: Das verlorene Gähnen, 1967; Idyllen, 1970; Die Rückeroberung, 1982.

Holmes, Oliver Wendell (1809 Cambridge, Mass.–1894 Boston), USA.
Der berühmte Essayist, Satiriker und realistische Erzähler hat die phantastische Literatur um einen Roman bereichert, dessen geheimnisvolle Elemente sowohl auf übernatürlichem wie auf psychologischem Wege erklärt werden können und der daher als ein frühes Beispiel der »psychologischen →Phantastik« gelten darf: »Elsie Venner. A Romance of Destiny« (1861).
Über Holmes: E. M. Tilton, O. W. H., 1947.

Housman, Clemence (1861–1955), England.
Weniger bekannt als ihre Brüder, der Lyriker A. E. H. und der Fantasy-Autor Laurence H., erwarb sich C. H. einen Platz in der Geschichte der phantastischen Literatur mit ihrer Novelle »The Were-Wolf« (1896), einer Fassung des →Werwolf-Stoffes, die als typisch für die Dekadenz gelten darf. Es findet sich hier eins der seltenen Beispiele für einen weiblichen Werwolf, was aus der Faszination zu verstehen ist, die die →Femme fatale auf die Literaten des Fin de siècle ausübte.
Über Housman: J. G. Kenyur Hodgkins, The Housmans, 1975.
Deutsch: Der Werwolf, in: N. H. Norton (Hrsg.), Ein Totenschädel aus Zucker, 1971.

Howard, Robert Ervin (1906 Peaster, Tex.–1936 Cross Plains, Tex.), USA.
Ähnlich wie →Lovecraft erlebte der »pulp writer« H. erst Jahre nach seinem Tod einen allerdings weltweiten Erfolg. Er hatte sich im Verlauf seiner eher kurzen literarischen Karriere (er erschoß sich, weil er den Tod seiner Mutter nicht ertragen konnte) in den verschiedensten Genres versucht, aber er verdankt seinen Ruhm in erster Linie den →fantasy-Geschichten um den barbarischen Helden Conan, der wie eine blonde Bestie in einer langen Serie von Abenteuern sein wenig erfreuliches Wesen zur Schau trägt. Die erste Conan-Geschichte »The Phoenix of the Sword« erschien 1932 in »Weird Tales«. Die Faszination, die H. in seinen Geschichten auf den Leser ausübt, insbesondere auf den männlichen, dürfte mit dem pubertären Wunschtraum-Charakter der Ereignisse und Figuren, mit der klischeegesättigten Sprache, die einem keine Mühe abverlangt, und mit dem rasenden Tempo der einander förmlich jagenden Ereignisse zusammenhängen. Überzeugender als die Conan-Geschichten ist eine Serie, in deren Mittelpunkt der englische Puritaner aus dem 16. Jahrhundert, Solomon Kane, steht, der sich erfolgreich mit Zauber und schwarzer →Magie auseinandersetzt. Andere von H. geschaffene Figuren sind Kull und Bran Mak Morn. Auch einige rein phantastische Erzählungen, wie »The Black Stone« (1931), eine seiner überzeugendsten Arbeiten, entsprangen der Feder des hünenhaften Texaner Vielschreibers, dessen Werk heute nicht nur in einer Fülle von teilweise bibliophilen Ausgaben vorliegt, sondern auch von Autoren wie Sprague de Camp und Lin Carter weitergeführt wird. Der Film »Conan, der Barbar« (1982) von John Milius machte den Namen H. noch bekannter.
Weitere Hauptwerke: (posthume Sammelbände): Skull-Face, 1946; The Dark Man, 1963; Wolfshead, 1968; The Sowers of Thunder, 1973.
Über Howard: G. Hord, The Last Celt: A Bio-Bibliography of R. E. H., 1976.
Deutsch: (Sammelband) Das Haus des Grauens (aus: Wolfshead und The Dark Man), 1977; (Sammelband) Horde aus dem Morgenland, 1980.

Hugo, Victor (1802 Besançon–1885 Paris), Frankreich.
Obwohl der berühmte französische Romantiker auch schon in

seinem Frühwerk das Übernatürliche nicht als Mittel einsetzt, können seine ersten Romane »Bug Jargal« (1819) und »Han d'Islande« (1825), mit ihrer Häufung bizarrer und grausiger Ereignisse als gelungene Beispiele des »roman frénétique« gelten. Aber auch »Notre Dame de Paris« (1831), »Les misérables« (1862) und vor allem »L'homme qui rit« (1869) lassen noch deutlich den Einfluß der älteren Schauerliteratur erkennen. Diese Neigung zum Phantastischen hat sich in seinen Zeichnungen noch unverstellter ausdrücken können.
Über Hugo: J. B. Barrère, La fantaisie de V. H., 1949.
Deutsch: Han von Island, 1924; Flammen auf Domingo (freie Bearbeitung durch Leo →Perutz des »Bug Jargal«), 1929; Notre Dame von Paris, 1977; Die Elenden (Les misérables), 1968; Der lachende Mann (L'homme qui rit), 1925.

Huysmans, Joris Karl (eigentl. Charles Marie Georges) (1848 Paris–1907 Paris), Frankreich.
Obwohl H., einer der bedeutendsten Erzähler der Dekadenz, kein wirklich phantastischer Autor ist, hat er mit einem Roman einen nicht zu unterschätzenden Einfluß auf die phantastische Literatur seiner Zeit ausgeübt, »Là-bas« (1891), der sich mit der Verbreitung der schwarzen Magie in der Welt des ausgehenden 19. Jahrhunderts auseinandersetzt und um die Gestalt des berüchtigten Massenmörders aus dem Mittelalter, Gilles de Rais, kreist, der später so unterschiedliche Autoren wie Georges Bataille und Hubert →Lampo faszinieren sollte.
Über Huysmans: M. Ach/J. Jörgensen, J. K. H. und die okkulte Dekadenz, 1980.
Deutsch: Tief unten, 1963.

I Irving, Washington (1783 New York–1859 Tarrytown, N. Y.), USA.
Er gehört zu den frühen Klassikern der phantastischen Literatur in Amerika und »Rip van Winkle«, in »Sketch Book of Geoffrey Crayon, Gent.« (1819–20) publiziert, die Novelle von dem Mann, der sein Leben verschlief und bei seiner Rückkehr alles verändert vorfindet, machte ihn weltberühmt. Im selben Band befindet sich »The Legend of Sleepy Hollow«. Hier wie in seinen späteren Arbeiten bezieht sich I. auf Volkslegenden und Sagen, und er darf damit als einer der ersten Vertreter einer »folkloristi-

schen Phantastik« gelten. Seine vielleicht überzeugendste Leistung im Bereich der phantastischen Erzählung ist »The Adventure of the German Student«, aus den »Tales of a Traveller« (1824), die von →Nodier und →Borel in französischen Bearbeitungen übernommen wurde.
Weitere Hauptwerke: Bracebridge Hall, 1822; The Alhambra, 1832.
Über Irving: E. Wagenknecht, W. I. Moderation Displayed, 1962.
Deutsch: Das Skizzenbuch, 1968.

Jackson, Shirley (1919 San Francisco–1965 Bennington), USA.
In ihrem höchst eigenwilligen, stilistisch und psychologisch brillanten Werk, das sie zur wohl bedeutendsten amerikanischen Erzählerin des Phantastischen macht, vermischt J. Elemente der klassischen →»gothic novel«, der von der Psychoanalyse beeinflußten modernen →Gespenstergeschichte und eines aggressiven, schwarzen Humors. In ihrem Band mit Erzählungen »The Lottery« (1949), deren berühmte Titelgeschichte von der jährlichen Steinigung eines durch Los erwählten Mitglieds einer biederen amerikanischen Kleinstadtgemeinde berichtet, ist auch »The Demon Lover« zu finden. Es folgten die Romane »Hangsaman« (1951), »The Bird's Nest« (1954), »The Sundial« (1958) und ihre beiden bedeutendsten Bücher, die auf sehr unterschiedliche Weise das Thema des Gespensterhauses aufgreifen, »We Have Always Lived in the Castle« (1962) und »The Haunting of Hill House« (1959), das von Robert Wise verfilmt wurde. Nach ihrem Tod gab ihr Mann einen Sammelband heraus, der den Anfang ihres nächsten Romans und einige Erzählungen umfaßt, »Come Along with Me« (1968).
Über Jackson: R. R. Miller, S. J.'s Fiction, 1974.
Deutsch: Die Lotterie, in: H. Politzer (Hrsg.), Amerika erzählt, 1958; Die Hexe, in: Spuk, 1974.

Jacobi, Carl (1908 Minneapolis), USA.
Obwohl J. kaum als ein originelles Talent zu bezeichnen ist, hat er einige sehr überzeugende traditionelle →Gespenstergeschichten geschrieben, die sich für einen Autor der →»Weird Tales« in ihrer sprachlichen Zurückhaltung wohltuend vom Durchschnitt der Beiträge dieser Zeitschrift abheben. Zu seinen bekanntesten

und häufig anthologisierten Arbeiten gehört die 1933 zum erstenmal erschienene Vampirgeschichte »Revelations in Black«, die einem 1947 bei →Arkham House veröffentlichten ersten Band mit Erzählungen den Titel gab. Es folgten »Portraits in Moonlight« (1964) und »Disclosures in Scarlet« (1973) beim selben Verlag.
Deutsch: Larlas Bücher (Revelations in Black), in: 14 Horrorstories, Heyne Anthologie 38, 1973; Das Untier aus der Tiefe (The Aquarium), in: Rendezvous mit dem Würgeengel, 1976; Matthew South und Co, in: Luther's Grusel + Horror Cabinet 12, 1972.

Jacobs, William Wymark (1863 London–1943 London), England.
J. stellt innerhalb der Geschichte der phantastischen Literatur einen geradezu einzigartigen Fall dar: seine Geschichte »The Monkey's Paw« aus dem Band »The Lady of the Barge« (1902) wurde so berühmt, daß sie für viele Leser zu *der* phantastischen →Horrorgeschichte überhaupt wurde. Mit den zweifellos vorhandenen literarischen Qualitäten dieser knappen Erzählung von den fatalen Folgen dreier Wünsche, läßt sich dieser Erfolg kaum erklären. Vielleicht kann man die Erklärung eher in der Bestätigung einer kleinbürgerlichen Lebensanschauung finden, welche die Geschichte vermittelt und die in der repressiven moralischen Lehre gipfelt, daß man sich mit seiner Stellung in der Welt zufrieden geben soll, denn mehr zu wünschen ist Sünde und dieser folgt die Strafe auf dem Fuß.
Weitere phantastische Erzählungen lassen sich vor allem in dem Band »Night Watches« (1914) finden.
Weitere Hauptwerke: Deep Waters, 1919.
Über Jacobs: G. K. Chesterton, A Handful of Authors, 1953.
Deutsch: Die Affenpfote, in: Englische Gespenstergeschichten, 1965.

Jacobsen, Jens Peter (1847 Thisted–1885 Thisted), Dänemark.
Der berühmteste dänische Symbolist neben Bang publizierte 1875 seine einzige phantastische Novelle, »Et skud i taagen«, die in ihrer atmosphärischen Dichte als ein Meisterwerk symbolistischer Phantastik angesehen werden darf. Die Geschichte des unglücklich Liebenden, Henning, der seinen Nebenbuhler Niels

im Nebel erschießt, aber nicht des Mordes verdächtigt wird, und daraufhin die früher geliebte, jetzt gehaßte Agathe zugrunde richtet, erhält ihren phantastischen Aspekt erst zum Schluß, als ein undeutliches Etwas Henning im Nebel umbringt, nachdem Agathe gestorben ist. Der zurückhaltende Erzählstil erhöht die Wirkung der aus zwei Teilen bestehenden Novelle.
Über Jacobsen: C. Burckhardt, J. P. J., 1947.
Deutsch: Ein Schuß im Nebel, in: Sechs Novellen, 1914.

James, George Payne Rainsford (1799 London–1860 Venedig), England.
Zu den Höhepunkten im sehr umfangreichen Werk des erfolgreichen Unterhaltungsschriftstellers J. gehört ein spätes Beispiel der »gothic novel«, »The Castle of Ehrenstein« (1854), das die von Mrs. →Radcliffe benutzte Möglichkeit der »erklärten Phantastik« aufgreift. Manche seiner →Gespenstergeschichten finden sich in älteren Anthologien.
Weitere Hauptwerke: The Last of the Fairies.
Über James: S. M. Ellis, The Solitary Horseman, 1927.
Deutsch: Das Schloß Ehrenstein. Seine geistigen und weltlichen Herren, seine weltlichen und überirdischen Bewohner, 1847.

James, Henry (1843 New York–1916 London), USA–England.
Der im Jahre 1875 nach Europa emigrierte und 1915 zum Engländer naturalisierte Amerikaner muß als der wichtigste phantastische Erzähler seiner Zeit betrachtet werden, obwohl nur ein vergleichsweise geringer Teil seines sehr umfangreichen Œuvres zur Phantastik gerechnet werden kann. Während er sich in seinen ersten beiden Beiträgen zum Genre, »The Romance of Certain Old Clothes« (1868) und »De Grey: A Romance« (1868), noch weitgehend an die Konventionen der viktorianischen →Gespenstergeschichte hält, ist schon »The Last of the Valerii« (1874) eine überaus eigenständige Novelle, trotz der Anklänge an →Mérimée: der dämonische Einfluß einer ausgegrabenen Götterstatue aus der Antike auf einen jungen Adligen verdeutlicht ein Grundthema des Jamesschen Gesamtwerks: die Verführbarkeit der Unschuld, deren Charakter von vornherein als ambivalent dargestellt wird. Eine beeindruckende Etüde über falschen Heroismus und die Ablehnung von kriegerischer Gewalt in Form einer scheinbar klassischen Gespensterhausgeschichte ist

»Owen Wingrave« (1892), während »The Altar of the Dead« (1895) ein weiteres Grundthema bei James, die aus Lebensüberdruß und Trauer erfolgte, gefährlich-verführerische Abwendung von der Realität, vorführt. Die im Jahre 1898 erschienene lange Novelle »The Turn of the Screw« hat bis heute zu den unterschiedlichsten Interpretationen Anlaß gegeben. Die Heimsuchung und Pervertierung zweier engelhafter Kinder durch die Geister der früher im Haus tätigen Diener wird aus der Sicht einer (offensichtlich sexuell unbefriedigten) Gouvernante dargestellt. Inwieweit die Geister Emanationen der frustrierten Psyche der Erzählerin oder wirkliche Besucher aus dem Jenseits sind, ist eher unerheblich. Kaum eine andere Gespenstergeschichte hat eine so dichte Atmosphäre des Bösen heraufbeschworen. Nur in den späten Erzählungen des von J. bewunderten →Le Fanu ist Ähnliches geleistet worden. Der James-Kenner Leon Edel gab 1950 einen Sammelband mit allen Gespenstergeschichten heraus, der 1971 in einer neuen, um längere Kommentare und eine Einleitung erweiterten Fassung erschien: »Stories of the Supernatural«.

Weitere Hauptwerke: Sir Edmund Orme, 1891; The Private Life, 1892; The Real Right Thing, 1899; The Beast in the Jungle, 1903; The Jolly Corner, 1908.

Über Henry James: L. Edel, a.a.O., E. Kreischer, H. J. The Turn of the Screw, in: C. W. Thomsen und J. M. Fischer (Hrsg.), Phantastik in Literatur und Kunst, 1980.

Deutsch: Die Tortur (The Turn of the Screw), 1975; Gespenstergeschichten (Sammelband), 1979.

James, Montague Rhodes (1862 Goodnestone–1936 Eton), England.

Der Altertumsforscher J., der sich 1887 an einer archäologischen Ausgrabung auf Zypern beteiligte und seit 1918 Provost von Eton war, gehört zu den bekanntesten englischen Autoren von →Gespenstergeschichten. Seine wissenschaftlichen Interessen lassen sich auch aus diesen Erzählungen ablesen, in denen alte Manuskripte und Stiche häufig eine wesentliche Rolle spielen und lateinische Zitate die Authentizität des Berichteten erhöhen. Die zutiefst skeptische Haltung des Autors gegenüber allen Phänomenen des Übernatürlichen verleiht diesen häufig ironischen, aber niemals harmlosen Texten gerade eine besondere

Wirkung, weil der Schock, den das Erscheinen des Gespensts in einer alltäglichen, häufig heutigen Welt auslöst, um so größer ist, je weniger Protagonist und Leser darauf vorbereitet sind. Den bösartigen Charakter der gespenstischen Erscheinungen sah James als eine Vorbedingung einer überzeugenden Gespenstergeschichte an. Sein Vorbild in dieser Hinsicht war →Le Fanu, dessen Erzählungen er zum erstenmal katalogisierte und zum Teil neu herausgab, (»Madam Crowl's Ghost«, 1923). Seine eigenen Geschichten sammelte er in den Bänden »Ghost Stories of an Antiquary« (1904), das seine vielleicht berühmteste Erzählung »Oh, Whistle and I'll Come to You, My Lad« enthält, »More Ghost Stories of an Antiquary« (1911), »A Thin Ghost« (1919) und »A Warning to the Curious« (1925). Seine gesammelten Gespenstergeschichten, die seitdem in regelmäßigen Abständen wieder aufgelegt wurden, erschienen 1931 (»Collected Ghost Stories«). Zu den Autoren, die er offensichtlich beeinflußte, gehören →Wakefield und →Munby.

Über James: P. Haining (Hrsg.), M. R. J. – Book of the Supernatural, 1979.

Deutsch: Der Schatz des Abtes Thomas (Sammelband), 1970.

Jean Paul (eigentl. Richter, Jean Paul Friedrich) (1763 Wunsiedel–1825 Bayreuth), Deutschland.

Der in stilistischer Hinsicht vor allem von Sterne beeinflußte Erzähler läßt in seinen Romanen einen Hang zum Grotesk-Phantastischen erkennen, das oft ins Satirische umschlägt. In der labyrinthischen Struktur seiner größeren Prosawerke machen sich die deutschen →Schauerromane als Vorbilder bemerkbar. Dies wird am deutlichsten in »Die unsichtbare Loge« (1793) und seinem Hauptwerk »Titan« (1800–1803). Den zum Teil schon sehr abgegriffenen Handlungs- und Stimmungsklischees des weitgehend trivialen Genres verschafft J. P. durch seine virtuose Sprachmanieristik überraschendes neues Leben.

Weitere Hauptwerke: Hesperus, 1795; Der Komet, 1820–1822.
Über Jean Paul: E. Baratta, Surrealistische Züge im Werk J. P.s, 1971.

Jensen, Wilhelm (1837 Heiligenhafen–1911 München), Deutschland.

Der wenig bedeutende, sehr produktive Unterhaltungsautor J.,

dessen Werk die Nähe zu →Heyse verrät, wäre wohl gänzlich vergessen, wenn nicht Sigmund Freud über seine phantastische Novelle »Gradiva, ein pompejanisches Phantasiestück« (1903) eine für die Interpretation und die Theorie des Phantastischen in der Literatur sehr aufschlußreiche Arbeit geschrieben hätte: »Der Wahn und die Träume in W. J.s ›Gradiva‹« (1907). Die Novelle selbst benutzt das klassische Motiv der Begegnung eines Mannes mit einer Frauengestalt, die ihm aus einem Kunstwerk, in diesem Fall einem antiken Relief, bekannt ist.
Über Jensen: Fraas, W. J., 1913.

K Kafka, Franz (1883 Prag–1924 Kierling), Deutschland.
Obwohl über K. als einen der einflußreichsten Schriftsteller dieses Jahrhunderts unzählige Abhandlungen veröffentlicht wurden und werden – eine Tatsache, die →Hildesheimer zu seiner brillanten Geschichte »Warum ich kein Buch über Kafka schreibe« inspirierte –, ist er als ein Erzähler, der sich in einer ganz bestimmten literarischen Tradition, jener der phantastischen Literatur, befindet, bisher kaum untersucht worden. Eine Ausnahme bildet Rolf Günter Renners Text »K. als phantastischer Erzähler« (1978). Renner gelangt am Ende seines Aufsatzes zu der Schlußfolgerung: »K.s Erzählungen erlauben es nicht, das Phantastische als mit dem Natürlichen verwandt zu dekodieren, wie sich das etwa bei einer oberflächlichen Interpretation der ›Verwandlung‹ annehmen ließe. Vielmehr zeigt für ihn das Natürliche seinen phantastischen Untergrund durch seine Abhängigkeit von der Wahrnehmungsrelation. Dies bringt K.s phantastische Erzählungen in die Nähe der Texte des Hermetischen, die im Bild ihrer Zeit- und Ortlosigkeit jene Gesetze der Fiktion aufzulösen trachten, denen sie doch allesamt unterstehen.« Zu den bekanntesten Texten des Prager Erzählers, der auf fast alle modernen Vertreter der phantastischen Literatur von →Borges bis →Nossack Einfluß ausübte, gehören die kürzeren Prosatexte »Die Verwandlung« (1915), »Das Urteil« (1916), »In der Strafkolonie« (1919) und »Ein Landarzt« (1920) sowie die posthum von Max Brod herausgegebenen Romane »Der Prozeß« (1925), »Das Schloß« (1926) und »Amerika« (1927).
Weitere Hauptwerke: Ein Hungerkünstler, 1924; Beim Bau der chinesischen Mauer, 1931; Vor dem Gesetz, 1934; Gesammelte Werke, 10 Bände, 1950.

Über Kafka: R. G. Renner, K. als phantastischer Erzähler, in: Phaïcon 3, 1978.

Kahlert, Karl Friedrich (1765 Breslau–1813 Glogau), Deutschland.
Zu den erfolgreichsten deutschen →Schauerromanen gehört »Der Geisterbanner, eine Wundergeschichte aus mündlichen und schriftlichen Traditionen gesammelt« (1792), den K. unter dem Pseudonym Lorenz Flammenberg veröffentlichte. In ihm wird das räuberische Treiben eines Geheimbundes geschildert, der sich zu seinem Sitz ein Gespensterschloß im Schwarzwald ausgewählt hat. Die vielen phantastischen Ereignisse der außerordentlich wirren Handlung werden später auf natürliche Weise erklärt. Die englische Übersetzung des Romans durch Peter Teuthold war gleichfalls sehr erfolgreich und wurde sogar noch in diesem Jahrhundert (1927) wiederaufgelegt. (»The Necromancer or The Tale of the Black Forest« by Lawrence Flammenberg, 1794).
Weitere Hauptwerke: Die Waffenbrüder, 1792; Die Weisen von Scheschian, 1797.
Über Kahlert: M. Summers, The Gothic Quest, 1938.

Karagatsis, Mitsos (eigentl. Rodopulos, Dimitrios) (1908 Athen–1960 Athen), Griechenland.
Als ein Hauptwerk der phantastischen Literatur in Griechenland sollte die Novelle »To chameno nesi« (1941) bezeichnet werden, die, ein einzigartiger Fall in der neugriechischen Literatur, vom Autor selbst im Untertitel als »phantastische Novelle« bezeichnet wird. Es ist die Geschichte der »verlorenen Insel« Telos in der Ägäis, die eines Tages verschwindet. Jahre später entdeckt ein Seemann in der Nähe von Neu-Kaledonien eine nicht auf der Karte verzeichnete Insel, auf der die Eingeborenen Gegenstände benutzen, die nur der christlichen Kultur entstammen können. Aus der verlorenen Insel Telos ist Tahili geworden.

Karkavitsas, Andreas (1866 Lechena–1922 Amarusi), Griechenland.
Das Hauptwerk des Militärarztes K. sind die 19 Seegeschichten »Logia tis ploris« (1899), die in ihren Schilderungen des Insel- und Matrosenlebens Realität und Traum zu einer Einheit verweben. Einen Höhepunkt stellt die Erzählung »To jusuri« dar, die

von einer unheimlichen, auf dem Meeresgrund wachsenden Pflanze berichtet, die ein dunkelgrünes Licht ausstrahlt. Alle Versuche, sie zu erreichen, scheitern, und der einzige, dem es gelingt, wiederaufzutauchen, hat über seiner Begegnung mit dem Jusuri wohl den Verstand verloren. Die literarische Kritik glaubte im Werk des Griechen Einflüsse →Hoffmanns und →Gogols zu entdecken.
Über Karkavitsas: N. Sideridu-Thomopulu, A. K., 1959.
Deutsch: Das Jussuri, in: J. Rosenthal-Kamarinea (Hrsg.), Griechenland erzählt, 1965.

Karr, Jean Baptiste Alphonse (1808 Paris–1890 Saint Raphael), Frankreich.
Der Freund →Gautiers blieb vor allem bekannt durch seine seit 1839 erscheinende satirische Zeitschrift »Guêpes«. Zusammen mit →Esquiros und Gautier experimentierte er mit Opium, Erfahrungen, die Gautier in »La pipe d'opium« (1838) verarbeitete. Von seinen wenig überzeugenden eigenen Beiträgen im Bereich der Phantastik sind »Dieu et le diable« aus einem Sammelband verschiedener Autoren, darunter →Nodier, »Les cent et une nouvelles des cent et un« (1832–33), und die in manchen Anthologien anzutreffende »Les Willis« aus »Contes et nouvelles« (1852) erwähnenswert.
Über Karr: D. P. Scales, A. K., 1959.

Kaschnitz, Marie Luise (eigentl. Freifrau von Kaschnitz-Weinberg geb. von Holzing-Berstett) (1901 Karlsruhe–1974 Rom), Deutschland.
Einige der formvollendetsten Gespenstergeschichten in deutscher Sprache entstammen der Feder der K., die lange Zeit in Rom lebte. Obwohl die Kritik Ähnlichkeiten mit den Arbeiten der dänischen Baronin →Blixen sehen wollte, beschränken sich diese wohl eher auf die adlige Herkunft beider Erzählerinnen. Viel größer sind die Beziehungen zum Werk des Schweizers →Sandoz, denn wie in dessen Œuvre nehmen die phantastischen Erzählungen von M. L. K. die Form »seltsamer Erinnerungen« an: die unerklärlichen Ereignisse werden als Elemente des Wirklich-Erlebten dargestellt, die Identität des erzählenden Ichs im Text mit dem erfahrenden Ich der Schreibenden scheinbar nahtlos hergestellt. Dieser Charakter eines authentischen Dokuments,

das dennoch Fiktion ist, sorgt wie bei Sandoz für eine besonders subtile Verunsicherung des Lesers. Die faszinierendsten Erzählungen finden sich in dem Band »Lange Schatten« (1960). Besonders erwähnenswert erscheinen hier »Gespenster«, »Der schwarze See«, der von den »Orten, die den Geistern gehören« handelt und »Eines Mittags, Mitte Juni«.
Weitere Hauptwerke: Das dicke Kind, 1952; Ferngespräche, 1966; Vogel Rock, 1969; Steht noch dahin, 1970.
Über Kaschnitz: M. L. K., Insel Almanach auf das Jahr 1971, 1970.

Keller, David H. (1880 Philadelphia–1966), USA.
Obwohl K., der Psychiater war, in erster Linie als SF-Autor bekannt geworden ist, hat er auch im Bereich gerade der psychologischen Phantastik Überzeugendes publiziert. Erfahrungen im Ersten Weltkrieg und während seiner psychiatrischen Laufbahn prägen teilweise die Wahl seiner Themen. Er publizierte in verschiedenen Pulp Magazines, u. a. in »Weird Tales«. In ihrer häufig grausamen Knappheit wirken seine Erzählungen, von denen insbesondere »The Dead Woman« (1932 geschr.) erwähnenswert ist, wie amerikanische Versionen der französischen »contes cruels«.
Weitere Hauptwerke: The Devil and the Doctor, 1940; The Solitary Hunters, The Abyss, 1948; Tales from Underwood, 1952; The Folsom Flint, 1969.
Deutsch: Professor Werner, der Satan (The Devil and the Doctor), 1969; Ein Totenschädel zur Erinnerung, in: Rendezvous mit dem Würgeengel (In Memoriam), 1976; Ein klarer Fall von Selbstmord (A Piece of Linoleum), in: A. H. Norton (Hrsg.), Ein Totenschädel aus Zucker, 1971.

Kerndörffer, Heinrich August (1769 Leipzig–1846 Reudnitz), Deutschland.
Den erfolgreichen Heften seines »Magazin schrecklicher Ereignisse und fürchterlicher Geschichten«, das K. in Leipzig zwischen 1803 und 1811 herausgab, folgten einige Romane, die geschickt die Mode des →Schauerromans ausnutzten, aber in denen die Spannung häufig zu dick aufgetragenen moralischen Absichten unterliegt. Das wohl überzeugendste Beispiel, »Der Schreckensturm am See oder die Mitternächtliche Totenglocke« (1807),

wurde noch um die Mitte des 19. Jahrhunderts neu aufgelegt.
Weitere Hauptwerke: Rinaldo di Sargino oder die Geheimnisse der unterirdischen Burg, 1803; Die Ruinen der Geisterburg oder die warnende Stimme um Mitternacht, 1805; Dämonio, der umherwandelnde Unhold oder das verschleierte Bild auf den Höhen des Schreckhorns, 1807.

King, Stephen (1946 Portland), USA.
Obwohl es kaum noch möglich erscheint, dem →Vampir-Mythos neue Seiten abzugewinnen, gelang dies K. mit seinem Roman »Salem's Lot« (1975), in dem die ganze Bevölkerung einer amerikanischen Kleinstadt allmählich zum Vampir wird. Eine große Begabung für Schockeffekte und ein eigenwilliger, manchmal an Shirley →Jackson erinnernder Humor kennzeichnen diesen Roman wie auch die späteren Arbeiten dieses zur Zeit wohl erfolgreichsten Erzählers traditioneller Phantastik in Amerika. Der Roman »Carrie« über eine sexuell frustrierte Schülerin mit telekinetischer Begabung wurde von Brian de Palma erfolgreich verfilmt. 1980 verfilmte Stanley Kubrick »The Shining«.
Weitere Hauptwerke: The Shining, 1977; Night Shift, 1977; The Stand, 1977; The Dead Zone, 1979; Firestarter, 1981; (Essays) Danse Macabre, 1981.
Über King: F. Leiber u. a., Fear Itself, 11 Essays on the Fiction of K., 1982.
Deutsch: Brennen muß Salem!, 1979; Das Attentat (The Dead Zone), 1980; Feuerkind (Firestarter), 1982; Shining (The Shining), 1982.

Kipling, Rudyard (1865 Bombay–1936 London), England.
Indische Erfahrungen mit dem Übernatürlichen spielen in K.s Erzählungen eine ähnlich bedeutende Rolle wie die Beschreibung psychischer Krisen, und eine seiner frühesten und erfolgreichsten Geschichten »The Phantom Rickshaw«, zuerst 1885 in der Weihnachtsnummer einer von ihm redigierten Lokalzeitung in Lahore erschienen und in mehreren Sammelbänden nachgedruckt, ein gutes Beispiel einer psychologischen Gespenstergeschichte, läßt sich sowohl mit natürlichen als auch mit übernatürlichen Mitteln erklären. Der Band »Life's Handicap« (1891) enthält einige seiner besten Gespenstergeschichten, darunter »At the End of the Passage«, »The Mark of the Beast«, in der sich ein

Mann als Folge eines Eingeborenen-Fluches in einen Leoparden verwandelt, eine originelle Variante des →Werwolf-Motivs, und »The Return of Imray«.
Weitere Hauptwerke: Many Inventions, 1893; Soldiers Three, 1895; Plain Tales from the Hills, 1897; The Day's Work, 1898.
Über Kipling: R. L. Green, K.: The Critical Heritage, 1971.
Deutsch: Ausgewählte Werke, 10 Bde., 1925–1927.

Korff, Friedrich Wilhelm (1939 Hohenlimburg), Deutschland.
Der Privatdozent für Philosophie an der TU Hannover, der über Kierkegaard seine Habilarbeit schrieb, debütierte als Erzähler mit dem zu wenig beachteten, aber von einigen einsichtigen Kritikern wie Lothar Baier hochgelobten Band »Der Katarakt von San Miguel« (1974), der 24 meist knappe Erzählungen enthält, die zweifellos zum Originellsten gehören, was im Bereich der phantastischen Literatur des letzten Jahrzehnts erschien. In einer zugleich unterkühlt und fieberhaft wirkenden Sprache schildert K. Situationen, in denen Alltägliches, freilich häufig in einem exotischen Ambiente, höchst rasch und befremdlich in Alptraumhaftes umschlägt, oder solche – und das sind die schwächeren Geschichten – in denen eine bizarre Ausgangsposition konsequent zu Ende gedacht wird. Ein gelungenes Beispiel für die erste Art ist »Der Eishimmel«, für die zweite »Leichenschmaus«. Baier definiert K.s Eigenart mit den Worten: »In vielen seiner Geschichten hat K. mit fast schlafwandlerischer Sicherheit die Stelle getroffen, wo die durch vernünftige Erklärungen ausschöpfbare Welt unmerklich in die Welt des Phantastischen übergeht.«
Weitere Hauptwerke: Das Labyrinth, 1977, in: FAZ, Nr. 293; Drachentanz. Ein Fliegerbuch, 1981.
Über Korff: L. Baier, Zugang zur Welt des Phantastischen. Geschichten von F. W. K., in: SZ Nr. 26, 1975.

Kreuder, Ernst (1930 Zeitz–1972 Darmstadt), Deutschland.
Der Erfolg des kurzen Romans »Die Gesellschaft vom Dachboden« (1946) wird nicht zuletzt aus der trostlosen Situation der direkten Nachkriegszeit zu erklären sein. Hier wie in K.s Hauptwerk »Die Unauffindbaren« (1948) richtet sich eine kleine Gruppe von Einzelgängern, die sich zu einem Geheimbund zusammengeschlossen haben, gegen den tödlichen Druck der Gesellschaft. Ihre Waffe ist die Phantasie, und die sanfte Anar-

chie, die das ganze Werk des heute zu Unrecht vernachlässigten Erzählers durchdringt, hat etwas sehr Verführerisches. Die betont barocke Sprache insbesondere der »Unauffindbaren« wirkt allerdings manchmal störend, während die philosophischen Überlegungen häufig die Grenzen des kitschigen Pseudo-Tiefsinns streifen. Es scheint eine Verwandtschaft zum Werk mancher Wiener Phantasten, wie →Herzmanovsky-Orlando zu bestehen.
Weitere Hauptwerke: Schwebender Weg, Die Geschichte durchs Fenster, 1947; Herein ohne anzuklopfen, 1954; Agimos oder die Weltgehilfen, 1959; Hörensagen, 1969; Der Mann im Bahnwärterhaus, 1973.
Über Kreuder: C. Stoll/B. Goldmann C. (Hrsg.), E. K. Von ihm, über ihn, 1974.

Krichbaum, Jörg Erich Wilhelm (1945 Dortmund), Deutschland. Der auch als Zeichner und Photograph tätige K. veröffentlichte in den siebziger Jahren eine Reihe von theoretischen Texten zur Phantastik und →SF in →»Quarber Merkur« und →»Phaïcon« und viel beachtete, an →Cortázar und Butor orientierte phantastische Erzählungen, die er unter dem Titel »Abenteuer mit Malverini« 1980 sammelte. Die Erzählstruktur wird von einer labyrinthischen Verschachtelungstechnik beherrscht, welche der ausweglosen Situation der Figuren entspricht. Bewußte stilistische Brüche tragen zur weiteren Verunsicherung des Lesers bei. 1981 erschien sein erster Roman, »Das Nebelzelt«.
Weitere Hauptwerke: (Theorie) (Zusammen mit Rein A. Zondergeld) Lexikon der phantastischen Malerei, 1977.
Über Krichbaum: P. Jokostra, An einem Tag nach Canberra und zurück, in: Die Welt, 3./4. 1. 1981.

Kubin, Alfred (1877 Leitmeritz–1959 Zwicklednt), Österreich. Der vor allem als Zeichner und Illustrator vieler phantastischer Texte bekannt gewordene K. schrieb 1908 nach einer Italienreise mit →Herzmanovsky-Orlando den Roman »Die andere Seite«, der im folgenden Jahr veröffentlicht wurde. K. schildert hier die letzte Phase eines phantastischen Traumreichs in Mittelasien und seiner Hauptstadt Perle. Herrscher über dieses Reich anarchistischer Träumer ist der geheimnisvolle Patera, der schließlich im Konflikt mit Herkules Bell, Verkörperung des rationalen Prinzips, den Untergang seines Staats erleben muß. In »Die andere

Seite« wird der gescheiterte Versuch einer Utopie dargestellt, was seine Faszination auf die Lesergeneration nach 1968 erklären mag, die K.s Roman zeitweilig den Status eines Kultbuchs verlieh. Unter dem Titel »Traumstadt« gelang Johannes Schaaf eine erfolgreiche Verfilmung.
Weitere Hauptwerke: Der Guckkasten, 1925; Dämonen und Nachtgesichte, 1959.
Über Kubin: A. Hervig, Phantastische Wirklichkeit. Interpretationsstudie zu A. K.s Roman »Die andere Seite«, 1967.

Kusenberg, Kurt (1904 Göteborg), Deutschland.
In einer Reihe von zeitweilig außerordentlich beliebten Erzählungen läßt sich L. als ein sehr erfolgreicher Vertreter des nur selten überzeugenden Subgenres der humoristischen Phantastik erkennen. Freilich entgeht auch er, wie seine englischen Kollegen →Collier und →Dahl, nicht immer der Gefahr der überbetonten Pointe, die bei wiederholtem Lesen den Geschichten den Großteil ihres Reizes nimmt. Während in den meisten Texten eine eher sanfte Ironie vorherrscht, wagen sich einige in abgründigere Bereiche vor und machen K. zu einem Vorläufer der absurden Literatur.
Hauptwerke: La Botella, 1940; Der blaue Traum, 1942; Im falschen Zug, 1960; (Sammelband) Gesammelte Erzählungen, 1969.

Kuttner, Henry (1915 Los Angeles–1958 Laguna Beach), USA.
Eine der bekanntesten Horrorgeschichten des »pulp writer« K. blieb sein erster Beitrag für →»Weird Tales«, »The Graveyard Rats« (1936). Während seine frühen, an →Lovecraft und →Howard orientierten Erzählungen weitgehend dem Bereich der klassischen »weird fiction« zuzuordnen sind, wandte sich K. später in zunehmendem Maße der →SF und der →Fantasy zu, wie es ein Roman wie »The Dark World« (1946) belegt. Der literarische Wert seiner zahlreichen Erzählungen ist gering. Nach seiner Heirat mit der Erzählerin Catherine →Moore arbeitete er zeitweilig in Hollywood.
Weitere Hauptwerke: Valley of the Flame, 1946; The Mask of Circe, 1948.
Deutsch: Lord der dunklen Welt (The Dark World), 1975.

L Lagerkvist, Pär Fabian (1891 Växjö–1974 Danderyd), Schweden.
Der berühmte schwedische Erzähler und Dramatiker, der 1951 den Nobelpreis erhielt, schilderte in den beiden längeren Erzählungen »Bödeln« (1933) und »Dvärgen« (1944) mit visionärer Gewalt die Macht des Bösen über den Menschen, eine Macht, die in der ersten Erzählung vom Henker, in der zweiten von einem dämonischen Zwerg symbolisiert wird. Beide Texte, die L.s pessimistische Reaktion auf den Terror der Faschisten bilden, haben so deutlich parabelhaften Charakter, daß man sie nur bedingt als phantastische Erzählungen ansehen kann, obwohl insbesondere der erste, im Mittelalter spielende Teil von »Bödeln« eine Art Kompendium phantastischer Geschichten darstellt und vor allem sehr wirkungsvoll das alte Motiv von der →Alraune aufgreift.
Weitere Hauptwerke: Onda sagor, 1924.
Über Lagerkvist: O. Oberholzer, P. L. Studien zu seiner Prosa und seinen Dramen, 1958.
Deutsch: Schlimme Geschichten (Onda sagor), 1928; Der Henker (Bödeln), 1946; Der Zwerg, 1946.

Lagerlöf, Selma (1858 Landgut Mårbacka, Värmland–1940 Mårbacka), Schweden.
Die berühmteste schwedische Erzählerin und Nobelpreisträgerin für Literatur (1909) entkräftet im allgemeinen die phantastischen Elemente in ihrem Werk, indem sie ihnen eine zu eindeutige, zu leicht entschlüsselbare symbolische Funktion gibt. Ihr häufig penetrantes Moralisieren bestimmt diese Funktion des Übersinnlichen in ihren Erzählungen und Romanen. Es muß sogar gefragt werden, ob es hier überhaupt angebracht ist, von Phantastik zu reden. Ihre Prosawerke stellen damit einen ähnlichen Grenzfall in der phantastischen Literatur dar, wie die meisten Erzählungen von →Dickens. Schon in der Figur des Sintram, der das Teuflische verkörpert, aus ihrem Debüt-Roman »Gösta Berlings saga« (1891) wird diese spezifische Art, das Phantastische einzusetzen, deutlich. Einige fast traditionelle phantastische Erzählungen enthält der Band »Osynliga länkar« (1894). Neben dem bekannten Kinderbuch »Nils Holgerssons underbara resa genom Sverige« (1906–1907), einer Art Mischung aus moralisierendem Märchen und →Fantasy, ist vor allem noch »Körkalen«

(1912) erwähnenswert, eine allegorische Novelle über die Allmacht des Todes.
Weitere Hauptwerke: Antikrists mirakler, 1897; Legender och berättelser, 1899.
Über Lagerlöf: W. A. Berendsohn, S. L., 1927.
Deutsch: Gösta Berling, 1896; Unsichtbare Bande (Osynliga länkar), 1897; Die Wunder des Antichrist, 1899; Wunderbare Reise des kleinen Nils Holgersson mit den Wildgänsen, 1907; Der Fuhrmann des Todes (Körkalen), 1912.

Lampo, Hubert (1920 Antwerpen), Belgien, Ndl.
Während L., ein großer Kenner und Theoretiker der phantastischen Literatur, bei der offiziellen Kritik nie sehr gut angekommen ist, war sein Erfolg von Anfang an beim Publikum, vor allem in den Niederlanden, groß. Insbesondere sein Roman »De komst van Joachim Stiller« (1960), der durchaus als »Kultbuch« bezeichnet werden kann, machte ihn bekannt. In diesem Musterbeispiel des flämischen »magischen Realismus« greift die geheimnisvolle, nie erblickte Gestalt des Joachim Stiller, eine Christus-Figur, bestimmend in das Leben der Protagonisten ein. Überzeugend ist auch »De goden moeten hun getal hebben«, eine Orpheus-Paraphrase, die im modernen Antwerpen spielt. Theoretisch setzte sich L., der ein großer Bewunderer C. G. Jungs ist, in »De zwanen van Stonehenge« (1971) mit dem Genre auseinander. Von seiner Hand stammt eine niederländische, sehr freie Bearbeitung des Romans »Malpertuis« (1970) von Jean →Ray, der einen nicht unwesentlichen Einfluß auf L. ausübte. Auch eine Beziehung zum Werk von Johan →Daisne ist unverkennbar.
Weitere Hauptwerke: Terugkeer naar Atlantis, 1953; Dochters van Lemurië, 1964; De heks en de archeoloog, 1967; De vingerafdrukken van Brahma, 1972; De prins van Magonia, 1976; Wijlen Sarah Silbermann, 1980.
Über Lampo: R. Turkry, H. L., 1975.

Landolfi, Tommaso (1908 Pico/Frosinone), Italien.
Zu den bekanntesten phantastischen Erzählern Italiens gehört der auch durch seine Übersetzungen aus dem Russischen bekanntgewordene Erzähler L., in dessen Werk man Einflüsse →Gogols, →Poes, →Hoffmanns und vor allem →Kafkas hat erkennen wollen. Eine überraschende thematische und erzähl-

technische Ähnlichkeit mit dem Werk des Polen →Schulz fällt auf. Als sein Hauptwerk kann der Roman »La pietra lunare«, der inhaltlich an Gogols »Vij« erinnert, gelten. In den späteren Erzählungen erhält die Realität einen seltsam schwebenden, sich der genauen Deutung entziehenden Charakter.
Weitere Hauptwerke: Il mar delle blatte e altre storie, 1939; Racconto d'autunno, 1947; Tre racconti, 1964; Racconto impossibile, 1966; Le labrene, 1974; A caso, 1975.
Deutsch: Erzählungen (Auswahl aus dem Sammelband Racconti, 1961), 1966.

Langenhoven, Cornelis Jakob (1873 Hoeko, Ladismith–1932 Oudtshoorn), Südafrika-Afrikaans.
Nicht nur war L. einer der bekanntesten Lyriker und Dramatiker seiner Generation, er schuf auch mit »Donker spore« (1926) den ersten Kriminalroman in Afrikaans und veröffentlichte zwei Bände mit Gespenstergeschichten, »Geeste op aarde« (1924) und »Die wandelende geraamte« (1930), die ihn neben Eugene →Marais und Louis →Leipoldt zu einem der bedeutendsten Vertreter des Genres in Südafrika machen. In den meisten seiner Erzählungen benutzt L. die Struktur der Rahmengeschichte, um auf diese Weise die Authentizität des geschilderten phantastischen Ereignisses zu erhöhen. Seine eigenen Auffassungen über okkulte Phänomene erklärt L. in einem Nachwort zum ersten Band. Auch in einigen Kinderbüchern spielt das Phantastische, mit dem Allegorischen und Märchenhaften verquickt, eine wesentliche Rolle. (»Die eensame Hoop«, 1922, »Brolloks en Bittergal«, 1925).
Über Langenhoven: Spezialnummer L. der »Tydskrif vir Geesteswetenskappe«, XIII: 4. Dezember 1973.

Lathom, Francis (1777 Norwich–1832), England.
Einer der Romane, über die Jane Austen sich in ihrer Parodie auf die →»gothic novel«, »Northanger Abbey«, lustig macht, ist »The Midnight Bell« (1798) von L., die zweite erfolgreiche Arbeit dieses Autors nach »The Castle of Ollada« (1794). Beide sind deutlich von Mrs. →Radcliffe beeinflußt, aber handlungsreicher. Es folgte 1800 »Mystery«. Einige Jahre darauf zog sich L. nach Schottland zurück, vielleicht als Folge eines homosexuellen Skandals, und vertiefte sich dort in die schottische Folklore. Die

Novelle »The Water Spectre« (1809) legt davon Zeugnis ab.
Weitere Hauptwerke: The Impenetrable Secret, Find It Out, 1805; The Unknown or The Northern Gallery, 1808; Italian Mysteries or More Secrets than One, 1820; Mystic Events or The Vision of the Tapestry, 1830.
Über Lathom: M. Summers, The Gothic Quest, 1938.

Laun, Friedrich (eigentlich: Schulze, Friedrich August; weitere Pseudonyme: Helldunkel Jeremias, Innocenz) (1770 Dresden–1845 Dresden), Deutschland.
L., neben →Apel heute ausschließlich als Mitautor des »Gespensterbuchs« (1810–1812) bekannt, hat eine große Reihe von Unterhaltungsromanen und -erzählungen geschrieben, die sich häufig im humoristischen und frivolen Genre bewegen. Einige seiner Arbeiten stehen aber auch in der Tradition des →Schauerromans, darunter »Die grauen Brüder oder der Bund der Schrecklichen« (1795), ein Geheimbundroman in der Nachfolge von →Grosses »Genius«.
Weitere Hauptwerke: Die Gestalt auf dem Grabmale, 1813; Die Traumdeutung, 1814.
Über Laun: S. Skalitzky, F. A. S., 1934.

Lautréamont, Comte de (eigentl. Ducasse, Isidore) (1847 Montevideo–1870 Paris), Frankreich.
1868 erschien anonym »Les Chants de Maldoror«, ein Prosagedicht in sechs Gesängen, das weitgehend unbeachtet blieb, aber, nachdem es die Surrealisten für sich entdeckten, auf die Entwicklung der Literatur im 20. Jahrhundert einen gewaltigen Einfluß ausüben sollte. Einflüsse der »littérature frénétique«, insbesondere →Borels, sind unverkennbar, aber die topoi des romantischen →Schauerromans (Ducasse wählte sein Pseudonym nach einem der Helden des Eugène →Sue) werden als Elemente ausufernder, auf dem verbindenden Prinzip der Assoziation beruhender Metaphernketten zu überraschend neuem Leben erweckt. Von einer durchgehenden Handlung kann nicht gesprochen werden, die einzelnen Szenen werden durch die Figur des Maldoror, die Inkarnation des Bösen, miteinander verknüpft. Erst im letzten Gesang tritt eine Wende ein. Er schildert die Verführung des jungen Engländers Mervyn durch Maldoror und wirkt wesentlich traditioneller, schon fast wie eine Novelle im

Stile des »Champavert« von Borel. Eine zweite Auflage der »Chants« mit geringen Änderungen wurde 1869 gedruckt, gelangte aber nicht in den Handel. Erst die Ausgabe von 1890 machte dieses Hauptwerk der französischen Literatur im 19. Jahrhundert einem größeren Leserkreis bekannt.
Weitere Hauptwerke: Œuvres complètes (Hrsg. v. H. Juin), 1970.
Über Lautréamont: V. Larbaud, Isidore Ducasse, C. d. L., 1957.
Deutsch: Gesamtwerk, 1963².

Lawson, Henry Archibald (eigentl. Hertzberg Larsen, Henry) (1867 Grennfell New South Wales–1922 Sydney), Australien.
Die Schrecken und Rätsel des geheimnisvollen »Buschs« haben L., wie viele seiner Kollegen, immer wieder zu Kurzgeschichten, knappen Gestaltungen häufig tragischer Schicksale, angeregt. Die Stimmung der Busch-Geschichten gleitet häufig, trotz ihrer vielen realistischen Details, ins Irreale hinüber. In manchen Geschichten überwiegt aber das Unheimliche, Phantastische, wie in »The Bush Undertaker« (1894), »The Babies in the Bush« (1901), in der das häufig gestaltete Motiv der im Busch verschwundenen Kinder auf gespenstische Weise Leben gewinnt, oder »No Place for a Woman« (1900), in der das Zusammenleben eines Witwers mit seiner längst gestorbenen Frau mit makabrem Humor geschildert wird. L.s Geschichten wurden in ihrer knappen, häufig zynischen Art der Formulierung das Vorbild einer ganzen australischen Schriftstellergeneration.
Weitere Hauptwerke: Triangles of Life, 1913.
Über Lawson: B. Matthews, The Receding Wave. H. L.'s Prose, 1972.

Leblanc, Maurice (1864 Rouen–1941 Perpignan), Frankreich.
Der Erschaffer des berühmten Einbrecher-Detektivs Arsène Lupin läßt ähnlich wie sein Zeitgenosse Gaston →Leroux in seinen Kriminalromanen einen unverkennbaren Hang zum Phantastischen erkennen. Die sich im ersten Teil der Romane abspielenden höchst bizarren Ereignisse scheinen nur eine übernatürliche Deutung zuzulassen, die dann allerdings im zweiten Teil systematisch entkräftet wird. Ein klassisches Beispiel dafür ist »L'île aux trente cercueils« (1920), in dem allerdings geheimnisvolle Prophezeiungen aus der Druiden-Zeit, bretonische Legenden, wie-

derauferstandene Tote, unterirdische Höhlen und über dem Meer gelegene Folterkammern eine so entscheidende Rolle spielen, daß auch Lupins am Ende vorgebrachte Erklärungen, die an sich rätselhaft genug sind, dem Roman seinen phantastischen Charakter nicht mehr nehmen können. Auf alle Romane L.s trifft ein Satz aus »L'île aux trente cercueils« zu: »Alles geschah nach der unerbittlichen Logik von Tatsachen, deren Sinn sie nicht erfaßte, die aber in Wirklichkeit wie die Ringe einer Kette miteinander verbunden schienen.« Nur in »Les trois yeux« (1919) bewegt sich auch die Erklärung im Bereich des Phantastischen.
Weitere Hauptwerke: L'aiguille creuse, 1909; Les dents du tigre, 1920; La démoiselle aux yeux verts, 1927.
Über Leblanc: A. Hoog, Le complexe de Lupin, in: La Nef, 44, 1948.
Deutsch: Die hohle Nadel (L'aiguille creuse), 1923; Die Insel der dreißig Särge (L'île aux trente cercueils), 1927; Die Zähne des Tigers (Les dents du tigre), 1926; Das geheimnisvolle Auge (Les trois yeux), 1923; Die Dame mit den grünen Augen (La démoiselle aux yeux verts), 1927.

Lee, Vernon (eigentl. Paget, Violet) (1856 n. Boulogne–1935 San Gervasio), England.
Die von Robert Browning gelobten »Studies of the Eighteenth Century in Italy« (1880), die L. mit einem Schlag berühmt machten, gehören bis heute zu den unentbehrlichen Studien für jeden, der sich mit dem Thema auseinandersetzen will. Ihre grundlegenden kulturhistorischen Kenntnisse prägen auch ihre phantastischen Geschichten, die zu den subtilsten in englischer Sprache gehören und ohne Zögern neben Henry →James oder →Le Fanu gestellt werden können. Die bekanntesten finden sich in »Hauntings« (1890). In »A Wicked Voice« wird ein Wagner-Epigone von der Stimme des großen Kastraten Farinelli heimgesucht und unaufhaltsam gezwungen, gefällige Pastichen im Stil des 18. Jahrhunderts zu schreiben, während in »Amour Dure« eine dämonische Frauengestalt über die Jahrhunderte hinweg ihren fatalen Einfluß ausübt. Die Vergangenheit als Verführung und tödliches Schicksal ist ein auch das Œuvre von James beherrschendes Dekadenzmotiv, während die männerzerstörende →»Femme fatale«, die in L.s Erzählungen wiederholt dem Leben der Protagonisten eine unheilvolle Wendung gibt, ein Topos der

»Schwarzen Romantik« bis zur Jahrhundertwende bleibt. Der Band enthält auch den Kurzroman »Oke of Okehurst«, eine Neufassung ihrer ersten Publikation im Bereich des Phantastischen »A Phantom Lover« (1886). Ihre weiteren Erzählungen sammelte sie in »Pope Jacynth« (1904) und »For Maurice« (1927). Ihre hochartifizielle Sprachkunst, ein Triumph des Manierismus, beeinflußte Autoren wie David →Garnett und Elinor →Wylie, die eine ganz besondere Spielart der englischen Phantastik vertreten.
Über Lee: P. Gunn, V. L., 1964.
Deutsch: Schemen (Hauntings), 1900; Genius Loci, 1905.

Le Fanu, Joseph Sheridan (1814 Dublin–1873 Dublin), Irl.-Engl. Neben →Poe und →Hoffmann dürfte der Anglo-Ire L. F. der wichtigste Erzähler des Phantastischen im 19. Jahrhundert gewesen sein. Obwohl die phantastischen Erzählungen des als Jurist ausgebildeten Journalisten sich bei den Liebhabern des Genres immer einer großen Beliebtheit erfreuten und seine Bedeutung für die Entwicklung der englischen psychologischen →Gespenstergeschichte von Autoren wie Henry →James, M. R. →James und →Blackwood anerkannt wurde, setzte erst in den letzten Jahren eine intensivere Beschäftigung mit seinem Gesamtwerk ein. Schon der frühe, anonym erschienene Band »Ghost Stories and Tales of Mystery« (1851) enthält zwei meisterhafte Beispiele seiner Erzählkunst: »The Watcher« und »Schalken the Painter«, die zwei Grundmöglichkeiten phantastischen Erzählens bei L. F. verdeutlichen. Während in »The Watcher« das Motiv des rächenden Gespenstes ganz auf eine psychologische Ebene verlagert wird, die auch eine realistische Deutung der Erzählung zu ermöglichen scheint, wird in »Schalken the Painter« eine perverse, deutlich von sadomasochistischen Elementen geprägte erotische Beziehung mit Hilfe des alten Balladen-Motivs vom →dämonischen Liebhaber gestaltet. L. F. benutzt also klassische phantastische Motive zur Darstellung psychischer Vorgänge oder zur Schilderung von in der viktorianischen Literatur tabuisierten Bereichen. Sein Weltbild ist ein düsteres, labyrinthisches, was nicht nur aus den Erzählungen, sondern auch aus seinen großen Romanen hervorgeht, die Elemente der →»sensational novel« aufgreifen und diese zu einer immer vernichtenderen Kritik der nur materiell orientierten viktorianischen Gesellschaft einsetzen.

Im Gegensatz zu den Erzählungen lassen nur einige Romane direkt phantastische Elemente erkennen (»A Lost Name«, 1868, »The Wyvern Mystery«, 1869); in ihnen wird freilich die Darstellung der Realität auf eine so subtile Weise unterhöhlt, daß diese Realität gespenstischer wirkt als jede Spukgeschichte. Am deutlichsten wird diese Fähigkeit in »The House by the Churchyard« (1863), »Wylder's Hand« (1864) und vor allem in L. F.s Meisterwerk »Haunted Lives« (1868). Einen Höhepunkt im Œuvre des Iren, der sich seit 1858 immer mehr aus der Gesellschaft zurückzog, stellen die fünf Novellen aus dem späten Band »In a Glass Darkly« (1872) dar, der neben der lesbischen Vampirgeschichte »Carmilla« L. F.s wohl berühmteste Erzählung, »Green Tea«, enthält, eine beklemmende Studie dämonischer Heimsuchung, die schon auf →Kafka vorauszuweisen scheint.

Weitere Hauptwerke: All in the Dark, 1866; Chronicles of Golden Friars, 1871; The Purcell Papers, 1880.
Über Le Fanu: W. J. McCormack, S. L. F. and Victorian Ireland, 1980; R. A. Zondergeld, Dämonie und Verführung, Zu einem Grundmotiv im Erzählwerk J. S. L. F.s, in: Phantastik in Literatur und Kunst, 1980.
Deutsch: Carmilla, der weibliche Vampir und vier andere unheimliche Geschichten, 1968; Ein Bild des Malers Schalken und andere Geistergeschichten, 1973; Das Haus beim Kirchhof (The House by the Churchyard), 1977 (stark gekürzte Ausgabe); Der besessene Baronet und andere Geistergeschichten, 1980.

Lefèvre-Deumier, Jules (1797 Paris–1857 Paris), Frankreich.
L. D. fing als Byronist an (»Le parricide«, 1825) und publizierte 1836 den Roman »Les Martyrs d'Arezzo«, der vor dem Hintergrund des von der Pest heimgesuchten Italiens im 15. Jahrhundert die Erlebnisse des Dichters Benedetto und des Malers Spinello schildert, Erlebnisse, die von Magie und Übernatürlichem geprägt sind. Im Verlauf der verschlungenen Handlung identifiziert sich der Maler immer mehr mit dem Satan, der auf seinem Bild »Der Sturz der Engel« dargestellt wurde. Als gutes Beispiel des »roman frénétique« kann der Roman trotz erheblicher Längen und stilistischer Unsicherheiten durchaus seinen Platz neben den Hauptwerken des Genres wie →Borels »Madame Putiphar« oder »Le Magicien« von →Esquiros einnehmen,

während er zugleich schon →Lautréamont vorausahnt.
Über Lefèvre-Deumier: G. Brunet, Einleitung zu »Vespres de l'Abbaye du Val«, 1924.

Leiber, Fritz (1910 Chicago), USA.
Nach einer kurzen Karriere als Schauspieler, auch in Hollywood, entwickelte sich L. zu einem der erfolgreichsten Unterhaltungsautoren im Bereich der Horrorfiction, der →SF und vor allem der →Fantasy, die er mit seiner Romanserie über Grey Mouser und Fafhrd bereicherte. Immer originell im Konzept, stilistisch elegant und ohne die üblichen Klischees der »pulp writers« auskommend, gehören seine Erzählungen des Phantastischen, die in »Night's Black Agents« (1947) gesammelt wurden, und sein Roman über einen modernen Fall von Hexerei in einer kleinen Universitätsstadt, »Conjure Wife« (1943), zu den Höhepunkten der traditionellen Phantastik in Amerika.
Weitere Hauptwerke: Gather, Darkness!, 1943; Our Lady of Darkness, 1977.
Deutsch: Spielball der Hexen (Conjure Wife), 1976; Herrin der Dunkelheit (Our Lady of Darkness), 1980; F. L. Die besten Stories, 1981.

Leipoldt, Louis (eigentl. Christiaan Frederik Louis) (1880 Worcester, Südafr.–1947 Kaapstad) Südafrika-Afrikaans.
In erster Linie ist L. als Lyriker bekannt geworden – sein »Oom Gert vertel« gehört zu den Klassikern der Lyrik in Afrikaans – aber auch als traditioneller phantastischer Erzähler zählt er zu den wichtigen Vertretern des Genres in Südafrika. Mit den drei Bänden mit Gespenstergeschichten, »Waar spoke speel« (1927), »Wat agter lê« (1930) und »Die rooi rotte« (1932) greift L. die von →Langenhoven ins Leben gerufene Tradition auf, die sich vor allem an den englischen →Gespenstergeschichten des 19. Jahrhunderts orientiert, diese aber um ein typisch afrikanisches Ambiente bereichert. L.s Interesse an der Psychoanalyse führt zu einer Vorliebe für ausgefallene Charaktere. Seine Auffassungen über das Genre der Gespenstergeschichte verdeutlicht L. im Vorwort zu »Waar spoke speel«, in dem sich eine seiner berühmtesten Geschichten, »Wit angeliere«, findet, die in ihrer Fabel und moralischen Rigorosität an →Le Fanus »Mr. Justice Harbottle« erinnert.

Über Leipoldt: P. J. Nienaber (Hrsg.), C. L. L., eensame veelsydige, 1948.

Lernet-Holenia, Alexander (1897 Wien–1976 Wien), Österreich. Das umfangreiche Schaffen des großen österreichischen Erzählers hat bis heute noch nicht die Würdigung erhalten, die es verdient. Die scheinbare Unseriösität einer Reihe seiner Bücher, die freilich eher der anarchischen Provokationslust des adligen Grandseigneurs, der sich mit dem Adel überwarf, als einem Hang zum Trivialen zuzuschreiben ist, verwirrte Kritik und Literaturwissenschaft, deren Kategoriendenken L.-H. sich entzog. Eine Konstante in seinem Werk bildet das Phantastische, das manchmal an den Rand und manchmal ins Zentrum der Handlung gerückt wird. Das Grundthema des L.-H.schen Werks, die Unmöglichkeit einer festen Identität, das ihn zu mehreren Varianten des klassischen →Doppelgängermotivs greifen läßt, mußte ihn förmlich in die Gefilde des Phantastischen führen, weil dieses Genre mehr als jedes andere die Unsicherheit der menschlichen Existenz zu seinem Ausgangspunkt gemacht hat. Sowie ein Mensch mehrere Identitäten haben oder das Ich eines anderen annehmen kann, so kann sich auch die vertraute Alltagswelt in ein geheimnisvolles Zwischenreich verwandeln, wie dies in der Erzählung »Der Baron Bagge« (1936) oder im Roman »Beide Sizilien« (1942) geschieht. Todesboten und Dämonen können, als österreichische Offiziere vermummt, unerkannt an die Lebenden herantreten (»Die Standarte«, 1934), und ein scheinbar harmloser, hübscher junger Mann könnte die Inkarnation des Teufels sein (»Ein Traum in Rot«, 1939). Als die beiden phantastischen Hauptwerke des Österreichers sollten vielleicht der Roman »Mars im Widder« (1941), in dem L.-H. seine Erlebnisse während des Polenfeldzugs verarbeitete, und »Die Inseln unter dem Winde« (1952), die geheimnisvollste Doppelgängervariation, gewertet werden. In seinem letzten, frivol-zynischen Roman »Die Hexen« läßt L.-H., gewissermaßen aus der Erkenntnis um die Sinnlosigkeit jeden menschlichen Handelns und dem trotzigen Gefallen am Dennoch-Handeln heraus, alle seine Themen Revue passieren. Es wäre wohl nicht verfehlt, L.-H., der sich bei der Gestaltung mancher seiner Themen von →Hofmannsthal anregen ließ, als den wichtigsten österreichischen Erzähler des Phantastischen neben →Perutz, dessen letzten Roman er heraus-

gab, anzusehen.
Weitere Hauptwerke: Die Auferstehung des Maltravers, 1936; Der Mann im Hut, 1937; Der Graf von Saint-Germain, 1948; Der Graf Luna, 1955; Die weiße Dame, 1965; (unter Pseudonym G. T. Dampierre) Die Beschwörung, 1974.
Über Lernet-Holenia: F. Müller-Widmer, A. L.-H. Grundzüge seines Prosawerks dargestellt am Roman »Mars im Widder«, 1980; R. A. Zondergeld, Blaue Augen, nackte Füße oder Die Herrschaft des Anderen, zu L.-H., in: Phaïcon 5, 1982.

Leroux, Etienne (eigentl. Stephanus Petrus Daniel L.) (1922 Oudtshoorn), Südafrika-Afrikaans.
Zu den Hauptwerken der modernen phantastischen Literatur zählt ohne Zweifel die sogenannte »Welgevonden-trilogie« des wohl berühmtesten Romanciers in Afrikaans L. Die Romantrilogie setzt sich aus den nur lose miteinander verknüpften Bänden »Sewe dae by die Silbersteins« (1962), »Een vir Azazel« (1964) und »Die derde oog« (1966) zusammen, die auch später in englischer Übersetzung bei Penguin erschienen. Im ersten Band stellt L. die Initiation des jungen Henry von Eeden in die Welt der Erwachsenen dar. Er muß sieben Tage auf dem Gut der Familie Silberstein verbringen, bevor er seine Braut, Salome Silberstein, kennenlernen darf. Die allegorischen, phantastischen und mit einer komplexen, der jüdischen Mystik, insbesondere der Kabbala, entlehnten Symbolik durchsetzten Ereignisse dieser sieben Tage, die mit einer Walpurgisnacht enden, in der Henry mit dem absolut Bösen konfrontiert wird, bilden den Inhalt dieses sprachlich und gedanklich hohe Anforderungen an den Leser stellenden Romans, der zugleich eine verschlüsselte, kritische Auseinandersetzung mit den politischen und sozialen Verhältnissen in der Republik Süd-Afrika ist. Im zweiten Band, der gleichfalls auf Welgevonden spielt, aber viele Jahre später, wird die biblische Geschichte vom Sündenbock, der in die Wüste gejagt wird, in die Gegenwart verlegt. Der äußeren Form nach ist »Een vir Azazel« ein Kriminalroman mit metaphysischen Dimensionen. Als Hauptfigur tritt hier wie in »Die derde oog« der Polizeisergeant Demosthenes H. de Goede in Erscheinung, der einen Reifungsprozeß durchmacht, der ihn im letzten Band befähigt, den »Tycoon« Boris Gudenov, den Herrscher über das gewaltige »Shopping Centre«, eine moderne Unterwelt, ans Tageslicht zu

holen, wie einst Herakles, auf den das H. im Namen des Polizisten hinweist, den Höllenhund Cerberos. Den vielen Anspielungen auf Mythologie, Religionslehre, Philosophie und okkulte Geheimlehren zu folgen, setzt beim Leser gründliche Kenntnisse voraus. Die mit Ironie und Witz erzählte, immer spannende Handlung erklärt trotz dieser Verständnisschwierigkeiten den Erfolg der Trilogie, der eine zweite, diesmal vom Aufbau her an der Symbolik des Tarotspiels orientierte folgte, die aus den Bänden »18–44« (1967), »Isis Isis Isis« (1969) und »Nava« besteht.
Weitere Hauptwerke: Die Mugu, 1959; Magersfontein, O Magersfontein, 1976.
Über Leroux: P. G. du Plessis, Etienne wil jy vir ons sê?, in: Die Huisgenoot, Boeke bylaag, 14. 11. 1969.

Leroux, Gaston (1868 Paris–1927 Nice), Frankreich.
In der Nachfolge von →Sue und →Féval schuf L. eine Reihe von außerordentlichen Kriminal- und Abenteuerromanen, die bis heute von ihrer halluzinierenden Wirkung und atemberaubenden Spannung kaum etwas verloren haben. Er war neben Jules →Verne das Genie der französischen Unterhaltungsliteratur, und wie bei diesem ist seine Welt, auch wenn alle Geheimnisse am Ende der Romane auf natürliche Weise geklärt werden, eine extrem phantastische. Die geradezu mathematische Begabung, die sich in der Struktur seiner labyrinthischen Romane kundtut, läßt ihn viel eher als einen typischen Vertreter moderner Phantastik erscheinen, der weniger mit Motiven, mit Handlungselementen das Befremden der Leser erweckt als mit einer verunsichernden Erzählstruktur. Das heißt allerdings nicht, daß L. auf die Elemente der traditionellen Phantastik, auf die Monstren, die →Doppelgänger, die Teufelsanbeter und geheimnisvollen Landhäuser verzichtet hätte. Er hat, im Gegenteil, mit dem Phantom der Oper aus »Le fantôme de l'opéra« (1910) nach Frankensteins Ungeheuer und Dracula die dritte und letzte archetypische Gestalt der phantastischen Literatur geschaffen, die wie jene insbesondere durch ihre verschiedenen Leinwandverkörperungen unsterblich werden sollte. Es ist die gezielte Häufung traditioneller phantastischer Elemente in einer zeitgenössischen Umgebung, welche die faszinierend-befremdliche Wirkung hervorruft, die verständlicherweise den Surrealisten sehr gefallen mußte, denn

die Romane von L. haben die absurde Logik des Traums. Es ist daher auch eher müßig eine Trennung zwischen Kriminalromanen mit Rouletabille oder Chérie-Bébé und den »eigentlichen« phantastischen Romanen vorzunehmen, wie »La double vie de Théophraste Longuet« (1904) oder »L'homme qui revient de loin« (1917).
Weitere Hauptwerke: Balaoo, 1912; Le fauteuil hanté, 1911; L'homme qui a vu le diable, 1912; Le cœur cambriolé, 1922; La poupée sanglante, 1924; La machine à assassiner, 1924; Les Mohicans de Babel, 1928; (Ges. Phant. Erz.) Histoires épouvantables, 1977.
Über Leroux: J. C. Lamy, Le vrai Rouletabille. Biographie de G. L., in: G. L. Histoires Epouvantables, 1977.
Deutsch: Das Phantom der Oper, 1968.

Lettau, Reinhard (1929 Erfurt), Deutschland.
Der Germanist L., der längere Zeit in Amerika lehrte, debütierte mit einem faszinierenden Band von an →Kafka und →Borges orientierten phantastischen Kurzgeschichten, »Schwierigkeiten beim Häuserbauen« (1962). In der Geschichte »Der Irrgarten« verwandelt ein niederländischer Gartenarchitekt eine ganze Landschaft in ein Labyrinth, in dem sich nicht nur sein Auftraggeber, sondern auch dessen Besucher und Diener für immer verirren, während er sich selbst in den Besitz des Gutes und der Frau seines Auftraggebers setzt. In »Ein neues Kursbuch« entwirft ein Kursbuchfanatiker, Muck-Bruggenau, ein Parallelkursbuch, nach dem schließlich alle Züge fahren, wobei der imaginäre Ort Muck-Bruggenau zum geheimen Zentrum aller Zugfahrten wird. Die Nähe zu →Borges' »Tlön« ist hier besonders deutlich. Die bizarren Grundeinfälle dieser Geschichten werden mit derart mathematischer Konsequenz zu Ende gedacht, daß ihre phantastische Logik unangreifbar erscheint. Satirische und gesellschaftskritische Absichten, die schon hier im Ansatz vorhanden sind, kennzeichnen die weiteren Arbeiten L.s, von denen nur noch die knappen, oft nur eine halbe Seite langen Texte aus »Auftritt Manigs« (1963) und die Satire auf das Militär »Feinde« (1968) bedingt zur Phantastik zu zählen sind.

Levin, Ira (1929 New York), USA.
Nach einem Debüt als Kriminalautor wurde L. durch den Roman

»Rosemary's Baby« (1967) weltberühmt, vor allem nachdem er erfolgreich von Roman Polanski verfilmt wurde (1967). Formal ein Beispiel der modernen →»gothic novel« schildert der Roman die Inbesitznahme der biederen Hausfrau Rosemary durch den Teufel und gipfelt in der Geburt eines Kindes, das die Folge dieser Vereinigung ist. Die Parallele zur Geburt Christi ist unübersehbar. Insbesondere die Verfilmung gab Anlaß zu einer ganzen Flut von »Teufelskindern«, welche die Welt in ihre Macht bringen wollen, aber sie erreichten alle nicht die Qualität des Vorbildes. Die drei folgenden Romane halten sich mehr in der Nähe der SF auf, »This Perfect Day« (1970), »The Stepford Women« (1972) und »The Boys from Brazil« (1976), der sich auf originelle Weise mit der Hitler-Mode der siebziger Jahre auseinandersetzt.
Deutsch: Rosemarys Baby, 1968; Die sanften Ungeheuer (The Stepford Women), 1972; Die Boys aus Brasilien, 1976.

Lewis, Matthew Gregory (genannt »Monk Lewis«) (1775 London–1818 auf See), England.
»Ambrosio or The Monk« (1796) ist die erfolgreichste →»gothic novel« aus dem 18. Jahrhundert. L., der 1792 Deutschland besucht hatte (er traf Goethe in Weimar) und den die Volkssagen, die er dort kennenlernte, sehr beeindruckten, übersteigerte in »The Monk« alle von Mrs. →Radcliffe entwickelten Motive und Figuren, so daß der ganze Roman etwas Grelles, Comic-Striphaftes bekommt. Die Betonung perverser Erotik (L. war homosexuell), die vor allem die Szenen zwischen dem Mönch und seiner Verführerin Matilda prägt, die in Wirklichkeit der Teufel ist, verrät eine Nähe zu de Sade und war wohl der Grund des überwältigenden Erfolgs des Romans, der in unzähligen Bearbeitungen und plagiierten Fassungen verbreitet wurde. →Schiller übersetzte den Roman ins Deutsche und milderte die skandalösen Seiten erheblich. Der Einfluß von »The Monk« auf die Schauerliteratur in England, Deutschland und Frankreich war sehr groß und reicht bis E. Th. A. →Hoffmann (»Die Elixiere des Teufels«). Neben dem erfolgreichen Theaterstück »The Castle Spectre« (1798) ist vor allem eine Sammlung mit Erzählungen von Bedeutung, die 1808 erschien: »Romantic Tales«, die u. a. die ausgezeichneten Erzählungen »The Anaconda« und »Mistrust« enthalten. Die Handlung der letzteren Erzählung ist mit der von Kleists Drama »Die Familie Schroffenstein« identisch. L. starb

auf der Rückreise von seinen Plantagen in Jamaica nach England.
Weitere Hauptwerke: Tales of Wonder, 1801.
Über Lewis: L. F. Peck, M. G. L., 1961.
Deutsch: Der Mönch, 1971.

Lie, Jonas Lauritz Idemil (1833 Eiker–1908 Stavern), Norwegen.
Mit seinem ersten erfolgreichen Roman »Den Fremsynte eller billeder fra Nordland« (1870) schuf L. ein Hauptwerk der skandinavischen Phantastik im 19. Jahrhundert. In die Lebensgeschichte des »Geistersehers«, des mit dem zweiten Gesicht begabten David Holst, der in einer Vision den Tod seiner Geliebten voraussieht, sind viele sagenhafte Spukgeschichten eingewoben, die nur atmosphärisch mit der dunklen Handlung verknüpft sind; vor allem die häufig anthologisierte Geschichte vom rächenden Seegespenst wurde bekannt. Die Tatsache, daß L. selbst über das zweite Gesicht verfügte, gibt dem Roman einen unerwartet authentischen Charakter. Nach einer Reihe von naturalistischen Arbeiten tauchten erst im Spätwerk weitere phantastische Elemente auf.
Weitere Hauptwerke: Østenfor Sol, vestenfor Måne og begom Babylons Tårn, 1905; Eventyr, 1909.
Über Lie: Ingesslev, J. L., 1939.
Deutsch: Der Geisterseher, Bilder aus Nordland, 1876; Östlich von der Sonne, westlich vom Mond und hinter den Türmen von Babylon, 1907.

Lindsay, David (1878 London–1945 Brighton), England.
Ähnlich wie sein Freund →Visiak blieb L. weitgehend unbekannt, obwohl sein 1920 erschienener erster Roman »A Voyage to Arcturus« zu den bedeutendsten phantastischen Romanen in englischer Sprache gerechnet werden muß. Der Roman, der auch als Klassiker der →SF und der →Fantasy betrachtet wird, schildert nach einem Vorspiel auf Erden die Reise zum Planeten Tormance und den Aufenthalt der Hauptfigur dort. Es ist eine parabelhafte Darstellung vom Weg, den der Mensch zu seiner Erlösung oder geistigen Erleuchtung zu gehen hat. Die schwierige, poetische Sprache haben ebenso wie der philosophische Tiefgang die Breitenwirkung des Romans verhindert, der aber so unterschiedliche Autoren wie →Eddison, →Tolkien oder →Ende beeinflußt haben dürfte. Zu den großen Bewunderern des Autors

zählt auch Colin →Wilson. Weniger überzeugend geriet »The Haunted Woman« (1922), der das Motiv des Gespensterhauses auf höchst persönliche Weise abhandelt, da es L. hier nicht vollkommen gelang, die prosaische Alltagsebene und die metaphysische Ebene miteinander zu verbinden.
Weitere Hauptwerke: Sphinx, 1923; Devil's Tor, 1932; The Violet Apple, 1976; The Witch, 1976.
Über Lindsay: E. H. Visiak/C. Wilson/J. B. Pick, The Strange Genius of D. L., 1970.
Deutsch: Die Reise zum Arcturus, 1975.

Long, Frank Belknap (1903 New York), USA.
Er gehörte wie →Derleth und →Smith zum Kreis um →Lovecraft und hat in einigen seiner Erzählungen dessen →Cthulhu-Mythos erweitert (z. B. »The Hounds of Tindalos«, 1929). Seine Erzählungen erschienen in →»Weird Tales« und später auch in »Thrilling Mystery« und »Unknown«. Bei Derleths Verlag →Arkham House erschien 1946 ein umfangreicher Sammelband mit seinen phantastischen Erzählungen, »The Hounds of Tindalos«. Gleichfalls dort erschien sein wenig überzeugender Cthulhu-Roman, »The Horror from the Hills« (1963). L. arbeitete auch im Bereich der →SF. Von Bedeutung sind vor allem seine Erinnerungen an Lovecraft, »Dreamer on the Night Side« (1975).
Weitere Hauptwerke: The Rim of the Unknown, 1972.
Deutsch: Der Mann mit den tausend Beinen, in: Horror 1, 1969; Die zwei Gesichter, in: Horror 2, 1969.

Lorrain, Jean (eigentl. Duval, Paul) (1855 Fécamp–1906 Paris), Frankreich.
Obwohl schon Mario →Praz in seiner grundlegenden Arbeit zur schwarzen Romantik auf die Bedeutung L.s hingewiesen hatte, wenngleich nicht ohne Bedenken, setzte eine wirkliche Renaissance dieses Autors, der zu lange als zwar amüsanter, aber literarisch unwichtiger, drogensüchtiger Chroniqueur de Décadence betrachtet war, erst in den siebziger Jahren dieses Jahrhunderts ein, wobei die Aufwertung sich in erster Linie an den phantastischen Erzählungen dieses homosexuellen Exzentrikers orientierte, die auf geradezu zwanghafte Weise immer wieder die Motive der Maske und des →Doppelgängers zu neuen, beunruhi-

genden Handlungskonstellationen benutzen. Einflüsse Barbey d'Aurevillys und →Huysmans' sind unverkennbar, ohne daß L. seinen Vorbildern sklavisch nachgefolgt wäre. Einige seiner überzeugendsten Erzählungen finden sich in »Sensations et souvenirs« (1895) und »Histoires de masques« (1900).
Weitere Hauptwerke: Buveurs d'âmes, 1893; Un démoniaque, 1895; Monsieur de Phocas, 1899.
Über Lorrain: P. Jullian, J. L., ou Le Satiricon 1900, 1974.
Deutsch: Die Löcher in der Maske (Les trous du masque, in: Histoires de masques), in Das Spiegelkabinett, 1966.

Lovecraft, Howard Phillips (1890 Providence–1937 Providence), USA.
Die Bedeutung des berühmtesten phantastischen Erzählers Amerikas nach →Poe ist bis heute umstritten. Während er durch das Wirken seiner Freunde und Bewunderer wie →Derleth, der L.s Werk nach seinem Tod in mehreren Bänden für den Verlag →Arkham House herausgab, die in unzähligen Paperback-Ausgaben nachgedruckt wurden, zu einer Kultfigur wurde, blieb die offizielle literarische Kritik diesem Phänomen gegenüber eher skeptisch eingestellt. Die vernichtende Kritik von Edmund Wilson könnte in diesem Zusammenhang stellvertretend zitiert werden. Obwohl es unleugbar bleibt, daß L.s in obsoleten Ausdrücken und Archaismen schwelgender Stil, der überdies an einer Adjektiv-Sucht leidet, die Grausiges häufig in Lächerliches umschlagen läßt, nur selten wirklich befriedigt, gelingt es ihm in seinen besten Geschichten, wie »The Rats in the Walls«, »The Music of Eric Zann«, »The Call of Cthulhu«, »The Colour out of Space« und in seinem Meisterwerk »The Shadow over Innsmouth« (1936), der einzigen Buchpublikation zu Lebzeiten des Autors, den Leser mit Gewalt in eine höchst eigenwillige, makaber-bedrohliche Welt zu versetzen, in ein von undurchschaubaren Gesetzen regiertes Universum. Der von ihm entwickelte und von seinen Freunden und Nachfolgern weitergeführte →Cthulhu-Mythos, der sein negatives Weltbild in ein geordnetes, religionsähnliches System überführte, wurde zum ersten Mal in der Erzählung »The Call of Cthulhu« (1928) voll entwickelt. Zitate aus nicht existierenden »geheimen Büchern«, wie dem →»Necronomicon« sollten den Cthulhu-Geschichten einen scheindokumentarischen Wert geben. Diese Anspielungen auf

eine fiktive Bibliothek machen die verhaltene Bewunderung eines ansonsten so völlig anders gearteten Erzählers wie →Borges für das Werk des Amerikaners verständlich. Die Spannung der gelungensten Texte wird durch das immer unaufhaltsamere Vordringen des neugierigen Erzählers, mit dem sich der Leser identifiziert, in die Welt des Bösen bedingt, dem sich häufig am Ende der dunklen Reise die Hauptfigur lustvoll ergibt. In dieser Vereinigung mit dem zuerst als abstoßend erfahrenen »Bösen« wird auch die erotische Komponente in den Erzählungen des gehemmten Eremiten aus Providence spürbar. Aus seinen in fünf Bänden gesammelten Briefen spricht häufig eine rassistische und faschistische Mentalität. Die meisten seiner Erzählungen, deren literarischen Wert L. selbst nicht sehr hoch einschätzte, erschienen in der Pulp-Zeitschrift →»Weird Tales«.
Weitere Hauptwerke: (von Derleth hrsg. Sammelbände) The Outsider and Others, 1939; Beyond the Wall of Sleep, 1943; Something About Cats, 1949; (Essay) Supernatural Horror in Literature, 1927.
Über Lovecraft: L'Herne, L., 1969; L. S. de Camp, L., 1975.
Deutsch: Der Fall Charles Dexter Ward, 1971; (Sammelbände) Cthulhu, Geistergeschichten, 1968; Berge des Wahnsinns, 1970; Das Ding auf der Schwelle, 1969; In der Gruft, 1981; Die Katzen von Ulthar, 1980; Der Schatten aus der Zeit, 1982; Stadt ohne Namen, 1973; Traumfahrt zum unbekannten Kadath, 1980.

Lugones, Leopoldo (1874 Villa María del Rio/Córdoba–1938 Buenos Aires), Argentinien.
Der Einfluß dieses Altmeisters der argentinischen Literatur, der vor allem als Lyriker berühmt wurde, auf die spanisch-sprachige Literatur Süd-Amerikas kann nicht hoch genug eingeschätzt werden. Obwohl →Borges anfänglich Kritik an seinem Werk übte, bekannte er sich später zu ihm. Zwei Bände mit Erzählungen, »Las fuerzas extrañas« (1906) und »Cuentos fatales« (1924), stehen am Anfang der so reichhaltigen Tradition argentinischer Phantastik. In ihrem Anspielungsreichtum, ihrer labyrinthischen Struktur und gebändigt-barocken Sprache weisen sie schon auf Borges hin, der, wie L., als Bibliothekar arbeitete.
Über Lugones: G. Ara, L. L., 1955.
Deutsch: Die Pferde von Abdera (Los caballos de Abdera), in: Der weiße Sturm, Erzählungen aus Argentinien, 1969[2].

Lumley, Brian (1937 Horden, Durham), England.
Er gehört zu den jüngsten und fruchtbarsten →Lovecraft-Epigonen, die alle mit großer Begeisterung und häufig geringem Können an dem →Cthulhu-Mythos weiterbasteln. Auch die Bedeutung von L.s Werk muß bis heute als gering eingeschätzt werden. Es ist ihm nicht wie →Campbell oder →Wilson gelungen, über die gekonnte Pastiche hinauszugelangen. Am überzeugendsten ist vielleicht der Roman »The Burrowers Beneath« (1974).
Weitere Hauptwerke: The Caller of the Black, 1971; The Transition of Titus Crow, 1975; The Horror at Oakdene, 1977.
Deutsch: Die Herrschaft der Monster (The Burrowers Beneath), 1975; Der Herrscher in der Tiefe (The Transition of Titus Crowe), 1979.

M **Macardle,** Dorothy (eigentl. Dorothea Marguerita Callan M.) (1889 Dundalk–1958 Drogheda), Irl.-Engl.
Die irische Freiheitskämpferin M., die eine zeitlang auf Grund ihrer revolutionären Tätigkeit im Gefängnis saß, schrieb einen erfolgreichen Gespensterhaus-Roman, »The Uninvited« (1942), der 1944 sehr überzeugend von Lewis Allen verfilmt wurde. Der Roman, der Elemente der →»gothic novel« neu belebt, dürfte das Vorbild für die romantisch-schaurigen Romane einer Victoria Holt oder Susan Howatch gewesen sein. Ihre beiden anderen Abstecher in den Bereich des Phantastischen waren weniger erfolgreich: »The Unforeseen« (1946) und »Dark Enchantment« (1935).
Weitere Hauptwerke: Fantastic Summer, 1946.
Deutsch: Dunkler Zauber (Dark Enchantment), 1954.

Machen, Arthur (eigentl. Jones, Arthur Llewellyn) (1863 Caerleon–1947 Amersham), England.
Im Werk des Walisers M. lassen sich sowohl typische Motive der Dekadenzliteratur wie →»femme fatale« oder →Satanismus entdecken wie auch Elemente, die der Folklore seiner Heimat entnommen sind. Seine Beschäftigung mit dem geheimnisvollen »little people« in mehreren Geschichten belegt vor allem dieses folkloristische Interesse. M.s erste wichtige Publikation im Bereich der Phantastik war ein Band mit zwei Kurzromanen, »The Great God Pan and The Inmost Light« (1894), die auch Zeugnis

ablegen von seiner eingehenden Beschäftigung mit dem Okkulten. Hier wie in späteren Arbeiten wird eine große Schwäche M.s deutlich, die er mit anderen phantastischen Autoren wie dem ihn bewundernden →Lovecraft teilt, die Neigung, Unsagbares nicht anzudeuten, sondern mit Hilfe von einer Flut von Adjektiven zu beschwören. Dies führt zu einer weitgehenden Aufhebung des Geheimnisvollen und läßt die Texte ins Absurde und Lächerliche abgleiten. In verstärktem Maße gilt dies für seinen berühmtesten Band »The Three Impostors« (1895), mehrere durch eine Rahmengeschichte verbundenen Novellen, von denen »The Novel of the Black Seal« und »The Novel of the White Powder« später auch häufig einzeln publiziert wurden. Die üblen Folgen magischer Experimente, welche die Hauptfiguren heimsuchen, lassen auf eine stark neurotische Haltung gegenüber dem Sexuellen beim Autor schließen. »The Hill of Dreams« (1907) gilt Mario →Praz als ein spätes Beispiel englischer Dekadenzliteratur. Plötzlichen Ruhm verschaffte dem bis dahin nur einem kleinen Kreis bekannten Autor die Kurzgeschichte »The Bowmen« (1914), in der M. schildert, wie in der Schlacht bei Mons gespenstische Bogenschützen den englischen Soldaten zu Hilfe kamen. Die zuerst in der Zeitung »Evening News« und später in dem Band »The Angel of Mons«, (1915) publizierte Geschichte wurde von vielen Lesern für einen Dokumentarbericht gehalten!
Weitere Hauptwerke: The Great Return, 1915; The Terror, 1917; The Shining Pyramid, 1925; The Green Round, 1933; (Sammelband) Tales of Horror and the Supernatural, 1949.
Über Machen: W. D. Sweetser, A. M., 1964.
Deutsch: (Sammelband) Die leuchtende Pyramide, 1982.

Marais, Eugène Nielen (1871 Pretoria–1936 Pelindaba), Südafrika-Afrikaans.
Zu den wenigen in Afrikaans schreibenden Autoren, die außerhalb ihres Sprachbereiches bekannt geworden sind, gehört M., dessen »Die siel van die mier« ein Klassiker der Verhaltensforschung ist. Der morphiumsüchtige M., der einige der berühmtesten Gedichte in Afrikaans geschrieben hat, interessierte sich für okkulte Phänomene und die reiche Folklore der Buschmänner. Dieses Interesse schlug sich vor allem in den vier »Dwaalstories« (Irrgeschichten) nieder, die Buschmännerlegenden verarbeiten und als »Dwaalstories en ander vertellings« (1927) gesammelt

wurden. Nach 1927 entsteht eine ganze Reihe von häufig phantastischen, an →Poe orientierten Kurzgeschichten, die in den Zeitschriften »Die Boerevrou« und »Die Huisgenoot« veröffentlicht wurden und später in mehreren Sammlungen erschienen, von denen zwei noch von M. selbst, der 1936 seinem Leben ein Ende setzte, zusammengestellt wurden: »Die huis von die vier winde« (1933) und »Die leeus von Magoeba« (1934).
Weitere Hauptwerke: Keurverhale, 1948; Spore in die sand, 1949; Laramie die wonderwerker, 1950.
Über Marais: P. J. Nienaber (Hrsg.), E. M., die groot eensame, 1951.

Marginter, Peter (1934 Wien), Österreich.
In seinen Erzählungen und Romanen führt der Wiener Jurist M. die barock-fabulierfreudige, typisch österreichische Phantastik-Tradition eines →Herzmanovsky-Orlando oder Gütersloh auf durchaus überzeugende Weise weiter. Sein erster Roman war »Der Baron und die Fische« (1966), in dem er sich in der Nähe der →Fantasy aufhält. Ihm folgten der grotesk-geheimnisvolle Kriminalroman »Der tote Onkel« (1967) und der Band mit Erzählungen »Leichenschmaus« (1969).
Weitere Hauptwerke: Königrufen, 1973; Der Graf von Carabas, 1973.

Marryat, Frederick (1792 London–1848 Langham), England.
Der Verfasser vieler berühmter Abenteuergeschichten schrieb mit einer Neufassung der Legende vom Fliegenden Holländer, »The Phantom Ship« (1839), eine der wenigen klassischen →»Gothic novels«, die auf See spielen. Die in diesem Roman vorkommende →Werwolf-Geschichte, ein Klassiker des Genres, »The White Wolf of the Hartz Mountains«, findet sich häufig in älteren Anthologien.
Weitere Hauptwerke: Snarleyyow or The Dog Fiend, 1836.
Über Marryat: O. Warner, F. M., 1953.
Deutsch: Das Geisterschiff (The Phantom Ship), 1970.

Maturin, Charles Robert (1782 Dublin–1824 Dublin), Irl.-Engl.
Es dürfte wenig Zweifel daran bestehen, daß die bedeutendste »gothic novel« von der Hand des irischen Pfarrers M., einem dandyhaften Exzentriker, stammt, denn »Melmoth the Wande-

rer« (1820), ein Roman, der aus mehreren Episoden besteht, welche durch die Figur des Melmoth, der seine Seele dem Teufel verkauft hat, zusammengehalten werden, vereint die literarische Finesse einer Mrs. →Radcliffe mit der Begabung eines →Lewis oder Mrs. →Dacre zur Konstruktion einer melodramatisch-spannenden Handlung und übertrifft alle drei in psychologischem Raffinement und gedanklicher Tiefe. Melmoth, der ewige Rebell, vereint die Charakteristika eines Faust und des ewigen Juden Ahasver in sich. Er wurde zu einer Identifikationsfigur der romantischen Literatur vor allem auch in Frankreich, wo er nicht nur →Balzac zu einem Epilog, »Melmoth reconcilié« (1835), anregte, sondern so unterschiedliche Autoren wie →Borel, →Gautier und Baudelaire beeinflußte, während auch →Lautréamont dem »blassen« Melmoth seine Bewunderung zollte. Der aus dem Gefängnis entlassene Oscar →Wilde legte sich das Pseudonym Melmoth zu, was die Langzeitwirkung dieses Hauptwerks der englischen Romantik verdeutlicht. Als Vorstufen zu »Melmoth« können »The Fatal Revenge« (1807), »The Wild Irish Boy« (1808) und »The Milesian Chief« (1820) angesehen werden. M.-Kenner halten seinen letzten Roman »The Albigenses« (1824) für ein »Melmoth« gleichzusetzendes Meisterwerk. Der Einfluß des Iren, der mit →Scott befreundet war und dessen Schauertragödie »Bertram« (1816) in London großen Erfolg hatte (sie sollte die Vorlage zu Bellinis Oper »Il Pirata« bilden), auf die englische Literatur der Romantik war groß.
Weitere Hauptwerke: Leixlip Castle, 1825.
Über Maturin: N. Idman, C. R. M., 1923.
Deutsch: Melmoth, der Wanderer, 1969.

Maupassant, Henri-René-Albert-Guy de (1850 Chateau Miromesnil–1893 Passy), Frankreich.
Man hat die drei berühmtesten phantastischen Erzählungen des 1891 wahnsinnig gewordenen französischen Erzählers, »Un fou?« (1884), »Le Horla« (1886, 2. erweiterte Fassung 1887) und »Qui sait?« (1890) als Hinweise auf seinen zunehmend umnachteten Geisteszustand interpretiert. Daß M.'s Ängste, die ihn schließlich überwältigten, den Ausgangspunkt der Erzählungen bilden, dürfte genauso wenig bezweifelt werden können wie die Tatsache, daß er sie auf höchst kunstvolle Weise literarisch gestaltete. Die Angst vor dem Unbekannten und die Faszination,

die dieser Angst beigemischt ist, beherrschen von Anfang an die phantastischen Erzählungen des Franzosen. Als sein erster Beitrag zum Genre gilt »La main d'écorché« (1875). Von großer Bedeutung zum Verständnis der Entwicklung, die zum beklemmenden Spätwerk führte, sind vor allem »Sur l'eau« (1876) und »Lui?« (1883). In »Le Horla«, deren zweite Fassung die überzeugendere ist, wird die Hauptfigur von einem namenlosen Etwas, dem Horla, bedroht und schließlich überwältigt. Das →Vampir-Motiv wird in diesem Hauptwerk der psychologischen Phantastik auf höchst originelle Weise abgewandelt. Es besteht freilich eine gewisse thematische Übereinstimmung mit der Erzählung »What Was It?« von →O'Brien. Neben seinen direkt phantastischen Erzählungen publizierte M. Texte, die weitgehend auf seine Halluzinationen zurückgehen und die daher schon eher als Dokumente anzusehen sind. Als Beispiel können »Le loup« (1882) und »Le diable« (1886) erwähnt werden. In den Texten »Magnétisme« (1882) und »La peur« (1882) äußert sich M. anhand von Beispielen zu den im Titel genannten Phänomenen.
Weitere Hauptwerke: Apparition, 1883; La main, 1883; L'auberge, 1886; La morte, 1887; La nuit (Cauchemar), 1887; L'endormeuse, 1889; A. Richter (Hrsg.), Contes fantastiques complets, 1973.
Über Maupassant: P. G. Castex, M. et son mal, in: Le conte fantastique en France, 1951.
Deutsch: Romane und Novellen, 12 Bände, 1922–1924.

Megede, Johannes Richard zur (1864 Sagan–1906 Bartenstein), Deutschland.
Der zeitweilig erfolgreiche ostpreußische Erzähler, der vor allem durch seinen Gesellschaftsroman »Von zarter Hand« (1898) bekannt wurde, war zuerst als Offizier und ab 1895 als Verlagsleiter tätig. Sein wichtigster Beitrag zur Phantastik ist die Novelle »Schloß Tombrowska«, eine der drei Novellen des Bandes »Kismet« (1896), in der vom Untergang eines polnischen Adelsgeschlechts berichtet wird. Die übernatürlichen Elemente werden sehr zurückhaltend eingesetzt, aber sie sind kein schmückendes Beiwerk. Durch ihre elegant-ironische Diktion hebt die Novelle sich wohltuend von dem Gros deutscher phantastischer Erzählungen jener Zeit ab.
Weitere Hauptwerke: Trianon u. a. Novellen, 1902.

Über Megede: M. zur Megede, J. R. z. M. (Erinnerungsblatt), 1907.

Melville, Herman (1819 New York–1891 New York), USA.
Auch im Werk des dritten großen amerikanischen Erzählers des 19. Jahrhunderts spielt das Phantastische eine Rolle, wenn auch keine so zentrale wie bei →Poe und →Hawthorne, deren Werk nicht ohne Einfluß auf ihn blieb. Die phantastischen Elemente in »Moby Dick« (1851) und »Pierre or The Ambiguities« (1852), das die Form der →»gothic novel« benutzt, haben einen eher allegorischen Charakter. Das gilt in geringerem Maße für den Band mit Erzählungen »The Piazza Tales« (1855), der die →Kafka vorausahnende Geschichte »Bartleby« vom Schreiber, der sein Büro nicht mehr zu verlassen wünscht, enthält wie auch die Parabel »The Bell Tower« und »Benito Cereno«, eine dämonische Seegeschichte.
Über Melville: E. H. Miller, M., 1975.
Deutsch: Moby Dick, 1979; Pierre oder im Kampf mit dem Sphinx, 1965; Redburn, Israel Potter und sämtliche Erzählungen, 1967.

Menén Desleal, Alvaro (eigentl. Menéndez Leal, Alvaro) (1931 Santa Ana), El Salvador.
Aus politischen Gründen mußte M. D. sein Land 1953 verlassen. Er lebte zeitweilig (1967–1971) in der Bundesrepublik. Seine kurzen phantastischen Erzählungen, die er selbst »wunderbar« nennt, erinnern in ihrer parabelhaften Knappheit häufig an den Meister der lateinamerikanischen Phantastik, →Borges, ohne allerdings epigonal zu sein. Manchmal nähern sie sich auch der →SF. Er sammelte seine im allgemeinen sehr kurzen Texte in »Cuentos breves y maravillosos« (1963) und »Una cuerda de nylon« (1970).
Weitere Hauptwerke: La llave, 1962; Revolución en el país que edificó un castillo de hadas, 1971.
Deutsch: Die Hände, Die unnütze Reise (El viaje inútil), Ein Seil aus Nylon und Gold (Una cuerda de nylon), in: Die Sonnenfinsternis und andere Erzählungen aus Mittelamerika, 1969.

Mérimée, Prosper (1803 Paris–1870 Cannes), Frankreich.
Die in einem klassisch-klaren Französisch abgefaßten phantasti-

schen Erzählungen M.s gehören zu den gelungensten des Genres. Während »Vision de Charles XI« (1829) und »Les âmes du purgatoire« (1834) das Motiv der prophetischen, warnenden Vorschau in einen historischen Rahmen stellen, findet M. in seinen drei wichtigsten phantastischen Texten zu seinem eigentlichen Thema: der Darstellung einer perversen erotischen Situation mit den Mitteln der Phantastik. In »La Vénus d'Ille« (1837) besucht eine antike Venusstatue, der ein junger Mann seinen Verlobungsring an den Finger gesteckt hat, diesen in seiner Hochzeitsnacht und zerdrückt ihn in ihrer tödlichen Umarmung. In »Lokis« (1869), M.s Meisterwerk, siegt im Grafen Szemioth die bestialische Seite seiner Natur: er ist Mensch und Bär zugleich, aber seine Bärennatur gewinnt in der Hochzeitsnacht die Oberhand. In diesen beiden Erzählungen, wie in der letzten »Djoûmane« (1973), dem rätselhaften, von sexueller Symbolik durchsetzten Erlebnis eines jungen Leutnants, läßt M., wie alle Meister des Phantastischen, dem Leser immer noch die Möglichkeit einer natürlichen Erklärung. Der sachlich-beobachtende Ton, in dem die höchst ambivalenten Ereignisse berichtet werden, ruft jene produktive Unsicherheit im Leser wach, jene Erschütterung seines Wirklichkeitsbildes, welche sich die phantastische Literatur zur Aufgabe gemacht hat. Ähnlich wie die Texte →Erckmann-Chatrians oder →Le Fanus verdeutlichen die Erzählungen M.s exemplarisch die Möglichkeit des Phantastischen, tabuisierte erotische Grenzsituationen literarisch darzustellen, ohne ins Pornographische abzugleiten.

Weitere Hauptwerke: Il Viccolo di Madama Lucrezia, 1873 (geschr. 1846).

Über Mérimée: G. P. Castex, M. und seine Kunst, in: Phaïcon 4, 1980.

Deutsch: Ausgewählte Werke, Band 1, Die Venus von Ille und andere Novellen, 1977.

Merritt, Abraham (1884 Beverly–1943 Indian Rock Beach), USA.

Die Arbeiten des Journalisten und späteren Herausgebers der Zeitschrift »American Weekly« gehören weitgehend in den Bereich der →Fantasy, aber mit dem 1932 erschienenen Roman »Burn, Witch, Burn« lieferte er einen eindrucksvollen Beitrag zur klassischen modernen Phantastik. Der Form nach ein Thriller ist

der Roman eine faszinierende Studie über schwarze Magie und das Wirken teuflischer Kräfte in einer modernen Gesellschaft, welche die Existenz der Teufels schon lange für ein Ammenmärchen hält. Spätere Nachkommen dieses einflußreichen Kultromans sind →Leibers »Conjure Wife« und Ira →Levins »Rosemary's Baby«. Ein zweiter Versuch in dieser Richtung war weniger erfolgreich: »Creep, Shadow!« (1934).
Weitere Hauptwerke: The Ship of Ishtar, 1924; Seven Footprints to Satan, 1927; The Dwellers in the Mirage, 1932; (posthum, hrsg. von Donald Wollheim) The Fox Woman, 1949.
Deutsch: Flieh, Hexe, Flieh! (Burn, Witch, Burn), 1973; Königin im Schattenreich, Die Höhle der Kraken (2 Bde.) (The Dwellers in the Mirage), 1978; Das Schiff der Ishtar / König der zwei Tode, (The Ship of Ishtar), 1981.

Metcalfe, John (1891 Heacham–1965 London), England.
Zu den englischen Autoren, die →Derleth später mit Vorliebe in seinen →Arkham-House-Anthologien vorstellte, gehört M., der 1925 als Phantastik-Autor mit den Erzählungen des Bandes »The Smoking Leg« (1925) debütierte. Viele seiner Erzählungen sind gute Beispiele psychologischer Phantastik, wobei eine Vorliebe für schockierende Details und bizarre Einfälle nicht zu übersehen ist. Als sein Hauptwerk sollte der Kurzroman »The Feasting Dead« angesehen werden, der 1954 bei Arkham House erschien.
Weitere Hauptwerke: Judas, 1931; My Cousin Geoffrey, 1956.
Deutsch: Trauermarsch (Funeral March of a Marionette), in M. Hottinger (Hrsg.), Panik, 1961.

Meyrink, Gustav (eigentl. Meyer, Gustav) (1868 Wien–1932 Starnberg), Österreich.
M., der als Bankier, Journalist und beim Kabarett »Simplicissimus« in München tätig war, debütierte mit einer Reihe von satirischen und phantastischen Kurzgeschichten, die in ihrer Betonung des Grotesken und Skurrilen auffallen und eine beabsichtigte provokative Wirkung hatten. Die drei Bände, »Der heiße Soldat« (1903), »Orchideen« (1904) und »Das Wachsfigurenkabinett« (1908), wurden später vom Autor zu dem dreibändigen »Des Deutschen Spießers Wunderhorn« (1913) vereint. Seinen größten literarischen Erfolg errang der jüdische Erzähler mit dem später wiederholt verfilmten Roman »Der Golem«

(1915), der auf virtuose Weise die alte Golemsage mit den Erlebnissen eines Pragers aus Meyrinks eigener Epoche verbindet und zugleich die Interessen des Autors an okkulten Lehren erkennen läßt, die in zunehmendem Maße seine Bücher beherrschen sollten, was ihnen nicht zum Vorteil gereichte. Dies wird schon deutlich beim freilich immer noch faszinierenden Roman um die Legende des Ewigen Juden, »Das grüne Gesicht« (1916), der eine atmosphärisch dichte Schilderung des Amsterdamer Ghettos enthält, aber macht vor allem die beiden letzten Romane, »Der weiße Dominikaner« (1921) und »Der Engel vom Westlichen Fenster« (1927), zu traktatähnlichen Abhandlungen über die Geheimlehre der Rosenkreuzler. Die Sprache M.s läßt häufig eine Nähe zum Expressionismus erkennen und wirkt auf den heutigen Leser – dies gilt insbesondere für das Spätwerk – manchmal schwülstig und verkitscht. M.s im Dritten Reich verbotenes Werk erfreut sich heute wieder eines großen Interesses, auch im französischen Sprachbereich, wie eine umfangreiche Dokumentation zu seinem Schaffen in der Zeitschrift »L'Herne« (1976) belegt.

Weitere Hauptwerke: Fledermäuse, 1916; Walpurgisnacht, 1917; Goldmachergeschichten, 1925; (posthum) Das Haus zur Laterne, 1973.

Über Meyrink: S. Schödel, Studien zu den phantastischen Erzählungen G. M.s, 1965.

Michelet, Victor Émile (1862 Nantes–1938 Paris), Frankreich. Eine keineswegs unwichtige Rolle im französischen Symbolismus spielte der allem Okkulten zugetane M., zu dessen bewundernden Freunden Führer der symbolistischen Bewegung wie →Péladan und Mallarmé gehörten. Seine an →Villiers de l'Isle Adam erinnernden seltsamen Erzählungen vertreten jene für den Symbolismus so typische Spielart einer mystischen Phantastik, welche die leisen Töne, die sanften Pastellfarben bevorzugt. Am überzeugendsten ist der Band mit Erzählungen »Contes surhumains«, der 1900 erschien.

Weitere Hauptwerke: Contes aventureux, 1900; Les compagnons de la hiérophanie, 1937; (Essay) L'ésotérisme dans l'art, 1890; L'amour et la magie, 1909.

Miciński, Tadeusz (1873 Lodz–1918 Czyrkow), Polen. Neben →Przybyszewski galt er als der begabteste Vertreter der

»neoromantischen Schule« in Polen. Er beschäftigte sich eingehend mit der Kabbala, mit okkultistischen Strömungen, der Gnosis und mittelalterlicher Mystik und vertrat eine Art »Luziferismus«, wobei für ihn der gefallene Engel Luzifer zum Symbol der in der Materie verstrickten göttlichen Weisheit wurde. Neben Dramen und Lyrik schrieb er einige Romane, in denen das Phantastische eine wichtige Rolle spielt. In »Nietota. Ksiega tajemna Tatr« (1910), einem Roman, den man das »Mahabharata der Tatras« genannt hat, wird in einer ungewöhnlichen Mischung aus Phantastik, religiösem Symbolismus und einer Art →SF, zeitgenössische polnische Problematik vor dem Hintergrund des ewigen Kampfes zwischen Licht und Finsternis, personifiziert in den Gestalten des Ariaman und Mangro, abgehandelt. 1913 folgte eine eigenwillige Neufassung der Faustlegende, »Xiadz Faust«, eine magische Initiationsgeschichte, die sich während der Weihnachtsnacht abspielt. Ein Großteil seines Werks blieb unpubliziert.
Weitere Hauptwerke: Wita, 1926.
Über Miciński: Sondernummer T. M. der Zeitschrift »Wiadomości Literackie«, Nr. 64, 1925.

Middleton, Richard Barham (1882 Staines–1911 Brüssel), England.
Den Erfolg seiner Kurzgeschichten hat M., der durch eigene Hand starb, nicht mehr erlebt; sie erschienen 1912 in »The Ghost Ship«. Die meisten dieser außerordentlich dichten Erzählungen beschreiben den Horror des Alltags, ohne die Mittel des Übernatürlichen zu benutzen. Am bekanntesten wurden allerdings »The Ghost Ship« und »On the Brighton Road«, die ein traditionell phantastisches Element aufweisen, das aber humoristisch verfremdet wird. Eine gewisse Ähnlichkeit mit →Saki ist vorhanden, aber M. ist rigoroser. Ein weiterer Band mit Kurzgeschichten, »The Day Before Yesterday«, erschien 1913. John →Gawsworth gab 1932 einen Nachlaßband heraus, »The Pantomime Man«, und publizierte sechs weitere Geschichten in »New Tales of Horror« (1934), darunter »The Amazing Hieroglyphs«.
Deutsch: Auf der Landstraße (On the Brighton Road), in: Die Gespenstertruhe, 1967; Das Geisterschiff, in: M. Hottinger (Hrsg.), Panik, 1961.

Mirandola, Francizek (eigentl. Pik, F.) (1871 Krosny–1930 Krakau), Polen.
Der als Apotheker in einer Kleinstadt tätige M. gehört zur sogenannten »neoromantischen Periode« in Polen, jener besonders fruchtbaren Ära des Symbolismus und der Dekadenz, auf deren Errungenschaften auch Autoren wie →Schulz und →Gombrowicz aufgebaut haben. Seine phantastischen Erzählungen sammelte M. in zwei Bänden, die in ihrer Heraufbeschwörung einer dichten, alptraumhaften Atmosphäre mustergültig sind. 1916 erschien »Tempore belli« und diesem ersten Band folgte 1919 »Tropy«.

Molesworth, Mary (1839 Rotterdam–1921 London), England.
Die vor allem als Kinderbuchautorin bekannte M. schrieb, wie so viele ihrer viktorianischen Kolleginnen, gleichfalls eine Reihe von Gespenstergeschichten, von denen die bekanntesten in »Four Ghost Stories« (1888) und »Uncanny Tales« (1896) gesammelt wurden.
Deutsch: In der Straßensenke, in: Die Damen des Bösen, 1969.

Moore, Catherine Lucille (1911 Indianapolis), USA.
Es fällt schwer, die Erzählungen der M. genremäßig einzuordnen, da sie eine Art Mischung aus Phantastik, →SF und →Fantasy darstellen. Sie lassen sich am ehesten mit gewissen Arbeiten von →Lindsay und →Smith vergleichen. Ihre wichtigsten Texte erschienen in den Dreißiger Jahren in →»Weird Tales«; ihr Debüt, die Novelle »Shambleau« (1933), ist das erste Abenteuer ihres Helden Northwest Smith, eines interplanetarischen Outlaw, versehen mit allen Attributen verführerischer Männlichkeit. Die sprachlich farbige, psychologisch interessante Geschichte, die eine originelle Variante des →Vampirmotivs mit der Geschichte der Medusa verbindet, überrascht noch heute durch ihre erotische Intensität. Smith mag dann gewisse Ähnlichkeiten mit dem Barbaren Conan →Howards haben, er ist sehr viel anfälliger für die dämonischen Reize einer anderen Welt, anderer Lebewesen, Reize, die zugleich Bedrohungen sind und immer wieder das Doppelgesicht der Sexualität zu symbolisieren scheinen. Weitere gelungene Erzählungen aus der Smith-Serie sind »Black Thirst« (1934) und »The Tree of Life« (1936), die beide das Vampirmotiv aufgreifen und verwandeln. In einer zweiten Serie wählte

M. eine Frau, Jirel of Joiry, als Hauptfigur, die in einem eher legendären Mittelalter – man denke an Smiths Averoigne – eine Reihe von phantastischen, magiedurchsetzten Abenteuer zu bestehen hat. Die erste Erzählung dieser Serie war »The Black God's Kiss« (1934). Einen Höhepunkt bildet »Hellsgarde« (1939). M. heiratete 1940 Henry →Kuttner.
Weitere Hauptwerke: (Sammelbände) (Smith Serie) Scarlet Dream, 1981; (Jirel Serie) Black God's Shadow, 1977.
Deutsch: Jirel, die Amazone (Jirel of Joiry), 1976; (Sammelband) Der Kuß des schwarzen Gottes, 1982.

Morselli, Guido (1912 Bologna–1973 Varese), Italien.
Die Verzweiflung M.s über die Weigerung der italienischen Verlage, seine Romane zu publizieren, führten, da sein Leben, so der Autor, eines Sinns entbehrte, zu seinem Selbstmord. Erst danach entschloß sich der Adelphi-Verlag zur Veröffentlichung seines Romans »Roma senza papa« (1974), der ein großer Erfolg war, wie auch die in raschem Tempo folgenden »Contro passato prossimo« (1975) und »Divertimento 1889« (1975). Heute gilt M. als einer der bedeutendsten italienischen Prosaisten der Nachkriegszeit. Eine genaue Zuordnung seines Werks ist schwierig, da es sowohl phantastische als auch →SF-Züge trägt. Ein Kritiker hat die von M. angewandte Methode als »History-Fiction« bezeichnet. M. führt Varianten oder noch nicht eingetroffene Konsequenzen der Geschichte vor: in »Roma senza papa, cronache romane difine secolo ventesimo« berichtet ein einfältiger, konservativer Schweizer Pfarrer über seinen Rom-Besuch am Ende des 20. Jahrhunderts und beklagt den traurigen Zustand der Kirche, ohne zu sehen, daß dieser Verfall nur auf der Grundlage der von ihm selbst vertretenen Haltung möglich war. »Contro passato prossimo« erzählt von einem Tunnel durch die Alpen, der Deutschen und Österreichern den Sieg im 1. Weltkrieg ermöglichte, während »Divertimento 1889« in einem leichteren Tonfall den fiktiven Ausflug des italienischen Königs Umberto in die Schweiz schildert. Dieses virtuose Spiel mit den Möglichkeiten einer Alternativ-Geschichte, hinter dem sich eine pessimistische Lebensanschauung verbirgt, erinnert in mancher Hinsicht an →Borges.
Weitere Hauptwerke: Il communista, 1976; Dissipatio H. G., 1977; (Essay) Realismo e fantasia, Dialoghi, 1947.

Deutsch: Rom ohne Papst (Roma senza papa), 1976; Licht am Ende des Tunnels (Contro passato prossimo), 1977; Ein Ausflug seiner Majestät (Divertimento 1889), 1980.

Morweiser, Fanny (1940 Ludwigshafen), Deutschland.
Obwohl sie anfänglich von der literarischen Kritik in der Bundesrepublik nur wenig beachtet wurde, hat ihr eher leise auftretendes Werk inzwischen viele Bewunderer gefunden. In ihren Romanen und Erzählungen, die sich mit Vorliebe in Kleinstädten am Rhein oder am Neckar abspielen, gerät die scheinbar friedliche, in Wirklichkeit aber voller Heimtücke und Bosheit steckende bürgerliche Alltagswelt allmählich aus den Fugen. Während in den ersten beiden Romanen »Lalu Lalula arme kleine Ophelia« (1971) und »La vie en rose« (1973) wie in den Erzählungen aus »Indianer-Leo« (1977) das Phantastische noch eher traditionelle Züge trägt, die manchmal an Daphne →Du Maurier erinnern, tritt es in »Ein Sommer in Davids Haus« (1978) und »Die Kürbisdame« (1980) als eigenständiges Moment weitgehend zurück; das ganze Geschehen wird, trotz einer Fülle an liebevoll geschilderten realistischen Details in der Beschreibung des kleinstädtischen Milieus von einem magischen Licht beschienen; Personen und Landschaften verfallen zusehends einem unentrinnbaren Zauber, der sowohl tödlich als befreiend sein kann. Mit großer Liebe und Verständnis gesehene Außenseiter sind die sympathisch-anarchischen Hauptfiguren ihrer Texte, die in der deutschen Gegenwartsliteratur Einmaligkeitscharakter haben.
Weitere Hauptwerke: Laura, in: Phaïcon 3, 1978.

Munby, Alan Noel Latimer (1913 London–1974 Cambridge), England.
Der Bibliothekar des King's College in Cambridge schrieb seinen einzigen Band mit →Gespenstergeschichten in deutscher Gefangenschaft in Eichstatt zwischen 1943 und 1945. Die vierzehn Geschichten wirken wie sehr gekonnte Pastichen der Erzählungen von M. R. →James und erschienen 1949 mit einer lateinischen Widmung an das große Vorbild unter dem Titel »The Alabaster Hand«.

Murdoch, Iris (1919 Dublin), Irl.-Engl.
Obwohl das Werk der wohl bekanntesten englisch-sprachigen Romanautorin der Gegenwart in erster Linie ein psychologisches-realistisches ist, spielen in einer Reihe ihrer Bücher magische und phantastische Elemente eine nicht unwesentliche Rolle. Sie erfüllen häufig eine symbolische Funktion, wie die Gestalt des geheimnisvollen Zigeuners in »The Sandcastle« (1957), der jedesmal unmittelbar vor einem schicksalshaften Ereignis auftaucht oder die magischen Rituale im selben Roman. Die Nähe zur →»gothic novel«, obwohl von der Autorin geleugnet, ist in einigen ihrer Romane, wie »The Unicorn«, in dem die bizarren Ereignisse immer unwirklicher werden, »The Italian Girl« (1964) und »The Time of the Angels«, unverkennbar.
Weitere Hauptwerke: The flight from the Enchanter, 1956; The Bell, 1958; The Nice and the Good, 1968; Bruno's Dream, 1969; The Sea, the Sea, 1978; Nuns and Soldiers, 1980.
Über Murdoch: L. Hermes, Formen und Funktionen des Symbolgebrauchs in den Werken I. M.s, 1972.
Deutsch: Die Sandburg, 1958; Die Wasser der Sünde (The Bell), 1962; Flucht vor dem Zauberer, 1964; Lauter feine Leute (The Nice and the Good), 1968; Das Meer, das Meer, 1981; Das italienische Mädchen, 1982.

Naubert, Christiane Benedicte Eugenie (geb. Hebenstreit) (Pseudonyme: Professor Kramer, Johann Friedrich Wilhelm Müller, Professor Milbiller) (1756 Leipzig–1819 Leipzig), Deutschland.
Als erstes Hauptwerk des deutschen →Schauerromans kann »Hermann von Unna« (1788) gelten. Die Geschichte der Liebenden Hermann und Ida enthält eine Reihe der für das Genre wesentlichen Elemente, die sich auch in der englischen →»gothic novel« wiederfinden lassen: der dämonische Geheimbund, die von teuflischen Priestern verfolgte unschuldige Heldin, das geheimnisvolle Kloster mit seinen unterirdischen Kerkern, die gespenstischen Ereignisse um Mitternacht und das positive Ende, das allerdings hier noch wie ein wirkliches Happy-End anmutet und nicht die Doppeldeutigkeit der späteren Hauptwerke des Genres gewinnt. Eine gewisse Langatmigkeit und zu ausführliche Schilderungen des historischen Ambiente erschweren für den heutigen Leser die Lektüre erheblich. Eine erfolgreiche englische

Übersetzung erschien 1794.
Weitere Hauptwerke: Walther von Montbarry, 1786; Geschichte der Gräfin Thekla von Thurn, 1788; Konradin von Schwaben, 1788; Konrad und Siegfried von Feuchtwanger, 1792; Rosalba, 1817.
Über Naubert: M. Summers, The Gothic Quest, 1938.

Nerval, Gérard de (eigentl. Labrunie, Gérard) (1808 Paris–1855 Paris), Frankreich.
Der von Wahnzuständen heimgesuchte französische Romantiker, der schließlich durch eigene Hand starb, zeigt in seinem Werk, das erst im 20. Jahrhundert wirklich gewürdigt wurde, eine große Affinität zum Phantastischen. Das Hauptwerk des in allem Okkulten und Esoterischen sehr bewanderten N., »Aurélia« (1855), die Geschichte einer fatalen Liebe, basiert auf den phantastischen Träumen seines Autors und ist wie ein Traum strukturiert. Von ähnlicher Originalität ist »La Pandora«; nur der erste Teil dieser Novelle wurde zu Lebzeiten des Autors publiziert (1854), der zweite Teil erschien erst 1921. In seinen älteren phantastischen Texten läßt sich ein deutlicher Einfluß der deutschen Romantik, insbesondere →Hoffmanns, des umschwärmten Vorbilds vieler französischer Romantiker, erkennen. (»La main de gloire«, später: »La main enchantée«, 1832; »Le portrait du diable«, 1839; »Le monstre vert«, 1849). Eine Reise in den Orient (1843) hinterließ ihre Spuren in »Histoire du Calife Hakem« und »Histoire de la reine du matin et de Soliman«, die beide in der dritten, vermehrten Auflage des »Voyage en Orient« (1851) erschienen.
Weitere Hauptwerke: Soirée d'automne, 1836; Sylvie, 1853; Les filles du feu, 1854; Œuvres complètes (Bd. 2 enthält: »Novelles et fantaisies«), 6 Bände, 1926–1928.
Über Nerval: R. G. Renner, Vernünftiger Traum und wahnhafte Vernunft, Zu G. d. N.s »Aurélia«, in: Phaïcon 4, 1980.
Deutsch: Erzählungen, 1921; Töchter der Flamme (Les filles du feu), 1953; Aurelia und andere Erzählungen, 1960.

Nodier, Jean Charles Emmanuel (1780 Besançon–1844 Paris), Frankreich.
N. war einer der großen Anreger der phantastischen Literatur in Frankreich und trat überdies als Vermittler ausländischer Auto-

ren wie →Potocki in den Vordergrund. Während der Roman »Jean Sbogar« (1818) Byron-Tendenzen aufgreift und den »roman frénétique« geradezu ins Leben ruft, ist »Smarra ou les Démons de la nuit« (1821) eine rhapsodische Feier dem →Vampir-Stoff entlehnter Motive. In »Trilby ou le Lutin d'Argail« (1822) nähert sich N. dem Märchen und benutzt zugleich Elemente, die der durch Walter →Scott inzwischen in Mode gekommenen schottischen Folklore entlehnt sind. Die Sammlung »Höllischer Geschichten« »Infernaliana« (1822) enthält Dokumente, dem Werk anderer Autoren entnommene, aber nicht als solche gekennzeichnete Geschichten und eigene Beiträge und ist ein gutes Beispiel für N.s Neigung zu literarischer Mystifikation, die in manchen Fällen die Zuschreibung seiner Werke erschwert hat. Als phantastisches Hauptwerk N.s sollte die in Spanien spielende Novelle »Inés de las Sierras« (1837) gelten, in der das rätselhafte Erscheinen einer Frau in einem Gespensterschloß auf eine natürliche und eine übernatürliche Weise erklärt wird.

Von großer Bedeutung für die Entwicklung einer Theorie des Phantastischen und die Begriffsbestimmung des Wortes »phantastisch« überhaupt ist der 1830 in der »Revue de Paris« erschienene Aufsatz »De fantastique en littérature«.

Weitere Hauptwerke: La fée aux miettes, 1832; (Sämtl. Erz.) Contes, 1961.

Über Nodier: P. G. Castex, N. et ses rêves, in: Le conte fantastique en France de N. à Maupassant, 1951.

Deutsch: Jean Sbogar, 1914; (Sammelbände) Werke, 1845; Traum und Leben, 1948; Die Krümelfee und andere Erzählungen, 1980.

Nossack, Hans Erich (1901 Hamburg–1977 Hamburg), Deutschland.

Obwohl N. der größte deutsche Erzähler des Phantastischen nach →Kafka sein dürfte, ist sein Werk bisher von dieser Perspektive aus kaum betrachtet worden. Die tiefe Verbundenheit des Autors mit Märchen und Mythos läßt hinter realistischen Erzählfronten die Ahnung von einer anderen, beziehungsreicheren, erfüllteren Welt erstehen, einer Welt, die manchmal den Namen Aporée erhält. So auch tauchen hinter den Romanfiguren mythische Urbilder wie Orion oder Orpheus auf. Ihre ausgeprägteste Form ist der rätselhafte Engel, der in N.s Werk eine ähnlich wichtige

Rolle spielt wie bei Hans Henny Jahnn, obwohl seine Bedeutung eine andere ist. N. sagte dazu in einem Gespräch: »Vielleicht bedeutet das die vollkommene Kreatur, die ihre Möglichkeit erreicht hat.« Während also schon ein bewußtes Aufbrechen der realistischen Erzählstruktur ein Grundmerkmal aller N.schen Prosa ist, besitzen auch die in einer nüchternen, häufig ironisch distanzierten Sprache erzählten Fabeln grundsätzlich phantastischen Charakter. Die Suche nach dem rätselhaften jüngeren Bruder im gleichnamigen Roman (1958), die aus der Perspektive einer Toten erzählte Liebesgeschichte »Spätestens im November« (1955), die vieldeutige →Doppelgängervariante des Romans »Der Fall d'Arthez«, sie alle verdeutlichen diesen Charakter. Manchmal begibt sich N. auch in die Nähe der →SF, wie in »Nach dem letzten Aufstand« (1961). Obwohl ein gewisser Einfluß Kafkas auf die frühen Werke wie »Spirale« und eine Nähe zu Kasack feststellbar sind, blieb der Hamburger Erzähler in seiner unverwechselbaren Eigenart eher ein bis heute zu wenig gewürdigter »Sonderfall« in der modernen deutschen Literatur, um den Titel seines letzten Dramas zu zitieren. Seine Erzählungen und Kurzgeschichten haben häufig märchenhaften Charakter; »Begegnung im Vorraum« (1958) und »Sechs Etüden« (1964) enthalten einige seiner überzeugendsten Arbeiten im Bereich des Phantastischen.

Weitere Hauptwerke: Nekyia, 1947; Interview mit dem Tode, 1948; Das kennt man, 1964; Das Mal, 1965; Die gestohlene Melodie, 1972; Bereitschaftsdienst, 1973; Ein glücklicher Mensch, 1975.

Über Nossack: C. Schmid (Hrsg.), Über N., 1970.

O **Oates**, Joyce Carol (1938 Lockport), USA.
Die erfolgreichste amerikanische Erzählerin ihrer Generation, deren umfangreiches Werk bereits jetzt schon schwer zu überblicken ist, beschäftigt sich in ihren Romanen und Erzählungen vor allem mit Extremsituationen, Randexistenzen. In ihrer Welt herrschen Gewalt und Verbrechen, deren Opfer in erster Linie die Frauen sind, die sich freilich auch häufig den ihnen angetanen Brutalitäten mit masochistischer Wonne hingeben. Während ein Großteil ihrer Arbeiten sich in der psychologisch-realistischen Tradition amerikanischer Südstaaten-Autoren wie Faulkner oder Flannery O'Connor bewegt, räumt sie auch dem Phantastischen

einen Platz ein und nähert sich da dem Werk Shirley →Jacksons. Ihr Hauptwerk in diesem Bereich sind die achtzehn Erzählungen des 1977 erschienenen Bandes »Night-Side«, in denen sich neben traditionellen phantastischen Erzählungen, wie der Titelgeschichte, auch Studien psychologischen Horrors wie »Lover« oder »The Snowstorm« befinden.

Weitere Hauptwerke: A Garden of Earthly Delights, 1967; Them, 1969; The Poisoned Kiss and Other Stories from the Portugese, 1974; Crossing the Border, 1976.

Deutsch: Ein Garten irdischer Freuden, 1970; Jene, 1975; Grenzüberschreitungen, 1979; Weitere Bekenntnisse (Further Confessions, aus: Night-Side), in: M. Görden (Hrsg.), Phantastische Literatur 82, 1982.

O'Brien, Fitz-James (1828 Limerick–1862 Maryland), USA.
Sowohl die amerikanische →SF als auch die Phantastik können auf O'B. als einen ihrer Pioniere zurückblicken, obwohl die wenigen Erzählungen zusammen nur einen schmalen Band ergeben. Seine berühmtesten Geschichten sind »The Diamond Lens« (1858) und vor allem »What was it?« (1859) über ein unsichtbares Ungeheuer. Letztere Geschichte beeinflußte →Bierce und →de Maupassant (»Le Horla«). Nach einem abenteuerlichen Leben starb der Autor im Amerikanischen Bürgerkrieg. Seine phantastischen Erzählungen wurden in einem Band gesammelt (1977).

Weitere Hauptwerke: The Pot of Tulips, 1855; From Hand to Mouth, 1858; The Wondersmith, 1859.

Über O'Brien: M. Hayes, Introduction to »The Fantastic Tales of F. J. O'B., 1977.

Deutsch: Die Diamant-Linse, in: K. Kirde (Hrsg.), Das unsichtbare Auge, 1979; Was war es?, in: Polaris 1, 1973.

Ocampo, Silvina (1906 oder 1903 Buenos Aires), Argentinien.
Nach einem Studium der Malerei in Paris bei de Chirico und Léger wandte sich O. der Literatur zu. Ihre Erzählungen, die in Deutschland bis jetzt weitgehend unbekannt blieben, gehören zu den Höhepunkten der phantastischen Literatur in Latein-Amerika. Sie lernte 1934 Adolfo →Bioy Casarès kennen, den sie 1940 heiratete. Im selben Jahr publizierten die Eheleute zusammen mit

→Borges, der Trauzeuge gewesen war, die wichtige »Antologia de la literatura fantástica«. Ihre überzeugendsten Erzählungen finden sich in den Bänden »La furia y otros cuentos« (1959) und »Las invitadas« (1961). In ihnen wird »hinter der vordergründigen Welt eines aktuellen Buenos Aires eine andere offenbart, die von namenlosen Kräften des Bösen beherrscht wird, in der Wahnsinn, Aberglauben, Halluzinationen spuken« (D. Reichardt, Lateinamerikanische Autoren, 1972). Ihre Erzählungen, die eine überraschende Ähnlichkeit mit denen des Belgiers →Owen aufweisen, haben einen traditionelleren Charakter als jene ihres Mannes.
Weitere Hauptwerke: Viaje olvidado, 1937; El pecado mortal, 1966; Informe del cielo y del infierno, 1970.
Deutsch: Mimoso, in: 24 Erzähler der Welt, 1964; Die Freunde, in: Der Weiße Sturm, Erzählungen aus Argentinien, 1969².

Odojewski, Wladimir Fedorowitsch (1803 Petersburg–1869 Moskau), Rußland.
Der berühmte russische Romantiker, der 1861 Mitglied des Senats wurde, sammelte seine philosophischen und phantastischen Erzählungen in dem durch eine Rahmenerzählung verbundenen Band »Russkie notschi« (1844). Während die Philosophie Schellings den gedanklichen Hintergrund dieser Texte prägte, läßt sich in formaler Hinsicht eine Nähe zu →Hoffmann feststellen, dessen »Serapionsbrüder« O. zum Vorbild gedient haben dürfen. In einigen seiner Erzählungen erweist sich O. als Vorläufer der →SF.
Weitere Hauptwerke: (Post. Sammelbände) Romantitscheskie povesti, 1929; Povesti i rasskazy, 1959.
Über Odojewski: P. Sakulin, O., 1913.
Deutsch: Magische Novellen, 1929; Das Jahr 4438, in: Der Polarstern, Ein Spiegel der russischen Romantik, hrsg. v. E. Müller-Kamp, 1963; Russische Nächte (Russkie notschi), 1970; Opere del Cavaliere Giambatista Piranesi, in: Tod per Zeitungsannonce und andere phantastische Erzählungen aus Rußland, hrsg. v. E. Cheavré, 1983.

Oliphant, Margaret (1828 Wallyford–1897 Windsor), England.
Nach dem Tod ihres wenig erfolgreichen Mannes war O. gezwungen, den Lebensunterhalt für sich und ihre drei Kinder

mit Schreiben zu verdienen. Neben einer großen Zahl von realistischen Romanen, die den Einfluß Trollopes verraten, verfaßte sie eine der beklemmendsten viktorianischen Gespenstergeschichten, »The Open Door« aus »Stories of the Seen and the Unseen« (1889). Als ihr phantastisches Hauptwerk muß aber der Roman »The Wizard's Son« (1883) angesehen werden, in dem ein junger Mann unerwartet ein fluchbeladenes Schloß in Schottland erbt. Die sich immer mehr verdunkelnde Stimmung und das auch die Natur ergreifende jahrhundertealte Grauen, das vom Schloß ausgeht, sind meisterhaft erfaßt. Die christlich-mystische Komponente ihres Werks wird am deutlichsten in »A Beleagured City« (1880) und »A Little Pilgrim in the Unseen« (1882).

Weitere Hauptwerke: The Land of Darkness, 1888.
Über Oliphant: A. L. Coghill, Mrs. O., 1899.
Deutsch: Die offene Tür (The Open Door), in: Die Damen des Bösen, 1969.

Onions, Oliver (1873 Bradford–1961 Aberystwyth), England.
Der Meister der psychologischen Gespenstergeschichte verzichtet auf die üblichen Paraphernalien des Genres und weiß auf subtile Weise die allmähliche Sättigung der alltäglichen Realität mit dem Übernatürlichen zu gestalten. Während seine berühmteste Geschichte »The Beckoning Fair One« aus »Widdershins« (1911) dem Motiv der →»femme fatale« eine überraschende Wendung gibt, wird in »The Lost Thyrsus« eine junge Frau von Erinnerungen an eine bacchantische Antike in den Wahnsinn getrieben. »The Master of the House« versucht eine neue, psychologisch komplexe Deutung des Gespensterhaus-Motivs. In seinen mystischen Ansprüchen erinnert O. manchmal an →Blackwood. Seine Erzählungen werden häufig durch zu gewollt tiefsinnige Reflexionen belastet.

Weitere Hauptwerke: Back o' the Moon, 1906; Ghosts in Daylight, 1924; The Painted Face, 1929; (Sammelband) The Collected Ghost Stories, 1935.
Deutsch: Die lockende Schöne (The Beckoning Fair One), in: M. Hottinger (Hrsg.), Panik, 1961; Das bemalte Gesicht (The Painted Face), 1982.

Oudshoorn, J. van (eigentl. Feylbrief, Jan Koos) (1876 Den Haag–1951 Den Haag), Niederlande.
Das Werk des zwischen 1903 und 1933 in Berlin als Diplomat tätigen O. wurde erst in den sechziger Jahren als einer der Höhepunkte der modernen niederländischen Literatur erkannt. Ausgehend von den peniblen Milieubeschreibungen des Naturalismus entwickelte O. in seinen zutiefst pessimistischen Romanen und Novellen eine Art magischen Realismus, der immer wieder »das andere«, die Welt hinter unserer Alltagswelt, durchschimmern läßt. Dies kann in manchen der kurzen Prosatexte zu einer höchst eigenwilligen, sich jedem Subgenre entziehenden Phantastik führen, die ihre überzeugendste Formulierung in der posthum veröffentlichten Novelle »Bezwaarlijk verblijf« (1965) erfährt, welche die allmähliche Entfremdung der Hauptperson von seiner banalen Umwelt bis zu seiner tatsächlichen Auflösung im »Anderen« mit höchster Präzision beschreibt.
Weitere Hauptwerke: Louteringen, 1916; Tobias en de dood, 1925; De fantast, 1948; Gesamtwerk: Band 1: Novellen en schetsen, 1968, Band 2: Romans, 1974.
Über Oudshoorn: Sondernummer der Zeitschrift »Tirade«, Nov.–Dez. 1976.

Owen, Thomas (eigentl. Bertot, Gérald) (1910 Leuven), Belgien-Fr.
Der Rechtsanwalt O. debütierte mit einigen Kriminalromanen, denen 1943 der erste Band mit phantastischen Erzählungen, »Les chemins étranges«, folgte. Ein zweiter Band war 1945 »La cave aux crapauds«. Obwohl in diesen frühen Erzählungen noch eine gewisse Abhängigkeit der Phantastik seines Freundes Jean →Ray festzustellen ist, geht O. doch schon durchaus eigene Wege. Insbesondere die Betonung einer im allgemeinen morbiden Erotik gibt seinem Werk ihren spezifischen Charakter. Die Vampirgeschichte »Le péril«, in der mehrere Leute einem hübschen, kleinen Mädchen zum Opfer fallen, mag diese Tendenz verdeutlichen, wie auch O.s Neigung zu einem durchaus schwarzen Humor. In Erzählungen wie »Étranger à Tabiano« aus »Cérémonial nocturne« (1966) oder »Les moments difficiles« aus »La truie« (1972) nähert O. sich der politischen →Parabel. Überhaupt ist feststellbar, daß in den späteren Bänden die Möglichkeiten der traditionellen Phantastik nicht mehr benutzt werden. O.

begnügt sich dort nur noch mit Andeutungen und überläßt es weitgehend dem Leser, sich in ihnen zurechtzufinden. Die zunehmende Kürze der späten Texte steigert wirkungsvoll ihre Ambivalenz.
Weitere Hauptwerke: Le livre interdit, 1944; Pitié pour les ombres, 1961; Le rat Kavar, 1975; Les maisons suspects de Gaston Bogaert, 1978.
Über Owen: R. A. Zondergeld, T. O.s Mitleid mit den Schatten. Nachwort zu: T. O., Wohin am Abend und andere seltsame Geschichten, 1975.
Deutsch: Der barmherzige Samariter, in »Icon«, Nr. 2, 1974; (Sammelband mit einer Auswahl aus den Bänden Les chemins étranges, La cave aux crapauds, Cérémonial nocturne und La truie) Wohin am Abend? und andere seltsame Geschichten, 1975; Von Staub bist du ... (Tu es poussière, aus »Les chemins étranges«), in: Das unsichtbare Auge, 1979.

Pain, Barry (1864 Cambridge–1928 Watford), England.
Neben vielen humoristischen und satirischen Arbeiten veröffentlichte P. mehrere Bände mit phantastischen Kurzgeschichten, von denen manche vor allem in älteren Anthologien oft zu finden sind. (»Stories and Interludes«, 1892, »Three Fantasies«, 1904) Zusammen mit James Blyth schrieb er den Roman »The Shadow of the Unseen« (1907).
Weitere Hauptwerke: Stories in the Dark, 1901; An Exchange of Souls, 1911; Going Home, 1921.
Deutsch: Warum? und andere Geschichten, 1905.

Panizza, Oskar (1853 Kissingen–1921 Bayreuth), Deutschland.
Der Irrenarzt P., der mit seinen Arbeiten eine Reihe von Skandalen hervorrief – 1895 mußte er sogar eine einjährige Gefängnisstrafe wegen seines vehement antireligiösen Stücks »Das Liebeskonzil« abbüßen – und ab 1904 bis zu seinem Tod in einem Irrenhaus bei Bayreuth eingesperrt war, schrieb neben vielen Pamphleten eine Reihe von satirischen und teilweise phantastischen Erzählungen, die Hanns Heinz →Ewers überarbeitete und 1914 in seiner »Galerie der Phantasten« unter dem Titel »Visionen der Dämmerung« herausgab. Am überzeugendsten ist »Das Wirtshaus zur Dreifaltigkeit«, eine längere Erzählung, die eine ähnliche Tendenz wie »Das Liebeskonzil« erkennen

läßt.
Weitere Hauptwerke: (Gesammelte Erzählungen im Urtext) Der Korsettenfritz, 1981.
Über Panizza: F. Lippert, In memoriam O. P., 1925.

Papini, Giovanni (1881 Florenz–1956 Florenz), Italien.
Der Futurist und spätere Faschist P. ist außerhalb Italiens vor allem als katholischer Schriftsteller und Verfasser von »Storia di Cristo« (1921) bekannt geworden. Ein nicht geringer Teil seines sehr umfangreichen Œuvres ist aber von seiner Beschäftigung mit dem Phantastischen geprägt, und er gehört zu den wenigen italienischen Autoren, bei denen das der Fall ist. Häufig neigt er zu parabelhaften Texten, die seine metaphysischen Spekulationen widerspiegeln, ohne darüber ihren Charakter als klassische phantastische Erzählung zu verlieren. Wenn er ein Gespenst als Emanation eines Traumes, den ein Unbekannter träumt, erscheinen läßt, so ist dies einmal eine Aussage zum Leben des Menschen auf Erden, das nichts ist als der Schatten eines Traums, aber zugleich eine neue Variante eines bekannten phantastischen Motivs (»L'ultima visita del Gentiluomo malato«, 1906). Eine unverkennbare Vorliebe für grausame Details führt P. oft in die Nähe der →»Conte cruel«, wobei →Poe und →Villiers de l'Isle-Adam Pate gestanden haben mögen. Schon in einem frühen Band wie »Parole e sangue« (1912) wird die ganze Bandbreite seines Erzählens deutlich.
Weitere Hauptwerke: Il tragico quotidiano, 1906; Il pilota cieco, 1907; Ritratti immaginari, in: Figure Umane, 1940; Le pazzie del poeta, 1950; Concerto fantastico, 1954; (Die gesammelten phantastischen Erzählungen) Poesia e fantasia, 1958.
Über Papini: M. Isenghi, P., 1972.
Deutsch: Narreteien (Le pazzie del poeta), 1953.

Peake, Mervyn (1911 Kuling, China–1968 London), England.
P., der als Illustrator bekannt wurde und auch seine eigenen Bücher mit Zeichnungen versah, publizierte zwischen 1946 und 1959 sein dreibändiges Hauptwerk, die Romantrilogie »Gormenghast«: »Titus Groan« (1946), »Gormenghast« (1950) und »Titus Alone« (1959). Die bizarren Geschehnisse in der finsteren Burg Gormenghast, die in einer höchst barocken, häufig faszinierenden, aber manchmal nur schwer erträglichen Sprache geschil-

dert werden, lassen P. als einen späten Nachfahren der »gothic novelists« erkennen, während auch eine Nähe zu →Fantasy-Autoren feststellbar ist. Obwohl die Trilogie nicht die Popularität von →Tolkiens »Lord of the Rings« erreichte, hat sie einen ähnlichen Kultstatus.
Weitere Hauptwerke: Mr. Pye, 1953.
Über Peake: J. Batchelor, M. P. A Biography and Critical Exploration, 1974.
Deutsch: Gormenghast, 1982.

Péladan, Joséphin (genannt: Sàr Péladan) (1859 Lyon–1918 Neuilly-sur Seine), Frankreich.
Der Okkultist und »Magier« Sàr P., der 1888 den »Ordre du Temple de la Rose-Croix« gründetet, dessen »Salons« die wichtigsten symbolistischen Maler vereinigte, schuf mit seinem Romanzyklus »La décadence latine« (1884–1925), der 21 Bände umfaßt, von denen 12 in der ausgezeichneten deutschen Übersetzung von E. Schering vorliegen, das Hauptwerk des »okkulten Romans«, jenes Zwitters aus phantastischer Literatur, okkultistischem Pamphlet und Initiationsroman, eines Genres, dem auch die Spätwerke →Meyrinks und die Arbeiten eines →Spunda zuzurechnen sind. Der Magier Mérodack, ein ins Übermenschliche gesteigertes Selbstbildnis des Autors, beherrscht das Geschehen der miteinander verzweigten Romane, die mit wahrer Besessenheit um das magisch begründete Motiv des Androgynen kreisen und als eine Art Riesenanthologie der dekadenten Topoi betrachtet werden können, deren Lektüre durch die langen philosophischen Diskussionen, welche die komplizierte Handlung überwuchern, nicht gerade erleichtert wird. Die einzelnen Bände des als »éthopée« bezeichneten Zyklusses sind: »Le vice suprême«, 1884; »Curieuse«, 1886; »L'initiation sentimentale«, 1887; »A cœur perdu«, 1888; »Istar«, 1888; »La victoire du mari«, 1889; »Cœur en peine«, 1890; »L'androgyne«, 1891; »La gynandre«, 1892; »La panthée«, 1892; »Typhonia«, 1892; »Le dernier Bourbon«, 1895; »Finis Latinorum«, 1898; »La vertu suprême«, 1900; »Pereat«, 1902; »Modestie et vanité«, 1902; »Pérégrine et Pérégrin«, 1904; »La licorne«, 1905; »Le nimbe«, 1907; »Pomone«, o. J.; »La torche renversée«, 1925.
Über Péladan: E. Bertholet, La pensée et les secrets du sâr J. P., 1958.

Deutsch: Das Allmächtige Gold (La panthée), 1919; Una cum uno (La licorne), 1919; Der Sieg des Gatten (La victoire du mari), 1920; Einweihung des Weibes (L'initiation sentimentale), 1921; Das höchste Laster (Le vice suprême), 1923; Weibliche Neugier (Curieuse), 1923; Finis Latinorum, 1923; Himmlische und irdische Liebe, (Modestie et vanitè), o. J.; Das Weib des Künstlers, 1923; Das unbekannte Schicksal, 1923; Der Androgyn, 1924; Gynandria, 1925; Pilger und Pilgerin, 1927.

Perkins Gilman, Charlotte (1860 Hartford–1935 Pasadena), USA.
Die Bedeutung der amerikanischen Feministin P. G., die im Zuge der feministischen Bewegung der siebziger Jahre für die phantastische Literatur neu entdeckt wurde, beruht ausschließlich auf ihrer in vielen Anthologien abgedruckten Novelle »The Yellow Wall Paper«, die 1892 im New England Magazine erschien. Mit dieser bestürzenden Geschichte vom Nervenzusammenbruch einer Frau, die in einem Zimmer mit einer grauenhaften gelben Tapete eingeschlossen ist, die sich nach und nach zu beleben anfängt, einer Geschichte mit autobiographischem Hintergrund, hat P. G. eins der überzeugendsten Beispiele psychologischer Phantastik geschaffen. Ihr Roman »Herland« (1915), der die Abenteuer einiger Männer in einer friedlichen, nur aus Frauen bestehenden Gesellschaft schildert, muß der →SF zugerechnet werden. Ein Jahr später folgte der wenig überzeugende 2. Teil, »With Her in Ourland«.
Über Perkins Gilman: E. R. Hedges, Nachwort zu »Die gelbe Tapete«, 1978; (Autobiographie) The Living of C. P. G., 1935.
Deutsch: Die gelbe Tapete (The Yellow Wall Paper), 1978; Herland, 1980.

Perutz, Leo (1884 Prag–1957 Bad Ischl), Österreich.
Nachdem er zeitweilig in Vergessenheit geraten war, wird der von Adorno hochgeschätzte P. heute mit Recht als einer der bedeutendsten phantastischen Erzähler in deutscher Sprache angesehen. Als seine persönlichste Leistung sollte vielleicht der historische Roman »Der Marques de Bolibar« (1920), der sich im Spanien des napoleonischen Krieges abspielt, angesehen werden. Wie beim anderen großen österreichischen Erzähler des Phantastischen →Lernet-Holenia tritt eine allmähliche Verände-

rung des realistischen Erzählfonds auf, die Übergänge vom Wirklichen zum Unwirklichen sind kaum merklich. Das konstruktive Vermögen des Prager Erzählers, das sich in den mit mathematischer Logik entwickelten, häufig kriminalistisch gefärbten Fabeln niederschlägt, erinnert an →Kafka und weist schon auf →Borges hin. In den beiden phantastischen Kriminalromanen »Der Meister des jüngsten Tages« (1923) und »St. Petri-Schnee« (1933) bewirkt eine geheimnisvolle Droge die Erweiterung der Realität ins Phantastische, wobei im ersten Roman eine außerordentlich geschickte Verflechtung einer historischen und einer zeitgenössischen Erzählebene bemerkenswert ist. Im späten Roman »Nachts unter der steinernen Brücke« (1953) verbindet eine Rahmengeschichte eine Reihe von gespenstischen Szenen aus dem Prag der Alchimisten und Golems, während der großartige, posthum erschienene letzte Roman »Der Judas des Leonardo« (1959), der fast gänzlich auf äußerliche Momente des Phantastischen verzichtet, zu einer beklemmenden, geradezu philosophischen Parabel über Unmenschlichkeit und Verrat wird, aber zugleich zu Mitleid und Verständnis auch für das Verbrechen eines Judas auffordert. Diese zutiefst humane Haltung durchzieht, wie auch ein wohltuender Humor, das ganze Werk dieses vor allem auch in Frankreich geschätzten Meisters der phantastischen Literatur.

Weitere Hauptwerke: Die dritte Kugel, 1915; Zwischen neun und neun, 1918; Turlupin, 1924; Herr, erbarme dich meiner, 1930; Der schwedische Reiter, 1936.

Über Perutz: E. Schütz, Der unheimliche Schläfer im Kopf. Ein Versuch, L. P. wiedereinzubürgern, in: Frankfurter Rundschau, 20. 12. 1980; D. Neuhaus, Im Hinterhof der Geschichte, in: Phaïcon 5, 1982.

Pieyre de Mandiargues, André (1909 Paris), Frankreich.
Den großen Kenner des Bizarren und Phantastischen in Kunst und Literatur, der als einer der ersten die Monstren von Bomarzo wiederentdeckte und eine faszinierende Monographie über Arcimboldo schrieb, könnte man als einen akademischen Surrealisten bezeichnen, denn einer dem Surrealismus verwandten Traumwelt voller erotischer Obsessionen zwingt er seine makellose, am Ideal französischer Klarheit orientierte Sprache wie einen Panzer auf. Die eigenartige Spannung seines Werks beruht

auf diesem scheinbaren Widerspruch zwischen Form und Inhalt. Seine phantastischen Erzählungen wirken daher wie literarische Parallelen zu den Bildern Salvador Dalís, mit dem ihn vieles verbindet. Seine wichtigsten Erzählungen finden sich in den frühen Bänden »Le musée noir« (1946) und »Soleil des loups« (1951). Auch scheinbar realistische Arbeiten wie »Le lis de mer« (1957) und »La motocyclette« (1963), die beide die Geschichte einer Frau erzählen, die sich mit masochistischer Wonne auf eine Hingabe an männliche Brutalität vorbereitet, haben den halluzinierenden Charakter eines erotischen Alp- und Wunschtraums. Eine gewisse motivliche Begrenzung macht sich im Spätwerk manchmal störend bemerkbar; dennoch gehört P. d. M. zu den wichtigsten phantastischen Erzählern Frankreichs im 20. Jahrhundert.
Weitere Hauptwerke: Marbre, 1953; Feu de braise, 1959; Porte dévergondée, 1965; Sous la lame, 1976; (Essay) Les monstres de Bomarzo, 1957.
Über Pieyre de Mandiargues: H. Friebel, Die utopische Dimension in den Erzählungen A. P. d. M.s, 1975.
Deutsch: Lilie des Meeres (Le lis de mer), 1959; Schwelende Glut (Feu de braise), 1964; Das Motorrad (La motocyclette), 1965; Die Monstren von Bomarzo (Auswahl aus den Essays), 1969.

Pigault-Lebrun, Charles (eigentl. Pigault de l'Epiney Lebrun, Charles Antoine Guillaume) (1753 Calais–1835 La Celle-Saint-Cloud), Frankreich.
Zu den produktivsten Autoren des französischen Schauerromans gehört P.-L., der 1798 seinen erfolgreichsten Roman, »Les Barons de Felsheim« publizierte, ein bizarres Buch, in dem M. →Summers Ansätze einer Satire auf den deutschen →Schauerroman zu erkennen glaubt. Eine erste, zwanzigbändige Ausgabe seiner gesammelten Werke erschien 1822–1824.
Weitere Hauptwerke: Monsieur de Kinglin ou la prescience, 1800; Monsieur Botte, 1802.
Deutsch: Die Freiherrn von Felsheim, 1799.

Pirandello, Luigi (1867 Girgenti–1936 Rom), Italien.
Die Theaterstücke eines der wichtigsten und einflußreichsten Dramatiker dieses Jahrhunderts werden beherrscht von der vergeblichen Suche nach der Wahrheit, von dem Konflikt zwischen Maske und Wesen, von der Unmöglichkeit einer wirklichen

Kommunikation zwischen den Menschen. In einer Arbeit aus dem Jahr 1972 hat J. M. Gardair auf die Bedeutung des →Doppelgängermotivs im Zusammenhang mit P.s die unsichere Identität des Menschen betreffender Problematik hervorgehoben. In einer Reihe seiner Novellen werden dieses traditionell phantastische Motiv und andere klassische Motive wie das Gespensterhaus aus dem sehr persönlichen Blickwinkel des sizilianischen Autors neu gestaltet. Diese wurden vom Autor in den Jahren 1922 bis 1937 in den 15 Bänden der »Novelle per un anno« gesammelt.
Über Pirandello: J. M. Gardair, P. fantasme et logique du double, 1972.
Deutsch: (Auswahlbände aus den »Novelle per un anno«) Novellen, 1925; Geschichten für ein Jahr, 1927; Meisternovellen, 1951; Angst vor dem Glück, 1954.

Poe, Edgar Allan (1809 Boston–1849 Baltimore), USA.
Das kurze, von Depressionen, Alkohol- und Drogengebrauch und der tragisch verlaufenden Heirat mit seiner jungen Kusine Virginia geprägte Leben P.s hat schon früh zur Legendenbildung Anlaß gegeben. Die Rezeption seines Werks ist in nicht unwesentlichem Maße von der Übersetzung der Erzählungen ins Französische bestimmt, die Charles Baudelaire herausbrachte. Aufgrund der Wertschätzung in Frankreich und von da aus auch in den anderen europäischen Ländern gelangte nach und nach auch die amerikanische Literaturkritik zu einer richtigen Einschätzung des Œuvres eines ihrer größten und einflußreichsten Schriftsteller, ohne den die Literatur der Décadence nur schwer in ihrer spezifischen Ausprägung denkbar ist. Sowohl für die Entwicklung der Detektivgeschichte, wie für die →SF und die phantastische Literatur kommt den Erzählungen des Amerikaners exemplarische Bedeutung zu, denn nicht nur entdeckte er die psychologische Motivierung hinter den Paraphernalien des Schauerromans, sondern er erreichte auch eine Konzentrierung der Motive in der von ihm entwickelten knappen Form der short story, die bis heute vorbildlich blieb. Trotz des berühmten Ausspruchs P.s, daß der Schrecken nicht aus Deutschland, sondern aus der Seele stammte, läßt sein Werk einen tiefen Einfluß der deutschen romantischen Literatur erkennen. Zwar wird P. zu Recht als einer der bedeutendsten phantastischen Erzähler überhaupt ein-

geschätzt, aber dennoch ist die Zahl der Erzählungen, in denen Übernatürliches eine Rolle spielt, eher gering. Mögen auch berühmte Geschichten wie »The Black Cat« (1843) oder »The Pit and the Pendulum« (1843) brillante Horrorgeschichten sein, die als frühe Beispiele der »conte cruel« gelten können, phantastisch im eigentlichen Sinne sind sie nicht. Höhepunkte des Genres stellen aber neben der frühen Erzählung »Metzengerstein« (1832), die Doppelgängervariante »William Wilson« (1839), die am →Vampirstoff sich orientierenden, zweifellos autobiographisch geprägten Geschichten »Berenice«, »Ligeia« und P.s Meisterwerk, die Novelle »The Fall of the House of Usher« (1939) dar, in der jene Psychologisierung traditioneller Motive aus der »gothic tale« höchst überzeugend gelang.

Weitere Hauptwerke: The Narrative of Arthur Gordon Pym, 1838; Tales of the Grotesque and Arabesque, 1840; Tales, 1845; The Works, 1850–56.
Über Poe: M. Bonaparte, E. A. P., 1981; J. Symons, The Tell-Tale Heart; The Life and Works of E. A. P., 1978.
Deutsch: Werke, 1966–1973.

Polidori, John (1795 London–1821 London), England.
Byrons Arzt und Reisebegleiter publizierte 1819 die Novelle »The Vampyre; A Tale«, die erste bedeutende literarische Verwertung des später so fruchtbaren →Vampir-Motivs. Der Held Lord Ruthven ist nicht ohne Byron-ähnliche Züge und lange Zeit hielt man die Novelle für eine Arbeit des großen englischen Romantikers. Sie wurde in England, Frankreich und Deutschland häufig plagiert und bildete die Vorlage für Theaterstücke und Opern, darunter Heinrich Marschners »Der Vampyr«, zu einem Libretto seines Schwagers Wohlbrück. Der frühe Tod des Autors durch eigene Hand beendete eine vielversprechende literarische Karriere.
Über Polidori: M. Summers, The Vampire, His Kith and Kin, 1928; W. M. Rossetti (Hrsg.), The Diary of Dr. J. W. P., 1816, 1911.
Deutsch: Der Vampyr, in: Von denen Vampiren und Menschensaugern, 1968.

Poritzky, Jakob Elias (1876 Lomza–1935 Berlin), Deutschland.
Zu den verkannten Größen der zweiten Blütenperiode der

phantastischen Literatur im deutschen Sprachraum (etwa zwischen 1900 und 1930) gehört P., der in seinem umfangreichen Werk sich sowohl vom französischen Naturalismus als auch von den Dekadenten beeinflußt zeigt. Neben autobiographisch gefärbten Büchern, die häufig um die Problematik des Juden in der westlichen Gesellschaft kreisen, erwarb P. sich vor allem einen Ruf als Verfasser vieler, in elegant-geschliffener Sprache abgefaßter Essays, die sich den unterschiedlichsten kulturellen Themen zuwandten. Von besonderer Bedeutung für die phantastische Literatur sind in diesem Zusammenhang seine Texte zu den Meistern des Genres, die er in den Bänden »Dämonische Dichter« (1922) und »Phantasten und Denker« (1923) sammelte. Seinen bedeutendsten Beitrag zur Phantastik lieferte P. aber mit dem höchst originellen Band »Gespenstergeschichten« (1913). Das Gespenstische, Übernatürliche in diesen Erzählungen, zu deren Bewunderern Jean →Ray zählte, ist selten genau auszumachen, es ist eher eine Frage der Atmosphäre, der Beleuchtung, der Andeutung. In dem Meisterstück des Bandes, »Der Unbekannte«, wird die allmählich immer deutlicher werdende Anwesenheit des Todes in einem nächtlichen Haus zu einer der abgefeimtesten Studien über die Angst, welche die deutsche Phantastik hervorgebracht hat.

Weitere Hauptwerke: Von jungen Philosophen und alten Narren, 1912; Mysterien, 1923; (Essays) Das Herz der Nacht, 1909; Geist und Schicksal, 1923; (Autobiographisch) Meine Hölle, 1906.

Potocki, Jan, Graf (1761 Pikow–1815 Uladowka), Polen.
Eins der Hauptwerke der phantastischen Literatur, P.s zwischen 1803 und 1815 entstandener, auf Französisch geschriebener Roman »Le manuscrit trouvé à Saragosse«, erlebte selbst eine geradezu phantastische Rezeptions- und Publikationsgeschichte. Es kursierten mehrere handschriftliche Fassungen des Manuskripts, die so unterschiedlichen Autoren wie →Nodier, →Puschkin und →Irving als Vorlage dienten. Lange Zeit galt das Werk als verschollen, bis ein Teil 1958 in einer Leningrader Bibliothek aufgefunden wurde, den der französische Phantastik-Spezialist Caillois neu herausgab (1958). Weitere polnisch geschriebene, bzw. ins Polnische übersetzte Teile kamen hinzu und wurden in der deutschen Ausgabe von 1961 mitberücksichtigt. Der Roman,

der in Tagen aufgegliedert ist und in seiner Struktur Boccacios »Decamerone« zum Vorbild nimmt, schildert die Erlebnisse eines jungen polnischen Offiziers während einer Spanienreise. Er wird immer wieder in geheimnisvolle Abenteuer verstrickt, die sich, wie in einem Alptraum, fortwährend wiederholen. Die Haupterzählung wird durch viele weitere Erzählungen, die von den einzelnen Figuren vorgebracht werden, durchbrochen und zugleich ergänzt. Die labyrinthische Struktur dieses »phantastischen Dekamerons« geht vielleicht auf →Grosses »Der Genius« zurück und weist schon auf die Entwicklung der phantastischen Literatur im 20. Jahrhundert hin.
Über Potocki: R. Caillois, Nachwort zu »Die Handschrift von Saragossa«, 1961.
Deutsch: Die Handschrift von Saragossa, 1961.

Poulet, Robert (1893 Chênée), Belgien-Fr.
Neben der exuberanten, barocken Phantastik Jean →Rays vertritt sein Zeitgenosse P. jene andere verhaltene, nach innen gerichtete Spielart der belgischen phantastischen Literatur, die so bedeutende Autoren wie →Rodenbach, →Hellens oder →Thiry hervorgebracht hat. Die verführerische und zugleich beängstigende Kraft der Phantasie, die imstande ist, aus dem Nichts Wesen zu schaffen, bildet von seinem ersten Roman, »Handji« (1930), an das Grundthema seines wenig umfangreichen Werkes, aus dem vor allem die Romane »Les ténèbres« (1934) und »Prélude à l'apocalypse« (1943), der ähnlich wie der zu gleicher Zeit entstandene Roman »Malpertuis« von Ray die Schrecken des Krieges in einem phantastischen Spiegel zu reflektieren scheint, hervorzuheben sind.
Weitere Hauptwerke: Journal d'un condamné a mort, 1948 (später: L'enfer-ciel, 1952); Histoire de l'étre, 1968.

Powys, John Cowper (1872 Shirley–1963 Blaenau), England.
Die gigantischen, barocken Sprachgebilde des ältesten P.-Bruders, die inzwischen Kultstatus erhalten haben, bewegen sich zwischen phantastischem Roman, Allegorie, ·→Fantasy und →SF. Der an den Artuslegenden orientierte Roman über eine Glaubensgründung, »A Glastonbury Romance« (1932), und »Maiden Castle« (1936) sind noch am ehesten als reine Phantastik zu betrachten, da sich hier die teilweise übernatürlichen

Ereignisse vor einem realistischen Fond abspielen. Als Fantasy müssen dagegen »Morwyn or The Vengeance of God« (1937), das einen Abstieg in die Hölle beschreibt, und »Atlantis« (1951) betrachtet werden. Die literarische Bedeutung des von Henry Miller Gepriesenen ist bis heute eher umstritten.
Weitere Hauptwerke: The Inmates, 1952; Up and Out, 1957; All or Nothing, 1960.
Über Powys: L. U. Wilkinson, Brothers P., 1947.

Powys, Theodore Francis (1875 Shirley–1953 Mappowder, Wales), England.
Das Hauptwerk des mittleren der begabten Powys-Brüder ist der Roman »Mr. Weston's Good Wine« (1927), eine Mischung aus religiöser Parabel und phantastischem Roman. Gott und der Erzengel Michael besuchen in der Gestalt des Weinhändlers Weston und seines Gehilfen eine englische Kleinstadt, um das Ausmaß des Bösen auf der Erde festzustellen. Horror, derber Humor und Mystik vermischen sich hier zu einem einzigartigen Ganzen, das durch größere sprachliche Zurückhaltung die Werke des berühmteren Bruders John Cowper in der Wirkung übertrifft.
Weitere Hauptwerke: The House with the Echo, 1929; Fables, 1929; Unclay, 1931; The Two Thieves, 1932.
Über Powys: H. R. Ward, The Powys Brothers, 1935.
Deutsch: Mr. Westons guter Wein, 1969.

Praz, Mario (1896 Rom–1982 Rom), Italien.
Der berühmte italienische Anglist und Komparatist P. publizierte 1930 eine Motivgeschichte der schwarzen Romantik, »La carne, la morte e il diavolo nella letteratura romantica«, die in ihrer brillanten Art der Darstellung und in ihrem eleganten Stil bis heute ihresgleichen sucht. P. hat als erster in der west- und südeuropäischen Literatur von der Frühromantik bis zur Dekadenz eine dunkle, vom »Schatten des göttlichen Marquis« de Sade gezeichnete Unterströmung erkannt und sie bis zu den kleinsten Rinnsalen verfolgt. Daß er dabei, insbesondere im Bereich der →»gothic novel« und der Dekadenzliteratur sich auch vielfach mit dem Phantastischen beschäftigte, liegt auf der Hand. Durch sein bahnbrechendes Werk, das vor allem in der englischen Fassung als »The Romantic Agony« (1933) berühmt

wurde, sind viele heute wieder zu Ansehen gekommene Autoren neu entdeckt worden. Das gilt sowohl für →Lewis oder →Maturin, als auch für →Lorrain, →Rachilde, de Gourmont und Mendès.
Über Praz: H. Heißenbüttel, Stichworte zu einer Ikonographie der europäischen Moderne, in: Merkur 18, 1964.
Deutsch: Liebe, Tod und Teufel. Die schwarze Romantik, 1963.

Prest, Thomas Pecket (1810–1859 London), England.
In der Geschichte der Vampir-Literatur nahm P. jahrelang einen ehrenwerten Platz ein als der Verfasser des umfangreichen →»penny dreadful« »Varney the Vampire or The Feast of Blood« (1845). E. F. Bleiler zweifelte in einer Neuausgabe (1972) des lange unauffindbaren Romans diese Autorschaft an und hielt →Rymer für den Verfasser. Auf jeden Fall gehörte P. zu den produktivsten Unterhaltungsautoren seiner Zeit. Große Beliebtheit erfreute sich der Serienroman »The String of Pearls« (1841) über den mörderischen Barbier Sweeney Todd.
Weitere Hauptwerke: Ela The Outcast, 1841; Almira's Curse, 1842; The Maniac Father, 1842; The Skeleton Clutch, 1842.
Über Prest: P. Haining, The Penny Dreadful, 1975.
Deutsch: Rymer/P., Varney, Der Vampir oder das Fest des Blutes, 1976 (stark gekürzte Ausgabe).

Prévot, Gérard (1921 Binche–1975 Brüssel), Belgien, Fr.
Zu den dunkelsten Erzählern des Phantastischen in Belgien gehört P., der erst 1970 seinen ersten Beitrag zum Genre veröffentlichte: »Le démon de février«, eine Sammlung von kurzen, deutlich von seinem Freund Thomas →Owen beeinflußten Erzählungen. Sein extrem pessimistisches Weltbild und seine Fähigkeit, jede Figur und jedes Ereignis mit einem toten, gespenstischen Licht zu umgeben, wurde ab »Celui qui venait de partout« (1973) deutlich. Wie Owen bevorzugt er die flämischen Küstenlandschaften im Herbst und im Winter, aber bei ihm erhellt kein Humor die trostlose Szenerie. Das Ausweglose dieser Erzählungen und Novellen erklärt vielleicht ihren überraschend geringen Publikumserfolg. Dennoch muß P. als einer der Meister der modernen Phantastik betrachtet werden.
Weitere Hauptwerke: La fouille, 1972, L'empan, 1973; La nuit du Nord, 1974; Le spectre large, 1975.

Über Prévot: F. Hellens, Un inventeur autant qu'un écrivain. Nachwort zu: Le démon de février, 1970.

Price, Edgar Hoffmann (1898 Fowler, Cal.), USA.
Der Großteil seiner Geschichten, die im allgemeinen eher zur →Fantasy als zur Phantastik gehören, erschien in den legendären →»Weird Tales«. Er interessierte sich für Buddhismus und Theosophie, ein Interesse, das in seinem recht unbedeutenden Werk erhebliche Spuren hinterließ. Am Unterhaltendsten sind die Geschichten, in deren Zentrum sich Pierre d'Artois befindet und die Ähnlichkeit mit →Quinn aufweisen. Zusammen mit →Lovecraft schrieb er »Through the Gates of the Silver Key« (1934).
Weitere Hauptwerke: (Sammelbände) Strange Gateways, 1967; Far Lands, Other Days, 1975.

Priestley, John Boynton (1894 Bradford), England.
Während P. mit seinen »time plays« (»Dangerous Corner«, 1932, »I have been here before«, 1938) und Theaterstücken wie »Music at Night« (1938) oder »An Inspector Calls« (1946) einige seltene Beispiele wirklichen, von der Struktur her phantastischen Theaters geschaffen hat, spielt das Phantastische in seiner weitgehend realistischen Prosa eine untergeordnete Rolle. Ein später Versuch, die →»gothic novel« wieder zu beleben, war »Benighted« (auch: »The Old Dark House«) (1927), die Geschichte einiger Reisender, die, von einem Unwetter überrascht, in einem alten, geheimnisvollen Haus Schutz suchen müssen. Der Roman wurde 1932 von James Whale mit Boris Karloff verfilmt. In »The Doomsday Men« (1938) wissen zwei junge Leute ein dämonisches Komplott zum Weltuntergang zu verhindern.
Weitere Hauptwerke: The Good Companions, 1929; The Magicians, 1954.
Über Priestley: P. Hughes, P., 1958.
Deutsch: Von der Nacht überrascht (Benighted), 1953; Die guten Gefährten (The Good Companions), 1931; Das jüngste Gericht (The Doomsday Men), 1952.

Prins, Arij (1860 Schiedam–1922 Schiedam), Niederlande.
Der mit →Huysmans befreundete Industrielle, der jahrelang in Hamburg lebte, verwandte auf seine beiden Hauptwerke äußerste Sorgfalt, die ihn zu einer ganz eigenwilligen Sprache führte.

Ihm war weniger die traditionelle Syntax als die glutvolle Heraufbeschwörung visionärer und farbenprächtiger Bilder wichtig, auch wenn diese nur durch eine Zerstörung der üblichen Erzählweisen erreicht werden konnte. Die phantastischen, an →Poe und den französischen Symbolisten geschulten Erzählungen des Bandes »Een koning« (1897) und der gleichfalls häufig ins Übernatürliche erhöhte Bericht eines Kreuzzuges, »De heilige tocht« (1913), nehmen eine Sonderstellung in der niederländischen Literatur der Zeit ein und werden erst heute voll gewürdigt.
Über Prins: S. P. Uri, Leven en Werken van A. P., 1935.

Przybyszewski, Stanislaw (1868 Lojewo–1927 Jaronty), Polen.
Obwohl das Werk des bedeutendsten polnischen Romanciers der Dekadenz, das teilweise auf deutsch, teilweise auf polnisch geschrieben wurde, nicht im eigentlichen Sinne phantastisch ist, spielt es in der Entwicklung der phantastischen Literatur eine ähnliche Rolle wie →Huysmans' »La Bas«, von dem P. beeinflußt wurde. Der →Satanismus-Kult, den Huysmans salonfähig gemacht hatte, beherrscht das Werk des Polen, der wie →Péladan von der Idee des Androgynen besessen war und einem in ekstatischen Worten gefeierten Pansexualismus huldigte. Als seine Hauptwerke können »Totenmesse« (1893), »Satans Kinder« (1897) und »Androgyne« (1900) angesehen werden.
Weitere Hauptwerke: Vigilien, 1894; De Profundis, 1896; Synagoga szatana, 1902; Krzyk, 1917.
Über Przybyszewski: M. Schlüchter, S. P. und seine deutschsprachigen Prosawerke 1892–1899, 1969.
Deutsch: Androgyne, 1906; Synagoge des Satans, 1902; Der Schrei (Krzyk), 1918.

Puschkin, Alexander Sergewitsch (1799 Moskau–1837 Petersburg), Rußland.
Der bei einem Duell gestorbene große Begründer der realistischen Erzählung in Rußland schrieb eine bedeutende phantastische Novelle, die einen gewissen Einfluß →Hoffmanns erkennen läßt, »Pikovaja Dama« (1833), in der der Spieler Hermann mit aller Macht hinter dem Geheimnis dreier mystischer, einer alten Gräfin von Saint Germain geschenkter Karten her ist. Als er das Geheimnis gelüftet hat und zwei Abende hintereinander gewinnt,

erscheint ihm am letzten Abend statt der Drei, As und Sieben immer wieder die dämonische Pique Dame, worauf er in Wahnsinn verfällt. Die Novelle bildet die Vorlage für Tschaikowskys berühmte gleichnamige Oper (1890). Als phantastische Skizze kann »Grobovscik« aus der frühen Sammlung »Povesti pokojnogo Ivana Petrovica Belkina« betrachtet werden.
Über Puschkin: W. N. Vickery, A. P., 1970.
Deutsch: Erzählungen, 1969².

Quiller-Couch, Arthur (1863 Fowey–1944 Fowey), England.
In seinen um die Jahrhundertwende entstandenen Gespenstergeschichten verarbeitete Sir A. Q. C. vor allem Motive der Folklore seiner Heimat Cornwall. Seine bekanntesten Geschichten lassen sich in den Sammlungen »Wandering Heath« (1895) und »Old Fires and Profitable Ghosts« (1900) finden.
Weitere Hauptwerke: Dead Man's Rock, 1887; (Gesammelte Werke) Tales and Romances, 1928–1930.
Über Quiller-Couch: B. Willy A. Q. C., 1947.
Deutsch: Das Spiegelkabinett (The Room of Mirrors aus: Old Fires and Profitable Ghosts), in: Das Spiegelkabinett, 1966; Das Händepaar, in: Die Gespenstertruhe, 1967.

Quinn, Seabury Grandin (1889 Washington D. C.–1969 Washington D. C.), USA.
Nicht →Lovecraft, sondern Q. war über die Jahre hinweg der beliebteste Autor der →»Weird Tales« mit seinen amüsanten, wenn auch in literarischen Klischees schwelgenden, ideologisch reaktionären Geschichten über den pfiffigen okkulten Detektiv Jules de Grandin, den es aus Frankreich nach den Staaten verschlagen hat, und seinen wenig intelligenten Freund Dr. Samuel Trowbridge, die nach dem Vorbild Holmes-Watson geschaffen wurden. Die 93 handlungsreichen Geschichten pflegen ihren Ausgangspunkt in dem Wohnort der beiden zusammenlebenden Helden, Harrisonville, zu nehmen, einer archetypischen amerikanischen Kleinstadt, die allerdings eine Brutstätte teuflischer Verbrechen ist. Anbeter geheimer Kulte, bei denen Menschenopfer gebracht werden, perverse Orientalen und dämonische Russen sind die Gegner des wenig skrupulösen Franzosen. Eine gewisse Ähnlichkeit mit den etwa zur selben Zeit entstandenen Harry-Dickson-Geschichten von Jean →Ray läßt sich wohl

auf beider Vorbild, die Nick Carter-Serie der Jahrhundertwende, zurückführen. Von den anderen Geschichten Q.'s, der zeitweilig Redakteur einer Zeitschrift für Leichenbestatter, »Casket and Sunnyside«, war, ist vor allem »Roads« (1938) erwähnenswert.
Weitere Hauptwerke: Seit 1976 erscheinen die Grandin-Geschichten neu als Taschenbuch. Darunter: The Adventures of Jules de Grandin, 1976; The Casebook of J. d. G. 1976; The Skeleton Closet of J. d. G. 1976.
Über Quinn: L. Carter, A Sherlock of the Supernatural. Introduction to »The Adventures of Jules de Grandin«, 1976.
Deutsch: Die Herren des Geisterlandes, in: Horror 1, 1969; Die Menschenfresser (The Children of Ubasti), in: Acht Teufelseier, 1976; Das Muttermal, in: Horror 4, 1974; Das Haus, in dem die Zeit stillsteht, in: Luther's Grusel + Horror Cabinet 8, 1972; Rache macht blind, in: Luther's Grusel + Horror Cabinet 12, 1972.

Quiroga, Horacio (1878 El Salto–1937 Buenos Aires), Uruguay. Zu den bedeutendsten phantastischen Erzählern Südamerikas zählt H. Q., dessen tragisches Leben – mehrere Verwandte starben durch eigene Hand, Q. erschoß selbst aus Versehen einen Freund und beging schließlich, unheilbar krank, Selbstmord – sein Werk endgültig prägte. Es ist eine Welt der Verlorenen, der Entwurzelten, in der es nur das Grauen, keine Hoffnung gibt. In ihrer konsequenten Auswegslosigkeit erinnern die Erzählungen, wie im frühen Band »El crimen del otro« (1904) an das Spätwerk →Maupassants und in der unerbittlichen Vermessung der Schrecklichen an das große Vorbild →Poe. »Wahnsinn, Grenzbereich des Bewußtseins, parapsychologische Phänomene und der Tod in den Dimensionen des Mysteriums oder der grauenvollen Tat, des Unfalls oder der entsetzlichen Gewißheit. Die Urwaldlandschaft ist häufig nicht nur Szenerie, sondern magische Kraft, die den Menschen vernichten, gefangenhalten, in ein Tier verwandeln oder zum Wahnsinn treiben kann, wie umgekehrt die Tiere des Urwalds, so in ›Anaconda‹ (1921), menschliche Verhaltensweisen produzieren.« (Dieter Reichardt, Lateinamerikanische Autoren, 1972)
Weitere Hauptwerke: Los perseguidos, 1905; Cuentos de amor, de locura y de muerte, 1917; El regreso de Anaconda, 1926; Los desterrados, 1929.

Über Quiroga: J. E. Etcheverrey, H. Q., 1957.
Deutsch: Auswanderer (Auswahlband), 1931; Der Aufruhr der Schlangen (Anaconda), 1958.

Rabou, <u>Charles</u> Félix Henri (1803 Paris–1871 Paris), Frankreich.
Wie →Chasles oder →Karr gehört R. zu den vielen Kleinmeistern der französischen Romantik, die unter dem Einfluß der →Hoffmann-Mode phantastische Erzählungen schrieben. Nach einem ersten Beitrag in der Revue de Paris im Jahre 1831 (»Le Mannequin«) erschienen in den zusammen mit →Balzac und →Chasles herausgegebenen »Contes bruns« (1832) die beiden bekanntesten Beiträge R.s zum Genre, »Tobias Guarnerius«, der das beliebte Motiv der verzauberten Geige höchst originell abwandelt, und »Le Ministère Public«, ein frühes Beispiel des »conte cruel« und zugleich ein Pamphlet gegen die Todesstrafe.
Weitere Hauptwerke: L'homme aux échéances, 1833; La Lille sanglante, 1857; Les frères de la mort, 1857.

Rachilde, (eigentl. Vallette, geb. Eymery, Marguerite) (1860 Le Cros–1953 Paris), Frankreich.
In den skandalumwitterten Romanen R.s finden sich alle Motive der Dekadenz-Literatur geradezu gehäuft wieder. Dies kann, vor allem in ihrem späteren Werk, zu unfreiwilliger Komik führen. Berühmt wurde sie durch ihren Roman »Monsieur Vénus« (1884), der schon das Hauptthema ihres Werks, die Verwischung der als spezifisch empfundenen Eigenheiten der Geschlechter, vorführt. Ihre Vorliebe für einen gepflegten Sado-Masochismus, die sie mit Mendès und →Lorrain teilt, spricht aus diesem Werk wie aus »La Marquise de Sade« (1887). Ihre faszinierenden phantastischen Erzählungen sammelte sie in dem Band »Le démon de l'absurde« (1894), der von Rémy de Gourmont zu Recht gelobt wurde. Es ist in mancher Hinsicht ihr bestes Buch. Eine erweiterte Fassung publizierte sie 1901 mit dem Titel »Contes et nouvelles«.
Weitere Hauptwerke: La princesse des ténèbres, 1896; Les hors-nature, 1897; Le meneur des louves, 1905; Le grand saigneur, 1922.
Über Rachilde: M. Bruns, R., Einleitung zu »Die Gespensterfalle«, 1911.
Deutsch: Die Gespensterfalle (Auswahl aus Contes et nouvelles), 1911.

Radcliffe, Ann (geb. Ward) (1764 London–1823 London), England.
Obwohl die Werke der literarisch begabten Kaufmannstochter, die als Mrs. Radcliffe Weltruhm erlangen sollte, heute im allgemeinen nur noch von Spezialisten gelesen werden, kann man ihre Bedeutung nicht hoch genug einschätzen. Sie verfeinerte die von →Walpole und →Reeve entwickelte Form der →»gothic novel« zu einem idealen Instrument zur Vermittlung der Schauer des Übernatürlichen und Geheimnisvollen. In ihrem Werk wird zum erstenmal die Beziehung zwischen erotischer und phantastischer Literatur exemplarisch deutlich; das Grauen hat bei ihr immer eine ambivalente Funktion, es besitzt die Faszination des Verbotenen und zieht die unschuldigen Heroinen ihrer Romane unweigerlich in seinen Bann. Das geheimnisumwitterte Schloß in den Bergen als Ort der spannungsgeladenen Handlung ist ebenso ihre Erfindung wie die dämonischen männlichen Hauptfiguren, die eine dunkle Vergangenheit mit teuflischem Glanz umgibt und schließlich ihrem Untergang zuführt. Schedoni in ihrem Meisterwerk »The Italian« (1797) ist das berühmteste Beispiel. Diese negativen Helden wurden zum direkten Vorbild des vom Weltekel geplagten »byronic hero«. Die stimmungsvollen Naturbeschreibungen aus »The Romance of the Forest« (1791) und »The Mysteries of Udolpho« (1794) beeinflußten →Maturin, →Poe und →Le Fanu, während ihre Spezialität des »erklärten Übernatürlichen« am Ende der Romane, eine Art schamhafter Verbeugung vor dem Prinzip der Aufklärung, jahrzehntelang das Genre des Schauerromans bestimmen sollte. Nur in ihrem letzten Roman, »Gaston de Blondeville« (geschr. 1802, publ. 1826), finden die phantastischen Ereignisse keine natürliche Erklärung.
Weitere Hauptwerke: The Castles of Athlin and Dunbayne, 1789; A Sicilian Romance, 1790.
Über Radcliffe: C. F. McIntyre, Mrs. R., 1920.
Deutsch: Die nächtliche Erscheinung im Schlosse Mazzini (A Sicilian Romance), 1792, Adeline oder das Abenteuer im Walde (The Romance of the Forest), 1793; Udolphos Geheimnisse, 1795; Der Italiener, 1973.

Raes, Hugo (1929 Antwerpen), Belgien, Ndl.
Der flämische Erzähler R. schreibt eine Prosa mit stark visionärem Charakter, die zwischen Phantastik und →SF anzusiedeln

ist. Nach dem an Hieronymus Bosch orientierten Roman »Een faun met kille horentjes« (1966) schrieb er zwei zusammenhängende Parabeln über die Stellung des Menschen in einem vom Untergang bedrohten Universum: »De lotgevallen« (1968) und »Reizigers in de anti-tijd« (1971). Seine phantastischen und SF-Geschichten sammelte er in »De Vlaamse reus« (1975).
Weitere Hauptwerke: Het smarán en al de andere kleuren van de geschiedenis, 1972; De verwoesting van Hyperion, 1978.
Über Raes: U. Kersten, H. R., 1978.
Deutsch: Ein Faun mit kalten Hörnchen, 1968; Der Club der Versuchspersonen (De lotgevallen), 1969.

Ramuz, Charles Ferdinand (1878 Cully/Lausanne–1947 Lausanne), Schweiz-Fr.
Der bekannteste französischsprachige Schriftsteller der Schweiz dürfte R. sein, der in seinem umfangreichen Prosawerk häufig Legendenmotive seiner Waadtländischen Heimat benutzt und eine manchmal →Giono oder →Seignolle verwandte Art der »folkloristischen Phantastik« vertritt. Als sein Hauptwerk in dieser Art darf »La grande peur dans la montagne« (1926) gelten, in dem einige Hirten, die nach langen Jahren entgegen dem Rat der Älteren ihre Kühe auf eine als verflucht geltende Alm treiben, ihren eigenen Untergang und den des Dorfes heraufbeschwören. Die fast greifbare Nähe des Bösen und die sich immer mehr verbreitende apokalyptische Stimmung hat R. mit seiner wuchtigen, bildhaften Sprache auf meisterhafte Weise eingefangen. In »Derborence« (1934) greift R. das typisch schweizer Motiv vom »Revenant«, dem in den Bergen Verlorengeglaubten, aber schließlich Wiedergekehrten auf, während »Si le soleil ne revenait pas« (1938) die Weltuntergangsstimmung aus »La grande peur dans la montagne« auf grotesk-humoristische Weise abwandelt.
Weitere Hauptwerke: Le règne de l'esprit malin, 1914; Les signes parmi nous, 1919; Farinet ou la fausse monnaie, 1932.
Über Ramuz: D. R. Haggis, Ch. F. R., 1968.
Deutsch: Das Regiment des Bösen (Le règne de l'esprit malin) 1921; Es geschehen Zeichen (Les signes parmi nous), 1921; Das große Grauen in den Bergen (La grande peur dans la montagne), 1927; Farinet oder das falsche Geld (Farinet ou la fausse monnaie), 1932; Wenn die Sonne nicht wiederkehrt (Si le soleil ne revenait plus), 1939.

Rauschnik, Gottfried Peter (Pseudonym: Ph. Rosenwall) (1778 Königsberg–1835 Leipzig), Deutschland.
Die beiden Bände der »Gespenstersagen« (1817) enthalten einige der treffendsten phantastischen Erzählungen der Zeit. In ihnen verbindet R. die Elemente des alten Schauerromans und die dem Genre eigene Betonung der moralischen Lehre mit der Vorliebe der romantischen Erzähler für die Erforschung abnormer Seelenzustände und die rigorose Anwendung des Übernatürlichen. Ein typisches Beispiel seiner Erzählkunst erschien 1978 neu in »Phaïcon 3« (»Die Vorschau«). In den folgenden Sammlungen seiner »abenteuerlichen und romantischen Erzählungen« benutzte er viele klassische Motive der Phantastik, wie den →Vampir oder den →Doppelgänger.
Weitere Hauptwerke: Königskerzen, 1819, Päonien, 1820; Kaiserkronen, 1820.

Ray, Jean (eigentlich: Johannes Raymondus de Kremer) (Pseud. für die niederländisch-sprachigen Veröffentlichungen: John Flanders) (1887 Gent–1964 Gent), Belgien-Fr.-Ndl.
Der bedeutendste phantastische Erzähler Belgiens ist ohne Zweifel Jean Ray-John Flanders, dessen gewaltiges Werk, geradezu symbolisch, aus einem etwa gleich großen französischen und niederländisch-sprachigen Teil besteht. R., der als Journalist arbeitete und nie, wie die Legende behauptet, Seeräuber oder etwas ähnlich Abenteuerliches war, verbrachte fast sein ganzes Leben in Gent. Seine erste Sammlung phantastischer Erzählungen war »Les contes du whisky« (1925), der schon so berühmte Erzählungen wie »Le gardien du cimétière« oder »Les étranges études du Dr. Paukenschläger« enthält. Einige dieser Geschichten erschienen auf englisch in →»Weird Tales«. Einen Höhepunkt im französischen Werk bilden der Band mit Novellen »Le Grand Nocturne« (1942), der neben der meisterhaften Titelerzählung »La ruelle ténébreuse« und »Le psautier de Mayence« als wichtigste Beiträge umfaßt, und der Roman »Malpertuis« (1943), der auf Bitten des Verlags vom Autor gekürzt wurde. Im kompliziert strukturierten Roman, der in einer sehr metaphernreichen, an Archaismen reichen Sprache geschrieben wurde, verbindet Ray das klassische Motiv des Gespensterhauses mit seinem eigensten Thema, der Existenz einer Parallelwelt, »un monde intercalaire«. Seine tiefgehenden okkulten, mythologi-

schen und theologischen Kenntnisse werden gleichfalls in dieses Hauptwerk eingearbeitet. 1944 folgten »Les derniers contes de Canterbury«, eine Rahmengeschichte, in denen die Figuren Chaucers eine Rolle spielen. Gleichfalls in französischer Sprache erschienen ab etwa 1930 monatlich, später zweimonatlich die Harry-Dickson-Hefte, in denen der »amerikanische Sherlock Holmes« mit seinem Gehilfen Tom Wills viele phantastische Abenteuer zu bestehen hat. Das niederländischsprachige Werk zählt vor allem Romane und Erzählungen für die Jugend, die sogenannten »Vlaamse Filmkens«. Die wichtigsten Romane aus diesem Bereich sind »Spoken op de ruwe heide« (1944), »Het zwarte eiland« (1948) und vor allem »De geheimen van het Noorden« (1948). Eine Bibliographie bietet das 3. Cahier der Fondation Jean Ray (1973).

Weitere Hauptwerke: La croisière des ombres, 1932; La cité de l'indicible peur, 1943; Le livre des fantômes, 1947; Le carrousel des maléfices, 1964; Sammelbände: Griezelen, 1964; John Flanders omnibus, 1965; Vierde dimesie, 1969.

Über Ray: Die Cahiers Jean Ray 1–8, 1971–1979.

Deutsch: (Sammelband) Die Gasse der Finsternis, 1972; Malpertuis, 1974; Das Sauerkraut (La choucroute, aus »Le livre des fantômes«), in: Das unsichtbare Auge, 1979; Das Tor im Meer (Het geheim van de Sargassen / La porte sous les eaux), 1981.

Reenen, Reenen Jan van (1884–1934), Südafrika-Afrikaans.
v. R. gilt als der Begründer des Genres der Gespenstergeschichte in Afrikaans. Seinem Beispiel sollten, allerdings mit einer wesentlich größeren Begabung, vor allem →Langenhoven, →Leipoldt und →Marais nachfolgen. V. R. sammelte seine dem Vorbild →Poe nacheifernden Geschichten in den beiden Bänden »Celestine en ander spookstories« (1919) und »Verborge skatte« (1920).

Über van Reenen: M. S. B. Kritzinger, J. v. R., in: Ons Tydskrif, Febr. 1936.

Reeve, Clara (1729 Ipswich–1807 Ipswich), England.
Die Pfarrerstochter wurde durch ihren Roman »The Champion of Virtue; A Gothic Story« (1777), der ein Jahr später mit dem Titel, »The Old English Baron« erschien, unter dem er bekannt blieb, zum direkten Vorbild von Mrs. →Radcliffe. Die übernatürlichen Momente spielen in dem empfindsamen, an Richardson

orientierten Roman allerdings keine wesentliche Rolle.
Über Reeve: M. Summers, The Gothic Quest, 1938.

Renard, Maurice (1875 Chalons-sur-Marne–1939 Rochefort), Frankreich.
Als bedeutender Vorläufer der →SF wurde R. in den sechziger Jahren unseres Jahrhunderts wiederentdeckt, aber dieses Etikett hat einer wesentlichen Beschäftigung mit seinem recht umfangreichen, aber nur teilweise in Neuausgaben vorhandenen Werk eher geschadet als genutzt. Der häufig mit dem weniger interessanten →Rosny zusammen erwähnte R. vereint in seinen Texten vielmehr die unterschiedlichsten Genres. Sie reichen von reiner Phantastik bis zum Kunstmärchen. Er teilt mit Jules →Verne eine Faszination durch die moderne Technik und geht in der Beschreibung der ungeheuerlichen Ereignisse, an denen seine Romane und Erzählungen reich sind, mit geradezu wissenschaftlicher Akribie vor. Dieser steht eine Neigung zur Mythisierung gegenüber. Es ist immer R.s Bestreben, das Gegensätzliche zu vereinen – daher seine Beschäftigung mit dem →Doppelgängermotiv – oder hinter der schäbigen Alltagswirklichkeit eine ideale, eine Traumwirklichkeit aufschimmern zu lassen. Während er in seinen drei wichtigsten Romanen, »Le Docteur Lerne, sous dieu« (1908), »Le péril bleu« (1911) und »Un homme chez les microbes« (1929) Motive der SF benutzt – der gottgleiche Dr. Lerne als ein neuer Frankenstein, die Bedrohung der Erde durch außerirdische Wesen, die Erforschung der Mikrobenwelt durch einen unendlich verkleinerten Wissenschaftler – ist ihre ineinander verschachtelte Erzählstruktur, die schon auf →Borges hinzuweisen scheint, ein typisches Merkmal moderner Phantastik. Die Erzählungen dagegen erweitern klassische Topoi der Phantastik um eine neue Dimension, indem als Erzählform jene wissenschaftliche des Berichts gewählt wird, die der SF lieb ist. Die gelungensten Erzählungen vereint der Band »L'invitation à la peur« (1926).
Weitere Hauptwerke: Le voyage immobile, 1911; M. d'Outremont, 1921; Les mains d'Orlac, 1920; Le maître de la lumière, 1948;
Über Renard: J. Krichbaum/R. A. Zondergeld, Die Sehnsucht der Sirene nach dem Wasser. Die Welt des M. R., in: Polaris 4, 1978.

Deutsch: Der Doktor Lerne, 1909; Die blaue Gefahr (Le péril bleu), 1922; Orlac's Hände, 1922; Die Fahrt ohne Fahrt (Le voyage immobile), 1923; »Er?« (Lui?), 1928; Ein Mensch unter den Mikroben (Un homme chez les microbes), 1928.

Rensselaer Dey, Frederick van (1861–1922), USA.
Der Name des Autors wird kaum einem seiner Millionen Leser bekannt gewesen sein. R. D., der durch eigene Hand starb, schrieb seit 1889 die Texte der auf der ganzen Welt beliebten Nick-Carter-Geschichten, die in der Form des Nick-Carter-Magazine erschienen. Obwohl es sich bei diesen an Aktion sehr reichen »dime novels« um Kriminalgeschichten handelt, begibt sich der Detektiv mit seinen Gehilfen auch häufig in übernatürliche Gefahren. Einen Höhepunkt in dieser Hinsicht bildet die Serie um den fast allmächtigen und in vielerlei Gestalt auftretenden Hohepriester eines Teufelskults, Dazaar, die offensichtlich noch Jean →Ray und →Bouquet beeinflußt hat. Auch ein anderer Gegner, Dr. Quartz, der in »The Fate of Dr. Quartz« (1895) seinen ersten Auftritt hat, hat durchaus, wie sein späterer Nachfolger Mabuse, phantastische Dimensionen.
Über Rensselaer Dey: E. F. Bleiler, Introduction to Eight Dime Novels, 1974.

Reynolds, George William Macarthur (1814 Sandwich–1897 London), England.
Der dritte bedeutende Autor von →»penny dreadfuls« neben →Prest und →Rymer war R., der auch als Verleger und Herausgeber der Zeitschrift »Miscellany« und »Weekly« erfolgreich war. Nach dem Vorbild von →Sue entstanden »The Mysteries of London« (1845) und »The Mysteries of the Court of London« (1848–1856). Einen überwiegend phantastischen Charakter hat »Wagner, The Wehr-Wolf« (1847), die →Werwolf-Parallele zu →Rymers »Varney the Vampire«.
Weitere Hauptwerke: The Necromancer, 1857.
Über Reynolds: E. F. Bleiler, Introduction to »Wagner The Wehr-Wolf«, 1975.

Richepin, Jean (1849 Médéa, Algerien–1926 Paris), Frankreich.
Die Erzählungen des vor allem als Dramatiker bekannt gewordenen Naturalisten lassen den Einfluß →Poes und →Villiers de

l'Isle Adams erkennen, während sie gleichfalls an →Borel erinnern. Es sind makabre »contes cruels«, grausige Alpträume – so der Titel seines Bandes mit Erzählungen »Cauchemars« (1892) – die schon auf die →»Grand Guignol«-Texte vorausweisen. Sadistische und masochistische Vorstellungen, wie in »La machine à métaphysique« aus »Morts bizarres« (1876) beherrschen die Welt R.s.
Weitere Hauptwerke: Contes sans morale, 1922.
Über Richepin: J. L. Lecomte, J. R., 1950.
Deutsch: (Auswahl) Seltsame Erzählungen, 1926.

Richter, Anne (1939), Belgien-Fr.
Die Herausgeberin der interessanten Anthologie »Le fantastique féminin« (1977) publizierte, als eine Art Wunderkind der phantastischen Literatur, schon mit fünfzehn Jahren ihren ersten Band mit Erzählungen, »La fourmi a fait le coup« (1955). Ihre wichtigsten Geschichten sammelte sie in »Les locataires« (1967). Es gelang ihr hier vorzüglich, traditionellen Themen höchst neue Seiten abzugewinnen, wie in »Le projet«, einer Erzählung, welche das klassische Motiv des Gespensterzimmers benutzt, aber zugleich eine Parabel über die Einsamkeit des Menschen in einer kranken Gesellschaft darstellt.

Riddell, J. H. (geb. Cowan, Charlotte Eliza Lawson) (1832 Antrim, Irl.–1906 Hounslow), Irl.-Engl.
Da ihr Mann, Joseph Hadley R., mit seinen Geschäften wenig Erfolg hatte, war Mrs. R. gezwungen, durch ihre literarische Arbeit ihr Brot zu verdienen. Neben einer Vielzahl von relativ erfolgreichen realistischen Romanen veröffentlichte sie eine Reihe von Gespenstergeschichten, die in mehreren Bänden, darunter »Weird Stories« (1884), gesammelt wurden, und vier phantastische Romane, die ursprünglich in Routledge's Christmas Annuals erschienen: »Fairy Water« (1873), »The Uninhabited House« (1874), »The Haunted River« (1877) und »The Disappearance of Mr. Jeremiah Redworth« (1878). Auch ihr Roman »The Nun's Curse« (1888) enthält übernatürliche Elemente.
Weitere Hauptwerke: Idle Tales, 1888; The Banshee's Warning, 1894.
Über Riddell: E. F. Bleiler, Introduction to »The Collected Ghost Stories of Mrs. J. H. Riddell«, 1977.

Deutsch: Sandy, der Kesselflicker (Sandy the Tinker), in: Die Damen des Bösen, 1969.

Robbe-Grillet, Alain (1922 Brest), Frankreich.
Obwohl Baronian ihn in seiner Geschichte der französischen Phantastik unerwähnt läßt, muß R.-G. als einer der bedeutendsten phantastischen Autoren unserer Zeit angesehen werden. Schon sein erster Roman »Les gommes« (1953) benutzt die Mittel des Detektivromans, um den Leser in ein absolut labyrinthisches Universum aus rätselhaften Geschehnissen einzuführen. Durch die umständlich-präzisen Beschreibungen der objektiven Realität verliert diese immer mehr an Eindeutigkeit und verwandelt sich in ein Arsenal ambivalenter Signale, deren Bedeutung zu entschleiern den Hauptfiguren, Marionetten in einem dunklen Spiel des Schicksals, nicht gelingt. Weder der »Held« aus »Les gommes«, der einen Mord aufklären soll, den er schließlich, unabwendbar, selbst begeht, noch der Uhrenvertreter aus »Le voyeur« (1955), dem ein Teil seiner Zeit abhanden gekommen ist, ein Teil, in dem er wahrscheinlich einen Sexualmord begangen hat, finden sich in diesem feindlichen, unmenschlichen, an →Kafkas Welt erinnernden Universum zurecht. Einen Höhepunkt dieser ersten, interessantesten Phase in R.-G.s Werk stellt der Roman »Dans le labyrinthe« (1949) dar, die Schilderung des Irrweges eines Soldaten durch eine verschneite, menschenleere Stadt, ein Buch fast ohne Handlung, aber von einer Beklemmung, welche die Phantastik nur in ihren Hauptwerken erreicht. Die Undurchsichtigkeit der äußeren Welt ist hier zum einzigen Thema geworden. Dieses Grundthema variiert der Autor in seinem Drehbuch zu Resnais Film »L'année dernière à Marienbad« (1961), dem ersten seiner sogenannten »ciné-romans«, denen seine eigenen Filme folgten, die eine zunehmende Besessenheit im erotischen Bereich erkennen lassen. Sadistische und masochistische Visionen beherrschen die folgenden Romane, die collagenhaft an pornographische und phantastische Trivialliteratur erinnern. »La maison de rendez-vous« (1965) bleibt das gelungenste Beispiel dieser zweiten Phase, die freilich nicht mehr die atmosphärische Dichte des Frühwerks erreicht.
Weitere Hauptwerke: La jalousie, 1957; Projet pour une révolution à New York, 1970; Topologie d'une cité fantôme, 1976; Un régicide, 1978.

Über Robbe-Grillet: O. Bernal, A. R.-G.: le roman de l'absence, 1964.
Deutsch : Ein Tag zuviel (Les gommes), 1954; Der Augenzeuge (Le voyeur), 1957; Die Jalousie oder die Eifersucht, 1959; Die Niederlage von Reichenfels (Dans le labyrinthe), 1960; Letztes Jahr in Marienbad, 1961; Die blaue Villa in Hongkong (La maison de rendez-vous), 1966; Projekt für eine Revolution in New York, 1971; Ansichten einer Geisterstadt, 1977.

Rodenbach, Georges (1855 Tournai–1898 Paris), Belgien, Fr.
Einige der berühmtesten Autoren des Symbolismus waren Belgier, und unter ihnen nahm R. eine wichtige Stellung ein. Mit seinem Roman »Bruges-la-Morte« (1892) bereicherte er die Dekadenzliteratur um einen Topos, der alsbald sehr beliebt sein sollte: die tote Stadt Brügge, die Stadt, in der das Leben vampirhaft von einer gespenstisch alles beherrschenden Vergangenheit aufgesaugt wird. Das Motiv der wiedergekehrten Toten wird auf eine neue, subtile Weise benutzt. Das Phantastische bei R. ist vielmehr die Frage der Beleuchtung, die alles Geschehene in unwirkliches Licht taucht, als der tatsächlich übernatürlichen Ereignisse. R. steht damit am Anfang einer langen, spezifisch belgischen Tradition.
Weitere Hauptwerke: Le rouet des brumes, 1901.
Über Rodenbach: J. E. Poritzky, G. R., in: Phaïcon 4, 1980.
Deutsch: Das tote Brügge, 1966; Der Leichenkutscher (Le rouet des brûmes), 1913.

Rohmer, Sax (eigentlich: Ward, Arthur Henry) (1883 Birmingham–1959 London), England.
Einer der erfolgreichsten und produktivsten Trivialschriftsteller im Bereich der englischen Phantastik war R., der durch die Erschaffung des teuflischen Orientalen Dr. Fu-Manchu, in unzähligen Romanen bestrebt, die Weltherrschaft an sich zu reißen, unsterblich wurde. Obwohl der literarische Wert dieser und der anderen Romane und Geschichten gering ist, haben sie, wie so viele Produkte der »Groschen-Literatur«, manchmal einen beachtlichen Charme, der sie weniger hat verblassen lassen als viele seriös gemeinte Prosawerke aus derselben Zeit. Der erste Band der Dr. Fu-Manchu-Reihe erschien 1913, der letzte 1959. Der an allen okkulten Dingen interessierte R. war Mitglied des Order of

the Golden Dawn, dem auch Yeats angehörte. Diese okkulten Interessen prägen den Roman, den R.-Kenner für seinen besten halten, »Brood of the Witch-Queen« (1917).
Weitere Hauptwerke: Tales of Egypt, 1918; The Dream Detective, 1920; The Haunting of Low Fennel, 1920; Moon of Madness, 1927; The Bat Flies Low, 1935.
Über Rohmer: C. van Ash und E. Sax Rohmer, Master of Villainy. A Biography of S. R., 1972.
Deutsch: Die Romane erschienen zwischen 1927 und 1933 in 16 Bänden, darunter: Das graue Gesicht, 1927; Der Höllendoktor, 1928; Die Mission des Dr. Fu-Mandschu, 1927; Der Ring des Sévérac, 1930; Der Tag, an dem die Welt untergehen sollte, 1931; Der Mond des Wahnsinns, 1932; Die Türkisenkette, 1933; Neuausgaben: Das Geheimnis des Dr. Fu-Manchu, 1975; Im Banne des Goldenen Drachens, 1978.

Rolfe, Frederick (Pseudonym: Baron Corvo) (1860 London–1913 Venedig), England.
Noch wesentlich phantastischer als seine Bücher war das Leben des homosexuellen Schulmeisters, der Priester werden wollte, sich mit allen seinen Freunden und Gönnern anlegte und schließlich vollkommen verarmt in Venedig starb. »The Quest for Corvo« (1934) von A. J. A. Symons bildete den Anfang einer Wiederbeschäftigung mit dem Werk dieses vielleicht originellsten Vertreters der englischen Dekadenz. Einer größeren Verbreitung seiner Bücher steht allerdings sein außerordentlich eigenwilliger Umgang mit der englischen Sprache häufig im Wege. Obwohl sein ganzes Werk phantastische Züge trägt, gehören zum Genre am deutlichsten die beiden Romane »The Weird of the Wanderer« (1912) und der zusammen mit C. H. C. Pirie-Gordon geschriebene »Hubert's Arthur«.
Weitere Hauptwerke: Stories Toto Told Me, 1895; In His Own Image, 1901; Chronicles of the House of Borgia, 1901; Hadrian VII, 1904.
Über Rolfe: M. J. Benkovitz, F. R. Baron Corvo, 1977.
Deutsch: Hadrian der Siebte, 1970.

Rosei, Peter (1946 Wien), Österreich.
In seinem Kurzroman »Wer war Edgar Allan?« (1977) benutzt der promovierte Wiener Jurist die Form des literarischen Vexier-

bilds zu einer faszinierenden Auseinandersetzung mit Figur und Werk des Meisters der Phantastik, Edgar Allan →Poe, dessen nach mathematischen Gesetzen funktionierende Verrätselungsstruktur er übernimmt. Topoi des Geheimnisvollen werden zu einem neuen Muster zusammengestellt: in der dem Untergang geweihten Stadt Venedig trifft der Erzähler, ein mit Alkohol und Drogen experimentierender junger Mann, im Zusammenhang mit dem rätselhaften Tod einer Contessa, den Amerikaner Edgar Allan, der ihn immer mehr in seinen Bann zwingt und eine Art →Doppelgängerfunktion erhält. Das Ende der Erzählung bleibt ungewiß. Das am Schluß erscheinende Motto, ein Satz von Keith Richard (»Wir wollen nichts anderes, als die Leute auf Touren bringen, auf eine Fahrt mitnehmen ... rücksichtslos.«) läßt den Roman als einen, freilich genau kalkulierten Trip erscheinen.

Rosendorfer, Herbert (1934 Bolzano), Deutschland.
Als der in München ansässige Jurist R. 1969 seinen ersten Roman »Der Ruinenbaumeister« vorlegte, waren die Reaktionen der Kritiker weitgehend positiv. Der labyrinthisch strukturierte Roman, der sich häufig vor seinen eigenen Einfällen kaum retten kann, wirkte in seiner phantastischen Farbigkeit und Vitalität, in seinem absurden Sprachwitz um so stärker, als die deutsche Literatur damals Phantasie und Fabulierfreudigkeit zugunsten eines ausschließlich politisch-orientierten Dokumentarismus verbannt zu haben schien. Daß freilich R.s Roman die Parole der 68-Generation – die Phantasie an die Macht – geradezu exemplarisch befolgte, blieb eher unbemerkt. Die Neigung zur gesellschaftskritischen Satire und Groteske, die schon den Roman prägt, bleibt für die folgenden höchst unterschiedlichen Werke charakteristisch. R. schließt sich deutlich der österreichischen Phantastik-Tradition eines →Herzmanovsky-Orlando an. G. Heidenreich sieht den »Einbruch des Unheimlichen in den scheinbar sicheren Alltag, Verbrechen und Mythos, die Topologie der Geisterwelt« als die »Spezialitäten R.s« an, »mit denen er ausreichend ironische Distanz gewinnt«. Vom späteren Werk überzeugen vor allem die Erzählungen aus »Der stillgelegte Mensch« (1970) und der überraschend konventionelle Roman »Stephanie und das vorige Leben« (1977).
Weitere Hauptwerke: Über das Küssen der Erde, 1971; Großes Solo für Anton, 1976; Skaumo, 1976; Ball bei Thod, 1980; Das

Zwergenschloß, 1982.
Über Rosendorfer: G. Heidenreich, Mann mit lauter Eigenschaften, H. R. ordnet seine Vorräte, in: Die Zeit, Nr. 47, 1980.

Rosny, Joseph Henri (genannt: J. H. Rosny aîné) (eigentl. Boëx, Joseph Henri Honoré) (1856 Brüssel–1940 Paris), Frankreich.
Nachdem er zusammen mit seinem Bruder Séraphim Justin Françoix eine Reihe von Romanen verfaßt hatte, publizierte er als Rosny aîné seine Romane und Erzählungen, die weitgehend der →SF zugerechnet werden können und ihn zu einem wichtigen Ahnen des Genres in Frankreich machen. Daneben schrieb er einige bemerkenswerte Novellen und Geschichten, die sich auf originelle Weise mit klassischen phantastischen Motiven – wie der Hexe, dem →Vampir, dem Gespenst – auseinandersetzen. Am bekanntesten wurde die wie eine wissenschaftliche Studie anmutende Vampirgeschichte »Le jeune vampire« (1920). Seine gesammelten SF und phantastischen Erzählungen erschienen 1975 bei Marabout.
Weitere Hauptwerke: La sorcière, 1887; L'Immolation, 1887; L'épave, 1903; La jeune sorcière, 1924; L'assassin surnaturel, 1924.
Über Rosny: J. Sageret, La révolution philosophique et la science: J. H. R. a., 1924.

Roussel, Raymond (1877 Paris–1933 Palermo), Frankreich.
Zwar entdeckten schon die Surrealisten die Bedeutung des wenig umfangreichen Œuvres des wohlhabenden, homosexuellen »Literatur-Dilettanten« R., aber dennoch fand es während des Lebens des Autors so wenig Anklang, daß R. sich das Leben nahm. Nach »Impressions d'Afrique« (1910) publizierte R. 1914 sein Meisterwerk »Locus Solus«. »›Locus Solus‹ ist ein Rätsel- und ein Geheimnisroman. In einer zum Prinzip erhobenen mehrfach potenzierten parenthetischen Erzählweise werden Geheimnisse geschildert, Rätsel aufgegeben. Die Gruppe von Besuchern, die vom ›maître‹ Martial Canterel durch den Zauber- und Irrgarten von Locus Solus geführt wird, erhält in keinem einzigen Falle die Aufforderung, sich an der Lösung eines dieser Rätsel und Geheimnisse zu versuchen. Einzig der Meister, der sie erdacht und konstruiert hat, vermag sie zu erklären.« (J. M. Fischer) Die labyrinthisch verschachtelte Erzählstruktur und die verwirren-

den, geradezu alchimistischen Sprachexperimente und Wortspiele machen diesen Roman, in dem durchaus noch Anklänge an den klassischen →Schauerroman zu finden sind, zu einem höchst artifiziellen manieristischen Spiel, das einen nicht zu unterschätzenden Einfluß auf die Autoren des »nouveau roman« ausübte.
Weitere Hauptwerke: Nouvelles impressions d'Afrique, 1928.
Über Roussel: F. Caradec, Vie de R. R., 1972; J. M. Fischer, »Logicus Solus«, Verbergen und Enthüllen bei R. R., in: Phaïcon 4, 1980.
Deutsch: Locus Solus, 1968; Eindrücke aus Afrika, 1980.

Rubiao, Murilo (1916 Silvestre Ferraz/Minas Gerais), Brasilien.
Die phantastischen Erzählungen des Brasilianers benutzen häufig Motive der heimatlichen Folklore, wirken manchmal märchenhaft, manchmal surrealistisch. Auch Ansätze zur politischen Satire sind unverkennbar. Sein erster Band mit Erzählungen war »O Ex-Mágico« (1947), der großen Erfolg hatte. Ihm folgte 1953 »A Estrêla Vermelha« (1953).
Weitere Hauptwerke: Os Dragoes e outros contos, 1965.
Über Rubiao: R. G. Mertin, Nachwort zu »Der Feuerwerker Zacharias«, 1981.
Deutsch: Der Feuerwerker Zacharias und andere phantastische Erzählungen, 1981.

Rulfo, Juan (1918 Sayula/Jalisco), Mexico.
Obwohl R. zu den bekanntesten und einflußreichsten Autoren Latein-Amerikas gehört, ist sein Werk nur wenig umfangreich. 1953 publizierte er seine schon vorher einzeln erschienenen Erzählungen in dem Band »El llano en llamas«, die das traurige Leben der Einwohner von Jalisco schildert, wobei freilich die realistische Erzählebene, wie so häufig in der südamerikanischen Literatur, um eine magische Dimension erweitert wird. Dies gilt noch stärker für sein Hauptwerk, den Roman »Pedro Páramo« (1955), der die Geschichte des diktatorialen Großgrundbesitzers Páramo immer wieder ins Phantastische steigert, wie in der Beschreibung eines Dorfes, das nur noch von Schatten bewohnt wird. Daß der Erzähler der Geschichte selbst schon gestorben ist, ist ein weiteres phantastisches Moment, das eine überraschende Parallele zu →Nossacks »Spätestens im September« aufweist.
Über Rulfo: H. Rodriguez Alcalá, El arte de J. R., 1969.
Deutsch: Pedro Páramo, 1958; Der Llano in Flammen, 1964.

Rydberg, Abraham Viktor (1828 Jönköping–1895 Djursholm), Schweden.
Neben den Novellen →Almquists darf R.s früher Roman »Singoalla« (1857) als Höhepunkt der schwedischen Phantastik im 19. Jahrhundert betrachtet werden. Die Geschichte der fatalen, aber schließlich dennoch zur Erlösung führenden Liebesgeschichte zwischen dem jungen Erland Manesköld und der geheimnisvollen, in allen magischen Dingen bewandten Zigeunerin Singoalla trägt die Spuren der Beschäftigung R.s mit der orientalisch gefärbten Schauerromantik, die letztlich auf →Beckfords »Vathek« zurückgeht und wie jenes Vorbild häufig einen deutlich philosophischen Kern enthält, der auch hier in der Gegenüberstellung abendländischer und östlicher Kultur zu sehen ist. Die Versöhnung beider symbolisiert Erlands von Singoalla in die Geheimlehren des Orients eingeführter Sohn.
Über Rydberg: V. Svanberg, R.s »Singoalla«, 1923.
Deutsch: Singoalla, Eine Phantasie, 1885.

Rymer, James Malcolm (1824–1884 London), England.
R. gilt heute im allgemeinen als der Verfasser des berühmten frühen Vampirromans »Varney the Vampire or The Feast of Blood« (1845) (→Prest), ein typisches Beispiel des →»penny dreadful«. Die unübersichtliche, sehr aktionsreiche Handlung bietet dem Vampir wenig Möglichkeiten zur Entwicklung eines Eigencharakters, wie dies bei →Polidori oder →Stoker der Fall ist.
Weitere Hauptwerke: The Black Monk, 1844.
Über Rymer: E. F. Bleiler, Introduction to »Varney the Vampire«, 1972.
Deutsch: M. Rymer/T. Prest, Varney, der Vampir oder das Fest des Blutes, 1976 (stark gekürzte Ausgabe).

Sábato, Ernesto (1911 Rojas), Argentinien.
Der neben →Borges, von dem er beeinflußt wurde, und →Cortázar wichtigste Erzähler Argentiniens veröffentlichte nach seinem von den Existenzialisten begrüßten ersten Roman »El túnel« (1948), der schon den Rahmen des psychologischen Romans sprengt, 1961 »Sobre héroes y tumbas«, ein gewaltiges Epos über die Stadt Buenos Aires, in dem eine realistische Ebene, auf der die problematische Liebesgeschichte zwischen Martín und Alejandra

erzählt wird, durch eine phantastische ergänzt wird; durch den vom Vater Alejandras, der eigentlichen Hauptfigur des Romans, verfaßten Bericht über das geheimnisvolle Reich der Blinden (»Informe sobre ciegos«), welche dabei sind, die Weltmacht an sich zu reißen. Die Realität wird immer rissiger und das Wirken dämonischer Mächte, die hier von den Blinden symbolisiert werden, hinterläßt seine bedrohlichen Spuren im Leben der Menschen. Buenos Aires verwandelt sich zu einem höllischen Labyrinth, über das in »Abaddon«, dem lange erwarteten zweiten Teil (1974), die Apokalypse hereinbricht. Der Engel des Untergangs Abaddon beherrscht das vielfach erzählperspektivisch gebrochene Geschehen, in dem auch der Autor als betroffener Zeuge auftritt. Die politischen Erfahrungen der letzten Jahrzehnte werden in diese phantastische Untergangsvision eingearbeitet, die zu den Höhepunkten der lateinamerikanischen Literatur unserer Zeit gehört.

Über Sábato: W. A. Luchting u. a., Materialien zu E. S. und seinem Werk, 1980.
Deutsch: Der Maler und das Fenster bzw. Maria oder die Geschichte eines Verbrechens (El túnel), 1958 bzw. 1976; Über Helden und Gräber (Sobre héroes y tumbas), 1967; Abaddon, 1980.

Saki (eigentlich Munro, Hector Hugh) (1870 Akyob, Burma–1916 Beaumont-Hamel), England.
Nur eine geringe Zahl der häufig bissig-satirischen Kurzgeschichten des Meisters der modernen englischen »short story«, des Journalisten Munro, der im 1. Weltkrieg starb, hat phantastischen Charakter, aber unter ihnen befinden sich einige der berühmtesten Horrogeschichten überhaupt, die vor allem durch ihre lakonische Knappheit, ihren Witz und ihren charmanten Zynismus bestechen. Sie wurden einer Reihe von späteren Autoren, wie →Collier, Ellin und →Dahl zum Vorbild. Zu den bekanntesten Beispielen von S.s Kunst gehören die →Werwolf-Geschichte »Gabriel-Ernest« (1910), »Sredni Vashtar« (1911) und »The Open Window« (1919). In den beiden letzten Geschichten nehmen Kinder auf unterschiedliche Weise Rache an der aufgeblasenen Welt der Erwachsenen, die auch ihrem Autor nie gefallen konnte. 1930 erschienen die Complete Short Stories.
Über Saki: C. H. Gillen, S., 1969.

Deutsch: Die offene Tür (The Open Window), 1964; Ausgewählte Erzählungen, 1973.

Salarrué (eigentlich Arrué, Salazar) (1899 Sonsonate), El Salvador.
Der auch als Maler bekannte S. veröffentlichte 1933 einen Band mit Erzählungen über das traurige Dasein der Indianer seines Landes, die trotz eines realistischen Grundtons häufig eine magische Erhöhung erfahren und daher als ein frühes Beispiel jenes »magischen Realismus« gelten, der das Werk vieler südamerikanischer Autoren prägt. Direkt phantastischen Charakter haben dagegen die Erzählungen aus »O'Yarkandal«, »Geschichten, Erzählungen und Legenden von einem fernen Imperium«, die der →Fantasy nahestehen.
Weitere Hauptwerke: El Christo negro, 1927; La espada, 1960; Cuentos, 1969.
Über Salarrué: L. Gallegos Valdés, Panorama de la literatura Salvadoreña, 1962.
Deutsch: Gespräch mit dem Teufel, in: Literatur in Lateinamerika, 1967; Schlecht sind wir (Somos malos), Der Küster (El sacristán), in: Die Sonnenfinsternis und andere Erzählungen aus Mittelamerika, 1969.

Sansom, William (1912 London–1976), England.
Der Name eines der bekanntesten englischen Autoren von Kurzgeschichten ist den Liebhabern des Phantastischen vor allem durch seine Erzählung »A Woman Seldom Found«, aus »Something Terrible, Something Lovely« (1948) bekannt, eine makaber-witzige Liebesgeschichte, in der Telekinese eine höchst unheimliche Rolle spielt. Sie kann als gutes Beispiel einer modernen »conte cruel« gelten.
Weitere Hauptwerke: Collected Tales, 1963.
Deutsch: (Sammelbände) Zwischen den Dahlien, 1960; Das Gesicht am Fenster, 1964.

Sandoz, Maurice-Yves (1892 Basel–1958 Lausanne), Schweiz-Fr.
Als den bedeutendsten Schweizer Erzähler des Phantastischen und einen der modernen Meister des Genres überhaupt muß man wohl Maurice S. betrachten, dem sein gewaltiger Reichtum erlaubte, ein Leben außerhalb jeder gesellschaftlichen Bindung zu

führen. Seine Bücher erschienen in kleinen exklusiven, häufig von berühmten Künstlern wie Dalí oder Gugel illustrierten Ausgaben und blieben bis heute weitgehend unbekannt. Nach einem schwachen Debüt mit der an →Firbank erinnernden Novelle »Le jeune auteur et le perroquet« (1920) publizierte S. 1937 sein erstes Hauptwerk »Souvenirs fantastiques et nouveaux souvenirs«. Seine höchst eigenwillige Art der Phantastik besteht darin, daß in diesen, als Erinnerungen ausgegebenen Texten die am Ende mitgeteilte »natürliche« Erklärung der vorher geschilderten phantastischen Ereignisse die vom Leser angenommene »phantastische« Erklärung noch übersteigert. Die labyrinthische Art des Erzählens, die S. als einen Neo-Manieristen ausweisen, verstärkt noch erheblich diesen Aspekt. In den beiden Romanen »Le labyrinthe« (1941) und »La maison sans fenêtres« (1943) verwendet S. das klassische Motiv des Gespensterhauses auf eine völlig neue Weise, die seiner Art der »Phantastik des Natürlichen« entspricht. In »La maison sans fenêtres«, seinem Meisterwerk, setzt er sich zugleich kritisch mit der Existenz des Ästheten, und damit auch mit seinem eigenen Lebensstil auseinander. In »Contes Suisses« (1956) sammelte der Weltreisende, der Grandseigneur, der sich mit Vorliebe in seiner Villa in Rom aufhielt und auch als Komponist tätig war, einige ältere und neue Erzählungen, darunter die schon 1939 zum erstenmal erschienene »La pierre penchée«, die makabre und ergreifende Geschichte einer totgeweihten Liebe. 1958 starb S. durch eigene Hand.

Weitere Hauptwerke: Contes et nouvelles, 1931; Trois histoires bizarres, 1939; La limite, 1949.
Über Sandoz: R. A. Zondergeld, Die Labyrinthe der Erinnerung. Die nostalgische Welt des M. S., in: Phaïcon 4, 1980.
Deutsch: Erzählungen und Novellen (Contes et nouvelles), 1934; Seltsame Erinnerungen (Souvenirs fantastiques), 1936; Das Labyrinth (Le labyrinth), 1941; Das Haus ohne Fenster (La maison sans fenêtres), 1948; Am Rande (La limite), 1954; Schweizer Erzählungen (Contes suisses), 1955.

Savinio, Alberto (eigentl. de Chirico, Andrea) (1891 Athen–1952 Rom), Italien.
Erst nach und nach wird die Bedeutung des Bruders Giorgio de Chiricos erkannt, der sowohl Maler und Komponist als auch Schriftsteller war. Das teilweise auf Französisch geschriebene

Prosawerk ist, ähnlich wie seines Bruders »Hepdomeros«, der Versuch, auch in der Literatur die metaphysische Ebene der Wirklichkeit zu entdecken. Vom Roman »Hermaphrodito« (1918) an verwirklicht S. einen Anspruch, den er schon 1914 so formulierte: »Fern jener Zeiten, da allein die Abstraktion herrschte, könnte unsere Epoche dazu neigen, aus der Materie (der Dinge selbst) all ihre metaphysischen Elemente hervortreten zu lassen. Damit bekäme der Gedanke der Metaphysik, ehemals rein abstrakt, sinnliche Anschaulichkeit.« Als Höhepunkte in seinem Werk können die beiden längeren Prosatexte »Il Signor Münster« aus dem Band »Casa ›La Vita‹« (1943) und »La nostra anima« (1944) gelten. Im ersten Text ist es dem Protagonisten möglich, den eigenen Tod bis zum Zerfall des Leibes zu erfahren, während in »La nostra anima« einige Herrschaften, darunter S.s alter ego Nivasio Dolcemare, dem »Fleischfigurenkabinett« einen Besuch abstatten und dort die mit ihren eigenen Exkrementen spielende Psyche betrachten, die ihre, von Apuleius erheblich abweichende Geschichte erzählt. Die Umformung und Gefügigmachung antiker Mythen gehört zu den von S. am häufigsten angewandten »metaphysischen« Methoden.
Weitere Hauptwerke: Achille innamorato-Gradus ad Parnassum, 1938; Infanzia di Nivasio Dolcemare, 1941; Narrate, uomini, la vostra storia, 1942; L'angolino, 1950.
Über Savinio: Katalog der Ausstellung A. S., Commune di Milano, Palazzo Reale, 1976.
Deutsch: Menschengemüse zum Nachtisch (Auswahl, enthält u. a. »Herr Münster« und »Unsere Seele« (La nostra anima), 1980.

Sayers, Dorothy Leigh (1893 Oxford–1957 Witham), England. Die berühmte Kriminalautorin hat sich in der Einleitung zu ihrer inzwischen klassischen Anthologie »Great Short Stories of Detection, Mystery and Horror« (1929) auch theoretisch mit dem Genre der Phantastik auseinandergesetzt. Sie hat nicht unwesentlich zur Neuentdeckung →Le Fanus, dessen Werk auch in »Gaudy Night« (1935) eine Rolle spielt, beigetragen. Ihre eigenen, wenigen Beiträge zur phantastischen Literatur finden sich in »Lord Peter Views the Body« (1928) und »In the Teeth of Evidence« (1939).
Über Sayers: T. H. Hall, D. L. S. Nine Literary Studies, 1980.

Deutsch: Des Rätsels Lösung (Lord Peter Views the Body), 1959; Feuerwerk (In the Teeth of Evidence), 1963.

Schendel, Arthur van (1874 Batavia–1946 Amsterdam), Niederlande.
Die Prosa des neben →Couperus berühmtesten Neuromantikers der niederländischen Literatur besitzt häufig eine irreale Färbung, die aber im Frühwerk eher legendenhafte Züge trägt (»Een zwerver verliefd«, 1904, und »Een zwerver verdwaald«, 1907). Die Romane seiner sogenannten »Holländischen Periode« weisen in ihrer von der calvinistischen Prädestinationslehre geprägten fatalistischen Düsternis eine Ähnlichkeit zum Werk Julien →Greens auf. Auch hier könnte man von einem →magischen Realismus sprechen. (»Een Hollands Drama«, 1935; »De grauwe vogels«, 1937). Der Band mit Gespenstergeschichten »Nachtgedaanten« (1938) bildet den bedeutendsten Phantastik-Beitrag des meistens in Italien lebenden Niederländers.
Weitere Hauptwerke: De berg van dromen; 1913; De wereld een dansfeest, 1938; De fat, de nimf en de nuf, 1941.
Über van Schendel: Beschouwingen over A. v. S., 1976.
Deutsch: Ein Wanderer (Een zwerver verliefd, Een zwerver verdwaald), 1924; Der Berg der Träume (De berg van dromen), 1927.

Schiller, Friedrich von (Johann Christoph) (1759 Marbach–1805 Weimar), Deutschland.
Mit dem unvollendeten Roman »Der Geisterseher« (1788) schuf S. nicht nur eins der Hauptwerke des deutschen →Schauerromans, sondern auch eins der einflußreichsten Werke der deutschen phantastischen Literatur. Die geheimnisvolle, sich in Venedig abspielende Geschichte um den rätselhaften »Armenier«, die auf wenig überzeugende Weise von →Tschink und mehr als hundert Jahre später von →Ewers (1922) vollendet wurde, regte nicht nur →Grosse zu seinem »Genius« an, sondern wurde auch in der englischen Übersetzung zu einem der wesentlichen Vorbilder für die →»gothic novel«.
Über Schiller: G. Zacharias-Langhans, Der unheimliche Roman um 1800, 1968.

Schirmbeck, Heinrich (1915 Recklinghausen), Deutschland.
In seinem brillant konstruierten und in einer zeitlos wirkenden Sprache, die freilich manchmal zum Klischeehaften neigt, geschriebenen Novellen und Erzählungen wendet sich S., ähnlich wie die Dänin →Blixen oder der deutsche Neoklassizist von →Scholz, klassischen Motiven der phantastischen Literatur zu; die Figuren seiner Texte sind einem undurchschaubaren und unentrinnbaren Schicksal unterworfen und entwickeln in der Hinnahme ihres Fatums heroische Eigenheiten. Vorbildlich haben hier die Novellen des von S. sehr bewunderten Heinrich von Kleist gewirkt.
Hauptwerke: Die Fechtbrüder, 1944; Gefährliche Täuschungen, 1947; Das Spiegellabyrinth, 1948; Die Nacht vor dem Duell, 1964; Aurora, 1968; (Sammelband) Träume und Kristalle, 1968.

Schneider, Marcel (1913), Frankreich.
Als einer der wichtigsten Erzähler des Phantastischen im heutigen Frankreich muß S. betrachtet werden, der außerdem als Literatur- und Musikwissenschaftler eine Reihe von beachtenswerten Arbeiten veröffentlicht hat, darunter »La littérature fantastique en France« (1964). Für S., der ein großer Kenner der deutschen romantischen Literatur ist, bedeutet das Phantastische in erster Linie eine Erweiterung des realistischen Erzählens um die befreiende Dimension des Traums, der Vision, auch der Halluzination. Keine Abkehr von der Wirklichkeit, sondern ein tieferes Eindringen in ihr eigenstes Wesen. Daß seine Erzählungen und Romane dennoch häufig von Melancholie umschattet sind, hängt mit der Konfliktsituation seiner Hauptfiguren zusammen, denen es nicht mehr gelingt, ihr erweitertes Realitätsbild mit dem herrschenden in Einklang zu bringen. Häufig bilden elsässische oder deutsche Landschaften den Hintergrund dieses Erzählwerks, das mit Vorliebe sich älteren Epochen zuwendet. Obwohl S. sein Werk in einen phantastischen und realistischen Bereich aufteilt, ist diese Trennung eher müßig, da auch die stark autobiographisch geprägten psychologisch-realistischen Arbeiten eine magische Färbung erhalten. In dem ersten phantastischen Roman, »La première île« (1951) macht sich ein inzestuös verbundenes Zwillingspaar auf der Suche nach der geheimnisvollen »ersten Insel«, dem weltabgewandten Reich, in dem alle Gegensätze schwinden und das Ideal der ursprünglichen Einheit erreicht

wird. Die Liebe der beiden zu einem rätselhaft schönen Jüngling führt sie schließlich auf den richtigen Weg. Auch in dem wichtigen Band mit Erzählungen, »Aux couleurs de la nuit« (1955) werden ähnliche Motive verarbeitet, wobei die Kurzform das Vieldeutige der Schneiderschen Welt noch erhöht. Einen Höhepunkt erreicht der Elsässer Erzähler mit dem Roman »Le lieutenant perdu« (1972), der die phantastischen Abenteuer eines jungen Leutnants während der Napoleonkriege schildert. Ähnlichkeiten zum Werk →Lernet-Holenias und →Brions scheinen feststellbar.
Weitere Hauptwerke: Le sang léger, 1952; Le cardinal de Virginie, 1961; La nuit de longtemps, 1968; Opéra massacre, 1969; Le guerrier de pierre, 1970; Déja la neige, 1974; Sur une étoile, 1976.
Über Schneider: J. B. Baronian, Panorama de la littérature fantastique de la langue française, 1978.
Deutsch: Die Rasse der Sintflut (De la race du déluge, aus: »Aux couleurs de la nuit«), in: Phaïcon 4, 1980.

Schneider, Michael (1943 Königsberg), Deutschland.
Der Wissenschaftler und Amateurzauberer S., der 1974 über Marx und Freud promovierte, veröffentlichte 1980 die Novelle »Das Spiegelkabinett«, die als ein Meisterwerk moderner deutschsprachiger Phantastik angesehen werden kann. In einer bewußt leicht altmodisch gefärbten Sprache berichtet hier der ehemalige Präsident des Magischen Zirkels über das tragische Schicksal des großen Zauberers Alfredo Cambiani und seines Bruders Marco, der zeitweilig als sein »Double« ein makabres Schattendasein führt. Die Novelle ist eine höchst brillante Auseinandersetzung mit der gefährlichen Macht, die Bilder und Vorstellungen über den Menschen gewinnen können, bis sie diesen schließlich zerstören.
Weitere Hauptwerke: (Essays) Den Kopf verkehrt aufgesetzt. Über die melancholische Linke, 1981.

Schneider, Rolf (1932 Chemnitz), Deutschland.
Der politisch engagierte Erzähler S., der vor allem durch seinen Roman »Der Tod des Nibelungen« (1970) bekannt wurde, veröffentlichte eine Reihe von phantastischen, häufig deutlich satirisch gefärbten Erzählungen, die Ähnlichkeiten mit dem

frühen Werk →Hildesheimers und →Lettaus aufweisen. Auch bei S. ist ein Hang zur grotesken Überspitzung unübersehbar. Seine spezifische Begabung für das Genre kommt am besten in »Nekrologe« (1973) zur Geltung.
Weitere Hauptwerke: Brücken und Gitter, 1965.

Schnitzler, Arthur (1862 Wien–1931 Wien), Österreich.
In einigen Erzählungen des großen Dramatikers und Prosaisten spielt das Phantastische eine Rolle. Als klassisches Beispiel des Genres kann »Die Weissagung« (1905) gelten, während in »Das Schicksal des Freiherrn von Leisenbogh« (1903) und »Das Tagebuch der Redegonda« (1911) übernatürliche Geschehnisse eine pointiert ironische Färbung erhalten. Die »Traumnovelle« (1925/26) bietet ein komplexes Verwirrspiel zwischen Realität und Traum und kann nur bedingt als phantastische Novelle angesehen werden, da sich der Symbolgehalt der einzelnen Szenen zu betont in den Vordergrund drängt.
Über Schnitzler: R. Urbach, A. S., 1968.

Schöpfer, Georg Karl August (Pseudonyme: L. Scoper, C. F. Fröhlich, G. Bertrant) (Daten unbekannt), Deutschland.
Der im ersten Drittel des 19. Jahrhunderts wirkende S. war außerordentlich beliebt als Verfasser spannender Seeräuber- und Abenteuergeschichten, die häufig auch phantastische Elemente in der Art des →Schauerromans aufweisen. Er publizierte 1834 einen Roman, dessen Titel die Absicht des Autors anzudeuten scheint, dem damals schon reichlich abgestandenen Genre eine letzte, wohl parodistische, Steigerung widerfahren zu lassen: »Die Schauerruinen der Unkenburg und der Haarzopf der Hölle oder Geisterrache und Menschenhaß. Der Spuk-, Geister- und Räuberhistorien allerfurchtbarste.«
Weitere Hauptwerke: Marino Marineri oder der gläserne Sarg. Eine Seeräubergeschichte, 1834.

Scholz, Wilhelm von (1874 Berlin–1969 Konstanz), Deutschland.
Neben seinem Freund Paul →Ernst gilt S. als der wichtigste Neoklassizist und wie dieser läßt er in seinem Werk eine Vorliebe für das Phantastische und Okkulte erkennen. Während freilich die Erzählungen von Ernst weitgehend zu Recht vergessen sind,

muß man es im Falle des S. bedauern, denn in manchen erreicht er eine im deutschen Sprachraum keineswegs selbstverständliche Intensität. Seine besten Erzählungen finden sich in dem Band »Zwischenreich« (1922), darunter die brillante Schilderung der auf übernatürlichem Wege erfolgten Warnung und Rettung eines jungen deutschen Malers in Rom, »Der Kopf im Fenster«, und die meisterhafte Magie-Novelle »Vincenzo Trappola«, die mit einem Satz schließt, der für die Haltung des Autors zum Phantastischen bezeichnend ist: »Eine aus verborgener Seele oder aus dem tief erregten Spiel der Geschehnisse stammende Täuschung kann mehr vom Wesen des Daseins aufschließen als alle bewiesenen Wahrheiten!« Auch in essayistischer Form beschäftigte er sich mit dem Geheimnisvollen: »Der Zufall« (1924). Eine gewisse Ähnlichkeit mit den Arbeiten der Dänin →Blixen ist in seinem Werk zu erkennen.

Weitere Hauptwerke: Die Unwirklichen, 1916; Die Gefährten, 1937; Nur Zufälle, 1960.

Über Scholz: R. Gramich, Formprobleme der Erzählkunst W. v. S.', 1958.

Schulz, Bruno (1892 Drohobycz–1942 Drohobycz), Polen.
S., der neben →Gombrowicz, mit dem er korrespondierte, als der wichtigste Vertreter der modernen Phantastik in Polen betrachtet werden kann, arbeitete in seinem Geburtsort als Zeichenlehrer und wurde 1942 im Ghetto der Stadt von der Gestapo erschossen. Drohobycz, die archetypische Provinzstadt, weitet sich in seinen Erzählungen zu einem labyrinthischen Abbild der Welt, einer Welt, die vom zauberischen Duft der Kindheit erfüllt und vom gottgleichen Vater beherrscht wird. In diesem Zusammenhang ergibt sich eine Parallele zu →Kafka, dessen »Prozess« S. übersetzte. Im Werk des Polen fehlt freilich die beklemmende Komponente weitgehend, seine Welt ist eine magische, dem Märchen nahestehende, in der das Prinzp der Verwandlung bestimmend ist. Auch wenn Untergang und Zerfall die Geschichten prägen, so gibt ihnen die poetische, metaphernreiche Sprache immer einen versöhnlichen Glanz. Die Rezeption der Erzählungen setzte sowohl in Polen wie im westlichen Ausland erst Ende der fünfziger Jahre wirklich ein.

Hauptwerke: Sklepy cynamonowe, 1934; Sanatorium pod klepsydrą, 1937; Gesamtausgaben: 1957, 1961.

Über Schulz: F. Bondy, S. der Demiurg, Nachw. zu »Die Zimtläden«, 1966.
Deutsch: Die Zimtläden und alle anderen Erzählungen, 1966; (Sammelband mit Graphiken des Autors). Die Republik der Träume, 1967.

Schwob, Marcel (1867 Chaville–1905 Paris), Frankreich.
Zu den Schlüsselfiguren der französischen Décadence gehört S., der nur ein knappes Œuvre hinterließ, das teilweise zur Phantastik gerechnet werden kann. Das gilt in erster Linie für die beiden Bände mit Erzählungen »Cœur double« (1891), der so meisterhafte Texte wie »L'homme double« und »Dom« enthält, und »Le roi au masque d'or« (1892), in dem S. allerdings eher zur Parabel und in einigen Texten auch zu einer frühen Form der →SF neigt. Als sein originellster Beitrag zum Genre sollte aber »Vies imaginaires« (1896) gelten, 22 kurze Prosatexte, in denen die Lebensläufe unterschiedlichster historischer Persönlichkeiten, die allerdings eine Außenseiterexistenz teilen, beschrieben werden. S. benutzt zwar vielfaches Quellenmaterial, ergänzt aber die Fakten, die manchmal auch völlig fehlen, wie im Falle des Dramatikers Tourneur, um hinzuerfundene Ereignisse, die mit derselben faszinierenden Mischung aus wissenschaftlicher Akribie und lyrischer Evokation geschildert werden. Das Phantastische dieser Texte ist also ein strukturbedingtes und weist schon auf →Borges hin, der zu S.s Bewunderern zählt.
Weitere Hauptwerke: La lampe de Psyché, 1903.
Über Schwob: R. Goddard, M. S., 1950.
Deutsch: Gabe an die Unterwelt, 1960 (Auswahl aus den Erzählungen, Zweiundzwanzig Lebensläufe).

Scott, Sir Walter (1771 Edinburgh–1832 Castle Abbotsford), England.
Der Meister des romantischen historischen Romans wies in seinem Aufsatz »On the Supernatural in Fictitious Composition« (1827) auf die Gefahren hin, die mit der Verwendung des Übernatürlichen im Roman verbunden seien. Er betont, daß es besser wäre, es nur am Rande einzusetzen, da sonst beim Leser eine Gewöhnung entstehen würde, die zur Langeweile führe. In seinen Romanen spielt denn auch das Übernatürliche nur am Rande eine Rolle, es wird als atmosphärisches Element einge-

setzt, sehr überzeugend z. B. in »The Bride of Lammermoor« (1819). Stark phantastische Elemente enthält auch »Guy Mannering« (1815). Als S.s Hauptbeitrag zur phantastischen Literatur müssen aber drei kurze Erzählungen angesehen werden, von denen sich die bekannteste, »Wandering Willie's Tale«, im Roman »Redgauntlet« (1824) findet. Die beiden anderen, »The Tapestried Chamber« und »My Aunt Margaret's Chamber« wurden in »The Keepsake« veröffentlicht (1828) und später in »Chronicles of the Canongate« (1832) aufgenommen.
Weitere Hauptwerke: (Gesamtwerk) Works, 48 Bände, 1892–94.
Über Scott: J. T. Hillhouse, The Waverly Novels, 1968.
Deutsch: Werke, 34 Bände, 1904–1909.

Seabrook, William B. (1886 Westminster–1945 Rhinebeck), USA.
Das abenteuerliche Leben des Journalisten und Entdeckungsreisenden gab Anlaß zu den wildesten Gerüchten, denen S. mit gutem Gefühl für public relations keineswegs entgegentrat, sondern die er bewußt unterstützte. Obwohl er keine Bände mit Erzählungen veröffentlicht hat, finden sich in seinen Reisebüchern häufig Texte, die zwar dokumentarischen Charakter beanspruchen, aber durchaus als Fiktion zu werten sind. Das bekannteste Beispiel ist die häufig in Anthologien anzutreffende Zombie-Geschichte »Toussel's Pale Bride« aus dem faszinierenden Buch über →Voodoo in Haiti, »The Magic Island« (1929). S. setzte seinem Leben mit einer Überdosis Schlaftabletten ein Ende.
Weitere Hauptwerke: An Analysis of Magic and Witchcraft, 1940.
Deutsch: Geheimnisvolles Haiti, 1931.

Seghers, Anna (eigentl. Radvanyi, Netty geb. Reiling) (1900 Mainz), Deutschland.
Die große realistische, politisch engagierte Erzählerin, die in der DDR lebt, räumte dem Phantastischen in ihrem Werk nur einen geringen Platz ein. Obwohl eins ihrer Hauptwerke, der Flüchtlingsroman »Transit« (1948), eine gewisse Nähe zu →Kafka verrät, erwarb sie sich vor allem mit den drei Erzählungen des Bandes »Sonderbare Begegnungen« (1972) einen freilich bescheidenen Platz in der Geschichte der phantastischen Literatur.

Während die erste Erzählung, »Sagen von Unirdischen« (1970) eher SF-Charakter hat, sind »Der Treffpunkt« (1971) und »Die Reisebegegnung« (1972) direkt phantastisch. Die letzte Geschichte ist zweifellos die interessanteste: sie schildert ein Treffen zwischen →Hoffmann, →Gogol und Kafka in Prag.
Über Seghers: A. S., Text und Kritik 38, 1973.

Seidel, Willy (1887 Braunschweig–1934 München), Deutschland.
Weit weniger beachtet als die Werke seiner Schwester Ina oder seines Onkels Heinrich blieb die Prosa eines der interessantesten phantastischen Erzähler im deutschen Sprachraum. Reisen nach Asien und ein längerer Amerika-Aufenthalt prägen häufig die Hintergründe der Romane und Erzählungen S.s, die sich einerseits der exotischen, andererseits der phantastischen Literatur zuordnen lassen. Unter den Romanen ist neben der originellen →Doppelgänger-Variante »Der Käfig« (1924) vor allem »Der Gott im Treibhaus« (1925) wichtig, der in seinen mystischen und kultischen Zügen eine gewisse Ähnlichkeit zum Werk Hans Henny Jahnns aufweist und auch als Beispiel früher deutscher →SF gelten könnte, da die Geschichte der Gründung eines neuen Naturglaubens sich in einer Metropolis-ähnlichen Zukunft abspielt. In »Die magische Laterne des Herrn Zinkeisen« (1930) sammelte S. seine besten phantastischen Erzählungen, darunter »Larven« (1929) und »Das älteste Ding der Welt« (1923). J. M. Fischer hat in einem Aufsatz in →»Phaïcon 3« (1978) auf die überraschende Parallele der letzten Geschichte zu →Lovecrafts »The Colour out of Space« hingewiesen.
Weitere Hauptwerke: Vom orangefarbenen Herzogtum, 1924; Die ewige Wiederkehr, 1924; Alarm im Jenseits, 1927; Der Tod des Achilleus,
Über Seidel: J. E. Buschkiel, W. S., 1954.

Seignolle, Claude (1917), Frankreich.
Für manche, wie den Engländer Lawrence Durrell, ist S. der größte lebende Erzähler des Phantastischen. Seine relative Unbekanntheit außerhalb Frankreichs ist nur schwer erklärbar, da seine Erzählungen und Romane trotz ihrer unverkennbaren Eigenart, eher traditionell sind. Dies mag damit zusammenhängen, daß S. als Volkskundler sich sehr intensiv mit den Sagen und

Legenden Frankreichs, insbesondere seiner Heimat, der Sologne, beschäftigt und eine große Reihe von Textsammlungen besorgt hat, während seine Studie zur Rolle des Teufels in der französischen Folklore, »Les Evangiles du Diable« (1964) zugleich seine eigene Faszination durch den Herrn der Finsternis belegt, dem er übrigens 1932 begegnete. Eine Faszination, die sein umfangreiches Erzählwerk prägt, das die Schätze der Folklore einer an Freud geschulten psychologischen Sicht unterwirft. Im →Werwolfroman »Marie la Louve« (1949) oder in »La Malvenue« (1952), dem Bericht einer teuflischen Verzauberung durch eine Statue, ist die Nähe zu den Geschichten des Volkes, auch in der Dialekt verwendenden Sprache, noch groß; in den späteren Erzählungen aber, wie »Histoires vénéneuses« (1970), und in dem Roman, der vielleicht als S.s Meisterwerk gelten sollte, »La brume ne se lèvera plus« (1959), eine an →Nervals »Aurélia« erinnernde Schilderung einer geheimnisvoll-dämonischen, die Männer ins Verderben stürzenden →»femme fatale«, hat S. den Motiven der Besessenheit, des →Satanismus und der Verwandlung ein zeitgenössisches Gesicht und häufig ein Großstadtambiente gegeben.

Weitere Hauptwerke: Le Gâloup, 1960; Contes macabres, 1966; Les chevaux de la nuit et autres récits cruels (auch: Récits cruels), 1966; Contes sorciers, 1974.
Über Seignolle: G. Jacquemin, C. S., o. J.

Shelley, Mary Wollstonecraft (geb. Godwin) (1797 London–1851 London), England.
Die Tochter des Philosophen und Schriftstellers William →Godwin und der Frauenrechtlerin Mary Wollstonecraft heiratete 1816 den Dichter →Shelley. Ihr aus einer berühmten Wette hervorgegangener Roman »Frankenstein or A Modern Prometheus« (1818) ist weit weniger ein phantastischer Horrorroman, wie heutige Leser aufgrund der unzähligen Frankenstein-Filme und Comics erwarten würden, als eine häufig eher trockene Abhandlung über menschliche Hybris. Dennoch wurden Baron Frankenstein und das von ihm aus Leichenteilen geschaffene Ungeheuer zu den neben Dracula populärsten Helden der phantastischen Literatur. »The Last Man« (1826) war ein pessimistischer Roman über den Weltuntergang, der, wie »Frankenstein«, auch zur frühen →SF gerechnet werden kann. Nach

ihrem Tod erschienen ihre gesammelten Erzählungen »Tales and Stories« (1891).
Weitere Hauptwerke: The Transformation, 1831; The Heir of Montolfo, (1877); B. T. Bennett (Hrsg.) The Letters of M. S., Vol. 1, A Part of the Elect, 1980.
Über Shelley: E. Nitchie, M. S., 1953.
Deutsch: Frankenstein, 1970; Die unheimliche Verwandlung (The Transformation), in: A. H. Norton (Hrsg.), Ein Totenschädel aus Zucker, 1971.

Shelley, Percy Bysshe (1792 Field Place bei Horsham–1822 Golf von La Spezia), England.
Der jugendlichen Begeisterung des berühmten englischen Romantikers für die →»gothic novel«, insbesondere für Charlotte →Dacres »Zofloya or The Moor« (1806) verdanken wir zwei der extremeren Beispiele des Genres, »Zastrozzi« (1810) und »St. Irvyne or The Rosicrucian« (1811). Fragment blieben »The Assassins« (1814) über die Sekte der Assassinen und den Alten vom Berge und »The Coliseum« (1818–19). Auch ein Hauptwerk des Dichters, das Drama »The Cenci« (1819), ist von dieser Vorliebe für das Grauenhafte und Makabre geprägt.
Über Shelley: R. Holmes, S. The Pursuit, 1974.
Deutsch: Verney, der letzte Mensch, 1982.

Shiel, Matthew Phipps (1865 Montserrat–1947 Chichester), England.
S., der sich selbst als König der Karibik-Insel Redegonda betrachtete und darüber einen jahrelangen Rechtsstreit führte, gehört zu den bizarrsten Gestalten der englischen Phantastik. Seine extrem reaktionären Überzeugungen, die schon durchaus als faschistisch angesehen werden können, schlugen sich in seinen vielen Unterhaltungsromanen nieder, die durch ihren barock-archaisierenden Sprachgebrauch den von S. erhobenen Kunstanspruch zu unterstreichen scheinen. Sein Romanwerk hat wie seine phantastischen Erzählungen fanatische Bewunderer gefunden. So galt seine bekannteste Geschichte »The House of Sounds« (ursprünglich »Vaila« in »Shapes of Fire«, 1896) →Lovecraft als eine der beklemmendsten Horrorgeschichten, obwohl sie doch wohl eher eine auch sprachlich bis ins Lächerliche übersteigerte Nachahmung von →Poes »The Fall of the House of Usher« ist. 1975 erschien bei →Arkham House ein

noch von S. selbst zusammengestellter Band mit seinen besten Horrorgeschichten, »Xelucha and Others«.
Weitere Hauptwerke: Prince Zaleski, 1895; The Pale Ape, 1911; Invisible Voices, 1935; (SF) The Purple Cloud, 1901.
Über Shiel: A. Reynolds Morse, The Works of M. P. S., 1948.

Singer, Isaac Bashevis (1904 Radzymin), USA/Jiddisch.
Der 1935 nach den Staaten emigrierte polnische Jude, der 1978 den Literatur-Nobelpreis erhielt, schildert in seinen vielen ursprünglich jiddisch geschriebenen, aber in der Erstausgabe im allgemeinen auf englisch erschienenen Romanen und Erzählungen jüdisches Leben in Polen oder in den Emigrantensiedlungen Amerikas. In wieweit die Darstellung des Einflusses böser, teuflischer Mächte auf die Menschen als wirklich phantastisch angesehen werden soll, möge dahingestellt bleiben. Für einen tiefreligiösen Autor wie S. dürfte die Anwendung des Begriffes phantastisch auf sein Werk eher wie eine Blasphemie wirken, denn für denjenigen, der an den Teufel glaubt, ist er von bestürzender Realität.
Hauptwerke: Satan in Goray, 1934, engl. 1957; The Magician of Lublin, 1960; The Slave, 1962; The Séance, 1968; A Friend of Kafka, 1970; A Crown of feathers, 1974.
Über Singer: M. Allentuck (Hrsg.), I. B. S., 1969.
Deutsch: Satan in Goray, 1969; Der Zauberer von Lublin, 1967; Jakob der Knecht (The Slave), 1965; Gimpel der Narr (Ausw. der Erz.), 1968; Der Kabbalist von East Broadway (A Crown of Feathers), 1976.

Skinas, Alexander (1924 Athen), Griechenland.
Der in Deutschland lebende und beim Rundfunk arbeitende S. publizierte 1966 »Anaphora periptoseon«, fünf Prosatexte, die nicht nur in ihrer verblüffenden sprachlichen und strukturellen Experimentierfreudigkeit ein Hauptwerk der modernen neugriechischen Literatur darstellen, sondern auch als ein Musterbeispiel heutiger Phantastik gelten können. Im wichtigsten Text des Bandes setzt der Autor einen elektronischen Erzählapparat ein, der es ihm ermöglicht, »dem Fließenden und Undefinierbaren der Realität objektive Formen zu geben. Die Welt wird in eine Menge von einfachen Bestandteilen zerlegt und nach jeweils verschiedenen Kombinationen immer wieder zusammengesetzt, so daß die

gleichen Wirklichkeitspartikel eine Reihe grundsätzlich divergierender Aspekte ergeben«. (B. Varikas, in: Vima, 9. April, 1967)
Über Skinas: Nachwort zu »Fälle«, 1969.
Deutsch: Fälle (zwei Texte aus »Anaphora periptoseon«), 1969.

Slauerhoff, Jan Jacob (1898 Leeuwarden–1936 Hilversum), Niederlande.
S., der Schiffsarzt war und den Reisen nach China, Japan, Afrika und Niederländisch-Ostindien führten, gehört zu den bedeutendsten niederländischen Autoren seiner Zeit. Sein 1932 publizierter Roman »Het verboden rijk« ist ein an →Borges erinnerndes, labyrinthisches Meisterwerk des Phantastischen, in dem die Grenzen von Raum und Zeit genauso aufgehoben sind wie die Identität der einzelnen Figuren, die immer nur →Doppelgänger, Reinkarnationen oder Spiegelungen anderer sind. Die extrem komplexe Struktur des schmalen Romans wurde anfangs von der Kritik nicht verstanden; man warf dem Buch eine verworrene Konstruktion vor. In den beiden Bänden mit Erzählungen aus dem Jahr 1930, »Schuim en as« und »Het Lente-eiland«, finden sich einige sehr gelungene Beispiele traditionellerer Phantastik wie »De laatste reis van de Nyborg«, »De doodstrijd van de dwaze oude, in het schrijven verliefde« und »De cognacfles en het bed van de keizerin«. Die Romane und Geschichten sind von einem unbezwingbarem Fernweh durchzogen, von einer nicht stillbaren, immer wieder enttäuschten Sehnsucht nach dem Ideal. Die Orte der Handlung sind fast immer exotisch, die Sprache setzt das Mittel der lyrisch-romantischen Stimmungsbeschwörung genauso ein wie jenes der zynischen Desillusionierung.
Weitere Hauptwerke: Het leven op aarde, 1934.
Über Slauerhoff: L. J. E. Fessard, J. S. L'homme et l'oeuvre, 1964.

Smith, Clark Ashton (1893 Long Valley–1961 Pacific Grove), USA.
Obwohl S. nie zu einer wirklichen Kultfigur wurde wie sein Freund →Lovecraft, der wie er vor allem in →»Weird Tales« publizierte, wird sein Werk von Liebhabern des Genres häufig höher eingeschätzt. S., der als Lyriker anfing, blieb in seinen vielen Erzählungen und Novellen der Ästhetik der Décadence verhaftet, was sich nicht nur in seiner Thematik, sondern auch in

seiner häufig maniert wirkenden Sprache niederschlägt. Schwarze Magie und Teufelskult spielen in seinen exotischfarbigen Texten eine entscheidende Rolle. Diese spielen sich häufig in einem sagenhaften Mittelalter im Lande Averoigne, im legendären Atlantis, in Hyperborea oder in Zothique, einem dunklen Reich in der fernen Zukunft, als die Erde schon ihrem Untergang geweiht ist, ab. Insbesondere die Zothique-, Hyperborea- und Atlantisgeschichten stehen der →Fantasy nahe, während sie gleichfalls manchmal gewisse →SF-Motive aufgreifen. Nur in wenigen Erzählungen wie »Genius Loci« (1933) oder »The Seed from the Sepulchre« (1933), die freilich zu seinen überzeugendsten gehören, fehlt dieses sagenhafte Ambiente. →Derleth gab in seinem Verlag →Arkham House eine Reihe von Sammelbänden heraus, von denen die ersten drei die wichtigsten Texte enthalten: »Out of Space and Time« (1943), »Lost Worlds« (1944) und »Genius Loci« (1948).
Weitere Hauptwerke: (Sammelbände) The Abominations of Yondo, 1960; Tales of Science and Sorcery, 1964; Other Dimensions, 1970.
Über Smith: S. Sondernummer der Zeitschrift Nyctalops, 1972; D. Sidney-Fryer, Emperor of Dreams: A C. A. S. Bibliography, 1978.
Deutsch: (Sammelbände) Saat aus dem Grabe, 1970; Der Planet der Toten, 1982.

Soldati, Mario (1906 Turin), Italien.
Der äußerst vielseitige S., der auch als Journalist, Drehbuchautor und erfolgreicher Filmregisseur tätig war, sammelte in dem 1962 erschienenen Band »Storie di spettri« 20 phantastische Geschichten, die eine überraschend klassische Faktur haben und sich eher in der Tradition der englischen →Gespenstergeschichten zu befinden scheinen. Einen Höhepunkt bildet »La palla da tennis«, die Geschichte der Konfrontation zweier Freunde, die einen Spaziergang durch den Garten einer großen Villa machen, mit einem rätselhaften Tennisplatz und vier seltsam unbeteiligt wirkenden Spielern, die sich später als Gespenster herausstellen. Die atmosphärische Dichte, die allmählich ins UnheimlichSinistre abgleitende Stimmung machen diese Erzählung zu einer der wenigen wirklich überzeugenden italienischen Gespenstergeschichten. Auch die sich auf der Automobilmesse in Turin

abspielende Erzählung »Ada e Resi«, in der einem älteren Autohändler das Phantom seiner verschmähten Jugendliebe erscheint, ist von großer Wirkungskraft.
Weitere Hauptwerke: I Racconti, 1961; Opere (10 Bände), 1959–1966; Smeraldo, 1974.
Über Soldati: P. de Tommaso, M. S., in: Belfagor, 14, 1959.

Sologub, Fjodor (eigentl. Kuz'mitsch Teternikov, Fjodor) (1863 Petersburg–1927 Petersburg), Rußland.
Als wichtigster Vertreter phantastischer Tendenzen innerhalb der russischen Dekadenzliteratur neben →Brjussow kann S. gelten, der ähnlich wie dieser und in der Nachfolge der französischen Symbolisten in seinem Werk ein großes Interesse an allem Okkulten und am →Satanismus erkennen läßt. Seine beiden Hauptwerke sind die Romane »Melkij bes« (1907), die Geschichte des sadistischen Lehrers Peridonov, in der die Realität erst allmählich irreale Züge annimmt, und »Tvorimaja legenda« (1907–1913), eine umfangreiche Romantrilogie, die in Rußland nur in zensierter Form erscheinen konnte. Die deutsche Ausgabe dagegen bietet den vollständigen, autorisierten Text. Der Roman ist eine Art Kompendium phantastischer Motive und ein Höhepunkt des russischen Symbolismus. Seine bedeutendsten Erzählungen finden sich in »Zalo smerti« (1904).
Weitere Hauptwerke: Slasche jada, 1908.
Über Sologub: J. Holthusen, F. S.s Roman-Trilogie, 1960.
Deutsch: (Sammelband) Meisternovellen, 1960; Der kleine Dämon (Melkij bes), 1909; Totenzauber (Tvorimaja legenda), 1913; Süßer als Gift (Slasche jada), 1922.

Spark, Muriel (1918 Edinburgh), England.
Die neben →Murdoch bekannteste englische Erzählerin der Nachkriegszeit benutzte schon in ihrem berühmten frühen Roman »Memento Mori« (1959) phantastische Elemente, die hier freilich eher eine allegorische Funktion erfüllten. Erst ihr Roman »The Driver's Seat« (1970), in dem sich die sonnige Touristenstadt Rom in einen labyrinthischen Alptraum verwandelt, zeigte sie als eine Meisterin der psychologischen Phantastik. Eine ähnliche Intensität und atmosphärische Dichte erreicht sie auch in manchen ihrer Erzählungen, die 1967 zum erstenmal als »Collected Stories« gesammelt wurden.
Über Spark: D. Stanford, M. S., 1963.

Spieß, Christian Heinrich (1755 Helbigsdorf–1799 Schloß Bezdjekau bei Klattau), Deutschland.
Einer der produktivsten und erfolgreichsten Verfasser von →Schauerromanen, die aber in ihrer umständlichen Erzählweise und moralisch-didaktischen Art dem Vergleich mit anderen Hauptwerken des Genres wie →Grosses »Der Genius« oder →Kahlerts »Der Geisterbanner« nicht standhalten. Seine beiden bekanntesten Romane sind »Das Petermännchen« (1791–92) und »Der alte Überall und Nirgends« (1792–93). Weniger als psychologische Studien denn als auf Sensation bedachte Horrorerzählungen mit durchaus larmoyantem Charakter sind die »Biographien der Wahnsinnigen« (1795–96) zu betrachten, die auch in einer Neuausgabe vorliegen (1966).
Weitere Hauptwerke: Biographien der Selbstmörder, 1785; Die zwölf schlafenden Jungfrauen, 1794–96; Die Geheimnisse der alten Egipzier, 1798–99; Die zwölf schlafenden Jünglinge, 1800.
Über Spieß: C. Quelle, C. H. S., 1925.

Spunda, Franz (1890 Ölmütz–1963 Wien), Deutschland.
Zu den wichtigsten Vertretern des magischen oder okkulten Romans gehört neben →Meyrink und →Busson S., der sich während eines Pariser Studiums der orientalischen Mystik und der Alchimie zuwandte. Sein erstes Hauptwerk »Devachan« schildert den Kampf zwischen dem heiligen Mönch Irenäus und der Verkörperung des Antichrist, dem steinreichen Engländer Elvers, einen Kampf zwischen göttlichem und teuflischem Prinz um die Weltherrschaft, wie auch im Roman »Heliogabal Kuperus« von →Strobl, mit dem »Devachan« auch den manchmal unerträglich schwülstigen Stil gemeinsam hat. Wesentlich überzeugender, wenn auch stilistisch uneinheitlich, ist S.s Hauptwerk, der alchemistische Roman »Baphomet« (1927), der mit großer Kenntnis vom Weiterleben des geheimnisvollen Tempelordens in der heutigen Zeit berichtet und auf der Handlungsebene vom Kampf zwischen Baphomet anbetenden Tempelrittern und Vertretern des Vatikans um das Erbe eines großen Alchimisten erzählt, das sich jetzt in den Händen seines letzten Nachkommens befindet. Die abwechslungsreich geführte, spannende Handlung und vor allem die Gespräche über den Orden und die Alchimie machen den Roman zum lesenswertesten S.s, der sich auch in theoretischen Schriften mit Magie beschäftigte. Seine

Werke werden seit 1980 vom Schweizer Ansata Verlag neu herausgegeben.
Weitere Hauptwerke: Der gelbe und der weiße Papst, 1923; Das Ägyptische Totenbuch, 1924; (Essay) Der magische Dichter, 1923.
Über Spunda: Der Dichter F. S. und sein Werk, in: Sudetendeutscher Kulturalmanach 3, 1959.

Stenbock, Eric (Count) (1860 Cheltenham–1895 Brighton), England.
Zu den farbigsten Gestalten der an Exzentrikern nicht gerade armen englischen Dekadenzliteratur gehört S. Der homosexuelle Graf veröffentlichte 1894 eine schmale Sammlung mit phantastischen Erzählungen, »Studies of Death«. Interessant ist vor allem die homosexuelle Vampirgeschichte »The True Story of a Vampire«, ein Gegenstück zu →Le Fanus »Carmilla«, das allerdings die emotionale Intensität und den psychologischen Tiefgang des irischen Autors nie erreicht.
Über Stenbock: T. d'Arch Smith, Love in Earnest, 1970.
Deutsch: Wie uns ein Vampir besuchte, in: 14 Horrorstories, Heyne Anthologien 38, 1973.

Sternberg, Alexander von (eigentl. Ungern-Sternberg, Peter Alexander Freiherr von) (1806 Schloß Noistfer bei Reval–1868 Dannenwalde), Deutschland.
Der einer berühmten baltischen Adelsfamilie entstammende S. dürfte der wichtigste phantastische Erzähler seiner Zeit im deutschen Sprachraum sein. Da sein Werk dem heutigen Leser nur schwer zugänglich ist und Neuausgaben bisher weitgehend fehlen, ist diese Tatsache fast unbemerkt geblieben. Neben historischen und zeitkritischen Romanen und Novellen veröffentlichte S., der als Folge seiner Haltung zur Revolution von 1848 sich mit allen Gruppierungen entzweite, von Anfang an Arbeiten, in denen das Phantastische eine wesentliche Rolle spielt. Das Motiv des Zerrissenseins, welches das ganze Œuvre beherrscht, als ein Zerrissensein zwischen Fortschritt und Reaktion, Klassik und Romantik, Internationalismus und Preußentum und das womöglich in der bisexuellen Natur des Grafen seine psychologische Erklärung finden mag, gestaltet er schon 1834 in »Die Doppelgängerin« aus den »Novellen« in der Form einer

phantastischen Geschichte. Wesentlich krasser und in erster Linie auf das Erotische bezogen findet sich das gleiche Motiv in »Der Balsam von Mekka« aus »Die Nachtlampe« (1854), in dem ein Wundertrank einem jungen Mann die Erfüllung seines heimlichsten Wunsches, sich in eine Frau zu verwandeln, ermöglicht. Das Motiv der Geschlechtsumwandlung, beziehungsweise der Zweigeschlechtigkeit, das der alten magischen Vorstellung vom Androgynen entspringt, beherrscht auch die Novelle »Endymion« und den spannungsgeladenen Roman über den deutschen Orden, »Die Ritter von Marienburg« (1853), in dem die außergewöhnliche Freiheit in der Darstellung abweichenden sexuellen Verhaltens auffällt, eine Freiheit, die auch die erotischen »Braunen Märchen« (1850) kennzeichnet. In »Diane« (1842) und »Susanne« (1847) verbindet S. Elemente des →Schauerromans mit denen der Detektivgeschichte.
Der Folklore seiner Heimat entlehnte Erzählungen sammelte S. in »Schiffersagen« (1837), aber auch hier macht sich seine Vorliebe für die Erforschung abnormer Seelenzustände bemerkbar.
Weitere Hauptwerke: Palmyra oder das Tagebuch eines Papageis, 1838; Fortunat, 1838; Erzählungen und Novellen, 1844; Tutu, 1846; Die gelbe Gräfin, 1849; Kleine Romane und Erzählungen, 1862; (Autobiographie) Erinnerungsblätter 1855–1860, von J. Kühn bearbeitete Neuaufl. als Erinnerungsblätter der Biedermeierzeit, 1919.
Über Sternberg: E. Weil, A. v. S. Ein Beitrag zur Literatur- und Kulturgeschichte des 19. Jahrhunderts, 1932.

Stevenson, Robert Louis (1850 Edinburg–1894 Samoa), England.
Einen der berühmtesten phantastischen Romane überhaupt schrieb S. mit »Strange Case of Dr Jekyll and Mr Hyde« (1886), der durch eine Reihe von erfolgreichen Verfilmungen einen ähnlichen Status erhielt wie »Frankenstein« oder »Dracula«. Die Geschichte des angesehenen Wissenschaftlers Jekyll, der ein Elixier entwickelt, das ihm ermöglicht, sich in einen anderen, Mr. Hyde, ein sadistisches Ungeheuer, zu verwandeln, verdeutlicht wie kaum eine andere viktorianische phantastische Erzählung die Spannung zwischen öffentlich gelebtem, anständigem Bürgerdasein und unterdrücktem Sexualtrieb. Drei kürzere phantastische Texte enthält der Band »The Merry Men and Other Tales and

Fables«: »Markheim«, »Thrawn Janet«, in schottischem Dialekt geschrieben, und »Olalla«. Das Motiv vom Geist in der Flasche, das den Erzählungen aus Tausend und Einer Nacht entstammt, verarbeitet »The Bottle Imp« aus »Island Nights' Entertainment« (1893), in dem sich gleichfalls die Geschichte »The Isle of Voices« findet. Unvollendet blieb der von makabrem Witz erfüllte Roman »The Wrong Box«, den Lloyd Osbourne ergänzte.
Weitere Hauptwerke: New Arabian Nights, 1882; Catriona, 1893; (Gesamtwerk) The Works of R. L. S., 35 Bände, 1923–24.
Über Stevenson: J. Briggs, Far Away and Long Ago: S.s Scotland and Kipling's India, in: Night Visitors, 1977.
Deutsch: Dr. Jekyll und Mr. Hyde und andere Schauergeschichten, 1981.

Stoker, Bram (1847 Dublin–1912 London), Irl.-Engl.
Nach einer wenig erfolgreichen Beamtenlaufbahn wurde S. 1877 Manager des berühmten Schauspielers Henry Irving. Nach mehreren, eher unbedeutenden literarischen Versuchen gelang S. mit »Dracula« (1897) ein Meisterwerk der trivialen Phantastik, das seinen Namen bald weltberühmt machte, ein Weltruhm, der nicht zuletzt durch die vielen Verfilmungen dieser wohl berühmtesten Bearbeitung des →Vampir-Motivs, ihm bis heute erhalten blieb. Insbesondere der erste Teil des Romans, der die Reise des Helden Jonathan Harper nach Transsylvanien und seinen wenig erfreulichen Aufenthalt auf dem Schloß des Grafen Dracula schildert, vermag auch heute noch vollkommen zu überzeugen, während die Qualität des Romans mit dem Auftreten des holländischen Vampir-Spezialisten van Helsing erheblich nachläßt und teilweise ins Lächerliche abgleitet. S. benutzte viele Elemente der klassischen →»gothic novel«, und »Dracula« wirkt streckenweise wie eine Anthologie phantastischer Topoi. Keins seiner späteren Werke erreicht die Qualität des »Dracula«, obwohl »The Jewel of the Seven Stars« (1903), das die katastrophalen Folgen eines uralten ägyptischen Fluches schildert, und »The Lair of the White Worm« (1911) überzeugende Szenen aufweisen. Seine besten phantastischen Erzählungen erschienen 1914 posthum als »Dracula's Guest«.
Weitere Hauptwerke: Under the Sunset, 1882; The Mystery of the Sea, The Lady of the Shroud, 1909; Shades of Dracula. B. S.'s Uncollected Stories, 1982.

Über Stoker: D. Farson, The Man who Wrote »Dracula«: A Biography of B. S., 1975.
Deutsch: Dracula, 1967; Draculas Gast, 1968; Die sieben Finger des Todes (The Jewel of the Seven Stars), 1981; Das Schloß der Schlange (The Lair of the White Worm), 1981; Der unsichtbare Riese (The Invisible Giant, aus: Under the Sunset), in: M. Görden (Hrsg.), Phantastische Literatur 82, 1982. Das Geheimnis des schwimmenden Sarges (The Lady of the Shroud), 1982.

Stolle, Ferdinand (eigentl. Anders, Ludwig Ferdinand) (1806 Dresden–1872 Dresden), Deutschland.
Sowohl mit einigen umfangreichen Napoleon-Romanen, wie mit humoristischen Erzählungen in der Tradition Jean →Pauls und →Dickens' hatte S. Erfolg beim Lesepublikum des Biedermeiers. In seinen vielen Sammlungen mit »Phantasiestücken und Erzählungen« aber lassen sich auch mehrere recht überzeugende phantastische Geschichten finden, wie »Der Totenwalzer« aus dem zweiten Band von »Je länger je lieber«, dem 23. Band der »Ausgewählten Schriften« (1855).
Weitere Hauptwerke: Nacht und Morgen, 1836; Frühlingsglocken, 1851; Camelien, 1853–54.
Über Stolle: W. Bode, S.s Werke, in: Die Grimmaer Pflege, Nr. 11, 1932 und Nr. 1–3, 1932.

Storm, Theodor (1817 Husum–1888 Hademarschen), Deutschland.
Die phantastischen Erzählungen S.s befinden sich häufig in der Nähe des Märchens und werden vom Autor selbst auch manchmal so bezeichnet. Dennoch sind »Die Regentrude« (1864), »Bulemanns Haus« (1864) und »Der Spiegel des Cyprianus« (1864), wie auch →Tiecks Märchen, eher Beispiele einer parabelhaften Phantastik, die mit den Mitteln der →Gespenstergeschichte arbeitet. Die aus einer Reihe von knappen unheimlichen Geschichten zusammengesetzte Erzählung »Am Kamin« kann in ihrer ironischen Grundhaltung als Nachklang und Abschied von der traditionellen Gespenstergeschichte gewertet werden. S.s berühmteste Novelle »Der Schimmelreiter« (1888) ist zugleich sein wesentlichster Beitrag zum Genre.
Über Storm: G. Honnefelder, Nachwort zu T. S., Am Kamin und andere unheimliche Geschichten, 1976.

Strauß, Botho (1944 Naumburg/Saale), Deutschland.
Wie in seinem ersten Theaterstück »Die Hypochonder« setzt S. in den längeren Erzählungen »Marlenes Schwester« und »Theorie der Drohung«, die zusammen den Band »Marlenes Schwester« (1975) bilden, Elemente der älteren phantastischen Literatur, auch und vor allem der Trivialliteratur, zu höchst faszinierenden neuen Mustern zusammen, die eine sehr eigenwillige, rätselhafte Qualität besitzen. Die Titelgeschichte des Bandes ist ein gelungener Versuch, dem klassischen →Vampir-Motiv neue Seiten abzugewinnen. In seinen weiteren Prosaarbeiten hat S. den Bereich des Phantastischen verlassen, obwohl der Roman »Rumor« in seinen Beschreibungen einer alptraumhaften Wirklichkeit die These belegen könnte, daß realistische Literatur heute eigentlich die wirklich phantastische sei.
Über Strauß: R. Michaelis, Stimmenmeer im Kopf, »Marlenes Schwester«, B. S. debütiert als Erzähler, in: Die Zeit, 21. 3. 1975.

Strobl, Karl Hans (1877 Iglau–1946 Perchtoldsdorf), Österreich.
Neben →Meyrink und →Ewers gilt S. als ein weiterer bedeutender Vertreter der deutschen Phantastik am Anfang des 20. Jahrhunderts. Dieser Ruf beruht weitgehend auf den frühen phantastischen Erzählungen, die in den Bänden »Aus Gründen und Abgründen« (1901) und »Die Eingebungen des Arphaxat« (1904) gesammelt wurden, und auf dem umfangreichen Roman »Eleogabal Kuperus« (1910), der den Kampf um die Weltherrschaft zwischen dem guten Magier Kuperus und dem bösen Spekulanten Thomas Bezug als spannende, den Groschenheften nahestehende Moritat schildert. Der Einfluß des zeitweilig sehr erfolgreichen Romans auf die durch den Film berühmt gewordene Gestalt des Dr. Mabuse scheint unverkennbar. Im späteren Werk treten S.s Unarten, ein schlampiger, an billigen Journalismus erinnernder Stil und eine schon bald unerträglich werdende Deutschtümelei, die ihn zu einem für den Nazismus engagierten Autor werden ließ, immer deutlicher zutage. Der Einfluß der fanzösischen Dekadenzdichtung auf sein frühes Werk ist, wie im Falle Ewers' nicht zu unterschätzen. Seine überzeugendsten Erzählungen sammelte S. in »Lemuria«, dem 4. Band der →»Galerie der Phantasten«, der 1917 erschien. Als Herausgeber der Zeitschrift für phantastische Literatur →»Der Orchideengarten« (1919–1921) leistete er Verdienstvolles.

Weitere Hauptwerke: Die knöcherne Hand, 1911; Gespenster im Sumpf, 1920; Umsturz im Jenseits, 1920; Beelzebubs Meerschaumkopf, 1924.
Über Strobl: A. Altrichter, K. H. S. Ein Lebens- und Schaffensbild, 1927.

Summers, Montague (1880 Bristol–1948 Richmond), England.
Ob S. wirklich katholischer Priester war oder nur vorgab, es zu sein, ist bis heute ungeklärt. Sicher ist, daß der homosexuelle Gelehrte zu den größten Kennern der älteren phantastischen Literatur gehörte, und ohne ihn wäre das Genre der →»gothic novel« wohl kaum so gründlich dokumentiert. »The Gothic Quest« (1938) und »A Bibliography of the Gothic Novel« (1940) sind unentbehrliche Nachschlagewerke. Ähnliches gilt für seine Studien zum Vampir (»The Vampire, His Kith and Kin«, 1928) und zum Werwolf (»The Werewolf«, 1933). Hexerei und Dämonologie waren weitere Bereiche, in denen Reverend S. sich auskannte, während seine Anthologie »The Supernatural Omnibus« (1931), die bis heute immer wieder aufgelegt wurde, zu den Klassikern des Genres gehört. S. trat als Lyriker der Dekadenz und als Erzähler mit der Geschichte »The Grimoire« (1936) hervor. Seine Autobiographie erschien 1980 (»The Galanty Show«).
Weitere Hauptwerke: The History of Demonology, 1926; Victorian Ghost Stories, 1933.
Über Summers: T. d'Arch Smith, Love in Earnest, 1970.

Swain, Edmund Gill (1861–1938 Peterborough), England.
Wie →Munby war S., der als Geistlicher am King's College in Cambridge und später in Peterborough tätig war, ein Bewunderer der Gespenstergeschichten von M. R. →James, dem er mit seinem schmalen Band »The Stoneground Ghost Tales« (1912) Tribut zollte. Es blieb seine einzige Publikation in diesem Bereich.
Über Swain: J. Sullivan, Elegant Nightmares, 1978.

Sztyrmer, Ludwik (1809 Płońsk–1886 Wilna), Polen.
Der zuerst als polnischer Revolutionär und später als General in russischen Diensten tätige S., dessen Werk von der marxistischen Literaturwissenschaft stiefmütterlich behandelt wird, schrieb Romane und Erzählungen in der Nachfolge der deutschen

Romantik, wobei vor allem Jean →Paul und →Hoffmann ihm als Vorbild dienten. Das Phantastische verbindet sich in ihnen mit einem Interesse an Psychopathologie und der Ergründung des Wahnsinns. Seine bekannteste Arbeit ist »Powieści nieboszczyka Pantofla« (1844).
Weitere Hauptwerke: Frenofagius i Frenolesty; Kataleptyk, 1846.

Tarchetti, Iginio Ugo (1841 San Salvatore Monferrato, Alessandria–1869 Mailand), Italien.
Der jung an Typhus gestorbene T. gehörte zur Gruppe der sogenannten »Scapigliatura«, einer Mailänder »Bohème«, deren Einfluß auf die italienische Literatur und Musik von wesentlicher Bedeutung war. Sie begeisterte sich für die Romantik des Auslands, vor allem für die deutsche Romantik und entwickelte eine Vorliebe für das Abseitige und Phantastische. In den Erzählungen und Romanen T.s, insbesondere in den an →Hoffmann geschulten »Racconti fantastici« (1869), wird diese für die italienische Literatur eher untypische Vorliebe deutlich. Ein gutes Beispiel ist die Erzählung »I fatali« aus diesem Band.
Weitere Hauptwerke: Storia di una gamba, 1867; Amore nell'arte, 1869; Fosca (vollendet von S. Farina), 1869; Tutte le opere, 1967.
Über Tarchetti: P. Nardi, I. U. T., 1921.

Taube, Otto Freiherr von (1879 Reval–1973 Gauting), Deutschland.
Der baltische Freiherr, der mit →Hofmannsthal und Rudolf Alexander Schröder befreundet war und vor allem als Lyriker bekannt wurde, schrieb eine Reihe von phantastischen Novellen und Erzählungen klassischer Prägung. Während manche Texte ins Märchen- oder Parabelhafte hineinreichen, verdeutlicht sein Hauptwerk in diesem Bereich, »Dr. Alltags phantastische Aufzeichnungen« (1951) seine Fähigkeit, die realistische Anekdote fast unmerklich phantastische Züge annehmen zu lassen. Ein milder Humor gibt diesen miteinander verbundenen und als nachgelassene Aufzeichnungen eines Wissenschaftlers bezeichneten Texten einen durchaus eigenen Charakter, wie die in Sizilien spielende Geschichte vom →»bösen Blick«, »Die grüne Dame«, belegen mag.

Weitere Hauptwerke: Der Hausgeist, 1931; Der Fluch über Luhsen, 1939; Von Spuk und Traum, 1940; Die letzten Hexen von Dalarne, 1950; Das Drachenmärchen, 1954; (Sammelband) Ausgewählte Werke, 1959.
Über Taube: M. Rychner, Zwischen Mitte und Rand, 1964.

Thieß, Frank (1890 Eluisenstein–1977 Darmstadt), Deutschland.
Im Debütroman des baltischen Erzählers, »Der Tod von Falern« (1921), mischen sich phantastische Literatur und bedrohliche Zukunftsvision, während sein letzter, von der Kritik wenig beachteter Roman »Der Zauberlehrling« (1975) Motive traditioneller Phantastik mit SF-Thematik – die Bedrohung der Welt durch eine immer mächtiger werdende Technik – vereint. Sein Werk ist heute weitgehend, und teilweise zu Unrecht, in Vergessenheit geraten.
Weitere Hauptwerke: Zauber und Schrecken, 1969.
Über Thieß: R. von Italiaander (Hrsg.), F. T. Werk und Dichter, 1950.

Thiry, Marcel (1897 Charleroi–1977), Belgien, Fr.
In der Nachbarschaft zu Franz →Hellens ist T. anzusiedeln, dessen poetische Phantastik vor allem um das Motiv der Parallelwelten kreist und damit häufig in →SF-Nähe gerät. Anders als bei Jean →Ray, der diesem Motiv gleichfalls zugetan war, erhält es bei T. einen eher philosophischen Charakter. Das wird besonders deutlich im Roman »Échec au temps« (1945), der eine parallele Sicht auf die Schlacht bei Waterloo bietet. Der bekannteste Band mit phantastischen Erzählungen von T. ist »Nouvelles du grand possible« (1960), der als einer der ersten Bände in der berühmten Reihe Marabout Fantastique erschien.
Weitere Hauptwerke: Nondum Jam Non, 1966.
Über Thiry: P. Dresse, M. T., évolution d'un poète liègeois, 1934.

Tieck, Ludwig (1773 Berlin–1853 Berlin), Deutschland.
Über T.s berühmteste phantastische Erzählung, »Der blonde Eckbert«, von ihm selbst als Märchen bezeichnet (1797, später in »Phantasus«, 1812–1816), schreibt Freund: »Die in der Erzählung entgegentretende Phantastik wird zum Medium einer ag-

gressiv bis zur Exekution gesteigerten Kritik an der restriktivstatischen Lebensordnung des aufgeklärten Bürgertums. Gleichzeitig antizipiert sie jedoch auch eine bessere individuell erfüllte Lebenspraxis.« (W. Freund, Von der Aggression zur Angst, in: Phaïcon 3, 1978). Aus einer ähnlichen Haltung heraus entstanden die gleichfalls im »Phantasus« gesammelten Erzählungen »Der Runenberg« (1804) und »Liebeszauber«. Auch in dem dem heutigen Leser weitgehend unbekannten Spätwerk verschwindet das Phantastische keineswegs; freilich wird es dort im allgemeinen eher mit ironischer oder gar parodistischer Absicht eingesetzt. Erwähnenswert erscheinen hier vor allem »Das Zauberschloß« (1829) und »Das alte Buch und die Reise ins Blaue hinein« (1835).
Weitere Hauptwerke: Ryno (Schlußkapitel zu Rambachs Roman »Die eiserne Maske«) 1792; Pietro von Abano, 1825; Die Vogelscheuche, 1834; Klausenburg, 1836.
Über Tieck: J. M. Fischer, »Selbst die schönste Gegend hat Gespenster«, Entwicklung und Konstanz des Phantastischen bei L. T., in: Phantastik in Literatur und Kunst, 1980.

Timmermans, Felix (1886 Lier–1947 Lier), Belgien-Ndl.
Der in Deutschland besonders beliebte flämische Bauerndichter T. debütierte 1910 mit »Schemeringen van de dood«, einer Sammlung dunkelgetönter phantastischer Erzählungen, die während einer langen Krankheit entstanden. Am makabersten ist die Geschichte »De kelder«, in der eine mit Wasser gefüllte Zisterne einen unseligen Einfluß auf das Eheleben zweier Jungverheirateter ausübt. Die Wirkung der Geschichten wird zum Teil durch eine zu überladene Sprache beeinträchtigt.
Weitere Hauptwerke: (zusammen mit A. Thiry) Begijnhofsproken; De kermissater, 1933.
Über Timmermans: J. van Remoortere, F. T., 1972.
Deutsch: Dämmerungen des Todes (Schemeringen van de dood), 1978.

Timperley, Rosemary (1920 London), England.
Die sanften Gespenstergeschichten der T., die von Cynthia →Asquith entdeckt wurde, besitzen weder die Qualität der Erzählungen dieser »Grand Old Lady« der englischen Phantastik noch jene subtile Ambivalenz, die das Werk von Elizabeth

→Bowen kennzeichnet, obwohl gewisse Gemeinsamkeiten festzustellen sind. Ihre eher unpersönlich wirkenden Arbeiten finden sich in vielen Anthologien und Zeitschriften, wie auch in einer Reihe von Sammelbänden wie »The Haunted Garden« (1965) und »The Stranger« (1976).
Weitere Hauptwerke: The Listening Child, 1956; The Long Black Dress, 1972; (Hrsg.) The Ghost Book, Bände 5–9, 1969–1973.

Tolkien, John Ronald Reuel (1892 Bloemfontein–1973 Oxford), England.
Der Literaturwissenschaftler und Mittelalter-Spezialist T. löste mit der Erfindung der »Hobbits« – kleiner, dicklicher, starkbehaarter Wesen, die zwischen Menschen und Zwergen anzusiedeln sind – eine →Fantasy-Modewelle aus. Die Qualität dieser Literatur blieb freilich meist hinter dem Vorbild zurück. T. schrieb seine Romane zunächst nur für seine Kinder; daraus resultierte eine dem Märchen entsprechende klare Trennung zwischen Gut und Böse, die schon durch die äußere Erscheinung repräsentiert wird: alle Vertreter der bösen Mächte sind finster, häßlich, schmutzig und schwarz, jene des Guten freundlich, heldenhaft und schön. T.s Fachkenntnis der mittelalterlichen Literatur bedingte die Neigung zur großen epischen Form, die vor allem für sein Hauptwerk, »The Lord of the Rings«, bestimmend ist. »The Hobbit« (1937) bildet eine Art Prolog dazu, während das posthum publizierte »The Silmarillion« (1977) gleichfalls verwandtes Material aufgreift. In den drei zuerst einzeln erschienenen Bänden seines Hauptwerks (»The Fellowship of the Ring«, 1954, »The Two Towers«, 1955, »The Return of the King«, 1955) schildert T. den gefahrvollen Weg des Hobbits Frodo und seiner Gefährten, die unter Anleitung des Zauberers Gandalf versuchen, den letzten, mächtigsten magischen Ring, der den bösen Mächten zur endgültigen Beherrschung der Welt fehlt, im Feuer des Vulkans, in dem dieser geschmiedet wurde, zu vernichten. Den Höhepunkt des Buches bildet der große Krieg zwischen den bösen Mächten des Reiches Mordor und den vereinigten Heeren der guten Reiche unter Führung des halbmenschlichen, halbgöttlichen Aragorn, der nach der Vernichtung des Ringes zugunsten der positiven Kräfte entschieden wird. Dennoch bleibt die Grundtendenz des Buches

negativ: die als Inbegriff des reinen »Guten« dargestellten Elben verlassen weiter das Land.
Es ist T. nicht gelungen, die große Form durchzuhalten. Nicht nur, daß die Struktur des Erzählten eine im Grunde nur leicht veränderte und wesentlich verlängerte Fassung des »Hobbit« ist, sie wird auch so unübersichtlich, daß der Leser nur noch mit Hilfe von Register und Karten folgen kann. Die Charakterisierung der Figuren kann nur reaktionär genannt werden: die Anhänger des Bösen unterscheiden sich nur durch ihre jeweiligen physischen Kräfte, die positiven Gruppen repräsentieren verschiedene konservative Idealtypen. Das reicht von den Hobbits, als trägen, verfressenen Kleinbürgern, über die »Hüter der Bäume«, deren Abneigung gegen jede Veränderung bis zur Verwurzelung im Erdboden geht, bis zu den germanisch-edlen Recken der Mark. T.s Stil ist der des biblisch-tümelnden Traditionalisten und erreicht weder die sprachliche Klarheit eines modernen Märchens, noch die schwungvolle Eleganz eines seiner literarischen Vorbilder, der »Canterbury Tales« von Chaucer. Von seinen vielen Epigonen sollte vor allem der deutsche Kinderbuchautor Michael →Ende erwähnt werden.
Weitere Hauptwerke: Farmer Giles of Ham, 1949; Smith of Wootton Major, 1967; (Essay) Tree and Leaf, 1964.
Sekundärliteratur: R. Foster, A. Guide to Middle Earth, 1971.
Deutsch: Der kleine Hobbit, 1957; Der Herr der Ringe (Die Gefährten, Die zwei Türme, Die Rückkehr des Königs), 1969–1970; Die Geschichte vom Bauern Giles und dem Drachen Chrysophylax, 1970; Fabelhafte Geschichten, 1975; Das Silmarillion, 1978.

Tolstoi, Aleksei Konstantinowitsch (1817 Petersburg–1875 Krasnyj Rog), Rußland.
Den Liebhabern der phantastischen Literatur ist der russische Graf, der zeitweilig Zeremonienmeister am Hof des Thronfolgers war, durch zwei Novellen bekannt, die beide das →Vampirmotiv auf originelle Weise gestalten. Während die ältere der beiden »Upyr« (1841) noch deutlich der europäischen Schauerromantik, insbesondere →Polidori, verhaftet bleibt, schuf T. mit der französisch geschriebenen Novelle »La famille du Vourdalak« (posthum 1884 auf russisch erschienen) eine durchaus eigenwillige Variante des im 19. Jahrhunderts so beliebten Motivs.

Weitere Hauptwerke: Amena, 1846.
Über Tolstoi: A. Lirondelle, A. K. Z., 1913.
Deutsch: Der Vampir, in: Von denen Vampiren und Menschensaugern, 1968; Die Familie des Wurdalak, in: E. Cheauré (Hrsg.), Tod per Zeitungsannonce, 1983.

Tomasi de Lampedusa, Giuseppe (1896 Palermo–1957 Rom), Italien.
Neben seinem Welterfolg »Il Gattopardo« schrieb T. d. L. einige Erzählungen, die unter dem Titel »Racconti« 1961 posthum veröffentlicht wurden. Die gewichtigste Erzählung aus dem schmalen Band ist »La sirena«, die Lebensgeschichte des berühmten Senators Rosario La Ciura, welche dieser einem jungen Journalisten erzählt. Das Grunderlebnis, die Begegnung mit einer Sirene in seiner Jugend und die Liebesgeschichte der beiden, bildet den Kern dieser phantastischen Erzählung, die von einem großen melancholischen Reiz ist und die zugleich eine Parabel sein will über die unverbrüchliche Treue zu Jugend und Schönheit.
Über Tomasi de Lampedusa: G. Buzzi, Invito alla letteratura di T. d. L., 1972.
Deutsch: Die Sirene, 1961.

Tramin, Peter von (eigentl. Peter Richard Oswald Freiherr von Tschugguel zu Tramin) (1932 Wien–1981), Österreich.
1967 erschien T.s dritter Roman, »Tür im Fenster«, der weitgehend unbeachtet blieb, obwohl er die vielleicht gelungenste deutschsprachige Variante des Motivs der Zeitreise darstellt, das bei T. weniger im →SF-Bereich als in dem der an →Borges orientierten Phantastik angesiedelt ist. Der verspielt-ironische Erzählton verdeckt nur am Anfang die melancholische Grundstimmung des Romans, der im weiteren Verlauf geradezu die Züge einer philosophischen Abhandlung annimmt. Auch die Erzählungen aus »Taschen voller Geld« (1970) haben teilweise phantastischen Charakter, neigen aber eher zur Satire und Groteske. Eine gewisse Ähnlichkeit mit →Hildesheimers »Lieblose Legenden« scheint unverkennbar.
Weitere Hauptwerke: Herr über 1000 Gehirne, 1958.

Tschink, Cajetan (1763 Wien–1813 Olmütz), Deutschland.
→Schillers »Die Geisterseher« (1788) zog eine ganze Reihe von Imitationen nach sich, in denen geheimnisvolle »Unbekannte« wie Schillers Armenier ihr Unwesen treiben. Während es →Grosse in seinem »Genius« gelang, die Faszination der Schillerschen Vorlage noch zu übertreffen, blieb der ansonsten unbekannte T. zu sehr an den Fersen seines Vorbilds haften. Dennoch gehört »Geschichte eines Geistersehers. Aus den Papieren des Mannes mit der eisernen Larve« (1790–93) zu den gelungenen Beispielen des deutschen →Schauerromans. Ähnlich wie viele seiner Kollegen hatte auch T. in England einen großen Erfolg. Sein Roman erschien dort 1795 in der Übersetzung von P. Will, der auch den »Genius« übersetzte, als »The Victim of Magical Delusion«.
Weitere Hauptwerke: Wundergeschichten samt den Schlüsseln zu ihrer Erklärung, 1792; Mishrumi, das rätselhafte Mädchen aus Medina, 1804.
Über Tschink: G. Zacharias-Langhans, Der unheimliche Roman um 1800, 1968.

Tügel, Ludwig (1889 Hamburg–1972 Ludwigsburg), Deutschland.
Obwohl T. nicht direkt zu den Blut- und Boden-Autoren des Dritten Reiches gezählt werden sollte, ist in mehreren Arbeiten des Norddeutschen die ideologische Nähe zu diesem Genre unverkennbar. Könnte man bei T.s berühmtestem Werk, dem Roman »Pferdemusik« (1935), schon von einem →»magischen Realismus« sprechen, so hat der Großteil seiner Erzählungen und Novellen einen direkt phantastischen Charakter. Es gehört zu den spezifischen Merkmalen dieser Prosa, daß sich in ihr klassische Motive der Phantastik – wie der wiedergekehrte Tote oder das Gespensterschiff – mit norddeutschen Sagen- und Legendenmotiven zu einer Einheit verbinden, die in den besten Texten die Überzeugungskraft des Mythischen besitzt. »Die See mit ihren langen Armen« (1940), die das Motiv der Jenseits-Reise mit dem der Verwandlung eines Menschen in eine Statue verbindet, darf als gelungenes Beispiel für T.s eigenwillige, der folkloristischen Phantastik verwandten Erzählkunst gelten.
Weitere Hauptwerke: Die Treue, 1932; Auf der Felsentreppe, 1947; Die Dinge hinter den Dingen, 1959; (Sammelband) Die See mit ihren langen Armen und andere Erzählungen, 1965.

Über Tügel: H. Stolte, L. T. Der Erzähler, in: Die See mit ihren langen Armen, 1965.

Turgenjev, Iwan Sergewitsch (1818 Orel–1883 Bougival), Rußland.
Verstreut über das umfangreiche Erzählwerk, vor allem dem der letzten Phase, finden sich beim großen russischen Realisten mehrere phantastische Erzählungen, die sich mit großer Subtilität den Phänomenen des Übersinnlichen nähern. Einen Höhepunkt in dieser Entwicklung stellen die beiden späten »mystisch-phantastischen« Novellen »Pesn' torzestvujuscej ljubvi« (1881) und »Klara Milic« (1883) dar. In der ersten Novelle, die sich in Ferrara abspielt, erreicht der verschmähte Liebhaber der schönen Valeria, der Musiker Mucio, schließlich sein Ziel, indem er die Frau mit seiner Musik, »dem Lied der triumphierenden Liebe« auf magische Weise erobert, eine Eroberung, die er freilich mit dem Tode büßen muß. »Klara Milic« berichtet von der Affäre zwischen der Schauspielerin Klara und dem Studenten Aratov, die erst nach dem Selbstmord der jungen Frau ihre Erfüllung finden kann. Beide Novellen sind meisterhafte Beispiele psychologischer Phantastik und bilden auch im Gesamtwerk T.s eher eine Ausnahme.
Weitere Hauptwerke: Faust, 1856; (Gesamtwerk) Sobranie sotschinenij, 12. Bände, 1928–1934.
Über Turgenjev: R. Trautmann, Zu Form und Gehalt der Novellen T.s, 1942.
Deutsch: (Sammelbände) T.s Okkulte Erzählungen (enthält u. a. »Das Lied der triumphierenden Liebe« und »Klara Militsch«); Visionen und andere phantastische Erzählungen, 1961.

U **Ungar,** Hermann (1893 Boskovice–1929 Prag), Deutschland.
Zwar findet sich im Werk des aus völlig unverständlichen Gründen bis heute vernachlässigten U. nur eine direkt phantastische Erzählung, »Die Bewandtnis« aus dem Band »Colberts Reise« (1930), aber die makaber-bedrohliche Welt, die er in »Knaben und Mörder« (1920) und vor allem im Roman »Die Verstümmelten« (1923) heraufbeschwört, führt eine so sehr ins Alptraumhafte verzerrte Realität vor, daß sie phantastischer wirkt als das ganze Werk von →Ewers und →Strobl zusammen. Krankheit, Zerfall, sadomasochistisch geprägte Sexualität, Mord

und Folter beherrschen diese Welt, die mit einer geradezu klinischen Präzision beschrieben wird. Ein ungewöhnlich schwarzer Humor, eine anarchische Lust am Zerstören liebgewonnener bürgerlicher Anstandsvorstellungen und höhnische Satire erhöhen noch die provokative Wirkung dieser Prosa, die in ihrer Qualität nur mit →Kafka vergleichbar ist.
Weitere Hauptwerke: Die Klasse, 1927.
Über Ungar: M. Linke, H. U. Eine Einführung in sein Werk und eine Auswahl, 1971.

Vallotton, Félix (1865 Lausanne–1925 Paris), Schweiz-Fr.
Daß der berühmte Schweizer Maler V., der zu der Pariser Gruppe der »Nabis« gehörte, auch als Erzähler höchst Bemerkenswertes geleistet hat, ist weitgehend unbekannt. Von seinen drei Romanen, die erst nach seinem Tod publiziert wurden, ist der letzte, »Corbehaut« (geschr. 1920, publ. 1970), von Bedeutung innerhalb der Geschichte der phantastischen Literatur. Ähnlich wie in vielen seiner Bilder, insbesondere den giftigfarbenen Interieurs und unheimlichen Landschaften der Spätzeit, wird die realistische Oberfläche allmählich rissig: durch ihren dünnen Firnis bricht das Grauen hindurch. Die Fabel erzählt vom Schriftsteller Pierre Cortal, der sich im bretonischen Corbehaut niederläßt, um dort einen Unterhaltungsroman im Stile des →Leroux oder →Leblanc zu schreiben. Die Handlung dieses an gräßlichen Abenteuern reichen Romans wird aber alsbald von den unheimlichen Ereignissen, die sich hinter der friedlichen Fassade des verschlafenen Kleinstädtchens abspielen, bei weitem übertroffen. Die Parallelität zweier verschiedener Erzählstränge, die einer gegenseitigen Beeinflussung unterworfen sind, die Realität, die sich als wesentlich phantastischer denn die Phantasie des Schriftstellers verweist, machen den Roman zu einem eminenten Beispiel moderner, schon auf →Borges verweisender Phantastik und erinnern an einen anderen Schweizer Meister des Genres, Maurice →Sandoz.
Weitere Hauptwerke: La vie meurtrière, 1927; Les soupirs de Cyprien Morus, 1946.
Über Vallotton: R. Koella, Nachwort zur deutschen Ausgabe von »Corbehaut«, 1973.
Deutsch: Corbehaut, 1973.

Verne, Jules (1828 Nantes–1905 Amiens), Frankreich.
Nur wenige Arbeiten im umfangreichen Œuvre des großen Wegbereiters der →SF sind als wirklich phantastisch einzustufen, und auch in diesen wenigen Texten spielt die Technik eine wesentliche Rolle. Am meisten überzeugen die Novelle »Maître Zacharius ou l'horloger qui a perdu son âme« (1854), die Novelle »Frritt Flacc« (1886), die beide auf die Unmöglichkeit des Menschen hinweisen, die Natur in seinen Griff zu bekommen, und der Roman »Le château des Carpathes« (1892), in dem V. die altvertrauten Paraphernalien des →Schauerromans noch einmal höchst wirkungsvoll einsetzt. Der Roman ist überdies ein spätes Beispiel der durch Ann →Radcliffe hundert Jahre früher in Mode gekommenen »erklärten Phantastik«.
Weitere Hauptwerke: Une fantaisie du docteur Ox, 1874.
Über Verne: R. Escaich, Voyage à travers le monde vernien, 1951.
Deutsch: Der ewige Adam und fünf andere seltsame Erzählungen (enthält u. a. Meister Zacharius, Frritt Flacc, Doktor Ox), 1967; Das Karpathenschloß, 1973.

Vestdijk, Simon (1898 Harlingen–1971 Utrecht), Niederlande.
V., der Medizin studierte in Amsterdam und kurze Zeit als Schiffsarzt tätig war, darf als der berühmteste niederländische Autor des 20. Jahrhunderts gelten. Sein gewaltiges Œuvre umfaßt alle literarischen Genres mit Ausnahme des Dramas, und außerdem hat er theologische, philosophische und musikwissenschaftliche Abhandlungen publiziert. Sein Romanwerk wird im allgemeinen in drei Gruppen aufgeteilt: historische, psychologisch-realistische und phantastische Romane. Das Hauptwerk der letzten Gruppe ist »De kellner en de levenden« (1949), der die Abenteuer von zwölf Menschen – den Lebenden des Titels – während des, freilich vorgetäuschten, Jüngsten Tages schildert. Irische Folklore und Geisterglauben spielen eine wichtige Rolle in »Iersche Nachten« (1946), während in dem späten Roman »Een moderne Antonius« (1960) die Versuchungen des Heiligen Antonius über einen gestreßten niederländischen Geschäftsmann unvermittelt hereinbrechen. Hier, wie in »De redding van Fré Bolderhey« (1948), könnten die phantastischen Ereignisse auch durchaus als die Einbildungen der allmählich dem Wahnsinn verfallenden Hauptpersonen gedeutet werden. Auch im nicht-

phantastischen Spätwerk greift V. häufig auf die melodramatischen Erzählstrukturen der →»gothic novel« zurück. Seine bedeutendsten phantastischen Erzählungen sammelte V. in »Stomme getuigen« (1946), einem Band, der u. a. »De verdwenen Horlogemaker«, »Gummivingers« und »De gestolen droom« enthält. Posthum erschienen einige in den dreißiger Jahren geschriebene phantastische Erzählungen, »Blauwbaard en reus« (1982). Seit 1973 beschäftigt sich eine viermal im Jahr erscheinende Zeitschrift, »Vestdijkkroniek«, mit dem Werk dieses modernen Klassikers der niederländischen Literatur.
Weitere Hauptwerke: (zusammen mit H. Marsman) Heden ik, morgen gij, 1936; Het vijfde zegel, 1937; Aktaion onder de sterren, 1941; De fantasia, 1949; De schandalen, 1953; Bericht uit het hiernamaals, 1964; Het spook en de schaduw (1966).
Über Vestdijk: T. de Vries, Hernomen konfrontatie met S. V., 1968.
Deutsch: Das fünfte Siegel (Het vijfde zegel), 1939; Aktaion unter den Sternen, 1942; Irische Nächte, 1944.

Vian, Boris (1920 Ville d'Avray–1959 Seine et Oise), Frankreich.
Der nach einem kurzen und abenteuerlichen Leben gestorbene V. rief mit mehreren seiner Bücher aufgrund ihrer anarchisch-provokativen Einstellung einen Skandal hervor. Erst allmählich setzte eine kritische Würdigung seines erstaunlich vielfältigen Werks ein. Die noch nicht abgeschlossene Herausgabe seines Gesamtwerks in deutscher Sprache beim Verlag 2001 gewann ihm auch in der Bundesrepublik eine ganze Generation neuer Leser. Das Phantastische wird von V., der von den Surrealisten nicht unbeeinflußt blieb und in seinen Dramen dem absurden Theater nahestand, auf höchst originelle Weise eingesetzt. In Hauptwerken wie »L'écume des jours« (1947) oder »L'arrache-cœur« (1953) findet ein fortwährender Umschlag einer realistischen in eine phantastische Erzählperspektive statt, die den Leser anfänglich aufs Höchste verwirrt. Häufig erreicht V. diese Wirkung dadurch, daß er eine geläufige Metapher auf einmal wörtlich nimmt oder eine alltägliche Handlung konsequent bis ins Absurde verlängert. Dennoch finden sich in seinem Werk auch Anklänge an traditionell phantastische Motive, wie den →Vampirmythos, die auf eine gründliche Kenntnis vor allem der

phantastischen Trivialliteratur schließen lassen.
Weitere Hauptwerke: L'automne à Pékin, 1947; Les fourmis, 1949; L'herbe rouge, 1950; Les lunettes fourrées, 1962; Le loup-garou, 1970.
Über Vian: J. Clouzet, B. V., 1971; W. Freise, Mit den Augen der Katze, zu B. V. Der Herzaußreißer, in: Phaïcon 5, 1982.
Deutsch: Der Schaum der Tage (L'écume des jours), 1979; Herbst in Peking, 1979; Die Ameisen (Les fourmis), 1967; Das rote Gras (L'herbe rouge); Der Herzausreißer (L'arrache-cœur), 1979.

Villiers de L'Isle-Adam: Jean-Marie Mathias Philippe-Auguste, Comte (1838 St. Brieuc–1889 Paris), Frankreich.
Der Wagnerianer und Gönner vieler Autoren der Décadence, die er wesentlich beeinflußte, ist vor allem als Verfasser der »Contes Cruels« (1883) bekannt geblieben, denen 1888 »Nouveaux contes cruels« folgten. Nach dem Vorbild →Poes schuf V. mit diesen sprachlich ausgefeilten, kurzen »grausamen Geschichten«, die Ironie und schwarzen Humor geschickt einsetzen, die ersten wirklich modernen Horrorgeschichten, deren Qualität allerdings von seinen Nachfolgern kaum je wieder erreicht wurde. Phantastischen Charakter haben vor allen anderen drei Erzählungen des Autors, »Claire Lenoir« (1867, später aufgenommen in »Tribulat Bonhomet«, 1887), »L'intersigne« (1867/68, später in »Contes cruels«) und »Véra« (1874, später in »Contes cruels«). Mit dem Roman »L'Eve future« (1886) wurde V. zu einem Ahnen der →SF-Literatur. Sein Werk sollte auf die deutsche Phantastik der Jahrhundertwende, insbesondere auf →Ewers, der die halluzinierende Mischung aus erotischer und phantastischer Literatur, welche eine Spezialität des französischen Adligen war, allerdings sehr vergröberte, einen entscheidenden Einfluß ausüben.
Weitere Hauptwerke: Histoires insolites, 1888; Le secret de l'échafaud, 1888.
Über Villiers de l'Isle-Adam: P. G. Castex/J. Bollery, Les Contes cruels de V. Etude historique et littéraire, 1956; A. W. Raitt, The Life of V. d. l'I.-A., 1981.
Deutsch: Gesammelte Werke, 1909–1920, 7 Bände; Grausame Geschichten, 1948; Das zweite Gesicht, Erzählungen, 1949.

Visiak, Edward Harold (1878 London–1972 Hove), England.
Der geringe Erfolg der höchst originellen, aber komplexen und hermetischen Romane und Erzählungen des englischen Literaturwissenschaftlers dürfte der Grund dafür gewesen sein, daß ihr Autor sich weitgehend auf essayistische Arbeiten verlegte. Nach »The Haunted Island« (1910) erschien 1929 sein Hauptwerk, der Roman »Medusa«, der vielleicht gelungenste Roman einer phantastischen Seereise, aber zugleich eine pessimistische philosophische Abhandlung über den Menschen und seine prekäre Stellung im Universum. Die schwierige, sich vieler Schiffsausdrücke und Archaismen bedienende Sprache verhinderte eine Breitenwirkung dieses Meisterwerks englischer Phantastik. Obwohl gewisse Ähnlichkeiten mit →Melville und →Conrad vorhanden sind, hat das Buch einen vollkommen eigenständigen Charakter. In einigen von John →Gawsworth herausgegebenen Anthologien finden sich wenige bedeutende Kurzgeschichten und Novellen. (In »New Tales of Horror« (1934); »Medusan Madness«; in: »Crimes, Creeps and Thrills« (1936): »The Shadow«).
Weitere Hauptwerke: (Essay) The Mirror of Conrad, 1955; The Strange Genius of David Lindsay (Teils.), 1970.

Wakefield, Herbert Russel (1888 Elham–1964 London), England.
Als einer der letzten Vertreter der traditionellen englischen →Gespenstergeschichte kann W. angesehen werden, der vor allem von M. R. →James beeinflußt wurde. Im Gegensatz zu seinem Vorbild war W. keineswegs skeptisch eingestellt gegenüber dem Übernatürlichen, und eine seiner bekanntesten Erzählungen, »The Red Lodge«, geht angeblich auf ein eigenes Erlebnis in einem Gespensterhaus zurück. Diese Geschichte findet sich in dem ersten Sammelband, »They Return at Evening« (1928). W., der auch Kriminalromane und kriminalistische Studien veröffentlichte, war seit den dreißiger Jahren als freier Schriftsteller tätig. Weitere Bände mit phantastischen Erzählungen sind: »Old Man's Beard« (1929) und »Imagine a Man in a Box« (1931). Seine Texte blieben freilich von einem größeren Publikum unbeachtet, was mit ihrem geringen literarischen Wert erklärt werden kann. →Derleth bemühte sich als Verleger des →Arkham House intensiv um das Werk des Engländers und stellte 1961 einen Sammelband, »Strayers from Sheol« (1961), zusammen.

Auch in den von Derleth herausgegebenen Anthologien lassen sich häufig neue W.-Geschichten finden, unter denen die letzte zu Lebzeiten des Autors veröffentlichte, »Death of a Bumble Bee« zweifellos die originellste ist (in: Travellers by Night, hrsg. v. →Derleth, 1967).
Über Wakefield: R. A. Zondergeld, Der Geisterzwang. Ein Dossier zu W. und der englischen Gespenstergeschichte, in: H. R. Wakefield, Der Triumph des Todes, 1975.
Deutsch: Der Triumph des Todes und andere Gespenstergeschichten, 1975.

Walpole, Horace (1717 London–1797 Twickenham), England.
Wohl weil er eine negative Reaktion der Kritik und des Lesepublikums befürchtete, veröffentlichte W., ein angesehener Publizist, seinen Roman »The Castle of Otranto« (1764), der auf einen Alptraum zurückgehen soll, anonym. Erst der überwältigende Erfolg des geradezu revolutionären Prosawerks machte diese etwas schamhafte Vorsicht überflüssig. Der kurze, von der Handlung her eher abstruse Roman steht am Anfang einer unendlich langen Serie von →»gothic novels« und damit am Anfang der phantastischen Literatur im modernen Sinne überhaupt. Die Geistererscheinungen mögen zwar auf den heutigen Leser eher belustigend wirken, ihre literarhistorische Bedeutung kann nicht hoch genug eingeschätzt werden. Im Gegensatz zu seinen ersten Nachfolgern, Clara →Reeve und Mrs. →Radcliffe gibt es bei W. keine natürliche Erklärung für die phantastischen Ereignisse. Erst →Lewis sollte wieder ähnlich konsequent vorgehen.
Weitere Hauptwerke: Hieroglyphic Tales, 1785.
Über Walpole: H. Honour, H. W., 1957.
Deutsch: Die Burg von Otranto, 1965.

Walton, Evangeline (1907 Indianapolis), USA.
Die Autorin hat vor allem Beiträge auf dem Gebiet der →fantasy fiction geliefert mit ihren an dem Epos aus Wales, »Mabinogion«, orientierten Romanen, aber sie schuf mit »Witch House« (1945) einen »minor classic« der amerikanischen Phantastik, der sich durchaus neben anderen klassischen Hexenromanen wie →Merritts »Burn, Witch, Burn!« oder →Leibers »Conjure Wife« behaupten kann.
Deutsch: Der Hexenkreis (Witch House), 1974.

Wandrei, Donald (1908 St. Paul, Minn.), USA.
Er gehörte zum intimen Kreis um →Lovecraft und publizierte wie dieser in →»Weird Tales«, aber auch in »Esquire«. Die vergleichsweise geringe Zahl seiner Geschichten mag ein Grund dafür sein, daß er weniger bekannt wurde als andere Lovecraft-Intimi wie →Derleth oder →Long, obwohl sein Stil sorgfältiger und die Ausarbeitung seiner häufig originellen Ideen immer überraschend ist. Zusammen mit Derleth gründete er 1939 den berühmten Phantastik-Verlag →Arkham House in Sauk City. Dort erschienen auch einige Bände mit seinen Erzählungen und der vom →Cthulhu-Mythos geprägte Roman »The Web of Easter Island« (1948).
Weitere Hauptwerke: (Sammelbände) The Eye and the Finger, 1944; Strange Harvest, 1965.
Deutsch: Nachtmahr (Nightmare, aus: Strange Harvest) in: (Hrsg.) M. Kluge, Die besten Gespenstergeschichten aus aller Welt, 1976.

Warner, Sylvia Townsend (1893 Harrow–1978 Dorset), England.
Die auch als Lyrikerin bekannte Autorin läßt in ihrem erzählenden Werk eine deutliche Verwandtschaft mit der von ihr bewunderten →Wylie erkennen. Ähnlich wie dieser, wenn auch in einer weniger kunstvoll-manierierten Sprache, gelingen ihr höchst subtile Darstellungen des Unwirklichen, die von reinen →Gespenstergeschichten bis zur →Fantasy reichen. Ihr recht umfangreiches Werk erfreute sich lange Jahre nur der Beliebtheit bei einem Insiderpublikum, aber im Zuge der Aufwertung der Fantasy-Literatur wuchs auch das Interesse an ihren Erzählungen und Romanen.
Hauptwerke: Lolly Willowes, 1926; Mr. Fortune's Maggot, 1927; A Garland of Straw, 1943; Museum of Cheats, 1947; The Corner That Held Them, 1948; A Stranger with a Bag, 1966; Kingdoms of Elfin, 1977.
Deutsch: Lolly oder der liebevolle Jägersmann, 1980; Die fünf schwarzen Schwäne und andere Elfengeschichten, 1981.

Watteau, Monique (1929), Belgien-Fr.
In den Erzählungen der später als Malerin bekannt gewordenen W. spielt ein Grundmotiv der phantastischen Literatur, das sich

gerade im 20. Jahrhundert großer Beliebtheit erfreut, eine Hauptrolle: das Motiv der Regression, der Rückkehr oder des Rückfalls des Menschen in ein früheres Stadium. In überraschender Übereinstimmung mit ihrem niederländischen Kollegen →Hamelink wird eine solche Regression keineswegs unter nur negativen Vorzeichen gesehen, sie kann auch eine neue Synthese zwischen Mensch und Natur bedeuten. Die Ähnlichkeit im Werk der beiden Autoren wird durch die Titel ihrer Debütbände noch betont: »La colère végétale« (1954) und »Het plantaardig bewind«.
Weitere Hauptwerke: La nuit aux yeux de bête, 1956; L'ange à fourrure, 1958; Je suis le ténébreux, 1962.

Wade Wellman, Manly (1903 Kamundongo, Angola), USA.
Zu den erfolgreichen Beiträgern verschiedener amerikanischer »pulps«, insbesondere zu den →»Weird Tales«, gehörte W. W., der eine Reihe von Pseudonymen, darunter Gans T. Field und Levi Crow, benutzte. Er bewegte sich im Bereich der phantastischen Horrorgeschichte, der →SF und der →Fantasy. Nach dem Beispiel von Seabury →Quinn schuf er mehrere okkulte Detektive, die in ganzen Serien von Geschichten auftraten. Judge Pursuivant folgte John Thunstone, der in der Geschichte »The Third Cry to Legba« (1943) zum erstenmal in Erscheinung trat. Sein umfangreiches Werk ist literarisch von geringer Bedeutung, aber immer unterhaltsam.
Weitere Hauptwerke: Who Fears the Devil?, 1963; Worse Things Waiting, 1973.
Deutsch: Als der Mond schien (When It Was Moonlight), in: P. Haining (Hrsg.), Stunde der Vampire, 1974.

Wells, Herbert George (1866 Bromley–1946 London), England.
Der bedeutende SF-Autor W. schrieb gleichfalls eine Reihe von teilweise sehr originellen phantastischen Erzählungen, die über mehrere seiner Bände verstreut sind. In »The Stolen Bacillus« (1895) findet sich die Geschichte einer Pflanze mit Vampirneigungen, »The Flowering of the Strange Orchid«, während »The Plattner Story« (1897) die klassische →Gespenstergeschichte »The Red Room« enthält. Der interessanteste Band ist vielleicht »Twelve Stories and a Dream«, der neben »The Valley of Spiders«, die humoristische Gespenstergeschichte »The Inexpe-

rienced Ghost« und den außerordentlichen Bericht über einen magischen Spielzeugladen, dessen Besitzer womöglich der Teufel ist, »The Magic Shop« enthält.
Weitere Hauptwerke: The Time Machine and Other Stories, 1895; The Story of the Last Trump, 1915; The Complete Short Stories, 1927.
Über Wells: D. Hughes, The Man Who Invented Tomorrow, 1968.
Deutsch: Gesammelte Werke, 11 Bände, 1926–1933.

Wharton, Edith (geb. Newbold Jones) (1862 New York–1937 St. Brice-sous-Forêt), USA.
Die seit 1906 in Frankreich lebende Schriftstellerin zeigte in der Thematik und in der psychologischen Komplexität ihres weitgehend realistischen Werks eine deutliche Verwandtschaft zu Henry →James. Wie er schrieb sie eine Reihe subtiler →Gespenstergeschichten, die zu den besten des Genres gehören. Ihre bewunderten Vorbilder neben James waren, wie sie in der Einleitung zu einem Sammelband mitteilt, →Le Fanu und →O'Brien. Das Motiv des Gespensterhauses wurde von ihr bevorzugt. Zu den überzeugendsten Erzählungen gehören: »Afterward« (1909), »The Triumph of Night« (1914), »Bewitched« (1925) und »All Souls'« (1937). 1975 erschien »The Ghost Stories of E. W.«.
Weitere Hauptwerke: Kerfol, 1916; Mr. Jones, 1928; The Mirrors (später: The Looking Glass), 1935.
Über Wharton: L. Auchincloss, E. W., 1961.
Deutsch: Ein Geist, den man nicht gleich erkennt, in: Horror 4, 1974.

Wheatly, Dennis (1897 London), England.
Zu den erfolgreichsten Unterhaltungsautoren im Bereich der Spionage-SF- und Phantastik-Romane gehört der ehemalige Weinhändler W. Sein phantastisches Erzählwerk kreist fast ausschließlich um das Motiv der schwarzen →Magie. Eine voyeurhafte Erotik und eine reaktionäre Ideologie machen seine Bücher, von denen der frühe Roman «The Devil Rides Out« (1935) noch am erträglichsten ist, zu einer wenig erfreulichen Lektüre. Bedeutsamer ist seine Tätigkeit als Herausgeber vieler Anthologien und insbesondere der →»D. W. Library of the Occult« bei Sphere Books, in der lange vergriffene Werke von

u. a. →Le Fanu, →Hodgson und →Corelli neu erschienen.
Weitere Hauptwerke: Strange Conflict, 1941; The Haunting of Toby Jugg, 1948; To the Devil a Daughter, 1953; The Satanist, 1960.
Über Wheatly: G. St. John Barclay, The Devil and D. W., in: Anatomy of Horror, 1978.
Deutsch: Diener der Finsternis (The Devil Rides Out), 1979; Der schwarze Pfad (To the Devil a Daughter), 1979; Meer der Angst, 1979.

White, Edward Lucas (1866 Bergen, N.J.–1934 Baltimore), USA.
Der historische Romancier W., der durch eigene Hand starb, schrieb eine der berühmtesten Geschichten über schwarze →Magie in Afrika, »Lukundoo« (1927), die in einem Band mit dem gleichen Titel zu finden ist. Ein weiterer Band mit Erzählungen war »The Song of the Sirens« (1919).
Deutsch: Lukundoo, in: Horror 1, 1969.

Whitehead, Henry St. Clair (1882 Elizabeth–1932 Dunedin), USA.
In den Jahren zwischen 1921 und 1929 war W. Erzdechan der Episcopalen Kirche auf den Virgin Islands in der Karibik, dem früheren Dänisch-West Indien. Die Mehrzahl seiner weitgehend in →»Weird Tales« veröffentlichten Geschichten und Novellen beschäftigen sich mit den geheimen Kulten der Eingeborenen, insbesondere mit →Voodoo. Die in einer geschliffenen, häufig leicht archaisch wirkenden Sprache abgefaßten Erzählungen bestechen durch ihre raffinierte Konstruktion, ihre große, aber nie aufgesetzt wirkende Kenntnis der Bräuche und Folklore der Karibik wie durch ihr Verständnis abnormer seelischer Zustände und okkulter Phänomene. In ihrer Schicksalgläubigkeit und moralischer Rigorosität erinnern sie an die Erzählungen der Dänin →Blixen. Das gilt insbesondere für die meisterhafte Novelle »Seven Turns in a Hangman's Rope« (1932), in der eine weiße Frau Voodoo-Mittel benutzt, um sich an ihrem wertlosen Liebhaber zu rächen, der sie in ihrer Ehre beleidigt hat. Der Erzähler hier wie in vielen anderen Fällen ist Gerald Canevin, das alter Ego des Autors. Auch andere Personen, wie Dr. Pelletier, großer Kenner des Okkulten, treten in mehreren Geschichten auf, was dem Gesamtwerk einen großen Zusammenhang verleiht. Die

wenigen außerhalb der Karibik spielenden Geschichten können nicht in dem selben Maße überzeugen. Die gesammelten Erzählungen erschienen in zwei Bänden posthum bei →Arkham House. (»Jumbee«, 1944; »West India Lights«, 1946).
Weitere Hauptwerke: The Lips, 1929; Black Tancrède, 1929; Passing of a God, 1930; The Black Beast, 1931.
Über Whitehead: R. H. Barlow, Introduction to »Jumbee«, 1944.
Deutsch: Cassius, in: Horror 3, 1970.

Wilde, Oscar (1854 Dublin–1900 Paris), Irl.-Engl.
Es gibt in der phantastischen Literatur nur wenige Beispiele einer wirklich gelungenen komischen Gespenstergeschichte; zu ihnen gehört auf jeden Fall »The Canterville Ghost« (1887), zugleich eine sehr witzige Parabel über die Gegensätze zwischen Amerika und dem alten Europa. Das Hauptwerk des großen Dramatikers im Bereich der Phantastik ist aber sein einziger Roman, »The Picture of Dorian Gray« (1890), in dem das klassische →Doppelgänger-Motiv in Anlehnung an →Poes Geschichte »William Wilson« auf originelle Weise umgestaltet wird und dem ansonsten durchaus realistischen, von brillanten Aphorismen funkelnden Dekadenz-Roman seinen dunklen Hintergrund gibt. Auch in manchen seiner Kunstmärchen, vor allem in den Texten aus »A House of Pomegranates« (1891), begibt sich W. in die Nähe der phantastischen Erzählung (»The Young King«, »The Fisherman and His Soul«, »The Star-Child«).
Weitere Hauptwerke: The Happy Prince, 1888; Lord Arthur Saville's Crime, 1891.
Über Wilde: C. S. Nassaar, Into the Demon Universe. A Literary Exploration of O. W., 1974.
Deutsch: Ausgewählte Werke, Band 1, Erzählungen und Märchen, Gedichte in Prosa, 1979; Das Bildnis des Dorian Gray, 1981.

Wilkins-Freeman, Mary Eleanor (1852 Randolph, Mass.–1930 Metuchen), USA.
Obwohl sie in erster Linie durch ihre psychologisch subtilen Darstellungen einsamer Frauenleben in Neu-England bekannt geblieben ist, hat sie gleichfalls einige atmosphärisch sehr dichten →Gespenstergeschichten geschrieben, die den Vergleich mit den

verwandten Erzählungen eines Henry →James oder einer Edith →Wharton nicht zu scheuen brauchen. Sie war zeitweilig die Sekretärin von Oliver Wendell →Holmes. Einige ihrer gelungensten Geschichten finden sich in der Sammlung »The Wind in the Rose-Bush« (1903). 1974 erschienen ihre gesammelten Gespenstergeschichten bei →Arkham House: »The Collected Ghost Stories«.
Weitere Hauptwerke: Silence, 1898.
Über Wilkins-Freeman: E. Forster, M. W.-F., 1956.

Williams, Charles (1886 London–1945 Oxford), England.
Als »metaphysische Phantastik« könnten die Romane des Lektors bei der Oxford University Press eingestuft werden: es besteht eine Verwandtschaft zu den Arbeiten der →Powys-Brüder wie zu den christlichen Allegorien eines C. S. Lewis. Die Romane enthalten Elemente traditioneller Horror-Literatur, die mit Motiven der →Fantasy und →SF verbunden werden. Längere philosophische Passagen verleihen eher banalen Ansichten über das Problem des Bösen in unserer Welt zu umfangreichen Ausdruck. Obwohl das Werk von W. eine Gemeinde fanatischer Anhänger hat, muß es doch wohl eher als eine literarisch nicht sehr wertvolle Kuriosität eingestuft werden. Am meisten überzeugt »Many Dimensions« (1931): im Zentrum der Handlung befindet sich ein geheimnisvoller Stein, der es dem Menschen erlaubt, die Begrenzungen von Raum und Zeit aufzuheben.
Weitere Hauptwerke: The Place of the Lion, 1931; The Greater Trumps, 1932; Descent into Hell, 1937; All Hallow's Eve, 1945.
Über Williams: A. M. Hadfield, C. W., 1959.

Williams, Tennessee (eigentl. Williams, Thomas Lanier) (1914 Columbus), USA.
Es ist eine wenig bekannte Tatsache, daß die erste Publikation des bedeutendsten amerikanischen Dramatikers der Nachkriegszeit eine Horrorerzählung in →»Weird Tales« war, »The Vengeance of Nitrooris« (1928), eine auf Herodot basierende Geschichte über eine ägyptische Königin, welche die Mörder ihres Bruders während eines Banketts in einem unterirdischen Saal ertrinken läßt. Das Makabre, typisches Element der »Southern Gothic«, spielt sowohl in den Theaterstücken wie in den Erzählungen eine wichtige Rolle. Neben deutlich parabelhaften Erzählungen wie »The Coming of Something to the Widow Holly« (1953) oder

»The Knightly Quest« (1966), gibt es direkte Horrorerzählungen wie »One Arm« (1948) oder, den vielleicht wichtigsten Beitrag des Südstaatenautors zum Genre, »Desire and the Black Masseur« (1954), zugleich die konsequente Darstellung eines sadomasochistisch geprägten Verhältnisses zwischen einem Weißen und einem Neger und eine provokative, unter negativen Vorzeichen stattfindende Parallele zu der Passionsgeschichte. Die grellen Effekte der Erzählungen werden durch einen betont schwarzen Humor noch erhöht.

Weitere Hauptwerke: One Arm and Other Stories, 1948; Hard Candy, A Book of Stories, 1954; The Knightly Quest, 1966; Eight Mortal Ladies Possessed, 1975.
Über Williams: E. M. Jackson, The Broken World of T. W., 1965.
Deutsch: Sommerspiel zu Dritt (Auswahl), 1962; Der fahrende Ritter (The Knightly Quest), 1970; Acht Damen, besessen und sterblich (Eight Mortal Ladies Possessed), 1977.

Wilson, Colin (1931 Leicester), England.
Als der Autodidakt W. 1956 mit der Studie »The Outsider« debütierte, wurde er als der große Theoretiker der neuen Schriftstellergeneration in England, der »angry young men«, gepriesen. Aber seine Interessen galten auch in diesem immer noch faszinierenden Buch weniger der Gesellschaftskritik als der Mystik und dem Phantastischen. Nach einem sehr überzeugenden ersten Roman »Ritual in the Dark« (1960), der sich den Jack the Ripper-Stoff vornimmt, veröffentlichte er in rascher Folge zu den unterschiedlichsten Themen (W. ist auch Schallplattenkritiker und ein Kenner der klassischen Musik), eine ganze Serie von Romanen und Essays, deren Qualität gleichfalls unterschiedlich ist. Schon in »The Strength to Dream« (1961) hatte er sich mit phantastischer Literatur beschäftigt, und aus einer anfänglichen →Lovecraft-Abneigung wurde Bewunderung. Zwei Romane, »The Mind Parasites« (1967) und »The Philosopher's Stone« (1969), eher ein SF-Roman, bewegen sich auf eine höchst originelle Weise im Bereich des →Cthulhu-Mythos. Eine irritierende Neigung zu apodiktischen Aussprüchen verleiden einem häufig die Lektüre seiner immer eigenwilligen Arbeiten.

Weitere Hauptwerke: The Occult, 1971; Space Vampires, 1976.
Über Wilson: J. A. Weigel, C. W., 1975.

Deutsch: Der Outsider, Eine Diagnose der Menschen unserer Zeit, 1957; Der Schacht zu Babel (Ritual in the Dark), 1961; Vampire aus dem Weltall (Space Vampires), 1980; (Theorie) Rätselhafte Mystik, 1979; Fremde, unbekannte Mächte (The Occult), 1980.

Wolf-Catz, Helma (1900 Nieuw en St. Joostland–1979 Naarden), Niederlande.
Die von Kritikern unterschiedlichster ›couleur‹ sehr gelobte, aber bis auf den heutigen Tag nur wenig gelesene W.-C., die aufgrund einer langjährigen, durch ihre Kriegserfahrungen bedingten Krankheit gezwungen war, ihrer Tochter ihre späten Romane zu diktieren, schuf mit den sieben Bänden ihres »Sydonia-Cyclus« (1960–1964) einen kaum übertroffenen Höhepunkt des →»magischen Realismus« im niederländischen Sprachraum. Im ersten Band, »Diepzee« (1960), wird der Keim des ganzen, sich nicht nur in der heutigen Zeit, sondern auch in verschiedenen vergangenen Epochen und in vielen Ländern abspielenden höchst komplexen Geschehens gelegt: eine junge Studentin (Sydonia) ermordet ihren Liebhaber und lächelt, nach ihrer Verurteilung, ihrem Anwalt zu. Die Beschreibungen unterschiedlichster Realitäten werden bei W.-C. auf magische Weise aufgeladen, die Beziehungen der einzelnen Figuren bleiben rätselhaft, manche von ihnen haben eine rein symbolische Funktion, wie der geheimnisvolle, Tod und Untergang verkörpernde Hieronymus in »Diepzee« oder Joritski in »Onderstroom« (1960), dem zweiten Band des Zyklusses. Visionen, durch Drogen oder »clairvoyance« hervorgerufen, brechen immer wieder die Handlung auf, während die vier, in den Titeln der Romane schon präsenten Elemente die Verbindung der auseinander strebenden Handlungen schaffen. Die weiteren 5 Romane heißen »Koraalrif« (1961), »Duizendbrand« (1962), »Zeewier« (1962), »Aardvuur« (1964) und »Luchtkristal« (1964). Von ihren weiteren Romanen sollten vor allem »De dreiging« (1946) und »De droomgestalte« (1954) erwähnt werden.
Weitere Hauptwerke: Rozerood, 1965; De vreemde drift, 1966; Van wit en zwart, 1967; De vrijheid is een nachtegaal in zilvergrijs, 1971.
Über Wolf-Catz: A. Wadman, Schrijven uit helderziendheid, Nachwort zu »Luchtkristal«, 1964.

Wolfkind, Peter Daniel (eigentl. Vujica, Peter) (1937 Graz), Österreich.
Der Germanist und Komponist W., der das Musikfest »Steirischer Herbst« mitveranstaltet, darf zu den interessantesten phantastischen Erzählern innerhalb der deutschsprachigen Moderne gerechnet werden. Er debütierte 1972 mit den Erzählungen des Bandes »Mondnacht«, die eine sehr subtile, verunsichernde Art phantastischen Erzählens, die an manche moderne Flamen wie →Owen oder →Prévot erinnert, vorführen. Als Beispiel mag die Titelgeschichte gelten, die oberflächlich gesehen nur die Schilderung einer katastrophal endenden »Urlaubsamour« bietet, aber durch eine Reihe von verdeckten Hinweisen eine höchst beunruhigende Beziehung zwischen einer Frau und einem Bergwerk, zwischen Organischem und Anorganischem herstellt, wobei zugleich sich Zeit- und Raumdimension verschieben. In seinem nächsten Werk, dem Roman »Der grüne Zuzumbest« (1973), der Geschichte eines Mannes, der sich in eine Pflanze und darauf wieder in einen Menschen verwandelt, sich aber in der Welt nicht mehr zurechtfinden kann, geht W. andere Wege. Er nähert sich hier einer typisch österreichischen Tradition des Phantastischen an.
Weitere Hauptwerke: Die Boten des Frühlings, 1975.

Wood, Ellen (geb. Price, publizierte als Mrs. Henry Wood) (1814 Worcester–1887 London), England.
Zu den wichtigsten Vertretern der →»sensational novel« der viktorianischen Zeit gehörte neben Mrs. →Braddon und →Collins Mrs. W., die mit ihrem ersten Roman »East Lynne« (1861) einen der Klassiker des Genres schrieb. Im allgemeinen spielt das Übernatürliche in ihrem Werk nur eine atmosphärische Nebenrolle und erweist sich, ähnlich wie in der älteren Schauerliteratur, schließlich als natürlich. Eine Ausnahme bildet der umfangreiche Roman »The Shadow of Ashlydyat« (1863).
Weitere Hauptwerke: Within the Maze, 1872; Trevlyn Hold, 1864; The Master of Greylands, 1873; Told in the Twilight, 1875; The Unholy Wish, 1890.
Über Wood: R. Burgauer, Mrs. W., 1950.
Deutsch: Der Geist, in: J. M. Kluge (Hrsg.), Die besten Gespenstergeschichten aus aller Welt, 1976.

Wylie, Elinor (geb. Hoyt) (1885 Somerville–1928 New York), USA.
Das bohémienhafte Leben der in dritter Ehe mit dem Lyriker William Rose Benét verheirateten, bildhübschen Dichterin gab schon früh zur Legendenbildung Anlaß. Ihre an der Dichtung der barocken »metaphysical poets« geschulte Lyrik wurde von einem kleinen Kreis sehr gelobt, aber sie blieb wie ihre vier Romane einem größeren Publikum unbekannt. Nach der orientalischen »Extravaganza« »Jennifer Lorn« (1923), die schon die typischen Eigenheiten eines hochartifiziellen, sich in erlesenen Archaismen gefallenden Sprachstils, der sowohl →Beckford als Vernon →Lee verpflichtet ist, einer ironischen Erzählhaltung und einer extrem bizarren Handlungsführung aufweist, schuf sie mit »The Venetian Glass Nephew« (1925) ein bis heute weitgehend unbekanntes Meisterwerk der englischsprachigen Phantastik. Die sich im späten 18. Jahrhundert abspielende Geschichte von der magischen Erschaffung eines künstlichen jungen Mannes aus venezianischem Glas ist nicht nur eine meisterhafte Studie einer dekadenten Spätkultur, sondern auch eine von glänzenden Aperçus funkelnde Parabel über die Unvereinbarkeit von Leben und Kunst. Es fällt schwer, das Werk der W. literarisch in ihre Zeit einzuordnen, aber eine Ähnlichkeit mit den Arbeiten des Engländers Ronald →Firbank scheint genauso zu bestehen wie die von ihr selbst festgestellte Verwandtschaft zu David →Garnett und Sylvia Townsend →Warner. 1933 erschien ihre »Collected Prose« in einem Band.
Weitere Hauptwerke: The Orphan Angel, 1926; Mr. Hodge and Mr. Hazard, 1927.
Über Wylie: N. Hoyt, E. W., 1935.

Z

Zapponi, Bernardino (1927 Rom), Italien.
Der Journalist und Drehbuchautor Z. gab zwischen 1958 und 1965 die Zeitschrift »Il delatore« heraus, die so unterschiedlichen Themen wie Trivialkultur in Italien, Sadismus oder Transvestiten gewidmet war. Seine Untersuchung »Nostra signora dello spasimo« beschäftigte sich mit der spanischen Inquisition, den Mechanismen der Unterdrückung und der strukturellen Gewalt. Als Drehbuchautor war Z. unter anderem für Fellini tätig bei der →Poe-Bearbeitung »Toby Dammit« aus »Histoires extraordinaires« und bei dessen »Satyricon«. Seine originellen phantastischen

Erzählungen, die eine sehr barocke Phantasie erkennen lassen, sammelte er in dem Band »Gobal« (1967).

Zschokke, Heinrich Daniel (1771 Magdeburg–1848 Aarau), Deutschland.
Der zeitweilig außerordentlich populäre, heute weitgehend vergessene, äußerst produktive Erzähler debütierte mit einigen, dem →Schauerroman nahestehenden Romanen, von denen »Aballino der große Bandit« (1793) und »Alamontade der Galeerensklave« (1803) besonders erwähnenswert sind. Den Liebhabern des Phantastischen ist er heute vor allem noch bekannt durch seine humoristische Gespenstergeschichte »Die Nacht in Brzwezmcisl« (1813), die zu den Lieblingsgeschichten des flämischen Phantasten Jean →Ray gehörte.
Weitere Hauptwerke: Kuno von Kyburg, 1795–99; Das Abenteuer der Neujahrsnacht, 1818; Der tote Gast, 1821; Sämtliche Novellen, 1904, 12 Bände.
Über Zschokke: M. Prieger, Z.s Erzählkunst, 1924.

Sachteil

Alraune Die menschenähnliche Wurzel der Mandragora (Radix Mandragorae) erfüllt seit der Antike im Volksglauben und in der →Magie eine wichtige Rolle. Man schrieb ihr unterschiedliche Wirkungen zu, insbesondere aber diente sie als potenzsteigerndes Mittel. Angeblich entstand die Alraune aus dem Samen eines gehenkten Verbrechers und stieß beim Ausgraben einen Schrei aus, den zu hören gefährlich sei. Die Alraune spielt insbesondere in der deutschen phantastischen Literatur eine, wenngleich eher bescheidene, Rolle. Besonders erwähnenswert sind in diesem Zusammenhang: »Isabella von Ägypten« von Achim von →Arnim, »Das Galgenmännlein« von Friedrich →de la Motte Fouqué und der Roman »Alraune« von →Ewers, der dem Motiv eher unerfreuliche Seiten abgewinnt und in die Nähe schlüpfriger Pseudopornographie gerät.

Anthologien phantastischer Erzählungen Im Bereich der phantastischen Literatur haben von Anfang an Anthologien eine wichtige Rolle gespielt, wie die »Contes Bruns« (1832) belegen mögen, und häufig vollzieht sich die Bekanntschaft eines Lesers mit der Phantastik mittels einer A. Leider sind die meisten A. nach nicht erkennbaren Leitlinien zusammengestellt worden, so daß sich als einziges verbindendes Element das Phantastische erkennen läßt. Als Beispiele dieser Art von A. können die vielen von August →Derleth zusammengestellten Bände gelten. Den Versuch einer Gliederung heterogenen Materials versuchen schon zwei klassische englische A., »Great Short Stories of Detection, Mystery and Horror« (1929, 1931, 1934), hrsg. v. Dorothy →Sayers, und »The Supernatural Omnibus« (1931), hrsg. v. Montague →Summers. Beide umfangreiche Sammlungen versuchen eine, allerdings nicht immer überzeugende, thematische Gliederung. Von besonderer Bedeutung sind A., die sich nur einem Motiv widmen, wie →Werwolf oder →Vampir. Ein besonders gelungenes, von ausführlichen Begleittexten versehenes Beispiel dieser Art von A. ist die von D. Sturm und K. Völker für die →Bibliotheca Dracula zusammengestellte Vampiranthologie »Von denen Vampiren und Menschensaugern« (1968). Eine zweite gelungene A.-Möglichkeit stellen die Länder-A. dar, die, häufig in chronologischer Reihenfolge, typische Specimen phantastischer Erzählkunst eines Landes, seltener eines Sprachraums, vorführen. Die besten Beispiele dieser Form bietet eine Reihe beim belgischen Marabout-

Verlag erschienener, von Spezialisten wie →Baronian zusammengestellter A., von denen drei besonders erwähnenswert sind: »La France fantastique« (1973), »La Belgique fantastique« (1975), beide von Baronian herausgegeben und »L'Italie fantastique« (1975), hrsg. v. Jacques Finné.
Eine dritte Möglichkeit bieten Genre-A., eine Spezialität des englischen Phantastik-Kenners Peter Haining, der sich insbesondere mit älterer Schauerliteratur beschäftigt hat. Ein gutes Beispiel bietet »The Penny Dreadful« (1975), eine Sammlung populärer Horrorgeschichten aus viktorianischen Groschenheften. Ein recht eigenwilliges, nicht vollkommen befriedigendes Auswahlkriterium bietet eine weitere Marabout-Großanthologie, »Le fantastique féminin«, hrsg. v. Anne Richter (1977). Schließlich kann eine A. sich einer bestimmten, häufig begrenzten Zeitspanne widmen und auf diese Weise eine historische Kontinuität aufzeichnen. Peter Hainings »Great British Tales of Terror. Gothic Stories of Horror and Romance, 1765–1840« (1972) ist ein klassisches Beispiel.

Arkham House Der von August →Derleth und Donald →Wandrei gegründete Phantastik-Verlag in Sauk City existiert bis heute. Ursprünglich hatten die beiden jungen Autoren nur vor, das Werk ihres bewunderten Freundes →Lovecraft in einigen Bänden zu sammeln, da die Erzählungen aufgrund ihrer ephemeren Erscheinungsform in »pulps« wie →»Weird Tales« ansonsten bald dem Leserbewußtsein entschwunden wären. Sie verwirklichten ihren Plan mit dem heute sehr gesuchten, in 1268 Exemplaren gedruckten Band »The Outsider and Others«, der 1939 erschien und sich recht schlecht verkaufte. Dennoch muß das Erscheinen dieser Sammlung als der Anfang des Lovecraft-Kults angesehen werden. Der Verlag erhielt seinen Namen von der alten kleinen Universitätsstadt Arkham, die in den →Cthulhu-Geschichten Lovecrafts eine so große Rolle spielt. Als zweiter Band des jungen Verlags, der sehr lange mit großen finanziellen Schwierigkeiten zu kämpfen hatte, erschien eine Sammlung Erzählungen von Derleth selbst, »Someone in the Dark« (1941), während 1942 eine dritte Säule des Verlagsprogramms, Clark Ashton →Smith, mit dem Sammelband »Out of Space and Time« (1942) vorgestellt wurde. Es folgten der zweite große Lovecraft-Band, »Beyond the Wall of Sleep« (1943), der auch Gedichte und Kollabo-

rationen mit anderen Autoren umfaßte, und der erste Wandrei-Sammelband, »The Eye and the Finger« (1944). Zu den Autoren, die in den jetzt mit größerer Regelmäßigkeit erscheinenden, graphisch schön ausgestatteten, Bänden mit beschränkter Auflage vertreten waren, gehörten: →Whitehead, →Bloch, →Walton, →Long, →Howard, →Bradbury, →Campbell und →Copper, während auch Klassiker der phantastischen Literatur wie →Le Fanu neu herausgegeben wurden. 1948–49 erschienen die acht Nummern der Zeitschrift »The Arkham Sampler«, die sich nicht halten konnte. Nach dem Tode Derleths (1971) wurde der Verlag in seinem Sinne weitergeführt.
Über Arkham House: A. Derleth, Thirty Years of A. H. A. History and Bibliography, 1970.

Bibliotheca Dracula Zwischen 1969 und 1974 erschienen im Hanser Verlag, München, vom Lektor Michael Krüger betreut, die 14 Bände der B. D., die ähnlich wie die →Bibliothek des Hauses Usher im Insel Verlag viel zur Popularisierung der phantastischen Literatur im deutschen Sprachraum beigetragen hat. Die Bände erschienen in einer bibliophilen, vom Graphiker Uwe Bremer besorgten Aufmachung, und der Berliner Literaturwissenschaftler Norbert Miller schrieb zu einigen Titeln vorzügliche Nachworte. Die B. D. berücksichtigte in erster Linie ältere Literatur und stellte Klassiker des Genres häufig zum erstenmal in deutscher Sprache vor. Überdies erschienen vier Anthologien zu bestimmten Motiven der phantastischen Literatur. Die wichtigste unter diesen vier Titeln war zweifelsohne die von D. Sturm und K. Völker herausgegebene →Vampiranthologie »Von denen Vampiren oder Menschensaugern« (1968). Ähnlich bedeutend war »Schwarze Messen« (1970), herausgegeben von U. K. Dreikandt. Bei den beiden anderen Bänden befremdete das Auswahlprinzip (»Künstliche Menschen«, 1971, »Von Werwölfen und anderen Tiermenschen«, 1972, beide von K. Völker ediert). Die in der Reihe vertretenen Autoren waren →Brown, →Le Fanu, →Leroux, →Lewis, →Maturin, →Radcliffe, →Shelley, →Stevenson/Osbourne und →Stoker, als einziger mit zwei Titeln. Insbesondere die Übersetzungen von Friedrich Polakovics erfüllten höchste Ansprüche.

Bibliothek des Hauses Usher Als eine Art Pendant zu der →»Galerie der Phantasten« aus dem ersten Viertel dieses Jahrhunderts erschienen zwischen 1969 und 1975 die 26 Bände der B.d.H.U., die im Insel Verlag von dem Göttinger Phantastik-Spezialisten Kalju Kirde herausgegeben wurde. In Übersetzungen von u. a. Wulf Teichmann, Friedrich Polakovics, Rein A. Zondergeld und Jörg →Krichbaum wurde eine Reihe von wichtigen phantastischen Erzählern hier häufig zum erstenmal dem deutschen Leser vorgestellt. Insbesondere die englischsprachige Phantastik wurde berücksichtigt, vor allem →Lovecraft, der mit 4 Bänden vertreten war. Weitere Autoren aus diesem Sprachbereich waren →Bierce, →Blackwood (3 Bände), →Derleth, →Dunsany, →Le Fanu (2 Bände), →Hodgson (2 Bände), M. R. →James, →Machen, →de la Mare, →Poe, →Smith (2 Bände) und →Wakefield. Zum erstenmal übersetzt wurden auch Erzählungen des Polen →Grabiński (2 Bände) und der Belgier Jean →Ray (2 Bände) und →Owen. Die bibliophile Aufmachung mit Umschlagentwürfen von Hans Ulrich und Ute Osterwalder und das grüne Papier, auf dem ein Großteil der Bände gedruckt wurde, erhöhten noch den Wert dieser im deutschen Sprachraum einmaligen Buchreihe. Eine Reihe von Titeln wurde später in der Phantastischen Bibliothek im Suhrkamp Verlag als Taschenbuch nachgedruckt.

Böser Blick Der Glaube an Menschen mit dem b. B. ist bis auf den heutigen Tag in Süd-Italien weit verbreitet. Vom Blick eines solchen Menschen, eines »jettatore«, getroffen zu werden, bringt Unglück. Auch ist es schon gefährlich, seinen Namen nur zu erwähnen. Man kann sich durch ein bestimmtes Zeichen, die sogenannten »Teufelshörner«, – bei geballter Faust werden Zeigefinger und kleiner Finger vorgestreckt – vor dem b. B. schützen. Als Motiv spielt der b. B. in der phantastischen Literatur keine wesentliche Rolle. Überzeugende Beispiele von B. B. – Geschichten sind »Jettatura« von →Gautier und »Die grüne Dame« von von →Taube. Als Besitzer des b. B.s wurden Heinrich Heine und der berühmte italienische Literaturwissenschaftler und Spezialist der schwarzen Romantik Mario →Praz gefürchtet.

Conte Cruel s. Horrorgeschichte

Cthulhu Mythos Der C. M. ist eine Erfindung des →»Weird Tales«-Autors →Lovecraft, die, literarisch gesehen, teilweise üble Folgen haben sollte. Der Mythos taucht zum erstenmal festumrissen in der Erzählung »The Call of Cthulhu« (1928) auf, die in vieler Hinsicht unübertroffen bleibt. Zeitungsausschnitte und Tagebucheintragungen, ein fester Bestandteil der späteren Cthulhu-Geschichten, geben dem Mythos einen schein-dokumentarischen Hintergrund. Der Grundgedanke des Mythos ist, daß »vor Äonen« die Rasse der »Elder Beings« das Universum, auch die Erde also, regierten, ihre Herrschaft aber verloren und jetzt, in tiefem Schlaf versunken wie Cthulhu, eins dieser Wesen, oder eingesperrt die Rückkehr ihrer Herrschaft erwarten oder mittels eines nie von der Erde verschwundenen Geheimkultes aktiv betreiben. Dämonische Wesen stehen in ihren Diensten und einige nur in wenigen Exemplaren vorhandene Bücher berichten von ihrer Existenz und von den Möglichkeiten, Kontakt zu ihnen oder ihren Helfershelfern aufzunehmen. Das berühmteste dieser Bücher ist das »Necronomicon« des »mad Arab Alhazred«, das bei Cthulhu-Fans eine solche Beliebtheit genießt, daß es oft antiquarisch gesucht wurde. Den Ausbau des Mythos betreiben neben Lovecraft seine Freunde und Korrespondenten wie →Derleth, der die Rasse der »Elder Gods« beisteuerte. Weitere beliebte »Kultbücher«, die im Mythos eine Rolle spielen, sind Ludvig Prinns »De Vermis Mysteriis« und die »Unaussprechlichen Kulten (sic!)« des Deutschen von Junzt. Diese und andere Geheimbücher befinden sich in der Universitätsbibliothek der Stadt Arkham, die mit ihrer Umgebung das Zentrum des Cthulhu-Kults und der Cthulhu-Forschung bildet, die häufig mit dem grauenhaften Ende des jeweiligen Forschers endet. Man hat die Idee einer Rasse, die den Menschen ihren Platz auf der Erde streitig macht, im Zusammenhang mit Lovecrafts durch seine Briefe reichlich belegten Fremdenhasses sehen wollen, der seinerseits mit seiner zutiefst neurotischen Haltung zur Sexualität in Verbindung stehen mag. Der C.-M. verlor bei den Lovecraft-Nachahmern weitgehend seinen obsessionellen Charakter und wurde zu einem Vorwand für amüsante literarische Spielereien, die weitgehend ohne literarischen Wert sind. Eine Ausnahme bilden die Cthulhu-Geschichten des Engländers Ramsey

→Campbell, der das Zentrum des Kults nach England verlegte und vor allem in seinen späteren Texten höchst wirkungsvolle Varianten erfand. Er gab auch eine Anthologie mit wichtigen Cthulhu-Erzählungen heraus, »New Tales of the Cthulhu Mythos« (1971), ein Folgeband zu »Tales of the Cthulhu Mythos« (1969) von August Derleth.
Über den Cthulhu-Mythos: R. E. Weinberg/E. P. Berglund, Reader's Guide to the C. M., 1974².

D Dämonische Liebhaber Das Motiv des dämonischen Liebhabers läßt sich in vielen Volkssagen und Balladen nachweisen. Es kann sich beim d. L. um einen tatsächlichen Dämon, häufig den Teufel selbst, handeln, der menschliche Form angenommen hat, um einen Untoten oder →Vampir oder um einen gestorbenen Liebhaber der Frau, der, durch ein Gelübde gebunden, zurückkehren muß. Gespensterbraut und dämonischer Liebhaber, so wie sie in klassischer Form in Bürgers am Ende des 18. Jahrhunderts entstandener Ballade »Lenore« auftreten, bergen hinter einer phantastischen Fassade eindeutig sexuelle Implikationen: die in der offiziellen Literatur tabuisierte Zone sadomasochistischer Beziehungen kommt hier, kaum verhüllt, zur Sprache. Dies kann zum erstenmal eindeutig in →Le Fanus immer noch bestürzender Erzählung »Schalken the Painter« (1839) festgestellt werden. Das Motiv fällt im Laufe der weiteren Entwicklung weitgehend mit dem des Vampirs zusammen und erst zwei moderne Erzählerinnen gewannen ihm neue Seiten ab, Shirley →Jackson und Elisabeth →Bowen.
Über Dämonische Liebhaber: R. A. Zondergeld, Dämonie und Verführung, in: Phantastik in Literatur und Kunst, 1980.

Dennis Wheatly Library of the Occult Die von dem bekannten Bestseller-Autor Dennis →Wheatly herausgegebene Sammlung bei Sphere Books Limited, London, erscheint seit 1973 und umfaßt häufig lange vergriffene Klassiker der phantastischen Literatur →Hodgson, Carnacki the Ghostfinder, Band 5; F. M. →Crawford, The Witch of Prague, Band 8; M. →Bowen, Black Magic, Band 13; R. H. →Benson, The Necromancers, Band 20), Anthologien des Herausgebers und Arbeiten zum →Okkultismus, Aberglauben und →Satanismus. (H. Blavatsky, Studies in Occultism, Band 4; Zolar, The Interpretation of Dreams, Band

18; D. Wheatly, Satanism und Witches, Band 21). Überraschenderweise findet sich als Band 15 der Reihe eine englische Übersetzung von Goethes »Faust«.

Detektiv Der Detektiv ist eher im →Kriminalroman als in der phantastischen Literatur beheimatet, aber auch dort spielt er eine, wenngleich bescheidene Rolle als »okkulter Detektiv«, als ein Detektiv also, der sich mit der Lösung phantastischer und okkulter Ereignisse beschäftigt. In den Erzählungen und Romanen, in denen er auftritt, wird das Phantastische nicht geleugnet, die geschilderten Phänomene bleiben im Bereich des Übernatürlichen. Als erstes Beispiel des okkulten Detektivs kann Dr. Hesselius gelten, der in der Rahmengeschichte von →Le Fanus »In a Glass Darkly« (1872) seine Erklärungen zu den in den einzelnen Geschichten geschilderten Ereignissen abgibt, die allesamt auf Fälle seiner Praxis zurückgehen. Hesselius ist allerdings mehr Arzt als Detektiv. Bei seinen Nachfolgern, Carnacki in →Hodgsons »Carnacki, The Ghost Finder« (1913) und John Silence in →Blackwoods »John Silence« (1908) wird aber die detektivische Spurensicherung zur Hauptsache. In der französischen Unterhaltungsliteratur sieht sich schon →Leblancs Gentlemanverbrecher und Beschützer des Guten, Arsène Lupin, in die Rolle des okkulten Detektivs gedrängt im Roman »L'île aux trente cercueils« (1920), während der Reporter Doum bei Jean Louis →Bouquet und Harry Dickson, der amerikanische Sherlock Holmes, mit seinem pfiffigen Gehilfen Tom Wills bei Jean →Ray gleichfalls eine Reihe von höchst phantastischen Abenteuern zu bestehen wissen. Eine triviale Apotheose erlebt der okkulte Detektiv in den Jules de Grandin-Geschichten von Seabury →Quinn und den Solar Pons-Chroniken von August →Derleth.

Doppelgänger Eins der beklemmendsten Motive der →phantastischen Literatur ist der D. In seiner Studie zu diesem Motiv hat Rank ausgeführt, daß der D. zuerst eine positive Funktion besaß, als Verdoppelung der eigenen Person erhöhte er deren Lebensfähigkeit, fungierte er als verstärkte Abwehr gegen den Tod. Später aber wandelte sich seine Bedeutung, denn, nachdem die Phase des primären Narzißmus, der das positive Bild entstammte, überwunden war, »ändert sich das Vorzeichen des D.s, aus einer Versicherung des Fortlebens wird er zum unheimlichen Vorboten

des Todes«. (Freud, Das Unheimliche, 1919). Zur unheimlichen Wirkung des Motivs führt Freud weiter aus: »Der Charakter des Unheimlichen kann doch nur daher rühren, daß der D. eine den überwundenen seelischen Urzeiten angehörige Bildung ist, die damals allerdings einen freundlicheren Sinn hatte. Der D. ist zum Schreckbild geworden, wie die Götter nach dem Sturz ihrer Religion zu Dämonen werden.«
Der D. als der Gestalt gewordene, verdrängte Teil der eigenen Person, der, ihr gegenübertretend, dennoch untrennbar mit ihr verbunden bleibt, findet seine überzeugendste literarische Gestaltung in →Hoffmanns »Elixiere des Teufels«, →Poes »William Wilson«, →Stevensons »The Strange Case of Dr Jekyll and Mr Hyde« und →Wildes »The Picture of Dorian Gray«. Daß auch für die heutige phantastische Literatur das Motiv seine Aktualität behalten hat, belegt eine Novelle wie »Das Spiegelkabinett« von Michael →Schneider.
Über Doppelgänger: O. Rank, Der Doppelgänger, in: Imago III, 1914.

E **Erotische und phantastische Literatur** Das auffallende Fehlen von Darstellungen erotischen und sexuellen Erlebens in einem Großteil der klassischen phantastischen Literatur sollte nicht über die Tatsache hinwegtäuschen, daß gerade erotische und phantastische Literatur große Gemeinsamkeiten aufweisen. In beiden Genres kommen tabuisierte Zonen menschlicher Erfahrung zum Ausdruck und beide haben daher grundsätzlich einen subversiven Charakter. Im 18. und 19. Jahrhundert werden überdies sehr häufig phantastische Motive eingesetzt, die literarisch nicht »erlaubte« erotische oder sexuelle Tatbestände zum Ausdruck bringen sollen. Dies dürfte im Falle des →Vampir-Motivs am deutlichsten sein, denn auch dem naiven Leser dürfte kaum der sexuelle Charakter des vampirischen Kusses verborgen bleiben. Zondergeld drückt die enge Beziehung zwischen den beiden Genres mit den Worten aus, daß »die phantastische Literatur (. . .) es zu ihrer Aufgabe gemacht hat, die objektive Welt um eine Dimension zu erweitern, in der der Mensch durch die Macht seiner Phantasie versucht, den ihm innewohnenden Bestrebungen zur Verwirklichung seiner ganzen Persönlichkeit, welche von den strengen Gesetzen der Alltagswelt frustriert werden, Ausdruck zu verleihen. Da gerade im Bereich seiner erotischen Wünsche diese

Frustrationen den Menschen am stärksten bedrücken, werden in der Darstellung des Phantastischen erotische Tabus (Inzest, Homosexualität) entweder in symbolischer Form (z. B. in der Gestalt des Vampirs) oder konkret durchbrochen: damit erhält das Phantastische den mehr oder weniger deutlich erkennbaren Charakter eines erotischen Wunschtraums (zumindest in seiner Funktion) und die phantastische Literatur kommt ähnlichen Sehnsüchten beim Leser entgegen wie die erotische.«
Über erotische und phantastische Literatur: R. A. Zondergeld, Zwei Versuche der Befreiung. Phantastische und erotische Literatur, in: Phaïcon 2, 1975.

Fantasy Neben der →SF und der →phantastischen Literatur gibt es ein literarisches Genre, das als F. oder Heroic F. bezeichnet wird. Das wesentliche Merkmal der zu diesem Genre zählenden Werke, führt Sprague de Camp in der Einleitung zum Band »Swords and Sorcery« (1963) – übrigens eine weitere Bezeichnung des Genres – an: »Mit Heroic F. bezeichnet man eine bestimmte Art von Geschichten, die sich nicht in der Welt, wie sie ist, war oder sein wird, abspielen, sondern in der Welt, wie sie sein sollte, um eine gute Geschichte abzugeben. (...) Es sind phantastische Abenteuergeschichten, die sich in imaginären prähistorischen oder mittelalterlichen Welten abspielen, als alle Männer stark, alle Frauen schön, alle Probleme einfach waren und die Welt ein einziges Abenteuer war.« Aus diesen Worten eines Autors, der nicht nur als Theoretiker, sondern auch als Autor sich mit der F. beschäftigte, geht schon ihr eskapistischer Charakter hervor. Sie bildet damit einen deutlichen Gegensatz zur phantastischen Literatur. Die Grundhaltung der meisten F.-Texte ist reaktionär, häufig sogar eindeutig faschistoid. Dies gilt weniger für die frühen Beispiele des Genres bei William Morris oder Lord →Dunsany, die eher zur Utopie und zum Märchen neigen, als für die eigentlichen Hauptwerke von →Eddison, →Tolkien, Catherine →Moore, Fritz →Leiber und vor allem für die Conan-Geschichten von →Howard, die eine einzige Feier männlicher Brutalität, vom blonden Barbaren Conan personifiziert, darstellen. Weitere Autoren von Bedeutung in diesem Bereich sind: Clark Ashton →Smith, →Cabell, →Lindsay und →Peake. Unzählige Trivialautoren, mit einer höchst unerfreulichen Neigung zu endlosen Zyklen, haben in dem letzten

Jahrzehnt das Angebot an F.-Literatur sehr vergrößert.
Über Fantasy: L. Sprague de Camp, Introduction to »Swords and Sorcery«, 1963.

Femme Fatale Ein wichtiges Motiv der Literatur des 19. Jahrhunderts ist die »femme fatale«, jene verführerische, männerzerstörende, kalte Schönheit, die eine exakte Widerspiegelung von Männerängsten und -wünschen ist. Mario →Praz hat ihr in seiner bahnbrechenden Studie zur Literatur der schwarzen Romantik »La carne, la morte e il diavolo nella letteratura romantica« (1930, dt. »Liebe, Tod und Teufel. Die schwarze Romantik«, 1963) als »La belle dame sans merçi« erheblichen Raum gewidmet. Daß sie auch in der häufig frauenfeindlichen phantastischen Literatur eine Rolle spielt, und zwar weit über das 19. Jahrhundert hinaus, braucht auch in Anbetracht der Nähe des Genres zur erotischen Literatur kaum zu verwundern. Sie trägt dort häufig die Züge des Vampirs, wie in →Gautiers »La morte amoureuse« oder, diesmal als Lesbierin, in →Le Fanus »Carmilla«. Mit positiveren Zügen versehen, finden wir sie in →Rider Haggards »She« oder in →Benoits »L'Atlantide«. Sie kann auch als Dämonin oder Teufelin in Erscheinung treten, insbesondere im →Schauerroman, ihr Prototyp ist dann Mathilda in →Lewis' »The Monk«. Als Gorgo tritt sie im Werk des Flamen Jean →Ray auf und findet dort als Euryale im Roman »Malpertuis« ihre faszinierendste Ausdeutung, während Thomas →Owen in seiner Vampirerzählung »Le péril« eine Art phantastische Lolita-Variante erfindet. Besonders originelle Spätausprägungen der f. f. führen die Erzählungen »Alouqua ou la Comédie des Morts« und »Les pénitentes de la Merçi«, beide von Jean Louis →Bouquet, und »A Woman seldom found« von William →Sansom vor.

Fiction Die erste Nummer der französischen Zeitschrift in Taschenbuchformat F. erschien Oktober 1953. Diese »Revue littéraire de l'étrange« gehört zu den bedeutendsten Zeitschriften, die sich der phantastischen Literatur und →SF widmen, wobei das Hauptgewicht allerdings auf der SF liegt. Herausgeber und Verleger des Magazins, das ursprünglich eine Art französische Ausgabe des amerikanischen Magazins »The Magazine of Fantasy and Science Fiction« war, war Maurice Renault, der bis zu seinem Tode 1976 für die gleichbleibende Qualität der Zeitschrift sorgte. Ihm standen mehrere Redakteure zur Seite, von denen vor allem der Autor André Dorémieux und Jacques Bergier erwähnenswert sind. Eine Spezialität der Zeitschrift war neben den französischen Übersetzungen englischsprachiger Titel das Vorstellen französischsprachiger Autoren aus beiden von der Zeitschrift gepflegten Bereichen. Neben Arbeiten von Dorémieux selbst finden sich Texte von u. a. René Barjavel und Jacques Sternberg. Im Bereich der Phantastik ist vor allem die Pflege noch unbekannter Klassiker der modernen französischsprachigen Phantastik von Bedeutung, die nicht nur durch Erzählungen, sondern auch durch Interviews und Essays, die ohnehin einen wichtigen Teil der Zeitschrift ausmachen, vorgestellt werden. Insbesondere für die Verbreitung der Werke von Jean →Ray, dem eine wichtige Sondernummer (Fiction 126, Mai 1964) gewidmet wurde, von Thomas →Owen und von Jean Louis →Bouquet hat die Zeitschrift Wesentliches geleistet. Die Umschläge wurden von bedeutenden Künstlern des Phantastischen, wie Raymond Bertrand und Gilles Raimbault, gestaltet. Kritiken über phantastische Bücher und Filme bildeten gleichfalls einen wichtigen Bestandteil der Nummern. Nach dem Tode Renaults führt Daniel Riche die Zeitschrift weiter.

Über Fiction: J. Weigand, Fiction-Anmerkungen zu einem Magazin für Science-fiction und Phantastik, in: Polaris 4, 1978.

Galerie der Phantasten Eine legendäre Buchreihe phantastischer Literatur in deutscher Sprache bildet die zwischen 1910 und 1922 von Hanns Heinz →Ewers im Münchener Georg Müller Verlag herausgegebene G. d. P. Die umfangreichen Bände, die sowohl in billigen als in bibliophilen Ausgaben erschienen, waren mit Illustrationen bedeutender zeitgenössischer Graphiker versehen und stellten einen repräsentativen Querschnitt durch das Œuvre des jeweils gewählten Autors dar. Es erschienen, häufig in vielen Auflagen, die folgenden acht Bände: 1. →Hoffmann, Phantastische Geschichten (Ill. von Ernst Stern), 2. →Poe, Das Nebelmeer (Ill. v. Alfred Kubin), 3. Oscar →Panizza, Visionen der Dämmerung (Ill. v. Paul Haase), 4. Karl Hans →Strobl, Lemuria (Ill. v. W. Teschner), Alfred →Kubin, Die andere Seite (Ill. v. Verfasser), 6. H. H. Ewers, Mein Begräbnis (Ill. v. Fritz Schwimmbeck), 7. →Balzac, Mystische Geschichten (Ill. v.

Alfred Kubin), Gustavo Adolfo →Becquer, Von Teufeln, Geistern und Dämonen (Ill. v. Paul Haase).

Gespenstergeschichte Nur dann ist eine Geschichte, in der ein Gespenst sein Unwesen treibt, auch eine phantastische Erzählung, wenn die Erscheinung eines Gespenstes als widernatürliches Phänomen betrachtet wird. Die unzähligen Berichte und Anekdoten von Gespenstererscheinungen aus der Antike, dem Orient, Afrika und dem christlichen Abendland bis zur Aufklärung sind keine phantastischen Erzählungen für Autor und Leser gewesen, da sie von der Prämisse ausgehen, daß Gespenster existieren. Sie sind es höchstens in moderner Rezeption, aber nicht von der Anlage her. Im allgemeinen wird »The True Relation of the Apparition of One Mrs. Veal« (1706) von Daniel →Defoe als die erste moderne G. angesehen: indem Defoe seiner Erzählung die Form eines authentischen Berichts gibt, ein später immer wieder gern angewandtes Verfahren, ruft er beim skeptischen Lesepublikum seiner Zeit jene Ungewißheit, jenes produktive Gefühl der Unsicherheit hervor, das die phantastische Erzählung kennzeichnet. Während Defoes Geschichte vorläufig ein Einzelfall bleibt, überflutet die Schauerromantik die Literatur mit Gespenstern aller Art, die sich freilich häufig, nach dem von Mrs. →Radcliffe entwickelten Verfahren der »erklärten Phantastik«, als höchst lebendig oder, im Gegenteil, als Wachsfiguren oder Automaten erweisen. Im frühen 19. Jahrhundert erscheinen viele Sammlungen mit G.n, die häufig Volkssagen ihre Motive entlehnen. Das berühmteste Beispiel dürfte das »Gespensterbuch« von →Apel und →Laun sein. Bevorzugt wird die »moralische G.«, in der dem Leser anhand einer Geistererscheinung, die für Vergehen zeit ihres Lebens büßen muß oder aus Gewissensqual nicht zur Ruhe kommen kann, eine handfeste moralische Lektion erteilt wird, die zum bürgerlichen Wohlverhalten führen soll. Auf den heutigen Leser wirkt diese Form der G. in ihrer ideologischen Borniertheit im allgemeinen peinlich. Das berühmteste Beispiel dieser auch in der frühen viktorianischen Zeit beliebten Form der G. dürfte »A Christmas Carol« von Charles →Dickens sein. Aus dieser, der ältesten Form der modernen G. entwickelte sich bei manchen Viktorianern jene, die sich bis heute als die ergiebigste erwiesen hat: die »psychologische G.«, deren erster und unübertroffener Meister der Anglo-Ire →Le Fanu war. Als klassisches

Beispiel kann seine Erzählung »Green Tea« gelten. In der psychologischen G. läßt der Autor die Deutung der von ihm geschilderten Phänomene offen: sie können als Einbrüche des Übernatürlichen aufgefaßt, aber auch als Emanationen einer häufig kranken Psyche gesehen werden. Ein Triumph dieser Art von G. ist »The Turn of the Screw« von Henry →James. Etwa in derselben Zeit finden sich die ersten gelungenen Beispiele einer besonders schwer zu überzeugenden Wirkungen zu bringenden dritten Form, der »humoristischen G.«, die zwar den auftretenden Erscheinungen ihren übernatürlichen Charakter nicht nimmt, aber sich über sie lustig macht. Oscar →Wildes »The Canterville Ghost« bleibt das gelungenste Beispiel dieser Form, die leicht in Ulk und Klamauk ausartet. Als vierte Möglichkeit der G. könnte die »symbolische G.« genannt werden, die sich im ausgehenden 19. Jahrhundert einer gewissen Beliebtheit erfreut und die, wie die beiden vorhergenannten Formen, auch heute noch eine benutzte Möglichkeit darstellt. In der symbolischen G. sind die Anklänge an die »moralische G.« am größten: eine meist höchst ambivalent geschilderte Erscheinung bringt auf symbolische Weise ein die Geschichte bestimmendes Handlungsmotiv zum Ausdruck, wie das der Rache in →Jacobsens »Et Skud i taagen«. Häufig vermischen sich auch die verschiedenen hier aufgezeigten Möglichkeiten.

Geschichten um Mitternacht Unter diesem Titel erschien 1923 im Verlag der Gesellschaft für graphische Industrie, Wien-Leipzig, eine Reihe mit schmalen, graphisch reizvoll ausgestatteten Bändchen, in denen Klassiker der phantastischen Literatur in knapper Auswahl vorgestellt wurden. Herausgeber der Reihe war Karl Hans →Strobl. Neben →Poe, →Hoffmann, →Villiers de l'Isle Adam und →Gogol erschienen dort die zeitgenössischen Autoren Strobl (»Seltsame Grotesken«) und →Ewers (»Abseitige Novellen«).

Gothic Novel Mit dem Erscheinen des kurzen Romans »The Castle of Otranto« (1765) des Earl of Oxford, Horace →Walpole, fängt die Geschichte eines Romangenres an, das man alsbald als »gothic novel« oder »gothic romance« bezeichnet, wobei dem Begriff des »Gotischen« die Bedeutung des Bizarren, Ungewöhnlichen zukommt. Nachdem Clara →Reeve 1778 mit

»The Old English Baron« den anarchischen Charakter des Walpole-Romans gemildert hatte, verlieh Mrs. Ann →Radcliffe dem Genre seine endgültige Form mit »The Mysteries of Udolpho« (1794). Grundelemente der verschlungenen Handlung sind die Verfolgung unschuldiger junger Frauen durch zwielichtige, häufig dem näheren Umkreis der katholischen Kirche entstammende Männer, das geheimnisvolle, oft von Gespenstern oder Scheingeistern heimgesuchte Schloß, dessen unterirdische Labyrinthe voller Schrecken sind und schließlich ein biederer, uninteressanter, häufig über längere Strecken aus dem Roman verschwindender Held, der für den sehr viel verführerischeren Schurken schließlich kaum einen Ersatz bieten kann. In der g. n. vereinen sich die sentimale Grundhaltung der Romane Richardsons und die antireligiöse Haltung der Aufklärung mit antiaufklärerischen Elementen wie der Einführung des Übernatürlichen, das allerdings bei Radcliffe am Schluß der Romane als ein Natürliches gedeutet wird. Diese Technik der »erklärten Phantastik« trifft man in der langen Weiterentwicklung des Genres immer wieder an. Die beiden nächsten Hauptwerke sind »The Monk« (1796) von Matthew Gregory →Lewis und »Zofloya or The Moor« (1806) von Charlotte →Dacre, die beide die Nähe der g. n. zum erotischen Roman verdeutlichen und den Einfluß des Marquis de Sade erkennen lassen. In der Nachfolge dieser wichtigen Vorbilder, zu denen sich noch einige englische Übersetzungen deutscher →Schauerromane gesellten, entstand eine wahre Flut an g. n.s, deren literarisches Niveau weitgehend gering ist. Als Höhepunkt und Abschluß dieser ersten, historischen Phase wird normalerweise »Melmoth the Wanderer« des irischen Pfarrers Charles →Maturin betrachtet, der 1820 erschien. Der Einfluß des Genres läßt sich auch auf dem Kontinent, insbesondere in Frankreich und Deutschland nachweisen: so ist →Hoffmanns »Elixiere des Teufels« (1815) ohne »The Monk« nicht gut denkbar, während das Genre des »roman frénétique«, dem Autoren wie →Nodier, →Borel oder →Hugo Tribut zollten, dem englischen Vorbild Stoffe und Formen verdankt. Die Weiterwirkung des Genres auf die viktorianische Romanliteratur belegen Romane wie »Wuthering Heights« (1847) vom Emily →Brontë, »The Woman in White« (1860) von Wilkie →Collins, »The House by the Churchyard« (1863) von Joseph Sheridan →Le Fanu, »The Mystery of Edwin Drood« (1870) von Charles

→Dickens, »The Return of the Native« (1878) von Thomas →Hardy und »Dracula« (1897) vom Bram →Stoker. In all diesen Romanen, die man unter dem Begriff der »Victorian gothic« zusammenfassen könnte, haben sich stoffliche und formale, erzähltechnische Elemente des Genres gehalten, die hier häufig mit symbolischer Bedeutung eingesetzt werden. In seiner berühmten Studie »Love and Death in the American Novel« (1960) hat Leslie A. Fiedler eine bis heute stichhaltige Deutung des Genres gegeben: nach seiner Auffassung ist die g. n. das Gegenstück zum realistisch-psychologischen Roman, da in ihm die psychischen Vorgänge in die Außenwelt projiziert werden. Die Schlösser und Keller, die in dunkler Nacht vor ihren dämonischen Verfolgern fliehenden Frauenfiguren, die auf unheimliche Weise belebte Natur, sie alle symbolisieren innere Vorgänge, bringen Unterdrücktes, Verdrängtes ans Tageslicht. Diese an Freud geschulte Interpretation erklärt wohl auch das Fortbestehen des Genres im 20. Jahrhundert, einmal als Unterhaltungsroman, häufig als »gothic romance« oder »romantic thriller« bezeichnet, zum anderen als bewußt antirealistische Romanform, die dem Autor größeren Spielraum läßt bei der Anwendung auch bizarrster Symbole. Ein gutes Beispiel für die erste, die Unterhaltungsmöglichkeit, ist »Rebecca« (1938) von Daphne →DuMaurier, ein von Hitchcock verfilmter Roman, der bis heute vielen Genreautoren ein Vorbild ist, während so unterschiedliche Autoren wie Franz →Kafka (»Das Schloß«, 1926), Julien →Green (»Minuit«, 1936), Alain →Robbe-Grillet (»Dans le labyrinthe«, 1959) und Iris →Murdoch (»The Unicorn«, 1963) die zweite Möglichkeit verdeutlichen könnten. Ob eine solche Ausweitung des Begriffes g. n. über die historische Dimension hinaus wirklich sinnvoll ist, dürfte allerdings fraglich bleiben.

Über die gothic novel: M. Summers, The Gothic Quest, 1938; M. Summers, A Gothic Bibliography, 1940; L. A. Fiedler, Love and Death in the American Novel, 1960-Rev. Ed. 1966; E. J. Radcliffe, Gothic Novels of the Twentieth Century, 1979.

Grand Guignol 1898 wurde ein kleines Theater in der Pariser Rue Chaptal umbenannt in »Théatre du Grand Guignol«. Guignol ist eine Art französischer Kasperl oder Punch. Das Theater, das vor allem in den ersten zwanzig Jahren seiner vierzigjährigen Existenz besonders erfolgreich war, spezialisierte sich aussschließlich auf krasse Horrorstücke, die mit höchst realistischen Mitteln in Szene gesetzt wurden. Das Blut floß in Strömen, Augen wurden ausgestochen, Menschen zerstückelt, Köpfe rollten. Eine gewisse Rummelplatz-Atmosphäre haftete dem G. G. an, das später bei einem durch den Film verwöhnten Publikum naiv wirkte. Dafür wurde das G. G. von den Surrealisten entdeckt und gelobt, während Autoren wie Arrabal mit seinem »panischem« Theater und das Living Theatre Elemente des G. G., insbesondere auch den als befreiend empfundenen Verstoß gegen den »guten« Geschmack, variieren, wenn auch keineswegs auf einer naiven Ebene. Die beiden wichtigsten Autoren waren André de Lorde (1871–1942), der sich vor allem durch Edgar Allan →Poe inspirieren ließ, und Maurice Level (1825–1926). Beide Autoren schrieben auch eine Reihe von Kurzgeschichten, die zum Genre der »conte cruel« gehören. G. G. bzw. »grand-guignolesque« gelten bis heute als Bezeichnungen eines häufig als abgeschmackt empfundenen Spiels mit der Angst.

Über Grand Guignol: K. Kersten/C. Neubaur (Hrsg.), G. G. Das Vergnügen, tausend Tode zu sterben. Frankreichs blutiges Theater, 1976.

H Horrorgeschichte Häufig werden H. und phantastische Erzählung gleichgesetzt, da in beiden das Moment der Angst bestimmend zu sein pflegt. Die H. könnte als kurzer Prosatext definiert werden, in dem die Hauptfigur oder Hauptfiguren sich unerwartet mit dem Schrecklichen oder Grauenhaften konfrontiert sehen, wobei die Konfrontation im allgemeinen fatale Folgen hat. Das Ziel der H. ist es, den Leser in den geschilderten Sog des Schreckens hineinzuziehen. Nur wenn der dargestellte Schrecken dem Bereich des Übernatürlichen oder zumindest Unerklärlichen entstammt, kann zugleich von einer phantastischen Geschichte gesprochen werden. Als Vater der modernen H. kann →Poe betrachtet werden, der mit »The Black Cat«, »The Cask of Amontillado« oder »The Pit and the Pendulum« vorbildlich wirkte. Diese Texte verdeutlichen überdies die Möglichkeit der H., sowohl rein physische als auch psychische Situationen des Grauen auszudrücken bzw. beide miteinander zu verbinden. Weitgehend identisch mit der H. ist der französische Begriff »conte cruel«, »grausame Geschichte«. In der Nachfolge von Poe übten in erster Linie die Geschichten von →Villiers de l'Isle-Adam einen erheblichen Einfluß auf die Entwicklung der H. in Frankreich aus. Im deutschen Sprachraum setzten die Geschichten von →Ewers, die häufig auf das phantastische Element verzichten, diese Tradition fort. Sie verdeutlichen überdies die Tendenz zur Vergröberung, zur Reduzierung des literarischen Spiel mit der Angst auf rein äußerliche Schockwirkungen, welche die Entwicklung der H. im 20. Jahrhundert weitgehend kennzeichnet. Die Geschichten des Engländers →Birkin, die mit gewissem Recht als Horrorpornographie bezeichnet werden könnten, belegen dieses wenig erfreuliche Endstadium einer literarischen Gattung.

Kriminalroman und Phantastik Obwohl Kriminalerzählungen, wie Gespenstergeschichten schon aus der Literatur der Antike überliefert sind, gehen sowohl die phantastische wie die Kriminalliteratur im heutigen Sinne auf das in der 2. Hälfte des 18. Jahrhunderts entstandene Genre der →»gothic novel« zurück. Die geheimnisvollen Ereignisse, die in den unzähligen Beispielen dieser sehr beliebten Schauerliteratur den Leser verwirren, können entweder auf übernatürliche oder auf natürliche Weise geklärt werden. Letzteres ist im allgemeinen bei Mrs. Ann →Radcliffe der Fall. Man spricht hier von »erklärter Phantastik«. Diese »erklärte Phantastik« kann als Ausgangspunkt einer Entwicklung angesehen werden, die zum Kriminalroman führt, in dem ja gleichfalls rätselhafte, häufig phantastisch erscheinende Ereignisse sich aus natürlichen Gründen herleiten. Im Kriminalroman, insbesondere im Detektivroman, der sich um die Mitte des 19. Jahrhunderts allmählich etabliert (→Collins, →Le Fanu), findet nur eine zeitweilige Verunsicherung des Lesers statt, am Ende wird alles Geheimnisvolle zur vollen Befriedigung aller Beteiligten aufgeklärt, das Grauen wird domestiziert, das Realitätsbild bleibt, im Gegensatz zur Phantastik, intakt, der Kriminalroman ist, grundsätzlich, ein affirmatives Genre. Bei einigen Meistern der Detektivgeschichte im 20. Jahrhundert erhält das Genre etwas von der Zwielichtigkeit seines Ursprungs zurück, indem die angebotenen rationalen Lösungen auf subtile Weise unterhöhlt und angezweifelt werden. Ein Meister dieser Art von Kriminalroman ist John Dickson →Carr, der in »The Hollow Men« oder »The Burning Court« (1937) überzeugende Beispiele

eines phantastischen Kriminalromans geliefert hat. Als deutschsprachiges Beispiel dieser nur schwer zu bewältigenden Mischform könnte Peter Motrams »Der Tag, der nicht im Kalender stand« angeführt werden, obwohl dort das Pendel eher zur Phantastik ausschlägt.
Über Kriminalroman und Phantastik: H. Conrad, Die literarische Angst. Das Schreckliche in Schauerroman und Detektivgeschichte, 1974.

L Lebenselixier Das L., »Elixir vitae«, auch »Alkahest« genannt, bezeichnet in der Alchimie eine aus dem »lapis«, dem »Stein der Weisen«, hergestellte kostbare Flüssigkeit, der nicht nur Allheilwirkung, sondern sogar lebensverlängernde Wirkung zugeschrieben wird. Die Vorstellung, daß das Elixier je nach Beschaffenheit des Benutzers und dem Zweck seiner Herstellung sowohl Gutes als Böses wirken kann, findet sich im Roman »Baphomet« von Franz →Spunda. →Hoffmanns »Elixiere des Teufels« beruht auf einer ähnlichen Grundidee. Auf höchst wirkungsvolle Weise verarbeitet das später von Janáček zu einer Oper verarbeitete Drama Karel Čapeks, »Vec Makropulos«, das L.-Motiv. Ansonsten haben nur wenig phantastische Erzähler sich dem Motiv zugewandt. Zu nennen wären vor allem noch »St. Leon« von →Godwin, »Le médecin de Java« von →Dumas und »A Strange Story« von →Bulwer-Lytton.

M Märchen und Phantastik Obwohl die Nähe des M.s zur phantastischen Literatur auf den ersten Blick augenfällig erscheint, erweist es sich bei näherer Betrachtung als grundverschieden. Roger Caillois hat in seinem berühmten Aufsatz »L'image fantastique« angeführt, daß sich das M. grundsätzlich, von seiner ersten Zeile »Es war einmal« in einer Welt abspielt, die mit unserer Alltagsrealität nichts gemein hat und in der das Wunderbare seinen angestammten Platz besitzt. Da aber die Wirkung der phantastischen Literatur gerade auf der Konfrontation dieser Realität mit einer anderen, bzw. auf der Veränderung des Vertrauten in das Fremde, Unerklärliche beruht, sind die Ausgangspunkte der beiden Genres absolut konträr. Daß dennoch manche M. als phantastische Erzählungen angesehen werden müssen, hängt mit einem undeutlich definierten Märchenbegriff zusammen. Es handelt sich hier um die »Kunstmärchen« der

Romantik, die, wie bei →Tieck oder →Hoffmann, in Wirklichkeit phantastische Erzählungen sind, die sich nur die Bezeichnung M. zugelegt haben. Eine viel größere Nähe zum wirklichen M. läßt sich bei der →Fantasy-Literatur feststellen, die denn auch häufig klassische M.-Motive übernimmt.
Über Märchen und Phantastik: R. Caillois, Das Bild des Phantastischen. Vom Märchen bis zur Science Fiction, in: Phaïcon 1, 1974.

Magie M. beruht auf dem Grundgedanken der Analogie: das Universum wird als ein kompliziertes Zusammenspiel von Entsprechungen gesehen, die zu dem Grundsatz führen: so wie oben so auch unten. Der Zusammenhang zwischen Mikro- und Makrokosmos läßt es möglich erscheinen, daß eine Handlung eine über ihren konkreten Charakter hinausführende Wirkung haben kann. Indem der M. Praktizierende z. B. nach bestimmten Vorschriften Wasser verschüttet, kann er dadurch den gewünschten Regen herbeiführen. Die strenge Einhaltung solcher Vorschriften im Ritual spielt in der M. eine wichtige Rolle. M. kann zur Erreichung von Wünschen genauso eingesetzt werden wie beim Unschädlich-Machen eines Feindes. Im allgemeinen wird zwischen positiver, dem Menschen nützlicher, der sogenannten »weißen« Magie und negativer, dem Menschen schädlicher, der sogenannten »schwarzen« Magie unterschieden. Letztere wird häufig in Verbindung mit satanistischen Praktiken gesehen. Auf dem Glauben an den magischen Zusammenhang aller Dinge beruht auch die Astrologie, die zwischen Charakter und Leben des Menschen und der Welt der Gestirne eine ursächliche Verbindung herstellt.
Magische Rituale werden in der phantastischen Literatur weniger häufig beschrieben, als man vermuten würde, was mit der Unkenntnis vieler Autoren in diesem speziellen, komplexen Bereich zusammenhängen mag. Eine große Kenntnis magischer Geheimlehren verraten die Romane »Zanoni« und »A Strange Story« von →Bulwer-Lytton, dessen Werke von den Verfassern »magischer Romane«, wie →Meyrink, →Spunda oder →Busson bewundert wurden. Es bleibt freilich fraglich, ob das Genre des »magischen Romans« zur phantastischen Literatur gerechnet werden kann, da er eine romanhafte Handlung zur Darstellung einer Lehre benutzt. Das für den nicht eingeweihten Leser

Phantastische ist nicht als solches gemeint, es ist ein gleichwertiger Teil des vom Autor beschriebenen magischen Universums und steht daher in keinem Widerspruch zu einem wie denn auch gearteten Realitätsprinzip. Phantastisch kann diese Art von literarischen Produkten nur in der Rezeption des ungläubigen oder kenntnislosen Lesers werden (s. →Satanismus, →Voodoo).
Über Magie: G. B. Wetter, Magic and Religion, 1958; R. Cermak, Der magische Roman, 1949.

Magischer Realismus Der Ausdruck M. R. entstammt der Kunstgeschichte. Er wurde zum erstenmal von Franz Roh in seinem 1925 erschienenen Buch »Nach-Expressionismus-M. R.« (1925) benutzt. Der Begriff bezog sich auf die Maler der sogenannten »Neuen Sachlichkeit«, von denen einige ihren höchst präzisen Darstellungen der Realität, gerade aufgrund der Überpräzision, eine unwirkliche, magische Dimension verliehen. Dies wird besonders deutlich in den Arbeiten der Deutschen Radziwill und Grossberg und der Niederländer Willink und Koch. Krichbaum und Zondergeld sprechen in der Einleitung ihres »Lexikon der phantastischen Malerei« (1977) von einer »Aufladung der Realität«. Der Literaturkritiker Edmond Jaloux benutzte diesen kunsthistorischen Begriff in bezug auf das Werk seines Freundes Julien →Green, während der flämische Phantast →Daisne eine Theorie des M. R. in der Literatur entwickelte. Als einen der ersten Meister dieser Spielart der phantastischen Literatur sieht er den Italiener →Bontempelli an. Freilich bleibt bei ihm die Grenze zwischen M. R. und phantastischer Literatur eher undeutlich. Sein Schüler und Bewunderer Hubert →Lampo, der heute als der wichtigste Vertreter eines M. R. angesehen werden kann, versuchte eine weitere Klärung, insbesondere unter Heranziehung der Archetypen-Lehre des von ihm bewunderten C. G. Jung, in »De zwanen van Stonehenge« (1972). Als exemplarische Beispiele des M. R. in der Literatur sollten »Gente nel tempo« von Bontempelli, »Le visionnaire« von Green, »De trap van steen en wolken« von Daisne und »De komst van Joachim Stiller« von Lampo erwähnt werden.
Über Magischen Realismus: H. Lampo, De zwanen van Stonehenge, Een leesboek over magisch-realisme en fantastische literatuur, 1972.

Magischer Roman s. Magie

Monstren »Das Monstrum stellt eine Ausnahme dar: In ihm verkörpert sich die absolute Abweichung von dem von uns anerkannten Realitätsprinzip. Im Monstrum werden unsere unbestimmten Ängste sichtbar, sie werden, indem sie eine Form erhalten, wenn auch eine erschreckende, greifbar und verlieren damit ihren grundsätzlich unheimlichen Charakter. Wenn sich unsere unterdrückte sexuelle Aggressivität zum Bild des Vampirs verdichtet, so wird es möglich, diese zu bekämpfen. Im Monstrum werden exemplarisch die beiden Seiten des Phantastischen, das Beängstigende und das Befreiende, deutlich.« (J. Krichbaum/ R. A. Zondergeld, Lexikon der phantastischen Malerei, 1977) Während die Monstren wie in der Malerei auch in der Literatur eine lange Tradition haben, so treten sie in der phantastischen Literatur zuerst eher spärlich in Erscheinung. Neben den vielen Vampiren der Romantik müßte hier vor allem das künstliche, aus Leichenteilen zusammengesetzte Ungeheuer Frankensteins aus Mary →Shelleys Roman erwähnt werden. Die großen phantastischen Erzähler vermeiden in der Regel, wenn wir vom sehr menschlichen →Vampir absehen, im allgemeinen die Verwendung von M. in ihren Erzählungen, da diese eher lächerlich als bedrohlich zu wirken pflegen. Eine Ausnahme bildet das Œuvre des Amerikaners →Lovecraft, der seinen →Cthulhu-Mythos mit einer Unzahl schleimiger, nach Fisch riechender M. bevölkerte, die überdies dazu neigen, grauenhaft gemeinte Schreie von sich zu geben. Bei seinen Nachfolgern, welche die M.-Galerie noch erheblich erweitern, verlieren die Ungeheuer alles Unheimliche und amüsieren nur noch. Insbesondere in der Trivialphantastik, zu der Lovecrafts Epigonen weitgehend zu zählen sind, treiben M. bis heute ihr Unwesen.
Über Monstren: G. Lascault, Le monstre dans l'art occidental. Un problème esthétique, 1973.

Necronomicon s. Cthulhu-Mythos.

Orchideengarten, Der Von 1919 bis 1921 erschien die Zeitschrift »Der Orchideengarten, Phantastische Blätter«, die sich ausschließlich der phantastischen Literatur widmete und damit in der Geschichte der deutschen Phantastik einen einzigartigen Platz einnimmt. Herausgeber war Karl Hans →Strobl, Schriftleiter Alf von Czibulka. Die anziehenden farbigen Umschläge wie die Graphik des Innenteils wurden von bedeutenden Illustratoren der Zeit gestaltet: Expressionismus und etwas verspäteter Jugendstil überwiegen. Zu den wichtigsten Graphikern der Zeitschrift gehörten: Fritz Glasemann, Rolf von Hoerschelmann, Lore Lepsius, Otto Linnekogel, Otto Muck, Otto Nückel, Elfriede Plaichinger-Coltelli, Karl Ritter und Rolf Winkler. Der Hauptteil der Zeitschrift setzte sich aus phantastischen Erzählungen, häufig Erstveröffentlichungen, und Gedichten zusammen. Es folgte »Das Treibhaus, Wunderliches und Absonderliches«, in dem Dr. Max Kemmerich wissenswerte Anekdoten aus dem okkulten Bereich erzählte. Rezensionen bildeten in der Rubrik »Phantastische Bücher« den Schluß jeder Nummer. Zu den zeitgenössischen Autoren, die vertreten waren, gehörten: Alexander von Bernus, Valery →Brjussow, Karl Čapek, Karl Edschmidt, Paul Frank, Alexander Moritz →Frey, Klabund, Ernst Penzoldt, Leo →Perutz, Fedor →Sologub und Karl Hans Strobl. Es wurden auch klassische phantastische Erzählungen veröffentlicht. In dieser Sparte finden sich Texte von u. a. Alexandre →Dumas, Théophile →Gautier, Victor →Hugo, Guy de →Maupassant, Prosper →Mérimée, Edgar Allan →Poe, Alexander von →Ungern-Sternberg und →Villiers de l'Isle Adam.

Der erste Jahrgang umfaßte 18 Hefte und eine Probenummer, der zweite Jahrgang 24 Hefte und der dritte wieder 18.

P **Parabel** Die Grenze zwischen einer Parabel und einer phantastischen Erzählung ist häufig nur schwer und manchmal gar nicht zu ziehen. Während die ungewöhnlichen, unerklärlichen, häufig auch übernatürlichen Ereignisse in einer Parabel über ihr konkretes Eigenleben hinaus eine zweite, eigentliche Aussage vermitteln, deren signalhafte Bedeutungsträger sie sind, verweisen die gleichen Ereignisse in einer phantastischen Erzählung nicht über sich hinaus; sie sind nicht eingebaut in ein logisches Bedeutungsschema. Diese Definition läßt sich allerdings nur mühsam anwenden, denn fast jede phantastische Erzählung, die mehr als nur Unterhaltung sein will, erhält geradezu zwangsläufig parabelhafte Züge. Eine der berühmtesten Erzählungen von →Poe, »William Wilson«, mag als Beispiel für die Verwischung der Grenze zwischen beiden Genres dienen. Auch dem oberflächlichen Leser wird es bei der Lektüre dieses Textes, der eine Variation über das →Doppelgängermotiv ist, klar, daß Poe hier auch eine Parabel über die Funktion des Gewissens für den Menschen schreiben wollte. Manche phantastische Motive, wie das Doppelgängermotiv, der →Vampir und die verschiedenen Formen der →Verwandlung scheinen besonders die Nähe zur Parabel hervorzurufen, weil sie geradezu automatisch mit Zweit- oder Drittbedeutungen belegt werden. Als Kriterium der Trennung beider Genres könnte nur die Eindeutigkeit der Absicht gelten: wenn die symbolische Bedeutung der geschilderten Ereignisse und ihre Interpretation sofort ins Auge springen, wird das Moment des Phantastischen weitgehend ausgeschaltet sein. Dies wird besonders deutlich bei der Allegorie, die als die eindeutigste Form der Parabel keine Verwirrung bei der Bestimmung des Genres aufkommen läßt: der Auftritt des Todes in »Jedermann« ruft nicht die von der phantastischen Literatur bewirkte Verunsicherung hervor.

Penny Dreadful Die Bezeichnung für die billigen Hefte und Magazine, die in der Periode zwischen 1820 und 1860 in England in Tausenden von Exemplaren gedruckt wurden. Neue Druckverfahren ermöglichen eine billige Herstellung, und auf diese Weise konnte der Lesehunger der arbeitenden Bevölkerung, die sich die aufwendiger gemachten Bücher nicht leisten konnte, befriedigt werden. Die mit groben, teilweise mehrfarbigen Holzschnitten illustrierten Hefte brachten vor allem Grusel- und Kriminalgeschichten und Serienromane, die oft Bearbeitungen älterer →»gothic novels« waren. Der berühmteste Verleger, Edward Lloyd, engagierte mehrere Autoren, die seinen Verlag wöchentlich mit Leseware belieferten. Zu ihnen gehörten Thomas →Prest und Malcolm →Rymer. Andere Bezeichnungen für das Genre sind »shilling shocker« und »blood«.
Über Penny Dreadful: P. Haining, The P. D., 1975 (auch Anthologie).

Phaïcon 1974 erschien im Insel Verlag erstmals P. Almanach der phantastischen Literatur, dem 1975, 1978, 1980 und 1982 vier weitere Ausgaben folgten. Der dritte, vierte und fünfte Band erschienen im Suhrkamp Verlag. Herausgeber ist der Göttinger Literaturwissenschaftler Rein A. Zondergeld. Der Name des Almanachs setzt sich aus den griechischen Worten »phantasticos« und »icon« zusammen und soll etwa »Bild des Phantastischen« heißen, eine Anspielung auf den berühmten Aufsatz von Roger Caillois, »L'image fantastique«, der in deutscher Übersetzung im ersten Band abgedruckt wurde. Ziel des Almanachs ist vor allem eine theoretische Auseinandersetzung mit der phantastischen Literatur. Seit dem zweiten Band wurden auch exemplarische phantastische Erzählungen abgedruckt. Während die beiden ersten Bände, die illustriert waren, sich allgemeinen, theoretischen Problemen widmeten, beschäftigte der dritte Band sich ausschließlich mit der deutschsprachigen, der vierte mit der französischsprachigen Phantastik. Zu den Theoretikern, die in diesen Bänden zu Wort kamen, gehörten neben Caillois, Edmund Wilson, Louis Vax, Jens Malte Fischer, Norbert Miller, Brigitte Kronauer, Peter Penzoldt, Georges Jacquemin, Rolf Günter Renner und der Herausgeber. Neben zum erstenmal ins Deutsche übersetzten Erzählungen von u. a. Jean Louis →Bouquet und Marcel →Schneider erschienen von u. a. Jörg →Krichbaum und Fanny →Morweiser neue Erzählungen hier in Erstdruck. Zu den Illustratoren der beiden ersten Bände gehörten Dieter Asmus, Jan Peter Tripp und Gérard Titus Carmel.

Psychologische Phantastik Als p. P. bezeichnet man solche Erzählungen, bei denen die phantastischen, bzw. übernatürlichen Handlungselemente auch als die Emanation eines kranken Hirns gedeutet werden können, als Einbildung, Wahnvorstellung, seltener als Vision. Diese Subspezies der phantastischen Erzählung tritt erst verhältnismäßig spät in Erscheinung, und man kann mit einigem Recht den Iren →Le Fanu als ihren Schöpfer sehen. Die späte Erzählung »Green Tea« aus »In a Glass Darkly« (1872) darf als das erste Meisterwerk des Genres gelten. Der dort auftretende Affendämon erscheint ausschließlich einem eher harmlosen, aber offensichtlich sexuell verklemmten Pfarrer und könnte durchaus nur in dessen Phantasie existieren. Auch die Erscheinungen der teuflischen Geister der Bediensteten in Henry James' »The Turn of the Screw« sind von Interpreten häufig aus der Sexualneurose der Gouvernante, die als Erzählerin auftritt, erklärt worden. Die p. P. trägt der Ambivalenz des Phantastischen auf exemplarische Weise Rechnung und ruft in ihren gelungenen Beispielen, zu denen auch →Maupassants »Le Horla« oder Julien →Greens »Le voyageur sur la terre« zählen, beim

Leser eine weit größere Beunruhigung hervor als die traditionelle Horrorgeschichte, da sie den Schluß: »Gespenster existieren ja nicht« nicht zuläßt. Die Gespenster der p. P. sind im Gegenteil von einer geradezu beängstigenden Realität.
Über psychologische Phantastik: P. Penzoldt, The Supernatural in Fiction, 1952.

Pulps Eine wesentliche Rolle in der Geschichte der amerikanischen Phantastik spielen die auf billigem Papier (»pulp paper«) gedruckten, im allgemeinen nur 10 cents kostenden und mit grellen farbigen Umschlägen versehenen p., die am Ende des 19. Jahrhunderts entstanden, um den zunehmenden Lesehunger der Massen zu befriedigen. Ihr Umfang betrug im Durchschnitt 128 Seiten, und sie wandten sich den verschiedensten literarischen Genres zu. Am beliebtesten waren freilich jene p., die Kriminalgeschichten, Horrorstories und etwas später auch →SF brachten. Als Erfinder der p., die bis etwa 1950 sich großer Popularität erfreuten, gilt der unternehmungslustige Geschäftsmann Frank Munsey. Zu den im Bereich der phantastischen Literatur bedeutenden p. gehören, neben den legendären →»Weird Tales«, »Argosy«, »All-Story Magazine«, »Strange Tales«, »Horror Stories«, »Amazing Stories«, »Astounding« und »Fantastic Adventures«.
Über Pulps: P. Haining (Hrsg.), The Fantastic Pulps (auch Anthologie), 1975.

Quarber Merkur Seit Winter 1963 gibt der österreichische Kenner der →SF und der phantastischen Literatur Franz Rottensteiner die wohl beste Amateurzeitschrift in diesen Bereichen heraus. Ihr befremdlicher Name rührt vom damaligen Wohnsitz des Herausgebers, Quarb, in der Nähe von Wien, her. Bis heute sind in unregelmäßigen Abständen über 50 umfangreiche Hefte erschienen, die neben einem Rezensionsteil Aufsätze von häufig namhaften Kennern des Genres, aber auch von schreibfreudigen Fans enthalten. Seit 1969 betreut Hans Joachim Alpers Herausgabe und Druck, für den Inhalt zeichnet weiterhin Rottensteiner verantwortlich. Zu den Autoren, die im Q. M. publizierten, gehören Eike Barmeyer, Kalju Kirde, Jörg Krichbaum, Stanisław Lem, H. J. Piechotta, Marek Wydmuch und Rein A. Zondergeld. Eine Auswahl aus den Texten erschien 1979 in der Phantasti-

schen Bibliothek des Suhrkamp Verlags.
Über Quarber Merkur: F. Rottensteiner, Vorwort zu »Quarber Merkur«. Aufsätze zur Science Fiction und Phantastischen Literatur, 1979.

S Satanismus Die Anbetung des »Herrschers dieser Welt«, des Teufels, als ein mit dem Göttlichen untrennbar verbundenes Prinzip wird im allgemeinen auf die gnostischen Sekten des frühen Christentums zurückgeführt, die ein streng dualistisches Prinzip vertraten. In der phantastischen Literatur erfreuen sich Satanskult und Schwarze Messe in der Literatur der Decadence einer gewissen Popularität, was nicht zuletzt auf den Roman um den mittelalterlichen Satanisten Gilles de Rais, »La Bàs« von →Huysmans, zurückzuführen ist. Auch in den magischen und alchimistischen Romanen aus dem Umkreis von Gustav →Meyrink spielen satanistische Elemente eine Rolle, wie in »Baphomet« von Franz →Spunda, der vom Weiterwirken in unserer Zeit des geheimnisumwitterten Tempelordens, der den Teufel als Bocksgott Baphomet verehrt, berichtet. Insbesondere die triviale Horrorliteratur des 20. Jahrhunderts wandte sich begeistert dem Satanismus zu, da er die Schilderung möglichst vieler Orgien und Brutalitäten zu gestatten scheint. Als ein wenig erfreuliches Beispiel mag hier das Werk von Dennis →Wheatley erwähnt werden. Eine wesentlich subtilere Darstellung des S. bietet Ira →Levins Roman »Rosemary's Baby«.
Über Satanismus: U. K. Dreikandt (Hrsg.), Schwarze Messen, Dichtungen und Dokumente, 1970.

Schauerroman Zu den beim breiten Leserpublikum beliebtesten literarischen Produkten gehörte seit dem ausgehenden 18. Jahrhundert und bis in die ersten Dezennien des 19. Jahrhunderts hinein das deutschsprachige Äquivalent der englischen →»gothic novel«, im allgemeinen als S. bezeichnet. Der Ausdruck ist, wie mehrere Theoretiker belegt haben, recht ungenau, und unter diesem Oberbegriff werden so unterschiedliche Werke wie »Der Alte Überall und Nirgends« von →Spieß und »Der Geisterseher« von →Schiller zusammengefaßt. Als Grundelement zur Kategorisierung sieht Zacharias-Langhans das »Moment des Geheimnisvollen« an. »Unheimlich ist die geheimnisvolle Gefahr, gegen die man sich nicht wehren und vor der man nicht fliehen kann. Von wem diese Gefahr ausgeht, ist zweitrangig. Es kann ein Geheimbund, ein Unbekannter oder ein Gespenst sein.« Auf dieser Basis wird sowohl die ältere Aufteilung in Ritter-, Räuber- und Geisterromane hinfällig wie jene von Thalmann in Bundes- und Geisterromane. Formal läßt sich feststellen, daß Spieß und seine Nachfolger sich an der schon längst veraltet wirkenden Struktur des Barockromans orientieren. In der Nachfolge von Schillers »Geisterseher«, der eine sehr viel knappere Erzählform erkennen läßt, entstand das Hauptwerk des deutschen Schauerromans, »Der Genius« von Karl →Grosse, der wie Schiller das Motiv des Geheimbundes aufgreift. Weitere bedeutende Vertreter des Genres, das Romantiker wie →Hoffmann und →Tieck nachhaltig beeinflußte, sind →Kahlert und →Tschink. Daß die Wirkung des Schauerromans noch über die Mitte des 19. Jahrhunderts hinausreichte, lassen z. B. die späten Romane von →Ungern-Sternberg erkennen.

Über den Schauerroman: G. Zacharias-Langhans, Der unheimliche Roman um 1800, 1968; M. Hadley, The Undiscovered Genre. A Search for the German Gothic Novel, 1978; Thalmann, Der Trivialroman des 18. Jahrhunderts und der romantische Roman, 1923.

Science-fiction Für den Normalrezipienten ist →phantastische Literatur ein anderer Ausdruck für SF. Auch die theoretischen Bemühungen zur Abgrenzung der beiden Genres haben bisher in dieser Hinsicht wenig gefruchtet. Daß manche Verlage unter dem Überbegriff »phantastisch« sowohl Werke der SF als auch der phantastischen Literatur publiziert haben, hat zur weiteren Verwirrung beigetragen. Dennoch ist der grundsätzliche Unterschied beträchtlich; nur in wenigen Grenzfällen fällt die Zuordnung schwer. In der SF herrscht in der überwältigenden Mehrheit der Fälle ein Realitätsprinzip, das von demjenigen, das dem Leser vertraut ist, abweicht. Das hängt im allgemeinen mit einer temporalen oder lokalen Verschiebung zusammen: indem sich die Handlung in der Zukunft oder auf einem anderen Planeten abspielt, wird das die Alltagswelt der Leser bestimmende Realitätsprinzip von vornherein aufgegeben. Auf diese Weise kann die Verunsicherung, die durch einen Bruch mit diesem Prinzip oder durch eine allmähliche Auflösung entsteht, nicht in Erscheinung treten. Ist die phantastische Literatur grundsätzlich subversiv, so

ist die SF affirmativ. Grenzfälle ergeben sich, wenn die SF eine Konfrontation zwischen Alltagswelt und fremder Welt, z. B. in den Zeitmaschinen-Geschichten oder in parabelhaften Werken wie →Lindsays »The Voyage to Arcturus« und →Bradburys »The Martian Cronicles«, vorführt oder aber die temporale Verschiebung so geringfügig ist, daß die Nähe zur vertrauten Welt der Lesergegenwart erhalten bleibt, wie in den Romanen →Ballards. Der affirmative Grundhaltung der meisten SF-Literatur, vor allem der älteren, mag ihre oft konservativen, ja reaktionären Tendenzen erklären, die durch eine häufig schablonenhafte Anwendung von Denk- und Sprachmustern noch betont werden.
Über Science-fiction: H. J. Alpers/W. Fuchs/R. M. Hahn/W. Jeschke, Lexikon der SF-Literatur, 1980 (2 Bände).

Sensationsroman (»sensational novel«) Um die Mitte des 19. Jahrhunderts wurde in der englischen Literaturkritik der Begriff des »sensational novel« geprägt, der ein beim Publikum sehr beliebtes Genre melodramatischer, aktionsreicher Romane bezeichnen und anprangern sollte. Der Sensationsroman, der häufig geheimnisvolle Geschehen, dunkle Verbrechen oder sogar, wenn auch eher selten, Übernatürliches zum Handlungszentrum macht und sich weniger um psychologische Raffinesse kümmert, darf als die viktorianische Ausprägung der »gothic novel« angesehen werden, deren Mittel sie verfeinert und deren Wirkung sie steigert. Im Gegensatz zur »gothic novel« spielen sich die Handlungen der »sensational novels« fast ausschließlich in der Gegenwart ab. In den gelungensten Beispielen des Genres, bei →Le Fanu oder Reade wird die spannungsgeladene Handlung als Mittel benutzt, gesellschaftliche Strukturen aufzudecken und zu kritisieren. Als Hauptwerke der »sensational novel« können neben den Romanen der erwähnten Autoren das Spätwerk von →Dickens, die Romane der Mrs. →Wood und Mrs. →Braddon, der →Brontë-Schwestern, der Ouida, des Wilkie →Collins und des Thomas →Hardy angesehen werden. Der Einfluß des Sensationsromans als einer Übergangsform zwischen klassischem →Schauerroman und moderner »gothic« (s. »gothic novel«) kann nicht hoch genug eingeschätzt werden.
Über Sensationsroman: W. Hughes, The Maniac in the Cellar. Sensation Novels of the 1860's, 1981.

Spukhaus und Spukzimmer Das Motiv des S.s erfreute sich vor allem in der phantastischen Literatur des 19. Jahrhunderts einer großen Beliebtheit und verschwand auch später nicht. Die Vorliebe phantastischer Autoren für dieses Motiv mag einmal in seinen vielen Variationsmöglichkeiten zu suchen sein, zum anderen darin, daß hier das Grundziel des Phantastischen, die Verunsicherung, die durch eine Infragestellung der alltäglichen Realität entsteht, sich am Objekt, das am deutlichsten die Geborgenheit des Menschen in einer festgefügten Welt verkörpert, dem Haus, erfüllen kann. Vor den Bedrohungen des Alltags zieht der Mensch sich in sein Haus, in sein Zimmer zurück. Hier kann er sich regenerieren und zu sich finden. Wenn nun aber die festen Wände dieses sichersten Zufluchtorts rissig werden, der Boden nicht mehr trägt, wenn das Vertrauteste sich in das Fremdeste wandelt, so ist das größte Ausmaß an Verunsicherung erreicht: das Heim ist unheimlich geworden, (s. unheimlich). Die Struktur der meisten S.-Geschichten ist so angelegt, daß die Hauptfigur oder Figuren ein neues Haus beziehen, eine neue Wohnung oder ein Zimmer mieten und nach und nach feststellen müssen, daß Unerklärliches vor sich geht, wobei die Manifestationen unterschiedlichster Natur sein können. Im allgemeinen beschäftigt sich der Schlußteil der Geschichte mit der Erklärung der unheimlichen Phänomene, die häufig auf früher im Haus begangene Verbrechen zurückgehen. Die Erklärung kann freilich ausbleiben. Die Lösung des Falles kann zum Verschwinden der Phänomene führen, aber es geschieht auch häufig, daß die Bewohner gezwungen werden, die neue Wohnung wieder zu verlassen. Eine besondere Spielart der S.-Geschichte ist jene, in der die Hauptfigur sich durch eine Wette verpflichtet, eine Nacht im S. zu verbringen. Die Folgen sind oft fatal.

Die beiden brillantesten S.-Geschichten des 19. Jahrhunderts dürften »The Haunted and the Haunters« von →Bulwer-Lytton und »An Account of Some Strange Disturbances in Aungier Street« von →Le Fanu sein. Als beklemmende Apotheosen des S.-Motivs können »The Haunting of Hill House« von →Jackson und »The Shining« von →King angesehen werden.

Unheimlich Zu den wesentlichen theoretischen Äußerungen über das Phantastische gehört Sigmund Freuds kleine Schrift über »Das Unheimliche« (1919), in der er, von der Etymologie der

Worte »heimlich« und »unheimlich« ausgehend und anhand einer Analyse der Novelle »Der Sandmann« von →Hoffmann wie einiger Motive der phantastischen Literatur (→Doppelgänger, →Böser Blick), zu der Schlußfolgerung kommt, daß »das Unheimliche das Heimliche-Heimische« sei, »das eine Verdrängung erfahren hat und aus ihr wiedergekehrt ist, und daß alles Unheimliche diese Bedingung erfüllt«. Nach weiteren Erörterungen heißt es dann, direkt in bezug auf die Literatur: »Das Unheimliche der Fiktion – der Phantasie, der Dichtung – verdient in der Tat eine gesonderte Betrachtung. Es ist vor allem weit reichhaltiger als das Unheimliche des Erlebens, es umfaßt dieses in seiner Gänze und dann noch anderes, was unter den Bedingungen des Erlebens nicht vorkommt. Der Gegensatz zwischen Verdrängtem und Überwundenem kann nicht ohne tiefgreifende Modifikation auf das Unheimliche in der Dichtung übertragen werden, denn das Reich der Phantasie hat ja zur Voraussetzung seiner Geltung, daß sein Inhalt von der Realitätsprüfung enthoben ist.« Die Möglichkeit des Dichters, Unheimliches zu gestalten, dessen Wirkung über das erlebte Unheimliche hinausgeht, diese grundsätzliche Möglichkeit der phantastischen Literatur, erklärt Freud darauf mit der Tatsache, daß der Dichter, der »sich dem Anscheine nach auf den Boden der gemeinen Realität gestellt hat«, solche Ereignisse vorfallen lassen kann, »die in der Wirklichkeit nicht oder nur sehr selten zur Erfahrung gekommen wären. Er verrät uns dann gewissermaßen an unseren für überwunden gehaltenen Aberglauben, er betrügt uns, indem er uns die gemeine Wirklichkeit verspricht und dann doch über diese hinausgeht«.

Ohne sich um diese sehr präzise Freudsche Bestimmung des Wortes u. zu kümmern, warten sehr viele Anthologisten mit dem Wort auf, häufig in der Zusammensetzung »Unheimliche Erzählungen bzw. Geschichten«, das dort dann im allgemeinen nichts anderes als ein Äquivalent der Begriffe »phantastisch« oder »seltsam« ist.

V **Vampir** Der blutsaugende Untote oder Vampir, über dessen Existenz schon Überlieferungen aus der Antike berichten, gehört zu den beliebtesten Motiven der phantastischen Literatur. Die Heimat der Vampire wird häufig in Osteuropa angesiedelt, die stärkste Konzentration von Vampiren findet sich in Transsylva-

nien. Deutlicher als der verwandte →Werwolf ist der V. ein ambivalentes Wesen, das seinen Opfern, deren Blut er nachts aussaugt, um seine unheilige Existenz weiterzuführen, Angst, aber auch Lust einflößt. Der Biß des Vampirs, der auch das Opfer zum Vampir macht, hat eine rein sexuelle Komponente. Der V.-Mythos wurde vor allem im 19. Jahrhundert dazu benutzt, »perverse« erotische Beziehungen auf verhüllte Weise zu schildern; die Nähe zwischen phantastischer und erotischer Literatur bleibt immer spürbar. Auch den Abwehrmitteln gegen den V., dem Knoblauch mit seinem penetranten Geruch und dem Holzpflock, mit dem das Herz des V.s durchbohrt werden soll, sind sexuelle Assoziationen beigegeben, während das gleichfalls den V. verscheuchende Kreuz auf prägnante Weise die lustfeindliche christliche Moral symbolisiert. Manche Kritiker haben im V.-Mythos nicht nur eine erotische, sondern auch eine ideologische Dimension erkannt und in ihm ein Abbild der sich festigenden, auf Ausbeutung beruhenden kapitalistischen Gesellschaft sehen wollen. Die 1819 erschienene Novelle »The Vampyre« von John →Polidori hat vor allem zur Beliebtheit des Stoffes bei den Autoren der Romantik beigetragen. Einen ersten literarischen Höhepunkt bildet »La morte amoureuse« (1836) von Théophile →Gautier, während für die Weiterentwicklung des Stoffes insbesondere →Le Fanus »Carmilla« (1872), einer lesbischen Vampirgeschichte, in der vor allem der sadistische Aspekt betont wird, große Bedeutung zukommt. Als eine Art Kompendium der V.-Überlieferungen darf »Dracula« (1897) von Bram →Stoker, ein spätes Beispiel des viktorianischen →Schauerromans, gelten. Die außerordentliche Beliebtheit des Buches wurde im 20. Jahrhundert durch die vielen Verfilmungen noch gesteigert, so daß heute Dracula und V. förmlich identisch sind. Zu den gelungensten Vampirgeschichten aus dem 20. Jahrhundert gehören »Mrs. Amworth« von E. F. →Benson, »Seaton's Aunt« von Walter →de la Mare und »Le péril« von Thomas →Owen.
Es existiert eine Reihe guter Anthologien mit Vampirgeschichten, von denen zwei besonders erwähnenswert erscheinen: D. Sturm/K. Völker, Von denen Vampiren und Menschensaugern, 1968, und J. Goimard/R. Stragliati, Histories de Morts-Vivants (La grande anthologie du fantastique, Tome 1), 1977.
Über Vampir: M. Summers, The Vampire, His Kith and Kin, 1928; R. Villeneuve/J.-L. Degaudenzi, La musée des vampires,

1976; J. B. Twitchell, The Living Dead, A Study of the Vampire in Romantic Literature, 1981.

Verwandlung Das Motiv der Verwandlung spielt in der phantastischen Literatur eine wichtige Rolle. Es kann sich dabei, wie im Falle des →Werwolfs, um die häufig nur zeitweilige Verwandlung eines Menschen in ein Tier oder auch, wesentlich seltener, um die Verwandlung eines Menschen in einen anderen handeln. Der Grundgedanke hinter dem Verwandlungsmotiv dürfte die Vorstellung einer pluriformen Identität des Menschen sein. Der Mensch ist nicht ein einziges festgefügtes Ich, sondern besteht aus einer Reihe von einander oft entgegengesetzten Persönlichkeitselementen, von denen manchmal das eine, manchmal das andere die Oberhand gewinnt. Dieses Anzweifeln der ungebrochenen Identität des einzelnen, so wie sie im bürgerlichen Alltag angenommen wird, bringt den subversiven Grundcharakter der phantastischen Literatur deutlich zum Ausdruck. Das Verwandlungsmotiv kann auch zur Beschreibung psychischer Erkrankungen, wie Schizophrenie, eingesetzt werden. Zu den berühmtesten Verwandlungsgeschichten der Literatur gehören neben einigen Werwolfgeschichten →Stevensons »The Strange Case of Dr Jekyll and Mr Hyde«, in der die Verwandlung des humanen Jekyll in den dämonischen Hyde zuerst bewußt vorgenommen wird, »Die Verwandlung« von Franz →Kafka und »The Monkey« von Karen →Blixen (Isak Dinesen) aus »Seven Gothic Tales«. Sowohl in Jean →Rays Roman »Malpertuis« wie in der Novelle »Een huidaandoening« von Jacques →Hamelink, wird die Verwandlung eines Menschen in einen Stein, freilich unter ganz unterschiedlichen Bedingungen, dargestellt. Julien →Green beschreibt in seinem Roman »Si j'étais vous« den Fall eines jungen Mannes, dem der Teufel die Möglichkeit verleiht, sich in jeden x-beliebigen anderen Menschen zu verwandeln. Am Schluß sieht die Hauptfigur die Sinnlosigkeit jeder Verwandlung ein.

Voodoo (auch: vaudou, wudu, vodu) Als V. wird ein fetischistischer Teufelskult bezeichnet, den Negersklaven von der Goldküste mit nach Amerika und in die Karibik brachten, wo er sich bis heute, bereichert um eine Reihe von der christlichen Religion entlehnten Elementen, gehalten hat. Während ursprünglich die zentrale Handlung eines V.-Rituals das Opfer des »Bocks ohne

Hörner«, eines Mädchens, war, wurde dies, nicht zuletzt aufgrund der Versuche von Kirche und Obrigkeit, den Kult auszurotten, später durch Tieropfer ersetzt, wobei schwarze Hunde, Hähne oder Bullen bevorzugt wurden. Die Teilnehmer am nächtlichen, von den »papaloi« oder »mamaloi« geleiteten V.-Ritual versetzen sich mittels Selbsthypnose und Drogen in einen rauschartigen Trancezustand. Während V. von früheren Autoren ausschließlich negativ dargestellt wurde, wies in Deutschland vor allem Hubert Fichte in verschiedenen Arbeiten auf die einzigartigen Möglichkeiten hin, welche V. zur Enthemmung und Selbstbefreiung bietet, wobei gleichfalls der magische Synkretismus des V. als positives Gegenbeispiel zu einer sich im Abstrakten verflüchtigenden Religion gesehen wird. In der phantastischen Literatur wandten sich →Seabrook, →Whitehead und →Cave vor allem dem V. zu, den sie aus eigener Erfahrung kennengelernt hatten. Caves »Haiti: Highroad to Adventure« (1952) und Seabrooks »The Magic Island« (1929) bieten durchaus positive Einführungen in den V.-Kult. Die vielleicht überzeugendste V.-Geschichte ist »Seven Turns in a Hangman's Rope« von Whitehead. Im Zusammenhang mit dem V. stehen die Zombies, wieder zum Leben erweckte Leichen, die wie Roboter zu allen möglichen Arbeiten eingesetzt werden können. »Toussels Pale Bride« von Seabrook ist eine gelungene Zombie-Geschichte. Das Zombie-Motiv erfreut sich insbesondere im phantastischen Film großer Beliebtheit.

Über Voodoo: L. Man/H. Fichte, Xango, 1976.

Weird Tales Die wohl berühmteste Zeitschrift phantastischer Literatur erschien in den USA zwischen März 1923 und September 1954. Die Zahl der erschienenen Nummern beträgt 279. Sie wurde auf billigem Papier (»pulp«) gedruckt, enthielt viele Schwarz-Weiß-Illustrationen und einen oft grellen, farbigen Umschlag. Der bekannteste Chefredakteur der Zeitschrift war Farnsworth Wright, der die Zeitschrift von November 1924 bis März 1940 leitete. 1973 versuchte Sam Moskowitz, großer Kenner der phantastischen und SF-Literatur die Zeitschrift wieder aufleben zu lassen, aber der Versuch schlug fehl; die vierte und letzte Nummer erschien Sommer 1974. Zu den bekanntesten Autoren, die in der Zeitschrift veröffentlichten, gehören: →Lovecraft, →Howard, →Quinn, →Smith, →Hamilton, →Derleth, →Bloch

und →Wellman. Beliebte Illustratoren waren: Frank Paul, John Newton Howett, Leo Morey und vor allen anderen Virgil Finlay und Hannes Bok. Aus der letzten Phase sollte Lee Brown Coye erwähnt werden. Die literarische Qualität der publizierten Texte ist höchst unterschiedlich, aber insgesamt bietet »Weird Tales« eine gelungene Übersicht über die verschiedenen Spielarten der traditionellen Phantastik im 20. Jahrhundert. Insbesondere die älteren Nummern gehören heute zu den gesuchten Raritäten im Antiquariatsgeschäft.
Über Weird Tales: Peter Haining, W. T., 1976. (Auch Facsimile Anthologie).

Werwolf Zu den klassischen Motiven der phantastischen Literatur gehört neben dem →Vampir der W. Ein W. ist ein Mensch, im allgemeinen ein Mann, der sich nachts, entweder freiwillig oder unter irgendeinem Zwang, in einen reißenden Wolf verwandelt, der darauf aus ist, eine Beute zu finden und zu töten. Das Motiv, das in den Sagen vieler Völker vorkommt, dürfte wie das Vampirmotiv eine sexuelle Bedeutung haben: der W. symbolisiert den Wunsch des Menschen nach der Praktizierung einer bestialischen Sexualität, die keiner moralischen Hemmung unterworfen ist, und zugleich die Angst vor ihr. Das Ambivalente des W.s spiegelt Wunsch und Tabuisierung des Wunsches auf schlüssige Weise. Als literarisches Motiv ist der W. weniger ergiebig, als der Vampir. Zu sehr ist die Struktur der Geschichte durch den Charakter des Stoffes festgelegt: warum wurde jemand zum W. (Pakt mit dem Teufel, Fluch), wie und wann geht die Verwandlung vor sich, wie und wann findet die Tötung des W. (durch eine Silberkugel) statt, die zugleich seine Erlösung bedeutet. Die bekannteste Werwolf-Geschichte aus der Romantik ist »The White Wolf of the Hartz Mountains« aus dem Roman »The Phantom Ship« (1839) von Frederick →Marryat. 1846 erschien der erfolgreiche →»penny dreadful« »Wagner the Wehr-Wolf« (1846) von G. W. →Reynolds, der ein Kompendium an Folklore-Motiven darstellt. Als die beiden Höhepunkte der Werwolf-Literatur im 19. Jahrhundert müssen »Le meneur de loups« (1857) von →Dumas père und »Hugues le loup« (1869) von →Erckmann-Chatrian angesehen werden. Vor allem der letztgenannte Kurzroman macht die sexuellen Implikationen des Stoffes hinlänglich deutlich. Eine recht morbide Fassung des

Motivs liefert Graf Eric →Stenbock mit »The other side« aus »Studies of Death« (1894). Gleichfalls als typische Dekadenz-Geschichte sollte »The Were-Wolf« von Clemence →Housman gewertet werden. Den Liebhabern der Phantastik besonders teuer ist der Roman »The Door of the Unreal« (1919) von Gerald Biss, während »The Camp of the Dog« (1908) →Blackwoods mystisch angehauchte Fassung vorführt. Das Motiv war in den zwanziger und dreißiger Jahren besonders beliebt bei den Autoren der »pulps« wie →»Weird Tales«; insbesondere Seabury →Quinn hat es bevorzugt. Interessanter sind die Werwolf-Szenen aus dem Doucedame-Kapitel des Romans »Malpertuis« (1943) von Jean →Ray, die das Motiv der ererbten Schuld und Sühne vielleicht am überzeugendsten darstellen, und Claude →Seignolles der Folklore nahestehende Romane »Marie-la-louve« (1949) und »Le Gâloup« (1960).

Eine andere Bezeichnung für W. ist Lycanthrop und als Lycanthropie bezeichnet die Psychiatrie eine Geistesstörung, die den Betroffenen zu Kannibalismus und Leichenschändung führen kann. Diesen klinischen Aspekt des W.-Stoffes benutzte Guy Endore, als er in seinem Roman »The Werewolf of Paris« (1933) auf den berühmten Fall des Sergeanten Bertrand zurückgriff.

Über Werwolf: M. Summers, The W., 1933; B. J. Frost, Book of the W. (auch Anthologie), 1973.

Zombie s. Voodoo.

Allgemeine Bibliographie
zur phantastischen Literatur (Auswahl)

1. Lexika:
   Arcana, Band 1, Il meraviglioso, l'erotica, il surreale, il nero, l'insolito nelle letterature di tutti i tempi e paesi, Mailand, 1969.
   Ashley, Mike, Who's Who in Horror and Fantasy Fiction, London, 1977.

2. Allgemeine Abhandlungen, historische Darstellungen etc.:
   Baier, Lothar, Ist phantastische Literatur reaktionär? In: Akzente 16, 1969.
   Baronian, Jean Baptiste, Panorama de la littérature fantastique de langue française, Paris, 1978.
   Bessière, Irène, Le récit fantastique. La poétique de l'incertain, Paris, 1974.
   Bleiler, Everett F., The Checklist of Fantastic Literature. A Bibliography of Fantasy, Weird and Science Fiction Books Published in the United States, Chicago, 1948.
   Briggs, Julia, Night Visitors. The Rise and Fall of the English Ghost Story, London 1977.
   Caillois, Roger, Images, images . . ., Paris, 1966. (Teilübersetzung ins Deutsche in: »Phaïcon 1«, 1974).
   Castex, Pierre-Georges, Le conte fantastique en France de Nodier à Maupassant, Paris, 1951.
   Fiedler, Leslie, Love and Death in the American Novel, Cleveland, 1962.
   Finné, Jacques, La littérature fantastique. Essai sur l'organisation surnaturelle, Brüssel, 1980.
   Gustafsson, Lars, Über das Phantastische in der Literatur, in: Utopien, München 1970.
   Jacquemin, Georges, Littérature fantastique, Paris/Brüssel, 1974 (Teilübersetzung ins Deutsche in: »Phaïcon 2«, 1975).
   Kayser, Wolfgang, Das Groteske. Seine Gestaltung in Malerei und Dichtung, Oldenburg, 1957.
   Lampo, Hubert, De zwanen van Stonehenge. Een leesboek over magisch-realisme en fantastische literatuur, 1972.

Lem, Stanisław, Tzvetan Todorovs Theorie des Phantastischen, in: »Phaïcon 1«, Frankfurt, 1974.

Lovecraft, Howard Phillips, Supernatural Horror in Literature, New York, 1945.

Nodier, Charles, Du fantastique en littérature, in: La Revue de Paris, Nov. 1830.

Poritzky, Jakob Elias, Dämonische Dichter, München, 1922.

Poritzky, Jakob Elias, Phantasten und Denker, München, 1922.

Praz, Mario, Liebe, Tod und Teufel. Die schwarze Romantik, München, 1963.

Railo, Eino, The Haunted Castle: A Study of the Elements of Romanticism, London, 1927.

Schneider, Marcel, La littérature fantastique en France, Paris, 1964.

St. John Barclay, Glen, Anatomy of Horror. The Masters of Occult Fiction, London, 1978.

Sullivan, Jack, Elegant Nightmares. The English Ghost Story from Le Fanu to Blackwood, 1978.

Todorov, Tzvetan, Einführung in die phantastische Literatur, München 1972.

Thomson, Christian W./Fischer, Jens Malte, (Hrsg.) Phantastik in Literatur und Kunst, 1980.

Tymm, Marshall B. (Hrsg.) Horror Literature. A Core Collection and Reference Guide, 1981.

Vax, Louis, La séduction de l'étrange. Etude sur la littérature fantastique, Paris, 1965.

Vax, Louis, L'art et la littérature fantastique, Paris, 1963. (Teilübersetzung ins Deutsche in: »Phaïcon 1«, 1974).

Vetter, Ingeborg, Das Erbe der »Schwarzen Romantik« in der deutschen Décadence. Studien zur »Horrorgeschichte um 1900«, Graz, 1976.

Wydmuch, Marek, Gra ze strachem, Warschau, 1975.

Zondergeld, Rein A., (Hrsg.) Phaïcon, Almanach der phantastischen Literatur, Bd. 1, Bd. 2, Bd. 3, Bd. 4, Bd. 5, resp. Frankfurt 1974, 1975, 1978, 1980, 1982.

Zondergeld, Rein A., Wege nach Sais. Gedanken zur phantastischen Literatur, in: »Phaïcon 1«, Frankfurt, 1974.

Personenregister

(In diesem Register werden nicht die Namen berücksichtigt, die in den Angaben zur Sekundärliteratur vorkommen.)

Aafjes, Bertus *17*
Abdullah, Achmed *17*
Adorno, Theodor 186
Aickman, Robert *17, 18,* 69
Ainsworth, William Harrison *18*
Allain, Marcel 103
Allen, Grant *18, 19*
Allen, Lewis 162
Almquist, Carl Jonas *19,* 213
Alpers, Hans Joachim 291
Andrejew, Leonid *19*
Anstey, F. *20*
Apel, Johann August *21,* 147, 278
Arnim, Achim von *21,* 267
Arnold, Ignaz Ferdinand *21*
Arrabal, Fernando 282
Artmann, Hans Carl *22*
Ashley, Michael 7, 100
Asmus, Dieter 290
Asquith, Cynthia 17, *22,* 241
Asselineau, Charles *23*
Asturias, Miguel Angel *23, 24,* 58
Aymé, Marcel *24,* 112
Ayren, Armin *25*

Backhaus, Helmut *25*
Bäuerle, Adolf Johann *25*
Baier, Lothar 141
Ballard, James Graham *25, 26, 27*
Balzac, Honoré de *27,* 62, 98, 101, 165, 199, 277
Barbey d'Aurevilly, Jules 87, 160
Barham, Richard Harris *27, 28*
Barjavel, René 277
Barmeyer, Eike 291
Baronian, Jean Baptiste 24, 65, 207, 268
Barrie, James 22

Bataille, Georges 130
Baudelaire, Charles 35, 43, 100, 165, 189
Baynton, Barbara *28*
Béalu, Marcel *28, 29*
Beckford, William *29,* 213, 262
Becquer, Gustavo Adolfo *29, 30*
Belcampo *30, 31*
Belen *31*
Belletto, René *31*
Bellini, Vincenzo 75, 165
Bellmann, Otto 81
Benoit, Pierre *32,* 276
Benson, Arthur Christopher *32*
Benson, Edward Frederic *32, 33,* 297
Benson, Robert Hugh *33,* 272
Bergengruen, Werner *33, 34*
Bergier, Jacques 277
Bernus, Alexander von 288
Bergsøe, Jørgen Vilhelm *34*
Bertin, Eddy C. *34, 35*
Bertrand, Aloysius *35*
Bertrand, Raymond 277
Bierce, Ambrose 28, *35, 36,* 179, 270
Bioy Casarès, Adolfo *36, 37,* 45, 179
Birkin, Charles, 35, *37,* 283
Biss, Gerald 301
Blackwood, Algernon *38, 39,* 95, 150, 181, 270, 273, 301
Blavatsky, Helena 272
Bleiler, E. F. 194
Blish, James *39*
Blixen, Karen (Tania) *39, 40,* 138, 219, 222, 256, 298
Blixen-Finecke, Bror 39

304

Bloch, Robert 41, 269, 299
Block, Aloysius 41, 42
Blyth, James 183
Bok, Hannes 300
Bonaparte, Napoléon 236
Bontempelli, Massimo 42, 286
Bordewijk, Ferdinand 42, 43
Borel, Pétrus 43, 91, 131, 147, 148, 151, 165, 206, 280
Borge, Bernhard 44
Borges, Jorge Luis 31, 36, 37, 40, 44, 45, 63, 70, 89, 111, 112, 114, 128, 136, 156, 161, 167, 173, 180, 187, 204, 213, 223, 229, 247
Bosch, Hieronymus 201
Bouquet, Jean Louis 45, 46, 205, 273, 276, 290
Boutet, Fréderic 46, 47
Bowen, Elizabeth 47, 242
Bowen, Marjorie 47, 48, 272
Bowles, Paul 48
Bradbury, Ray 48, 49, 269, 294
Braddon, Mary Elizabeth 49, 261, 294
Brandstetter, G. 22
Bremer, Uwe 269
Brennan, Joseph Payne 49, 50
Breton, André 43
Brion, Marcel 50, 220
Brjussow, Valeri 50, 51, 231, 288
Brod, Max 136
Brontë, Emily 51, 52, 280, 294
Broughton, Rhoda 52
Brown, Charles Brockden 52, 269
Brown Coye, Lee 300
Browning, Robert 149
Bürger, Gottfried August 272
Bulgakov, Michael 52, 53, 76, 111
Bulthuis, Rico 53
Bulwer-Lytton, Edward 53, 54, 284, 285, 295
Bumsti, Bruno 82
Burks, Arthur 54

Burns, Robert 127
Busson, Paul 54, 55, 232, 285
Butor, Michel 142
Buzzatti, Dino 55, 109
Byron, George Gordon 73, 113

Cabell, James Branch 56, 275
Cabrera 23
Caillois, Roger 11, 12, 191, 284, 290
Calvino, Italo 55, 56
Cambell, John Ramsey 57, 69, 162, 269, 272
Campbell-Praed, Rosa 57, 58
Capek, Karel 284, 288
Capuana, Luigi 58
Carafa, Michele 75
Carmel, Gérard Titus 290
Carpentier, Alejo 58, 59
Carr, John Dickson 59, 283
Carroll, Lewis 64
Carter, Lin 129
Case, David 59
Cave, Hugh Barnett 59, 60, 299
Cazotte, Jacques 60
Cendrars, Blaise 60, 61
Chambers, Robert W. 61, 62
Chasles, Philarète 62, 199
Chaucer, Geoffrey 203, 243
Chesterton, Gilbert Keith 62, 63
Chirico, Giorgio de 216
Clarke, Marcus 63, 64
Claus, Hugo 64
Coelho Neto, Henrique Maximiano 64
Colin, Vladimir 65
Collier, John 65, 73, 143, 214
Collins, Wilkie 66, 261, 280, 283, 294
Conrad, Joseph 66, 67, 111, 251
Conscience, Hendrik 67, 68
Conta, Manfred von 68
Copper, Basil 69, 269
Corelli, Marie 69, 70, 256

Cortazar, Julio 70, 71, 142, 213
Couperus, Louis 71, 218
Crawford, Francis 72, 272
Crowe, Catherine 72
Crowley, Aleister 72, 73, 96
Cruikshank 28
Czibulka, Alf von 288

Dacre, Charlotte 73, 165, 227, 280
Dahl, Roald 65, 73, 74, 117, 143, 214
Daisne, Johan 42, 74, 145, 286
Dali, Salvador 122, 188, 216
Dante 64
D'Arlincourt, Charles Victor 74, 75
Day, Anne 75
De Eça de Queiros, Jose Maria 76
Defoe, Daniel 76, 278
De Ghelderode, Michel 77
De la Mare, Walter 77, 118, 270, 297
De Lorde, André 282
Delvaux, André 74
De Quincey, Thomas 78
De Regnier, Henri 80
De Richaud, André 78
Derleth, August 69, 79, 80, 159, 160, 169, 230, 251, 253, 267, 268, 269, 270, 271, 272, 273, 299
De Sa-Carneiro, Mario 80, 81
De Sade, Donatien Alphonse Françoix 83, 157, 193
Devaulx, Noel 81
Dickens, Charles 66, 81, 82, 144, 236, 278, 280, 294
Dinesen, Isak s. Blixen
Dorémieux, André 277
Dostojewsky, Fjodor 127
Doyle, Arthur Conan 82, 83
Dreikandt, U. K. 269
Dreyer, Carl 70

Ducray-Duminil, François 83
Dumas, Alexandre 83, 84, 284, 288, 300
Du Maurier, Daphne 84, 85, 174, 281
Dunsany, Edward 85, 270, 275
Durrell, Lawrence 225
Duval, Catherine 85, 86
Dziekoński, Jozef 86

Eddison, Eric 86, 275
Edel, Leon 134
Edschmidt, Karl 288
Edwards, Amelia 86, 87
Eekhoud, Georges 87
Eichendorff, Joseph von 88
Eliade, Mircea 88
Ellin, Stanley 65, 73, 214
Ende, Michael 89, 243
Endore, Guy 301
Erckmann-Chatrian 89, 90, 91, 168, 300
Ernst, Paul 90, 221
Esquiros, Alphonse 90, 91, 138, 151
Ewers, Hanns Heinz 42, 46, 90, 91, 92, 183, 218, 237, 250, 267, 277, 279, 283

Falkner, John Meade 92, 117
Farinelli 149
Farrère, Claude 92, 93
Fellini, Federico 162
Féval, Paul 93, 155
Fichte, Hubert 299
Fiedler, Leslie A. 52, 281
Finlay, Virgil 300
Finné, Jacques 268
Firbank, Ronald 94, 216, 262
Fischer, Jens Malte 10, 12, 211, 225, 290
Flammenberg, Lorenz s. Kahlert
Flanders, John s. Ray
Florey, Robert 118

Follenius, Emanuel 94, 95
Forneret, Xavier 95
Forster, E. M. 95, 96
Fortune, Dion 96
Fouqué, Friedrich de la Motte 21, 96, 267
France, Anatole 96, 97
Frank, Paul 288
Freise, Wolfgang 9
Freud, Sigmund 126, 136, 220, 226, 274, 281, 295
Freund, Winfried 107, 240, 241
Frey, Alexander Moritz 97, 288
Fritz, W. H. 111
Fuchs, Ernst 22
Fuentes, Carlos 97, 98

Gabelentz, Georg von der 97, 98
Garcia Márquez, Gabriel 58, 99
Gardair, J. M. 189
Garnett, David 99, 100, 150
Garrett, Almeida 121, 262
Gaskell, Elizabeth 100
Gautier, Théophile 100, 101, 127, 138, 165, 270, 276, 288, 297
Gawsworth, John 101, 171, 251
Genet, Jean 87
Gerstäcker, Friedrich 101, 102
Giono, Jean 102, 103, 201
Glasemann, Fritz 288
Glauser, Friedrich 60, 103, 104
Gleich, Joseph Alois 104
Godwin, William 63, 104, 105, 226, 284
Goethe, Johann Wolfgang von 127, 157, 273
Gogol, Nikolai 52, 53, 105, 111, 127, 138, 145, 146, 225, 279
Goimard, J. 297
Golding, William 105, 106
Gombrowicz, Witold 106, 107, 172, 222
Gotthelf, Jeremias 107
Grabiński, Stefan 108, 270

Gracq, Julien 108, 109
Graves, Robert 109
Green, Julien 88, 109, 110, 218, 281, 286, 290, 298
Gregor-Dellin, Martin 110, 111
Griffith, David Ward 70
Grin, Aleksandr 111
Gripari, Pierre 112
Grossberg, Karl 286
Grosse, Marquis 21, 112, 113, 147, 192, 218, 232, 245, 293
Grubb, David 113
Gütersloh, Paris von 164
Gugel, Fabius von 216
Gustafsson, Lars 12, 13, 44, 113, 114

Haase, Paul 277, 278
Haggard, Henry Rider 32, 114, 115, 276
Haining, Peter 268
Hamelink, Jacques 115, 254, 298
Hamilton, Edmund 115, 116, 299
Hamsun, Knut 102
Harbou, Thea von 116
Hardy, Thomas 116, 117, 281, 294
Harvey, William Fryer 118
Hauff, Wilhelm 118
Hauptmann, Gerhart 118, 119
Hawthorne, Julian 120
Hawthorne, Nathanael 52, 119, 120, 167
Hawthorne, Una 120
Hay, William 120, 121
Heidenreich, G. 210
Heine, Heinrich 270
Hellens, Franz 121, 192, 240
Henneberger, Matthias 9
Hensley, Samuel 29
Henze, Hans Werner 124
Herculano, Alexandre 121, 122
Hermans, Willem Frederik 122
Herodot 258

Herzmanovsky-Orlando, Fritz von 22, *122*, *123*, *142*, *164*, 210
Heyse, Paul *123*, *136*
Hichens, Robert *123*, *124*
Hildebrandt, Johann A. C. *124*
Hildesheimer, Wolfgang 25, *124*, *125*, *128*, *136*, 221
Hitchcock, Alfred 41, 84, *123*, 281
Hodgson, William Hope 50, *125*, *126*, 256, 270, 272, 273
Hoerschelmann, Rolf von 288
Hoffmann, Ernst Theodor Amadeus 19, 27, 30, 35, 42, 62, 63, 84, 89, 98, 100, 105, 111, 113, 118, *126*, *127*, *138*, *145*, 150, 157, 176, 180, 196, 199, 225, 239, 274, 277, 279, 280, 284, 285, 293, 296
Hofmannsthal, Hugo von *127*, 153, 239
Hogg, James *127*
Hohler, Franz *128*
Holmes, Oliver Wendell *128*, 258
Holt, Victoria 162
Housman, Alfred Edward *128*
Housman, Clemence *128*, 301
Housman, Laurence 128
Howard, Elizabeth Janne 17
Howard, Robert Ervin *129*, *143*, 172, 269, 275, 299
Howatch, Susan 162
Hugo, Victor 27, *129*, *130*, 280, 288
Huymans, Joris Karl 87, *130*, 160, 195, 196, 292

Irving, Henry 235
Irving, Washington 43, *130*, *131*, 191

Jackson, Shirley *131*, 140, 179, 272, 295
Jacobi, Carl *131*, *132*

Jacobs, William Wymark *132*
Jacobsen, Jens Peter *132*, *133*, 279
Jacquemin, Georges 290
Jahnn, Hans Henny 178, 225
Jaloux, Edmond 109, 286
James, G. P. R. 133
James, Henry *133*, *134*, 149, 150, 255, 258, 279, 290
James, Montague Rhodes 17, 32, 73, 118, *134*, *135*, 150, 238, 251, 270
Janacek, Leos 284
Jean Paul 118, *135*, 236, 239
Jensen, Wilhelm *135*, *136*
Joyce, James 94
Jünger, Ernst 108, 109
Jung, Carl Gustav 126, 145, 286

Kafka, Franz 29, 40, 55, 111, *124*, *136*, *137*, 145, 151, 156, 167, 177, 178, 187, 207, 222, 224, 225, 247, 281, 298
Kahlert, Karl Friedrich *137*, 232, 293
Karagatsis, Mitsos *137*
Karkavitsas, Andreas *137*, *138*
Karloff, Boris 195
Karr, Alphonse *138*, 199
Kasack, Hermann 178
Kaschnitz, Marie Luise *138*, *139*
Keller, David H. *139*
Kemmerich, Max 288
Kerndörffer, Heinrich August *139*, *140*
Kierkegaard, Søren 141
King, Stephen *140*, 295
Kipling, Rudyard *140*, *141*
Kirde, Kalju 9, 108, 270, 291
Klabund 288
Kleist, Heinrich von 157, 219
Koch, Pyke 42, 286
Korff, Friedrich Wilhelm *141*
Kornerup, Else 112
Kreuder, Ernst *141*, *142*

Krichbaum, Jörg 8, 9, *142*, 270, 286, 287, 290, 291
Kronauer, Brigitte 290
Krüger, Hartmut 9
Krüger, Michael 269
Kubin, Alfred *142*, *143*, 277, 278
Kubrick, Stanley 140
Kusenberg, Kurt *143*
Kuttner, Henry *143*, 173

Lagerkvist, Pär *144*
Lagerlöf, Selma *144*, *145*
Lampo, Hubert 74, 87, 88, 130, *145*, 286
Landolfi, Tommaso *145*, *146*
Lang, Fritz 116
Langenhoven, Cornelis *146*, 152, 203
Lathom, Francis *146*, *147*
Laughton, Charles 113
Laun, Friedrich 21, *147*, 278
Lautréamont 31, 35, 43, 95, *147*, *148*, 152, 165
Laux, Renate 9
Lawson, Henry 28, *149*
Leblanc, Maurice 93, 103, *148*, *149*, 247, 273
Le Carré, John 68
Lee, Vernon 92, *149*, *150*, 262
Le Fanu, Joseph Sheridan 17, 38, 49, 52, 63, 66, 73, 76, 87, 100, 134, 135, 149, *150*, *151*, 152, 168, 200, 217, 233, 255, 256, 269, 270, 272, 273, 276, 278, 280, 283, 290, 294, 295, 297
Lefèvre-Deumier, Jules *151*, 152
Leiber, Fritz *152*, 169, 252, 275
Leipoldt, Louis *152*, *153*, 203
Lem, Stanisław 11, 291
Lepsius, Lore 288
Lernet-Holenia, Alexander 25, 127, *153*, *154*, 186, 220
Leroux, Etienne 56, *154*, *155*

Leroux, Gaston 93, 103, 148, *155*, *156*, 247, 269
Lettau, Reinhard *156*, 221
Level, Maurice 282
Levin, Ira *156*, *157*, 169, 292
Lewis, Clive Staples 258
Lewis, Matthew Gregory 51, 73, 126, *157*, *158*, 165, 252, 269, 276, 280
Lie, Jonas *158*
Lindsay, David 48, 86, *158*, *159*, 172, 275, 294
Linnekogel, Otto 288
Lloyd, Edward 289
Long, Frank Belknap *159*, 253, 269
Lorrain, Jean 81, *159*, *160*, 199
Lorre, Peter 118
Lovecraft, Howard Phillips 7, 22, 35, 41, 54, 57, 61, 69, 79, 85, 125, 129, 143, 159, *160*, *161*, 162, 163, 195, 197, 225, 227, 229, 253, 259, 268, 271, 287, 299
Lugones, Leopoldo *161*
Lumley, Brian *162*

Macardle, Dorothy *162*
Machen, Arthur *162*, *163*, 270
Mallarmé, Stéphane 170
Mann, Thomas 71
Marais, Eugène *163*, *164*, 203
Marcuse, Herbert 12
Marginter, Peter *164*
Marryat, Frederick *164*, 300
Marschner, Heinrich 190
Marx, Karl 220
Maturin, Charles R. 27, 51, 54, *164*, *165*, 200, 269, 280
Maupassant, Guy de 20, 41, 93, *165*, *166*, 179, 198, 288, 290
Megede, Johannes Richard zur *166*, *167*
Melville, Herman *167*, 251

Mendès, Catulle 199
Menén Desleal, Alvaro *167*
Mérimée, Prosper 88, 133, *167, 168,* 288
Merritt, Abraham *168, 169,* 252
Metcalfe, John *169*
Meyrink, Gustav 54, 55, 96, *169, 170,* 185, 232, 237, 285, 292
Michelet, Victor Emile *170*
Miciński, Tadeusz *170, 171*
Middleton, Richard 101, *171*
Milius, John 129
Miller, Henry 114, 193
Miller, Norbert 269, 290
Mirandola, Franciszek *172*
Molesworth, Mary *172*
Moore, Catherine 143, *172, 173,* 275
Morey, Leo 300
Morris, William 275
Morselli, Guido *173, 174*
Morweiser, Fanny *174,* 290
Moskowitz, Sam 299
Motram, Peter 284
Muck, Otto 288
Munby, A. N. L. 135, *174,* 238
Murdoch, Iris *175,* 231, 281

Naubert, Christiane *175, 176*
Nerval, Gérard de 41, 127, *176,* 226
Neuhaus, Dietrich (Didi) 9
Newton Howett, John 300
Nodier, Charles 11, 23, 27, 35, 127, 131, 138, *176, 177,* 191, 280
Nossack, Hans Erich 136, *177, 178,* 212
Nückel, Otto 288

Oates, Joyce Carol *178, 179*
O'Brien, James Fitz 166, *179,* 255
Ocampo, Silvina 36, *179, 180*
Odojewski, Wladimir *180*

Offenbach, Jacques 127
Oliphant, Margaret *180, 181*
Onions, Oliver *181*
Osbourne, Lloyd 235, 269
Osterwalder, Hans Ulrich 270
Osterwalder, Ute 270
Oudshoorn, J. van *182*
Ouida 70, 294
Owen, Thomas 180, *182, 183,* 194, 261, 270, 276, 277, 297

Pain, Barry *183*
Palma, Brian de 140
Panizza, Oskar *183, 184,* 277
Papini, Giovanni *184*
Paul, Frank 300
Paul, Fritz 9
Paz, Octavio 98
Peake, Mervyn *184, 185,* 275
Péladan, Joséphin 170, *185, 186,* 196
Penning, Dieter 12
Penzoldt, Ernst 288
Penzoldt, Peter 290
Perkins-Gilman, Charlotte *186*
Perutz, Leo 130, 153, *186, 187,* 288
Piechotta, H. J. 291
Pieyre de Mandiargues, André *187, 188*
Pigault-Lebrun, Charles *188*
Pirandello, Luigi 42, *188, 189*
Pirie-Gordon, C. H. C. 209
Plaichinger-Coltelli, Elfriede 288
Poe, Edgar Allan 20, 30, 42, 46, 48, 51, 52, 63, 80, 109, 111, 119, 127, 145, 150, 160, 164, 167, 184, *189, 190,* 196, 198, 200, 203, 205, 210, 227, 250, 257, 262, 270, 274, 277, 279, 282, 288, 289
Polakovics, Friedrich 269, 270
Polanski, Roman 157
Polidori, John *190,* 213, 243, 297

Polo, Marco 56
Poritzky, Jakob Elias 190, 191
Potocki, Jan 113, 177, 191, 192
Poulet, Robert 192
Powys, John Cowper 192, 193, 258
Powys, Theodore Francis 101, 193, 258
Praz, Mario 159, 163, 193, 194, 270, 276
Prest, Thomas Pecket 194, 205, 213, 289
Prévot, Gérard 194, 195, 261
Price, Edgar Hoffmann 195
Priestley, John Boynton 195
Prins, Arij 195, 196
Prokofieff, Sergei 51
Przybyszewski, Stanislaus 196
Puschkin, Alexander 191, 196, 197

Quiller-Couch, Arthur 197
Quinn, Seabury 50, 54, 195, 197, 198, 273, 299, 301
Quiroga, Horacio 198, 199

Rabou, Henri 62, 199
Rachilde 199
Radcliffe, Ann 51, 84, 133, 157, 165, 200, 203, 248, 252, 269, 278, 280, 283
Radziwill, Franz 286
Raes, Hugo 200, 201
Raimbault, Gilles 277
Raimund, Ferdinand 104
Rais, Gilles de 130, 292
Ramuz, Charles Ferdinand 102, 201
Rank, Otto 273
Rauschnik, Gottfried Peter 21, 202
Ray, Jean 7, 22, 28, 31, 35, 46, 67, 72, 98, 125, 145, 182, 191, 192, 197, 202, 203, 205, 240, 263, 270, 273, 276, 277, 298, 301
Reade, Charles 294
Reenen, Jan van 203
Reeve, Clara 200, 203, 204, 252, 279
Reichardt, Dieter 198
Renard, Maurice 46, 204, 205
Renault, Maurice 276, 277
Renner, Rolf Günter 136, 290
Rensselaer Dey, Frederik van 205
Resnais, Alain 207
Reynolds, G. W. M. 205, 300
Richard, Keith 210
Richardson, Samuel 203
Riche, Daniel 277
Richepin, Jean 205, 206
Richter, Anne 206, 268
Riddell, J. H. (Mrs.) 206, 207
Riddell, Joseph Hadley 206
Rimsky-Korsakov, Nikolai 105
Ritter, Karl 288
Robbe-Grillet, Alain 207, 208, 281
Rodenbach, Georges 77, 80, 87, 192, 208
Roeg, Nicolas 85
Roh, Franz 286
Rohmer, Sax 208, 209
Rolfe, Frederick 209
Rosei, Peter 209, 210
Rosendorfer, Herbert 68, 210, 211
Rosny, Joseph Henri 204, 211
Rosny, Séraphim Justin 211
Rossini, Gioacchino 84
Rottensteiner, Franz 291
Roussel, Raymond 211, 212
Rubiao, Murilo 212
Rulfo, Juan 58, 212
Rydberg, Abraham Viktor 213
Rymer, James Malcolm 194, 205, 213, 289

Sabato, Ernesto 213, 214
Sainte-Beuve, Charles Augustin de 35
Saki 65, 214, 215
Salarrué 215
Samsom, William 215, 276
Sandoz, Maurice 138, 215, 216, 247
Savinio, Alberto 216, 217
Sayers, Dorothy 217, 218, 267
Schaaf, Johannes 143
Schendel, Arthur van 218
Schering, Emil 185
Schiller, Friedrich von 157, 218, 292, 293
Schirmbeck, Heinrich 219
Schmidt, Arno 54, 96
Schneider, Marcel 11, 13, 50, 88, 219, 220, 290
Schneider, Michael 220, 274
Schneider, Rolf 220, 221
Schnitzler, Arthur 221
Schöpfer, Georg Karl August 221
Scholz, Wilhelm von 219, 221, 222
Schröder, Rudolf Alexander 239
Schulz, Bruno 146, 172, 222, 223
Schwimmbeck, Fritz 277
Schwob, Marcel 223
Scott, Walter 121, 165, 177, 223, 224
Seabrook, William 224, 299
Seghers, Anna 224, 225
Seidel, Heinrich 225
Seidel, Ina 225
Seidel, Willy 225
Seignolle, Claude 112, 201, 225, 226, 301
Shelley, Mary 104, 226, 227, 269, 287
Shelley, Percy Bysshe 73, 226, 227
Shiel, Matthew Phipps 101, 227, 228
Singer, Isaac Bashevis 228

Skinas, Alexander 228, 229
Skolimowski, Jerzy 109
Slauerhoff, Jan Jacob 229
Smith, Clark Ashton 85, 159, 172, 173, 229, 230, 268, 270, 275, 299
Soldati, Mario 230, 231
Sologub, Fjodor 231, 288
Somerset-Maugham, William 73
Souvestre, Pierre 103
Spark, Muriel 231
Spieß, Christian Heinrich 232, 292
Sprague de Camp, L. 129, 275
Spunda, Franz 185, 232, 233, 284, 285, 292
Stenbock, Eric 233, 301
Stern, Ernst 277
Sternberg, Alexander von 233, 234, 288, 293
Sternberg, Jacques 277
Stevenson, Robert Louis 111, 234, 235, 269, 274, 298
Stoker, Bram 22, 213, 235, 236, 269, 281, 297
Stolle, Ferdinand 236
Storm, Theodor 236
Stragliati, Roland 297
Strauß, Botho 237
Streuvels, Stijn 102
Strobl, Karl Hans 91, 97, 232, 237, 238, 277, 279, 288
Sturm, Dieter 267, 269, 297
Sue, Eugène 93, 147, 155, 205
Summers, Montague 28, 188, 238, 267
Swain, Edmund 238
Swedenborg, Emanuel 27, 101
Swift, Jonathan 97
Symons, Arthur J. A. 209
Sztyrmer, Ludwik 238, 239

Tarchetti, Ugo 239
Taube, Otto von 239, 240, 270

Teichmann, Wulf 270
Teschner, W. 277
Teuthold, Peter 137
Thieß, Frank 240
Thiry, Marcel 192, 240
Thomsen, Christian W. 10, 12, 22
Tieck, Ludwig 113, 236, 240, 241, 285, 293
Timmermans, Felix 241
Timperley, Rosemary 241, 242
Todorov, Tzvetan 11, 13, 59
Tolkien, John Ronald Reuel 10, 86, 89, 185, 242, 243, 275
Tolstoi, Aleksei 243, 244
Tomasi de Lampedusa, Giuseppe 119, 244
Torberg, Friedrich 122
Tramin, Peter von 244
Tripp, Jan Peter 290
Tschaikowsky, Peter 197
Tschink, Cajetan 218, 245, 293
Tsiros, Jim 9
Tügel, Ludwig 119, 245, 246
Turgenjew, Iwan 246

Ungar, Hermann 246, 247
Ungern-Sternberg s. Sternberg

Valotton, Félix 247
Vax, Louis 11, 290
Verne, Jules 155, 204, 248
Vestdijk, Simon 248, 249
Vian, Boris 9, 249, 250
Villa, Pancho 36
Villiers de l'Isle Adam, Jean-Marie 46, 91, 184, 205, 250, 279, 283, 288
Visiak, Edward Harold 101, 125, 251
Völker, Klaus 267, 269, 297

Wade Wellman, Manly 254, 300
Wagner, Richard 149

Wakefield, Howard Russell 17, 73, 135, 251, 252, 270
Walpole, Horace 76, 200, 252, 279, 280
Walton, Evangeline 252, 269
Wandrei, Donald 79, 253, 268, 269
Warner, Sylvia Townsend 99, 100, 253, 262
Watteau, Monique 253, 254
Waugh, Evelyn 94
Weber, Carl Maria von 21
Wells, Herbert George 254, 255
Whale, James 195
Wharton, Edith 255, 258
Wheatly, Dennis 255, 256, 272, 273, 292
White, Edward Lukas 256
Whitehead, Henry St. Clair 256, 257, 269, 299
Wilde, Oscar 78, 94, 165, 257, 274, 279
Wilkins-Freeman, Mary 257, 258
Will, P. 113
Williams, Charles 258
Williams, Tennessee 48, 258, 259
Willink, Albert Carel 42, 286
Wilson, Colin 57, 159, 162, 259, 260
Wilson, Edmund 160, 290
Winkler, Rolf 288
Wise, Robert 131
Wohlbrück, Wilhelm August 190
Wolf, Robert M. 9
Wolf-Catz, Helma 260
Wolfkind, Peter Daniel 261
Wollstonecraft, Mary 104, 226
Wood, Henry (Mrs.) 49, 261, 294
Wright, Farnsworth 299
Wydmuch, Marek 108, 291
Wylie, Elinor 99, 150, 253, 262

Yeats, William Butler 96, 209

Zapponi, Bernardino 262, 263
Zolar 272
Zondergeld, Rein A. 13, 270, 286, 287, 289, 291
Zschokke, Heinrich Daniel 263

Phantastische Bibliothek
in den suhrkamp taschenbüchern

Violetter Umschlag kennzeichnet die Bände der
»Phantastischen Bibliothek« innerhalb der *suhrkamp taschenbücher*

Band 1   Stanisław Lem, Nacht und Schimmel. Erzählungen. Aus dem Polnischen von I. Zimmermann-Göllheim. st 356
Band 2   H. P. Lovecraft, Das Ding auf der Schwelle. Unheimliche Geschichten. Deutsch von Rudolf Hermstein. st 357
Band 3   Herbert W. Franke, Ypsilon minus. st 358
Band 4   Blick vom anderen Ufer. Europäische Science-fiction. Herausgegeben von Franz Rottensteiner. st 359
Band 5   Gore Vidal, Messias. Roman. Deutsch von Helga und Peter von Tramin. st 390
Band 6   Ambrose Bierce, Das Spukhaus. Gespenstergeschichten. Deutsch von Gisela Günther, Anneliese Strauß und K. B. Leder. st 365
Band 7   Stanisław Lem, Transfer. Roman. Deutsch von Maria Kurecka. st 324
Band 8   H. P. Lovecraft, Der Fall Charles Dexter Ward. Zwei Horrorgeschichten. Aus dem Amerikanischen von Rudolf Hermstein. st 391
Band 9   Herbert W. Franke, Zarathustra kehrt zurück. st 410
Band 10 Algernon Blackwood, Besuch von Drüben. Gruselgeschichten. Aus dem Englischen von Friedrich Polakovics. st 411
Band 11 Stanisław Lem, Solaris. Roman. Aus dem Polnischen von I. Zimmermann-Göllheim. st 226
Band 12 Algernon Blackwood, Das leere Haus. Phantastische Geschichten. Deutsch von Friedrich Polakovics. st 30
Band 13 A. und B. Strugatzki, Die Schnecke am Hang. Aus dem Russischen von H. Földeak. Mit einem Nachwort von Darko Suvin. st 434
Band 14 Stanisław Lem, Die Untersuchung. Kriminalroman. Aus dem Polnischen von Jens Reuter und Hans Jürgen Mayer. st 435
Band 15 Philip K. Dick, UBIK. Science-fiction-Roman. Aus dem Amerikanischen von Renate Laux. st 440
Band 16 Stanisław Lem, Die Astronauten. Utopischer Roman. Aus dem Polnischen von Rudolf Pabel. st 441
Band 17 Phaïcon 3. Almanach der phantastischen Literatur. Herausgegeben von Rein A. Zondergeld. st 443
Band 18 Stanisław Lem, Die Jagd. Neue Geschichten des Piloten Pirx. Aus dem Polnischen von Roswitha Buschmann, Kurt Kelm, Barbara Sparing. st 302
Band 19 H. P. Lovecraft, Cthulhu. Geistergeschichten. Deutsch von H. C. Artmann. Vorwort von Giorgio Manganelli. st 29

Band 20 Stanisław Lem, Sterntagebücher. Aus dem Polnischen von Caesar Rymarowicz. Mit Zeichnungen des Autors. st 459
Band 21 Polaris 4. Ein Science-fiction-Almanach von Franz Rottensteiner. st 460
Band 22 Das unsichtbare Auge. Eine Sammlung von Phantomen und anderen unheimlichen Erscheinungen. Erzählungen. Herausgegeben von Kalju Kirde. st 477
Band 23 Stefan Grabiński, Das Abstellgleis und andere Erzählungen. Mit einem Nachwort von Stanisław Lem. Aus dem Polnischen von Klaus Staemmler. st 478
Band 24 H. P. Lovecraft, Berge des Wahnsinns. Zwei Horrorgeschichten. Deutsch von Rudolf Hermstein. st 220
Band 25 Stanisław Lem, Memoiren, gefunden in der Badewanne. Aus dem Polnischen von Walter Tiel. Mit einer Einleitung des Autors. st 508
Band 26 Gerd Maximovič, Die Erforschung des Omega-Planeten. Erzählungen. st 509
Band 27 Edgar Allan Poe, Der Fall des Hauses Ascher. Aus dem Amerikanischen von Arno Schmidt und Hans Wollschläger. st 517
Band 28 Algernon Blackwood, Der Griff aus dem Dunkel. Gespenstergeschichten. Deutsch von Friedrich Polakovics. st 518
Band 29 Stanisław Lem, Der futurologische Kongreß. Aus dem Polnischen von I. Zimmermann-Göllheim. st 534
Band 30 Herbert W. Franke, Sirius Transit. Roman. st 535
Band 31 Darko Suvin, Poetik der Science-fiction. Zur Theorie und Geschichte einer literarischen Gattung. Deutsch von Franz Rottensteiner. st 539
Band 32 M. R. James, Der Schatz des Abtes Thomas. Zehn Geistergeschichten. Aus dem Englischen von Friedrich Polakovics. st 540
Band 33 Stanisław Lem, Der Schnupfen. Kriminalroman. Autorisierte Übersetzung aus dem Polnischen von Klaus Staemmler. st 570
Band 34 Franz Rottensteiner (Hrsg.), ›Quarber Merkur‹. Aufsätze zur Science-fiction und Phantastischen Literatur. st 571
Band 35 Herbert W. Franke, Zone Null. Science-fiction-Roman. st 585
Band 36 Über Stanisław Lem. Herausgegeben von Werner Berthel. st 586
Band 37 Wie der Teufel den Professor holte. Science-fiction-Erzählungen aus Polaris 1. st 629
Band 38 Das Mädchen am Abhang. Science-fiction-Erzählungen aus Polaris 2. st 630
Band 39 Der Weltraumfriseur. Science-fiction-Erzählungen aus Polaris 3. st 631
Band 40 Die Büßerinnen aus dem Gnadenkloster. Phantastische Erzählungen aus Phaïcon 2. Herausgegeben und mit einem Vorwort von Rein A. Zondergeld. st 632

Band 41	Herbert W. Franke, Einsteins Erben. Science-fiction-Geschichten. st 603	
Band 42	Edward Bulwer Lytton, Das kommende Geschlecht. Aus dem Englischen übersetzt von Michael Walter. st 609	
Band 43	H. P. Lovecraft, Die Katzen von Ulthar und andere Erzählungen. Deutsch von Michael Walter. st 625	
Band 44	Phaïcon 4. Almanach der phantastischen Literatur. Herausgegeben von Rein A. Zondergeld. st 636	
Band 45	Johanna Braun, Günter Braun, Unheimliche Erscheinungsformen auf Omega XI. Utopischer Roman. st 646	
Band 46	Bernd Ulbrich, Der unsichtbare Kreis. Utopische Erzählungen. st 652	
Band 47	Stanisław Lem, Imaginäre Größe. Aus dem Polnischen von Caesar Rymarowicz. st 658	
Band 48	H. W. Franke, Paradies 3000. Science-fiction-Erzählungen. st 664	
Band 49	Arkadi und Boris Strugatzki, Picknick am Wegesrand. Utopische Erzählung. Aus dem Russischen übersetzt von Aljonna Möckel. Mit einem Nachwort von Stanisław Lem. st 670	
Band 50	Louis-Sébastien Mercier, Das Jahr 2440. Deutsch von Christian Felix Weiße (1772). Herausgegeben, mit Erläuterungen und einem Nachwort versehen von Herbert Jaumann. st 676	
Band 51	Johanna Braun, Günter Braun, Der Fehlfaktor. Utopisch-phantastische Erzählungen. st 687	
Band 52	H. P. Lovecraft, Stadt ohne Namen. Gespenstergeschichten. Aus dem Amerikanischen von Charlotte Gräfin von Klinckowstroem. Mit einem Nachwort von Dirk W. Mosig. st 694	
Band 53	Leo Szilard, Die Stimme der Delphine. Utopische Science-fiction-Erzählungen. Mit einem Vorwort von Carl Friedrich von Weizsäcker. st 703	
Band 54	Polaris 5. Ein Science-fiction-Almanach. Herausgegeben von Franz Rottensteiner. st 713	
Band 55	Arthur Machen, Die leuchtende Pyramide und andere Geschichten des Schreckens. Aus dem Englischen von Herbert Preissler. st 720	
Band 56	J. G. Ballard, Der ewige Tag und andere Erzählungen. Deutsch von Michael Walter. st 727	
Band 57	Stanisław Lem, Mondnacht. Hör- und Fernsehspiele. Aus dem Polnischen übersetzt von Klaus Staemmler, Charlotte Eckert, Jutta Janke und I. Zimmermann-Göllheim. st 729	
Band 58	Herbert W. Franke. Schule für Übermenschen. st 730	
Band 59	Joseph Sheridan Le Fanu, Der besessene Baronet und andere Geistergeschichten. Deutsch von Friedrich Polakovics. Mit einem Nachwort von Jörg Krichbaum. st 731	

Band 60 Philip K. Dick, LSD-Astronauten. Deutsch von Anneliese Strauß. st 732

Band 61 Stanisław Lem, Terminus und andere Geschichten des Piloten Pirx. Aus dem Polnischen von Caesar Rymarowicz. st 740

Band 62 Herbert W. Franke, Keine Spur von Leben. *Hörspiele.* st 741

Band 63 Johanna Braun, Günter Braun, Conviva Ludibundus. Utopischer Roman. st 748

Band 64 William Hope Hodgson, Stimme in der Nacht. Unheimliche Seegeschichten. Deutsch von Wulf Teichmann. st 749

Band 65 Kōbō Abe, Die vierte Zwischeneiszeit. Aus dem Japanischen von S. Schaarschmidt. st 756

Band 66 Die andere Zukunft. Phantastische Erzählungen aus der DDR. Herausgegeben von Franz Rottensteiner. st 757

Band 67 Michael Weisser, SYN-CODE-7. Science-fiction-Roman. st 764

Band 68 C. A. Smith, Saat aus dem Grabe. Phantastische Geschichten. Aus dem Amerikanischen von Friedrich Polakovics. st 765

Band 69 Herbert W. Franke, Tod eines Unsterblichen. Science-fiction-Roman. st 772

Band 70 Philip K. Dick. Mozart für Marsianer. Science-fiction-Roman. Aus dem Amerikanischen von Renate Laux. st 773

Band 71 H. P. Lovecraft, In der Gruft und andere makabre Geschichten. Deutsch von Michael Walter. st 779

Band 72 A. und B. Strugatzki, Montag beginnt am Samstag. Utopischphantastischer Roman. Aus dem Russischen von Hermann Buchner. st 780

Band 73 Stanisław Lem, Die Ratte im Labyrinth. Ausgewählt von Franz Rottensteiner. Aus dem Polnischen von Roswitha Buschmann, Caesar Rymarowicz, Jens Reuter und Klaus Staemmler. st 806

Band 74 Johanna Braun, Günter Braun, Der Irrtum des großen Zauberers. Phantastischer Roman. st 807

Band 75 J. G. Ballard, Kristallwelt. Science-fiction-Roman. Deutsch von Margarete Bormann. st 818

Band 76 Peter Schattschneider, Zeitstopp. Science-fiction-Geschichten. st 819

Band 77 Phantasma. Polnische Geschichten aus dieser und jener Welt. Herausgegeben und übersetzt von Klaus Staemmler. st 826

Band 78 Arkadi und Boris Strugatzki, Die gierigen Dinge des Jahrhunderts. Phantastischer Roman. Aus dem Russischen von Heinz Kübart. st 827

Band 79 J. G. Ballard, Die Tausend Träume von Stellavista und andere Vermilion-Sands-Stories. Aus dem Englischen von Alfred Scholz. st 833

Band 80	Brian W. Aldiss, Der unmögliche Stern. Science-fiction-Geschichten. Aus dem Englischen von Rudolf Hermstein. st 834
Band 81	Herbert W. Franke, Transpluto. Science-fiction-Roman. st 841
Band 82	Polaris 6. Ein Science-fiction-Almanach, Herbert W. Franke gewidmet. Herausgegeben von Franz Rottensteiner. st 842
Band 83	Algernon Blackwood, Der Tanz in den Tod. Unheimliche Geschichten. Herausgegeben von Kalju Kirde. Aus dem Englischen von Friedrich Polakovics. st 848
Band 84	L. Sprague de Camp, H. P. Lovecraft. Eine Biographie. Aus dem Amerikanischen von Jörg Krichbaum. st 849
Band 85	Stanisław Lem, Robotermärchen. Aus dem Polnischen von I. Zimmermann-Göllheim. st 856
Band 86	Phaïcon 5. Almanach der phantastischen Literatur. Herausgegeben von Rein A. Zondergeld. st 857
Band 87	C. A. Smith, Planet der Toten. Phantastische Erzählungen. Aus dem Amerikanischen von Friedrich Polakovics. st 864 (Dezember 1982)
Band 88	Jerzy Żuławski, Auf dem Silbermond. Science-fiction-Roman. Aus dem Polnischen von Edda Werfel. st 865 (Dezember 1982)
Band 89	Arkadi und Boris Strugatzki, Fluchtversuch. Der ferne Regenbogen. Zwei Science-fiction-Romane. Aus dem Russischen von Dieter Pommerenke und Aljonna Möckel. st 872 (Januar 1983)
Band 90	Michael Weisser, DIGIT. Science-fiction-Roman. st 873 (Januar 1983)
Band 91	Rein A. Zondergeld, Lexikon der phantastischen Bibliothek. st 880 (Februar 1983)
Band 92	Johanna Braun, Günter Braun, Der Utofant. In der Zukunft aufgefundene Journale aus dem Jahrtausend III. st 881 (Februar 1983)
Band 93	Cordwainer Smith, Herren im All. Science-fiction-Erzählungen. Aus dem Amerikanischen von Rudolf Hermstein. st 888 (März 1983)
Band 94	Tod per Zeitungsannonce und andere phantastischen Erzählungen aus Rußland. Herausgegeben von Elisabeth Cheauré. Aus dem Russischen von Edda Werfel und anderen. st 889 (März 1983)
Band 95	J. G. Ballard, Hallo Amerika! Science-fiction-Roman. Aus dem Englischen von Rudolf Hermstein. st 895 (April 1983)
Band 96	J. G. Ballard, Billennium. Science-fiction-Erzählungen. Aus dem Englischen von Alfred Scholz und Michael Walter. st 896 (April 1983)

Band	97	Stanisław Lem, Die Stimme des Herrn. Roman. Aus dem Polnischen von Roswitha Buschmann. st 907 (Mai 1983)
Band	98	Thomas Owen, Wohin am Abend? und andere seltsame Geschichten. Deutsch von Rein A. Zondergeld. Mit einem Nachwort des Übersetzers. st 908 (Mai 1983)
Band	99	Martin Roda Becher, An den Grenzen des Staunens. Aufsätze zur phantastischen Literatur. st 915 (Juni 1983)
Band	101	Jerzy Zuławsky, Der Sieger. Ein klassischer Science-fiction-Roman. Aus dem Polnischen von Edda Werfel. st 916 (Juni 1983)
Band	102	Joseph Sheridan Le Fanu, Maler Schalken und andere Geistergeschichten. Deutsch von Friedrich Polakovics. Mit einem Nachwort von Rein A. Zondergeld. st 923 (Juli 1983)
Band	103	J. G. Ballard, Das Katastrophengebiet. Science-fiction-Erzählungen. Aus dem Englischen von Alfred Scholz und Rudolf Hermstein. st 924 (Juli 1983)
Band	104	Polaris 7. Ein Science Fiction-Almanach. Herausgegeben von Franz Rottensteiner. st 931 (August 1983)
Band	105	Lygia Fagundes Telles, Die Struktur der Seifenblase. Unheimliche Erzählungen. Aus dem portugiesischen Brasilianisch von Alfred Opitz. st 932 (August 1983)
Band	106	Adolfo Bioy Casares, Morels Erfindung. Phantastischer Roman. Aus dem Spanischen von Karl August Horst. Mit einem Nachwort von J. L. Borges. st 939 (September 1983)
Band	107	J. G. Ballard, Der tote Astronaut. Science-fiction-Erzählungen. Aus dem Englischen von Michael Walter. st 940 (September 1983)
Band	108	Villiers de l'Isle-Adam, Die Eva der Zukunft. Deutsch von Annette Kolb. Mit einem Nachwort von Peter Gendolla. st 947 (Oktober 1983)
Band	109	Johanna Braun, Günter Braun, Das kugeltranszendentale Vorhaben. Phantastischer Roman. st 948 (Oktober 1983)